ヤマケイ文庫　クラシックス

新編　山渓記　紀行集

Kanmuri Matsujiro　冠　松次郎

Yamakei Library Classics

かもしかの寝床。小スバリ沢の泊り場。左に立つは長次郎、中が著者
（昭和2年6月・撮影者不詳）

目次

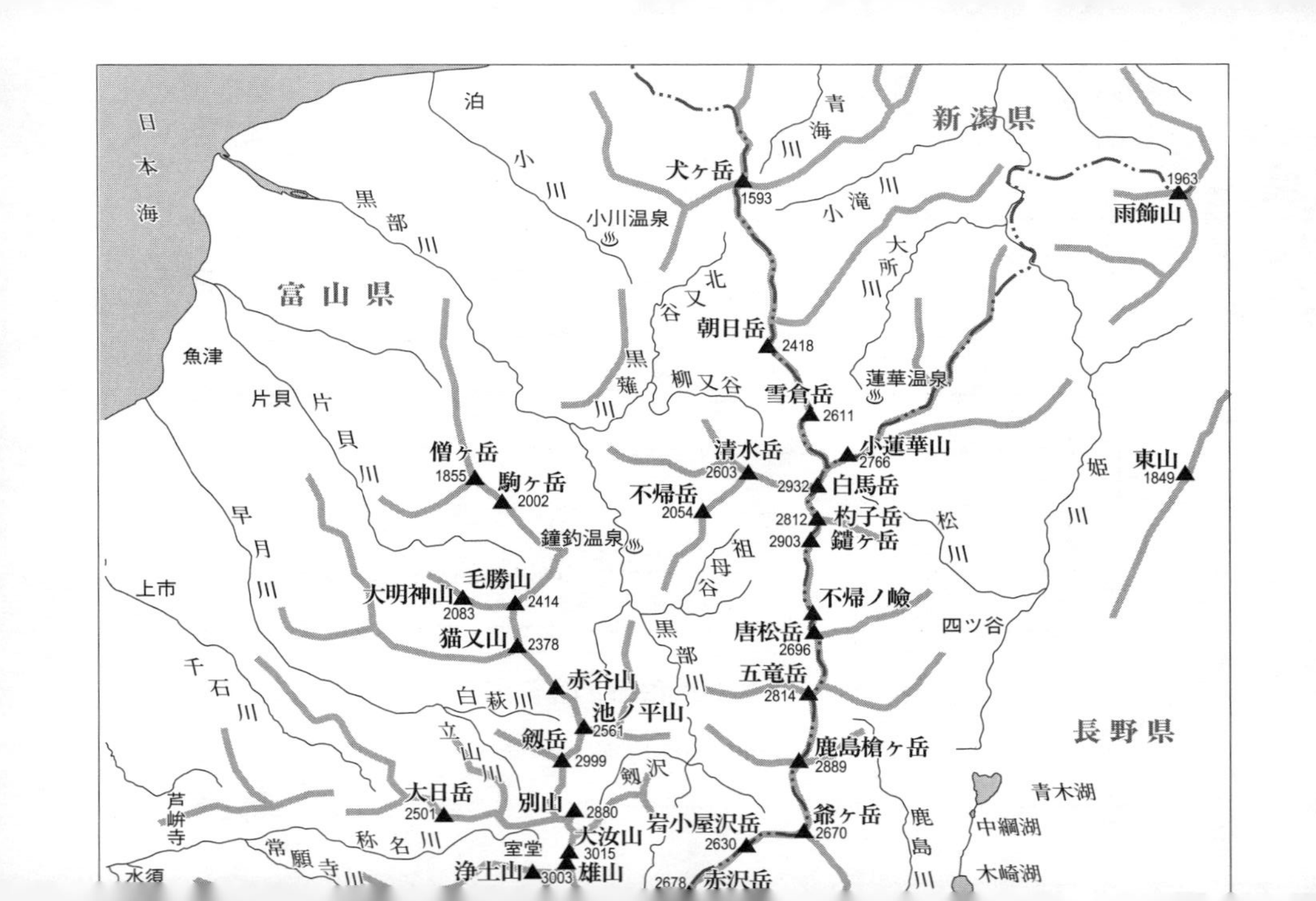
日本海
富山県
新潟県
長野県
泊
小川
黒部川
小川温泉
犬ヶ岳
1593
青海川
小滝川
雨飾山
1963
大所川
北又谷
朝日岳
2418
魚津
黒薙川
柳又谷
雪倉岳
2611
蓮華温泉
片貝
片貝川
僧ヶ岳
1855
駒ヶ岳
2002
清水岳
2603
小蓮華山
2766
白馬岳
2932
東山
1849
姫川
不帰岳
2054
杓子岳
2812
鑓ヶ岳
2903
松川
早月川
鐘釣温泉
祖母谷
上市
毛勝山
2414
大明神山
2083
不帰ノ嶮
唐松岳
2696
四ツ谷
猫又山
2378
黒部川
千石川
赤谷山
五竜岳
2814
白萩川
池ノ平山
2561
立山川
劔岳
2999
鹿島槍ヶ岳
2889
劔沢
大日岳
2501
別山
2880
爺ヶ岳
2670
青木湖
芦峅寺
大汝山
3015
岩小屋沢岳
2630
鹿島川
中綱湖
常願寺川
称名川
室堂
浄土山
3003
雄山
2678
赤沢岳
木崎湖
水須

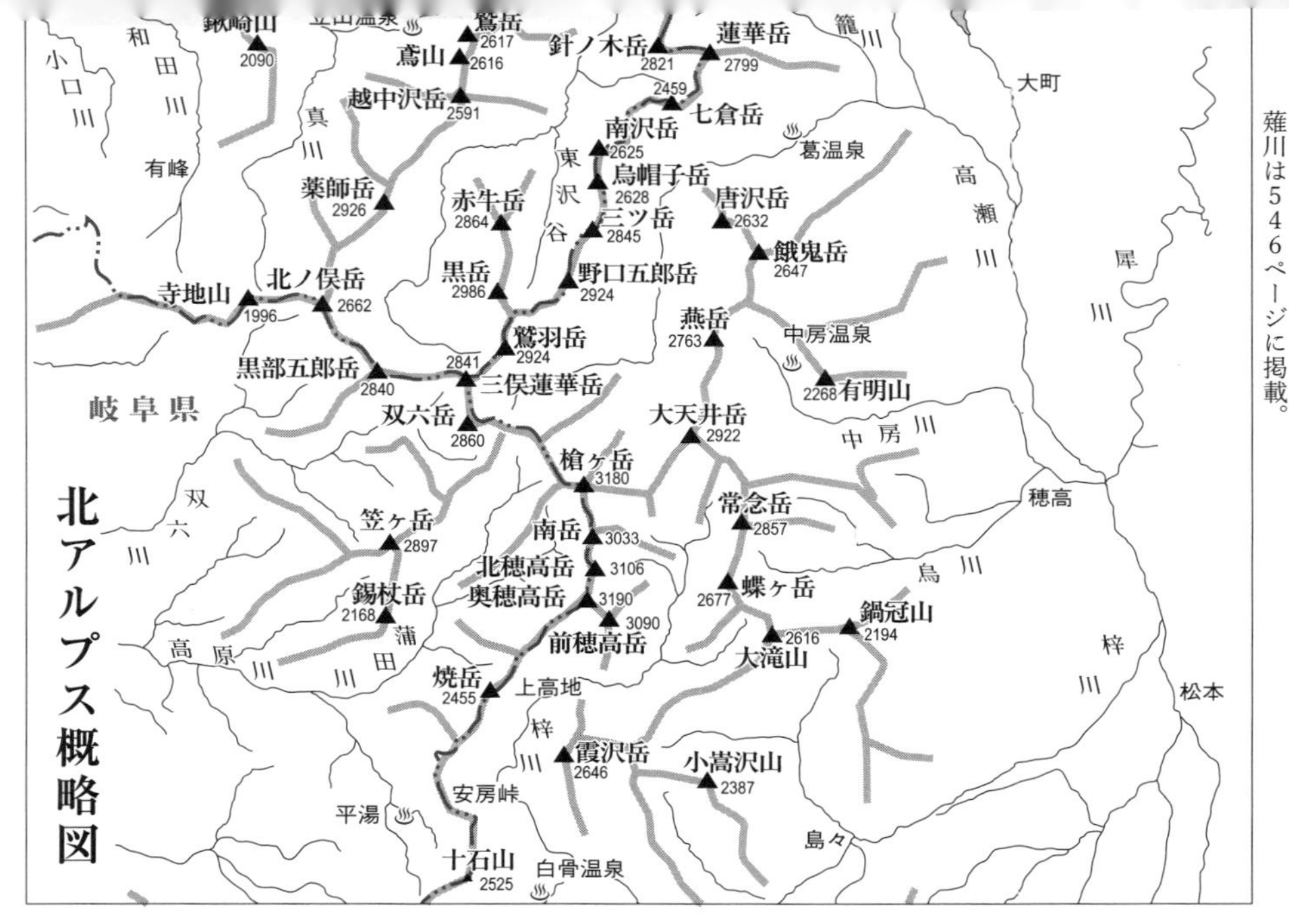

※流域別の地図は、黒部川は112ページ、双六谷は408ページ、黒薙川は546ページに掲載。

白馬岳から祖母谷川を降る

現在の祖母谷温泉から白馬岳に登る道は、昭和に入ってから百貫山や不帰岳の側面を捲いてつけられたもので、道のなかった頃には祖母谷からの登山者は殆どなかった。富山の吉沢庄作氏が明治四十〔一九〇七〕年この谷を溯って清水平から白馬岳へ登ったのが最初で、明治四十四年七月には日本山岳会の先輩で最近物故された高野鷹蔵氏が白馬から降り、同じ年の八月に私も下降を試みた。それが本文である。

白馬岳に登る

信州の大町から木崎湖や青木湖を過ぎて、佐野坂を四ヶ庄平〔白馬村神城一帯〕に来てみると、なんとなく峠の裏表というような淡い感じがする。もちろん徳本峠や針ノ木峠のように著しいものではないが、眉に迫るような北アルプスの主脈、目立ってゆたかに茂っている落葉松の木立、それから山家の様子や里人の風俗、麻の畑の緑の波など、山国の荒寥とした山峡を通ずる街道の姿を思わせる。

電車や汽車が通じ、バスが走るようになった今日でさえ、そういう感じがするのだから、五十余年の昔には、大町から北は淋しさそのもののようだった。

佐野坂を下ると連峰の懐へ入って行くという感じが強かった。

その頃には、東京の飯田町駅を夜行で発ち、翌朝松本駅に着いて、ガタ馬車で大町へ入ると昼頃になる。対山館で昼食をとって、大町から四ツ谷に通う六人乗りの小さな馬車に乗り換えて、四ツ谷へ着くのはどうしてもたそがれ時になる。

木崎ではまだ日盛りで、青木湖畔の一軒のよしず張りの立場茶屋で休む。そこで馭者（ぎょしゃ）は一時間近くも悠々と昼寝をする。陽が漸く（ようや）傾いて湖面を渡ってくる涼風によみがえった頃、馭者はやおら腰を上げる。それからまたガタ馬車に揺られて行く。

まだ、白馬岳という名さえあまり世間に知られていなかったその頃には、夏の登山シーズンでも登山者にはほとんど遇（あ）わなかった。

佐野坂にかかる時分には、中央山脈から吹き下ろしてくる夕風に、砂塵や馬糞などに群がっていた熱気も、いつのまにか吹き払われて、身のまわりの物象が落ち着いた山水に変ってしまう。

行く手に雁行している高い連嶺の偉容を仰ぎ、佐野、飯田方面の広い平を見下ろしながら降って行く、佐野坂はよい所だと思った。

佐野坂の青葉山みち咲きさかる空木（うつぎ）の花は風にゆれつつ　　百瀬慎太郎

陽が山脈の背後に傾くと、五竜、大黒（だいこく）、唐松の頂稜の強い線が金色の煙を吐いて、街道のつきあたりに懐を拡げている白馬山群の色は群青に滲（にじ）んでくる。

茜色の夕空の下を、蝙蝠（こうもり）が岩燕のように群がり、麻畑の中から親馬につれられた仔馬たちが街道に遊びに出てくる。

深い山懐の裾合いから夕靄が立ちのぼって、山家からの夕餉（ゆうげ）の煙も、たそがれ時らしい静けさを見せていた。

馬車が山木旅館（これは今の白馬館の前身である）の前にとまった。

私は泊りを求めて土間に入り、奥の方を見ると、幾つかのランプの灯が朧（おぼろ）に赤く光っていた。登山者の泊り合せさえなかった。静かな旅舎の一室に、夜行の汽車と灼熱の馬車の疲れに甘睡（うまい）をむさぼった私は、翌日の明け方、厠（かわや）に用を足しに入った。すると中が馬鹿に明るいので、私は窓の方へひきよせられた。そして渋色に褪せた、ボロボロに破れた障子紙のすき間から、外をのぞいて思わず立ちすくんだ。

黎明の光は今ちょうど、白馬三山の頂から胸へかけて、ほんのりとした桜色を染め出しているところだ。

曙だけに見られる若々しい山の色、山の肌、山の香だった。

まだ街道も、人家も、薄明るみの中に微かな息をしている時、遠く遮るもののない朝の光は、まず高い山の頂から朝の化粧を施したのだ。

昨日の夕方は、黒い大きな塊となって、私を威圧していた同じ連峰が、今朝は全く姿を変えて、東の空に向い、朝陽に対して処女のような含羞（はにかみ）をもってほほえんでいるのだ。私はその時ほど、美しく、軟かな山の色に心を動かされたことがない。それは朝露に濡れたコマクサの、あの桃紅色の花をさえ思わせるものであった。

朝栄（あさばえ）があまりすばらしかったその祟りか、この日は間もなく天候が変り、午後は大シケになった。

風のない長閑（のどか）な朝を、細野をぬけ、新緑のような闊葉樹（かつようじゅ）の林の中の小径を、小鳥の囀（さえず）りを楽しみながら、発電所はもちろんのこと、人家もなかった二俣へ来て見ると、大森林の葉がくれに、高く国境を限っている峻（けわ）しい不帰（かえらず）の峰々が見える。足もとには大量の渓水が輝きに満ちて走っている。

しかし猿倉にかかる頃から空があやしくなってきた。顧みるとつい先刻まで翠黛（すいたい）を展べていた浅間山が、いつの間にか横雲に蔽われ、白馬尻から大雪渓を登って行くと、国境線の方から濃霧が静かに垂れ下って来た。天候が急に変って来たらしい。

やがて小雨をまじえた吹き降りとなった。葱平（ねぶかだいら）のお花畑でひと休みしただけで、国境の主稜へ登りついた。

頂上はもちろん、主稜も見えない。天気は刻々荒れ模様となったが、休む所も泊まる所もない。漸く低い一坪ほどの石で積み上げた小屋の跡らしいものを見つけた。これはかつて陸地測量部の人が使用していたもので、現今の白馬山荘のある所だ。

すぐ近くの小さな丘の上から水が噴き出しているので都合がよかった。この頃には白馬尻に岩小屋があっただけで、白馬山中には、信州側でさえ小屋はなかった。

私たちは低い石の囲(かこい)の中に潜り込み、上に油紙をかけて屋根を造り、四隅に石を載せて飛ばされないようにして、隅の方に踞(しゃが)んで天気の回復するのを待った。

ところが夕方から風雨はいよいよ募って大シケになってしまった。天井の代りにした油紙は吹き飛ばされ、囲から外へは危なくって一歩も出られない。便を足すこともできなければ、火を焚くすべもない。二日二夜というもの風雨に曝(さら)されて、衣服のぬれたまま囲の隅に縮んでいた。

しかしこの苦行も三日目の暁になってようやく報いられた。風の向きが変った。陽気も急にひきしまってきた。二日間執劫に山に冠さっていた雲霧が動揺し始め、越中の方から吹き上げてくる烈風に煽られて、国境線を越えて姫川谷に向ってなだれ落ちて行った。見る見る雲がうすれる。大きな淡い霧の波が、輪を描いて頭上をかすめて行く。

そのうちに碧い霧のヴェールの奥から、明星の光が見えてきた。一つ、二つ、三つ、しまいには、無数の星が黎明の空にきらめき始めた。

暴(あら)しの後の拭いとったような美晴に、私は頂稜に立って蒼空を仰ぎ、雲霧の行方を小気味よく眺めた。

ちょうど今、夥(おびただ)しい雲の潮が、獅子毛を逆立てたような無数の波頭(なみがしら)を揚げながら、黒部の深い峡道を日本海に向って推し出しているところだ。

その雲の堤がだんだん低くなってゆくと、その上から、だしぬけに、美しいエメラルドが、宝玉をちりばめた氷雪の山の頭が、浅碧の空からすっきりと浮び上ってきた。

立山、剣岳、毛勝(けかつ)岳、
曙光を吸い込んだ透きとおるような山々の美しさ、容(かたち)のすばらしさ。

私は立山山群を、こんなに近く、鮮かに眺めたことは初めてであった。


それから白馬岳の頂に立って日の出を迎え、泊り場に帰って温かい朝食で冷えきった腹を癒し、暫(しばら)く頂稜に遊び、お花畑を縫って杓子(しゃくし)岳に向った。クルマユリ、ハクサンイチゲ、シロウマアサツキ、シナノキンバイ、ヨツバシオガマ、それからウルップ草が足の踏み処(ど)もなくらい沢山あった。

鑓ヶ岳に登り、戻って前蓮華の旭岳の頂から偃松の深い尾根を下って、清水平の高原に出た。

祖母谷川を降る

八月十八日

清水平の一隅にある、偃松で編んだカマボコ小屋の夜が白みそめた。

小屋の偃松の隙間から外を覗くと、空は晴れ渡って樺色に光っている。

私は小屋を這い出すと高原を歩いて廻った。すばらしい朝の散策だ。

足もとには、ミヤマリンドウ、ハクサンイチゲ、ナンキンコザクラ、クルマユリなどが朝風にふるえている。

草地を清水が縦横に流れ、偃松やシャクナゲがその隈を庭木のように集団している。

清水平というのは、この平に清水が沢山流れているためにつけられた名らしい。

朝陽が白馬連峰を照らし始めた。白馬岳の西面である越中の側は、山勢がなだらかに延びて、東面の信州側のもつ豪壮さはないが、沢山の高原や池沼に恵まれているため、頗る優美な情景を展べている。

先刻まで黒部の谷底に収まっていた雲の潮先きが、餓鬼谷をのぼって五竜岳と鹿島槍岳の懐にのび騰(あが)ってきた。その雲霧を蹴ってゆらゆらと動いて見える鹿島槍岳の雄姿は、この方面からの圧巻である。

今朝も立山と剣岳のエメラルドが、西の空に透きとおっている。何という玲瓏(れいろう)とした姿であろう。


祖母谷の降りは手間がとれそうなので、今朝は早発ちとする。同行者は丸山広太郎、同徳十で、ともに細野の人である。

午前六時、清水平を後に、すぐ前方に延びている清水岳を右に見て、偃松の中の切り開けを通り、ところどころ消えている踏跡を求めながら、祖母谷に向っている尾根の上を西南に降って行った。

約一時間も行くと、白檜(しらべ)の林が所々に集団した水溜りの多い草の平に出た。顧みると清水尾根――旭岳から清水平、清水岳、猫又山をつなぎ、柳又谷に向っている長大な尾根――がよく見える。遥か右下には黒部川の流路が大きくくねって、その先の方に日本海の蒼波が見える。静かな海の上には白帆が浮び、汽船が煙を上げて走っている。箱庭のような景色である。

草地に腰を下ろして、ひと休みしながら行く先のことを相談した。谷の行方を見ると盛んに立ち昇っている噴煙が見える。それは祖母谷温泉の上手にある噴湯の煙だ。あそこまで降ればよいのだと思うが、この美しい草地が順路と悪路との追分になっているらしい。

この尾根について降って行くと、七月に降った高野鷹蔵氏の一行と同じ所を行くことになる。それは悪路で甚(はなは)だ危険である。しかし他に通れる所といえば、すぐ左下を深く切り込んでいる小谷だけである。

ここで広太郎は思い出したらしく、七月に高野さんたちと降りたときに、祖母谷温泉について猟師から聞いた話では、尾根を行かずに、左手の谷を下るのだという。その谷の底には随分遅くまで雪があるから、それを目印にして下ればよいということであった。

それで左の谷を覗いて見ると、底の曲り角にかなりの残雪が見えている。これだなと思うと、私たちは尾根を離れて、狭い急なガレ谷を降って行った。大した距離でないから、間もなく残雪の所へ出た。これはかなり長いトンネルになっている。皆その雪の下を、雫を浴びながら通りぬけた。八月の東京では氷を欲しがっているのに、さすが山奥は涼しいと思った。

滝を案じながら降ったが、よい按配に一つもなく、流れを縫い、大イタドリの茂った磧(かわら)を行くと、やや闊(ひろ)い所に出た。そこにはハンノキとダケカンバの枝で編んだ粗末な小屋が二つあった。一つは崩れていたが、他の一つはまだ新しいものであった。やはりここは人の通る所だと思った。

温泉へついてから音沢村〔現黒部市宇奈月町〕の猟師の仁次郎に聞いたら、それは多分この七月の末に、三人づれで祖母谷から柳又谷へ越して小川温泉へ出た者があるから、その人たちが造ったものだろうという。こんな所でも人の跡を見ると、何となく気強いものだ。

午前八時三十分、右からくる大きな谷の落口の前に出た。これも源流の一つで、地図を見ると西ノ谷というのである。高野氏の一行は尾根に道をとってこの谷を下って来たのである。

〔現今の五万分一図幅には、この西ノ谷を、一つ下手の左岸〔上流から見て流れの左〕から入る硫黄沢の下の方に書き入れてあるが、それは誤りで、改版にならない前の五万分一黒部図幅の方が正しい。〕

祖母谷

西ノ谷を併せると、祖母谷川は驚くほど水量を増し、見ちがえるほど壮大な渓谷となった。

これから下流約四キロにわたって、美しい壁にとりかこまれた激流が、直突驀進(ばくしん)して土地の者のいう祖母谷のセト（迫戸、迫門）を造っている。祖母谷川中核の絶景であり、嶮阻である。

両岸は何時の間にか驚くほどの高さになった。それが皆輝かしい積翠に蔽われ、その狭い深い脚底の所で、美しい岩肌が廊下状に露出している。一行はその中を、ヤゲンのようなその底を、巨岩を縫い激湍を渉って行くのだが、これが相当の努力だった。狂奔し疾走してくる、激流と闘いながら、とりつぎに現われてくる櫓のような岩をのり越え、急傾斜の壁をヘツる。真珠のようになって迸る水、岩の間を青く、くねって行く流れ、水晶簾を懸けたような滝津瀬など、谷の旺んな流動は、力強い交響楽を奏でながら私をとり巻いて行く。

先刻から下流にあたって高く、森林の間をちらちらと視界をかすめていた青い岩肌に雪を光らしていた険しい峰が、下るにつれていよいよ大きくなって峡壁の上に姿を現わした。

よく見るとそれは黒部の谷を隔てた剣岳である。

激流の上を、森林の枢から、双肌をくつろげた岩と雪の壮麗な姿だ。

私は、この時ほど、写真に撮らなかったことを後で悔んだことはない。

午前九時四十分、左手から狭く深い谷が躍り込んでいる。硫黄沢だ。その落口の上手の本流に、谷の中に突き出ている大きな平岩がある。広太郎はそれを指して、この間は風雨の中をこの岩の上で夜を明かしたという。

道理で、岩の上には燃えさしの枯木の枝が散らばっているし、空缶が幾つも捨てられてあった。こんな激流にかこまれた一枚岩の上で、風雨の中をよく露営ができたものだと私は思った。

しかし考えてみると、ここはもう谷の窮まった所で、右岸は立壁つづき、左岸は硫黄沢が増水して荒れ狂っている。どう思案しても遁げ場のない所である。背に腹はかえられないというような、切羽づまった露営をしたのであろう。広太郎はなお語りつづけた。嵐の後の翌日は夜の白むのを待って、持ち物は皆そのままにして、写真機からレンズだけをはずして肌につけると、右岸の壁を這い登った。

ところが右岸は直聳二十メートル位の大きな菱壁がつづいているために、それを登るのが容易でなく、壁の上にとりついてからも、急峻な尾根の側面で随分悩まされた。本谷へ下りつくまでは大分手間どったため、温泉へは夕方に漸くたどりついた始末で、今日と比べるとまるでお話にならないといっていた。

朝早かったのと、絶え間のない谷渉りで、大分疲れたので平岩の上で休み、中食をとると和やかな陽射しを浴びながら、のんびりと休息した。

眼をさますと、陽は漸く渓心にかかり、緑林も激流もサンサンと輝いている。まぶしいほど光る渓の真中で、私たちは行く先のことを相談した。

前に述べたように、右岸は高い壁、左岸は硫黄沢（白馬鑓ヶ岳から出るもの）の深い流れがくねっている。話の中心はどちらを選ぶかということである。

考えていた広太郎は橋がよいという。なるほどそれがよいと私も思った。硫黄沢に橋をかけて左岸を下る。それが最も安全な方法らしい。

彼はやがて徳十と二人で上流の方へ材料を求めに行った。私は一人で岩の上へ足を投げ出して、岩の周りを叫びながら渦巻いて行く流れの音を聴き、その叫音の中の森閑さを楽しんだ。

暫くすると二人で数本のハンノキを担いで来た。合流点の上でそれを硫黄沢の上に渡したがなかなか架からない。幾度も、流されてはまた架け直し、一時間近くかかって漸く丸木橋が出来上った。

それを渡って左岸にとりつき、四十度もある渓側の急斜面を横に捲いて行った。よくしなう根曲り笹と、湿りぬいている泥土は、足を下ろすたびに辷（すべ）る。全身の力を手にこめてミヤマハンノキ、根曲り笹の嫌いなく、命の綱としてすがりついて行く。こうなると足は手の半分の用をなさない、疲れると膝をついて休む。雑嚢(ざつのう)も杖も無性(むしょう)に邪魔になった。

長い金剛杖は徒渉にはよいが藪(やぶ)くぐりには頗る苦手で、雑嚢となると、身体をかがめるたびに前の方へ辷ってくる。ほんとうに始末におえなかった。まだピッケルもルックザックも知らなかった頃である。

広太郎を先に、徳十を殿(しんがり)にして、私は中に入ってこの悪場を、辷り辷りかなりの高さまで上ってまた谷近くまで降った。

今度はさらに苦手である急な草ツキの崖へ出た。萱や蓬などの朽ちてどろどろになっているその急斜面を、ひと足ひと足刻み込むようにして、最後の草の崖をひとまず磧に下りた。

この横ヘツリの間に見た渓の景色はまた実によかった。すぐ足もとを大きな淵、滝、釜、美湍、トロなどが、連続の急テンポで廻ってくる。懸命に崖をヘツりながら、それを見のがさなかった私は、あるときには拡げた股の間からそれを眺めては喜んだ。

谷沿いの森林が頗る立派になった。磧を少し下り、滝の上で密林に入り、小さなヘツリを幾度か試みて谷に下ると、また磧、深淵、奔流を縫って、大きな徒渉を五、六回、ヘツリ二、三回で、依然左岸の渓側を林の中を行くと、六メートル余の壁の上で踏跡らしいものが絶えた。綱で荷を下ろし、後ろ向きになって壁を下り磧に出ると、そこで徒渉をして初めて右岸に移った。

昼も暗い喬木の森の下の苔むした石の上を行くうちに、径(みち)らしいものを見つけ三、四丁(一丁＝一町は約一〇九メートル)で立派な林道へ出た。

祖母谷林道の終点で、栂、黒檜(くろべ)、椹(さわら)、樅(もみ)、落葉松などの針葉樹にまじって椈(ぶな)、榛(はんのき)、水楢、楓、栃などの闊葉樹の喬木が幽深な趣をなして、祖母谷川の奥深さを感ぜしめた。

やがてどうどうという響音に顧みると、右手から立樋のような谷が壮大な滝をかけている。

もう温泉も近く、林道は坦々として下流に向っている。緊張から解放され急に身の内が軽くなった思いで、のんびりと歩いていると、対岸の砂丘から十余筋もの噴湯が、白い煙を揚げて谷を覆い、夥しい出湯は皆渓流に呑まれて行く。

これが今朝山上から見た煙だと、思わず源流を顧みたが、もう山や尾根が積層して、その辺りの見分けがつかないほど、渓は深く山は高くなっていた。

霞をかけたような吊橋を渡り、対岸の温泉宿についたのは午後二時半、私は旅装を解くと待ちわびていた霊泉へ身体を浸しながら、うっとりとして百貫山の積翠を仰いだ。

(明治四十四年八月)

岩井谷から薬師岳へ登る

これは常願寺川本流の真川方面から薬師岳への初登攀記である。

薬師岳はかつて有峰（ありみね）の山であった。この山は山麓の有峰の者のただ一つの信仰の対象であったらしい。朝夕この山を拝み、病苦や凶事のときには薬師さまに無事息災をお願いしていた。

日に七たび色が変ると云われた薬師岳は、大きな額をさし出して、朝夕有峰高原をのぞいていた。有峰の者は、毎年旧の六月十五日には、こぞって暗いうちに起きて、薬師岳へ登拝する風習になっていた。頂上の薬師の御堂の前に堆高（うずだか）く積まれてあった真鍮（しんちゅう）の剣は、その祭日に納めたものである。

檜の白木でつくった大きな御堂が有峰の方へ向って建てられてあった。しかし有峰の人が去った後、この御堂は風雪に毀（こぼ）たれ、今ではその跡に小さな御堂が建てられてある。登山が盛んになって、薬師岳を訪れる人は年を追うて多くなったが、かつての高原は貯水池と化し、有峰の村民は離散して跡方もない。

明治四十二〔一九〇九〕年七月に、日本山岳会の先輩の辻本満丸氏が登られた以前には、登山人にもあまり知られていなかったし、探られた記録も紀行もなかった。

その後北アルプス頂稜の縦走が盛んになり、立山方面から或いは槍ヶ岳方面から、この山脈を歩く者が薬師岳に登るようになり、今日では一般に有名になった。

しかし常願寺川源流の真川（まかわ）から岩井谷を溯（さかのぼ）って、この山を極めた話をきかず、岩井谷が極めて立派な谷であることを知った私は、大正五〔一九一六〕年の夏、この方面からの薬師岳の登山を試みた。


大正五年七月十八日の午前七時、芦峅（あしくら）の平蔵〔佐伯平蔵〕の家を出た。空は晴れていたが雲が多く、蒸し暑い日であった。藤橋から奥の温泉道は、去秋の大荒れで崩壊したため、多数の人夫が修復にせわしく、ハッパやタガネの響が谺（こだま）して、静かな山路をだいなしにしていた。

午頃、真川と湯川の出合につき、少し上手で湯川を渉（わた）って尾根の出鼻にある木挽（こびき）小屋へ入って中食をとった。

空模様がよくなったので、午後から真川の方へ下って見た。湯川との合流点近くにある粗末な吊橋を渡って左岸にうつり、壁と岩の間を行くと、九十九折（つづらおり）の旧道に架かっていた真川の大橋の残骸が、高い崖の上に残っていた。辻本氏の時にはこの大橋が通れたのである。

暫く（しばら）谷筋を縫って行くうち、崩れが多くなり、流れが急になったので、前進をやめて合流点の上にある木挽小屋へ戻り、そこで一夜を過ごすことにした。

この小屋には大山村の若衆が居て、山から伐りおろした木を木挽にかけて角材に仕上げ、それを温泉道について、下流の里の方へ運んでいた。二間〈一間は約一・八メートル〉位の長さの角材を幾本も束ねて横に背負い、狭い崖道を横ばいになって歩いて行く。皆三十貫〈一貫は三・七五キロ〉を越えるもので、渓側の急な山坂を縫って行く彼等の力は驚くほどである。その代りに、働いている時の食事の量もまた物凄いもので、その中の猛者（もさ）は、一食（ひとかたき）に一升近くの飯を平げる。味噌汁なども中位の鍋のものを一人で飲んでしまう。越中の三升飯と云うが、まさに牛飲馬食である。私はこれを見ていて、ひそかに驚嘆した。

七月十九日　晴

木挽小屋の人に礼を述べ、真川の渓沿いを下って見たが道はなく、数合谷（すごう）の落口までは、渓側が悪いため高廻りをしなければならない。湯川の谷と数合谷とを分ける尾根の背筋近くまで、薮の中を匍うようにして登り、峻急な下りに移り、半日近くを費して漸く数合谷の落口近くまでたどりついた。

そこには平坦な草地に夏草が茂り、清水のように澄んだ溝川が縦横に走り廻って、川楊、落葉松、白樺、榛などの林が、川沿いらしい心地よい情景を展べていた。

山裾に沿って数合谷の落口に出ると、大きな石の磧に荷を下ろして、氷のような谷水で顔を洗い漱ぎ、薮コギの汚れや汗をぬぐって、ようやく蘇った気持になった。

ひと息つくと、三人は期せずして顔を見合せ、ひどかったなあ、この降りは、とつぶやいた。

出合から今過ぎてきた真川の本流を顧みると、両岸が廊下状の壁で囲まれ、昨日まごついた絶壁が、直ぐ下手に、手にとるように見える。この間は水平距離にしたらいくらもないようだ。

中食を終ると、数合谷から吹き下ろしてくる涼風を浴びながら、しばらく午睡を楽しんだ。

眼を覚すと私は、岸辺に立って四辺の景色を眺めた。

碧色に澄んだ空の面をなでるようにして、白い根無し雲がもつれ合っている。山を仰ぎ、森林を眺め、ゴウゴウと唸りながら奔落してくる数合谷の瀬音に耳を傾けた。
午後一時、また歩き始める。真川の方を行かずに、数合谷の落口の上から林に入り、少し上って村杉平への道に出た。湯川から村杉平までは道は崩壊して、跡をとどめなくなっている。

村杉平は広い草地で、伐採された跡の林が疎らに残り、その中に杉の大木が四、五本目立っていた。村杉平というのはこの杉からつけられた名らしい

今日では、真川の道は対岸の鍬崎山の裾を水平に拓かれ、村杉平の取入口までよい道が出来ている。

平から降りにかかると、ぬかるみに大きな猿の足痕を見つけた。今逃げていったばかりで、まだ林がざわついている。この辺は猿の居そうな所である。

急坂を下りきると茫々とした草地に出た。その中を抜けると真川の大きな川瀬の前に出た。

二、三丁も幅のある闊い川筋は、白茶色に光った砂地と磧の中を、ふた筋ほどの溝を穿って美しい水が流れている。真川へ入ってから初めての広場である。

川楊や榛の集団、白樺、椈などの林が、平の周りをとりまいている。上流の方を覗くようにして見ると、ヌズカズ（真川本流の深い淵）で狭められた渓水が、岩井谷落口の上

手で、絶壁にかこまれた迫門（せと）を、飛沫を上げて吹き出している。

仰ぐと陽はまだ高く、空の碧は冴えて、森林の葉先は陽にきらめいている。私は杖をふりながら河原の上を気ままに歩いていると、砂洲の上にシシ（カモシカのこと）の足痕がちらばっている。ここはカモシカの水を呑みにくる所らしい。

左手の崖を上り、川沿いの林の中を行くうち、だんだん登りとなって、岩井谷落口の上に出ると、五間に七間位の小屋があった。

いよいよ岩井谷の領に入ったのだ。

崖嘴（がいし）を左に折れて、右下約三十米（メートル）に岩井谷の流れを見ながら岨道（そばみち）を行く。森林は山から谷にわたって茂り、頭の上を樹幹、樹枝が蒼空を蔽うて美しい網目を描いている。そのトンネルの下を涼しそうな音を立てて流れて行く岩井谷の流れは、本流の真川の水量に匹敵するくらいに見える。

伐採の入っていない原生林の旺（さか）んな姿は、私の気分を引き立たしめた。椈、栃、水楢、白樺、榛などの闊葉喬木に交って、黒檜（くろべ）、椹、栂、五葉の大木が鬱々としている。

森の下のジン竹〔ネマガリダケ〕や、シャクナゲなどを踏み分けて行くと、露で下半身がぐしょぬれになる。しかし渓側の径ははっきりしているし、緩い上りでしごく楽である。

谷の向いを見ると、尾根先の裾に骨ばかりになった小屋が見える。有峰から立山温泉に通じていた道は、対岸の尾根の裾をこの破れ小屋の所へ出て岩井谷を横ぎり、落口の小屋から真川の谷筋を下ったのであるが、今は全く廃道となって通れないらしい。

岩井谷の右岸沿いを暫く行くと、径の両側に大木の切株が見え、崖の下に黒檜の枝が堆高(うずたか)くなっている。これが最後の人の跡で、これから上には、全く人の入った痕跡を見なかった。

渓側をたどること約二時間、二度ばかり谷底まで下り、また崖を上った。谷筋が大きく曲っているところで、十米ぐらいの崖崩れを抜けて、やや広い磧に出た。

そこから低い尾根先を左へ廻ると岩井谷の二俣に出た。

右俣は岩井谷の本流で、太郎兵衛平の方からくるもの、左俣は鳶谷(とびたに)で、薬師岳の最高峰と北薬師とからくるもので、谷の道はここで全く尽きている。

二俣付近は巨岩が岸辺を埋めて適当な泊り場がないため、崖道から下りた所の磧に野営地を定めた。

磧の雑草の中に小屋の跡があった。よほど前のものらしく、跡方もないほど崩れている。その屋根板をはがして床の代りに敷きつめ、上に草を並べてベッドを造った。

火を焚きつけて夕餉の仕度にかかったのは午後六時二十分であった。

対岸には壁がつづいて、岩井谷の水はその方へ傾いて滔々と流れている。陽が下流に落ちて、夕靄が四方の山あいから谷底に集ってくると、激流に手繰られて下流の山峡に吸い込まれてゆく。暫くの間、水墨調の森林や岩壁と渓流が美しく見えた。

大分高度が上ったと見えて、急に底冷えがしてきた。焚火の傍を離れると手足の先が冷たくなる。

夜に入ると雷鳴が谷間に響き、夕立雲が大粒の雨を落しながら頭上を過ぎて行った。それも僅かの間で、谷上の空は澄み渡り、サンサンとした星の世界となった。

東の山の端が明るくなると、二十日の月が顔を出した。その朧の月影に守られながら、静かな眠りについた。

薬師岳へ登る

七月二十日、霧深く視界を閉す。

すぐ前の藪を分けて、山の鼻を横ぎると二俣の上に出た。水量は本流の方がやや大きく、両岸は立壁つづきだが、源流地が高原のため地形が開けて空が低い。鳶谷の方は本流よりも遥かに荒れて急である。巨岩の累積が小山のようになって上流は全く遮られている。

これからはいよいよ谷通しを行かなければならない。

道を左俣にとって行くと、巨岩の累積がますます甚だしくなる。谷の中央に岩の長堤を築いているため、渓水はその岩間を逃げ路を求めながら奔落してくる。その水勢はすばらしい。

櫓のような巨岩を乗り越し、乗り越しして溯って行くと、両岸の渓側は切っ立っているが割合に低く、闊葉樹が谷水近くまで茂り、遠くつづいているその奥の方から、コマドリの声が時をおいては流れてくる。

午前七時十五分、谷の中央を埋めている六、七間もある大岩につきあたり、漸く左へ廻ってその頭に匍い上ると、そこで今まで視界を遮っていた大きな尾根の懐が開いて、遥か天際にあたって薬師岳の頂稜が姿を現わした。

暗褐色に大きくうねっているその頂の線が、背後から浴せかけている朝陽の光をはじき返して金色に煙っている。

東の空際を奔馬のような形で、三つの大隆起が、谷を圧し、私の額を削って躍り上っている。その壮麗な姿が暫くの間、私を岩の上に釘づけにした。

この大隆起の、真中の大きな頭（ズコ）こそ薬師岳二九二六米の頂に違いないと思った。

天空は高く渓は深い。まだあの頂にとりつくのには、随分時間と努力がいると思った。

渓から見上げると、幾つも重なり合った大きな尾根の衿が、高くなるにつれて、蒼黒から鮮翠に変り、その奥の方は滴るような新緑で、渓から山へとべっとりと塗りつぶされている。

あそこは今漸く初夏になったばかりだ。その万緑叢中から長大な雪渓がたったひと筋、秋水のような冴えた色をして懸かっている。胸のすくような景色だ。

この谷には浅瀬や磧になっている所は殆どない。深い谷溝がぐんぐん延び上って、薬師岳の頭まで、呼吸もつかせないような、急激な直線的の上りになっている。

岩井谷という名は適切だと思った。壮大な岩と、盛んな奔流と、函のような深淵が連続して、その頂点に名山の姿を配している。真川第一の美渓であり豪渓である。

午前八時、顧みると西の方は著しく霞んで、陽炎のような大気の底に、低い山波が幾筋もうねっている。その中ほどから円頂の椀を伏せたように盛上っているのが東笠ヶ岳である。

二十分ほど行くと二十米位の滝の下に出た。小山のような岩が三つ、くの字形に並んで渓水を堰き止めている。この巨大な岩を目じるしに三ツ岩と名づけた。

いよいよ薬師岳の頂も近くなってきた。午前九時二十分、磧の石の上に腰を下ろして第一回の中食をとった。

やや進んで谷が右折する所で、左岸から一支流が滝となって入っている。これを登ると、薬師岳の西南の高原のような大尾根の二四九五米付近に出られるらしい。谷の入口は壁に囲まれているが流れは穏かで、上方は細い雪渓がつづいて、その上から青々とした草の斜面がのぞいている。ヤクシ平付近らしい。

行く手を見ると、薬師の頂から急な角度で下りている大雪渓の末端がすぐ鼻先まで垂れさがっている。ボロボロに崩れた雪の大きな塊が堆積している上を、渓水はしぶきを上げて奔落している。

雪塊の間を縫ってしばらく登り、やがて大雪渓の上に出ると、私は一年ぶりに、大理石の廻廊を歩くような嬉しさで登って行った。

河床が急に落ちている上に、巨岩の累積が大きな段となっているために、雪渓は所々でクレバスをつくっている。カンジキを持たなかったために、歩行がなかなか捗(はかど)らない。

十時三十分、大きな雪のギャップに行きづまると、そこで雪渓は二段に折れて、十三米位の岩の棚から幅の広い滝が落ちている。大きな釜を穿って雪渓の底から煙を吹いている。

滝を避けて右上の崖にとりつき、急峻なヘツリに移った。岩の面が分解して、砂がラッキョウの皮のようにはがれ落ちる。手がかりになる灌木もジン竹もないので足場が悪く、僅かな所を手間どって漸くまた雪渓の上に出て、左折すると上ノ二俣に出た。そこでまた雪渓は縦横に割れ込み、渓水は左右の崖のすき間から滝となって躍入している。両岸は著しく狭まり、右渓の雪は四十度を越える傾斜で、左折して遥か上で霧に隠れている。

この方のとりつきが如何にも悪いので、左手の崖壁を二カ所ばかりヘツって行くうち、知らず知らず左渓の方へ入り込んでしまった。

右渓が順路であって薬師岳西下のカール状の窪から出ているものであり、左渓は頂から北寄りの東面下の大カールのちょうど上の所に出るものである。

先へ行った春蔵（平蔵の弟）が何やら大声で叫んでいる。しかしそれは渓の響に消されてよくわからない。近よって見ると、彼は荷を下ろしたまま先方を見上げている。大きな岩場を廻り、その谷筋を仰いで私も驚いた。

そこには両岸を囲む岩壁が狭く谷を圧し、絶崖は高く尾根の背筋までのび上っている。そしてそのワレ目から高く、ひと筋の瀑布が素絹（そけん）を垂れている。

高さ十五米、雪渓を穿ってその暗い底から釜がしぶきを吹き上げている。

見上げると、碁盤のような赭黒（あかぐろ）い巨岩が、滝の頭に横わって流れをふさぎ、岩の両端から水が走り落ちている。滝の上には何も見えず、遥かに天際を限って蒼空が光り、その面をかすめて霧雲が動いている。

実に壮観だと思ったが、またこれを登るのがひと苦労だとも思った。

雨が降らないのがなによりだった。こんな窮地で雨にやられたら、さぞ惨めな目に遭ったろうと思った。

陽は既に午を過ぎた。正午には薬師の頂に立てると思っていたが、この様子ではまだそこまでは三時間ぐらいはかかりそうだ。

平蔵が先きに立って滝登りを始めた。不安定な岩石をずり落し、足場を作りながら攀(よ)じ登って行った。滝の水を頭からかぶって皆ぬれ鼠となった。

とにかく荷さえ綱で引き上げさえすれば、登れるというので、なるべく水を避け岩に抱きつき、梯子のような岩の段を匍い登って行った。一箇所とりつけない悪場があったが、綱を使って漸く滝の頭に登りついた。滝の上は急なガレの坂になっている。

今度は先きに登った私が、岩ナダレを気にしながら、しっかりと岩を押えて匍うようにして行くうち、手をかけた二尺大の石がぐらつきだした。それが崩れると小石を交えて落ちて行った。びっくりして、下から来る平蔵たちを見た。よい按配に少し離れていたため無事であったが、一時はひやりとした。

ひと休みして、岩の溝の中を行くと、右手の崖から滝が落ちている。しかしもう水はすっかり小さくなった。

霧が深くなってきたので、崩坂をひた登ると山の懐が急に広くなった。

どこを向いても岩稜のルイン〔廃墟〕だ。方向を誤らないように警戒をしながら進んだ。その赭岩は皆ボロボロになって堆積され、荒廃を極めた裏山伝いという感じだ。

もうすぐ右上に見えるはずの頂上も霧に隠されている。

長大なそして急峻なザクの斜面を二時間も登って、東の方につづく支尾根の一角にとりつき、偃松（はいまつ）の縁を縫って登りつめた所が頂稜かと思ったら、先の方にさらに高い隆起が霧の中から顔を出した。

ヨツバシオガマ、コイワカガミ、ウメバチソウ、チングルマ、イワウメなどの花が、ザクと岩の間にふるえている。

真川の谷から雷鳴が聞えてきた。四辺茫々として山上には濃霧が渦巻いている。午後二時四十分主稜に登りついたが、文字通り五里霧中である。

黒部谷から吹き上げてくる寒い風に歯の根も合わず、偃松の枯枝を集めて焚火で暖をとった。炎が山風に煽られてゴウゴウと唸っている。やがて霧の中から大粒の雨が叩いてきた。

稜上へ匍い出して東の方を見ると、黒部の霧が漸くうすれて、潮流のようなその底から、蒼い偃松の中を、芙蓉の花の開いたような、美しい白雪に彩られた薬師岳東面の大カールが、スーッと姿を現わした。

椀状の大きなカール、四方からかき均されてゆったりと傾いているこのカールは、東北の隅で具合よくつづまって、黒部谷に向ってぷっつりと断たれている。その下は断崖になっているらしい。金作谷（後でつけた名）の源である。

東の方黒岳〔水晶岳〕山塊の頭には幕雲が冠って、その下からガレの縦谷が幾筋も見える。北の方は霧が深いため、立山も五色ヶ原も姿を見せず、霧の切れ白から洋館のような針ノ木岳が赤牛岳の左に姿を見せた。

午後四時三十分、漸く頭上の霧が消えはじめ、その上を碧い空がずんずん拡がっていった。

南の方を見上げると、すぐ右上に薬師岳の丸い頭が高く天球を摩している。頂にある薬師の御堂が美しくも夕陽に照らされているのを見ると、私は今日一日の労苦も霧とともに失せて壮快な感じになった。

常願寺川本流の真川方面から、初登攀を終えて頗る得意になった。

午後五時、薬師岳の頂点に立った。俯瞰すると岩井谷の深谷は近く脚下にある。十重二十重の積翠の底を、銀線をうねらせている真川の流れを見ると、何ともいえない嬉しさでいっぱいになった。

真川の谷底から二九二六米の薬師岳の頂に達するルートとして、岩井谷は優れたものだと思った。

私はその日は薬師平に泊り、翌日は有峰へ、さらに大多和峠を土(ど)〔現飛騨市神岡町〕に下り、高山から帰途についた。

(大正五年七月)

剱越え

早月川から上高地へ

早月尾根の初登攀

早月尾根という名は私のつけたものである。この尾根は人も登らず、名もなかったためである。私の連れて行った芦峅の山の人は、冠尾根という名で呼んでいるということを聞いたが、剱岳の頂から早月川に向って下りているこの長大な尾根は、早月尾根という名の方が遥かに適当であると思うので早月尾根と命名した。

大正四（一九一五）年の夏、剱岳へ登ったときに、平蔵谷の方へ行く途中で富山平原の方へ眼を移したとき、私の眼にとまったのが、すぐ足もとから早月川の谷に向って美しい草地と、残雪と、それから、偃松の緑に蔽われて悠々と延びているこの尾根であった。

その時分には、剱岳も、長次郎谷、別山尾根、三ノ窓谷、平蔵谷、それから剱の頂稜も登られていた。しかし富山平原に向って下りているこの尾根だけは、まだ誰も手をつけていなかった。

よさそうな尾根だが、相当長そうだ。あの尾根から剣越えをしたらばさぞ愉快だろうと、私はこの尾根の登攀を大事に自分の予定にしまっておいた。

それから一年おいて大正六年の夏、山友飯塚篤之助君（日本山岳会員で、昭和二十年の春の爆撃で亡くなられた人）、と芦峅の平蔵の義兄の軍蔵外二名を連れて早月川に入った。

その頃の早月川の沿道は、小黒部鉱山というのが、剣の池ノ平山（大窓ノ頭）で、モリブデンの採鉱をしていたので、伊折（いごり）が物資の集積所となり、白萩川には幾つもの小屋があった。

早月尾根の下手の突端にあるマツオ平から、小窓に向って鉱石運搬のワイヤーが架けられ、それによってモリブデンの鉱石が運ばれていた。

しかしこの鉱山もその後間もなく廃鉱となって、池ノ平にあった飯場や物資は立ち腐れとなり、その木材の一部を集めて、後に池ノ平の登山小屋が建てられた。

七月十七日の朝、前夜の夜行で上野を発ち、地方鉄道（その頃の立山鉄道）に乗り換えて上市駅で下車し、そこで芦峅の山の人たちと一緒になった。

伊折を知っているかと聞くと、まだ一人も行ったことがないという。この旅行も例によって土地不案内同志の道づれであったが、軍造はしっかりした頭のよさそうな男なので、安心して連れて行けると思った。

乗物のなかった頃、夏の日盛りを折戸峠を越えて二里半の道を伊折に向った。午後三時頃になると、谷奥から黒雲がなだれてきた。疾風と迅雷が襲って来たのだ。

急いで合羽を着て岨道（そばみち）を行くと、お神立（かんだち）は黒雲につつまれて下流に向って流れて行った。その後から涼冷な山気が渓谷に満ちて、夕べ近い爽かさが頗る（すこぶる）快適となった。

蓬沢の部落を対岸に見て、伊折に着いたのは午後五時少し過ぎ、酒井長作という家で旅装を解いた。

翌日は午前四時に起きると、楊枝をつかいながら裏の田圃に出た。

谷には淡い霧がたちこめているが、空は浅碧に澄んで、明星が一つ剣の頂の上にまばたいていた。その空と同じような色をした、峻（けわ）しいが美しい線を刻んだ御幣のような山のツルが、谷の表面を、谷を跨（また）いで透きとおっていた。

剣の頂のすぐ下のところで、残雪が一つ、水晶のように光っているのが、私の心をとらえた。それは早月尾根の剣直下の峰の残雪であった。

午前六時に伊折を出た。約一時間で大熊谷の橋にかかる頃には、行く手を、早月川の谷一杯に剣岳が翼を拡げていた。

逆光線を背から浴びて、紫色にむせぶ三ノ窓、小窓の峻嶮（しゅんけん）が稜線を光らせ、奥大日岳の大残雪が森林の上から桔梗（ききょう）色をして溢れていた。すばらしい朝の山景だ。

小窓からぐーッと下って大窓の凹みが、この険しい頂の線の中を、丸くすっきりと、すくいとったようなU字形の大きな窓をあけている。

見ていると、その窓の底の方から煙のような薄雲が少しずつ騰（あが）っている。雲の出方がすこし早過ぎるような気がする。

このときには小又川の発電所が工事中で、バンバシマにまだ水力電気の施設はなかった。

白萩川と立山川の出合のバンバシマに出ると、広い草原の中に大きな小屋が建てられ、右＝立山道、左＝鉱山道と記された道標が立っていた。私たちは道を左の白萩川にとり、鉱山道を上って行った。

一時間足らずでブナクラ谷落口の鉱山小屋についた。午近いので、そこで暫く休んで中食をとった。

小屋の者は仕事に出ているとみえて、二、三人しか残っていない。茶を飲みながら山や尾根の様子を聞いて見たが、一向に要領を得ない。初めのうちは東京から鉱脈を探しに来た鉱山師とでも思ったらしく、てんで話相手にならなかったが、山の人の話で漸く納得したらしいものの、前の尾根を剣へ登るのだと言っても、

「そんなことが、まさか天狗様じゃあるまいし、羽根もないのに此所からあの尾根伝いを剣のズコ（頭）まで登れるものか」という調子で、全く手がかりも足がかりも得られない。

小屋から尾根の方を見ると、東南の懐に滝のある小谷がひとつ見えている。その谷の名を聞くと、キワラダンだと云う。

あそこまで行けるかと聞くと、小屋の前の丸木橋を渡って行けば尾根の下に出られるという。

尾根は森林と藪でいっぱいなので、登るのならあの小谷のほかはないと私は思った。

午後一時に小屋を後にして、白萩川に架けられた丸木橋を渡って対岸に出ると、キワラダンの方向に進路を求めて、森林、藪、溝などを抜けて、漸くキワラダンの岸にとりついた。

まだ三時半だったが、霧が深くなってきたので、キワラダンの右岸の小さな平に藪を拓いて天幕を張った。

夜の八時頃になって霧が漸く晴れ、空は残りなく澄み渡って、白萩川の谷の上は秋の夜空のように、星がサンサンときらめいていた。

七月十九日

今日もまた夜明けから霧が深くなり、森林が模糊として展望は全くない。

午前八時、キワラダンの登りにかかった。急なガレ谷を行くと十五米（メートル）位の滝に出た。右に廻り、ガラ石と水とで辷（すべ）り易くなっている崖のような斜面を、落石を警（いまし）め合いながら、匍（は）い登るようにして森林帯に出て、漸く大尾根の背筋にとりついた。

のぞくようにして立山川の方を見ると、苔むした巨岩が累々として急に、サルオガセを長く垂れた針葉樹の喬木が鬱蒼として暗く、谷風が立山川の瀬音を吹き上げてくる。幽深な感じだ。

間もなく目標にしていた三角点のある平に出た。笹やナナカマドなどの茂った中を、白花シャクナゲの間から、三角櫓が一本倒れ残っているのが見えた。

一九二〇米の三角点だ。これでひとまず落ちついた気持になった。この三角点は下のバンバシマの方から上げたものらしく、密叢の中に鉈目（なため）が残っていた。

いよいよこれから剣の頂までは、路はもちろん踏跡さえないほんとうの原始境だ。

尾根なりに登って行くうち、密叢に苦しめられて自然と左横を廻ると、ナナカマドやミヤマハンノキに囲まれた緩斜地に出た。なだらかに延びている残雪のへりには大桜草や白根葵などが美しく見え、ヤマキスミレ、イワカガミ、ミヤマダイコンソウなどが咲きつづいていた。この旅初めてのお花畑だ。

こんなによい所があるのに、と皆申し合せたように言う。この尾根は総じて立山川に向って急に落ち、針葉樹が密生して幽邃(ゆうすい)であるが、白萩川に向って矮(ひく)い闊葉林(かつようりん)の間に、緩い草地が点々として残雪が多く、山草が美しい。ミネザクラの花が満開で、ツツジの牡丹色の花も美しかった。

熊落しを三つばかり見た。これは積雪期に猟師の掛けたもので、その頃には丈余の深雪の中を自由に歩けるので、獣を求めて猟師たちが入るらしい。芦峅の猟師が三人、この季節に遭難したという話もきいた。

尾根の凹みや、乗越のような所へ出ると、狭いがよく踏みならされた足痕が、立山川の方から池(いけ)ノ谷(だん)側へ横ぎっている。熊やカモシカの通る路らしい。

暫く行くと、十五米に二十五米位の池に出た。周りには残雪が押し出して池の底まで雪が敷かれている。水は美しく澄んで林の影を映している。いかにも静かな所である。ここにも熊の大きな足痕が幾つも見えた。

池の傍の草地に腰を下ろして中食をとった。霧はますます深くなって見通しが悪くなったので、尾根筋を誤らないように警戒しながら進んだ。尾根がだんだん狭くなってくると、追われるようにひと筋の山稜の線を、闊葉樹を縫いながら上って行った。午後四時三十分、二十米位ある林の底の草の窪地に出た。少し早いが霧が深いので、そこで泊ることにした。

この頃の天気のクセで、毎日のように朝早くから濃霧に閉され、夕刻にならなければ晴れない。

今日も午後六時を過ぎて漸く霧が動揺し始め、潮のように池の谷に向って沈んで行くと、その上から夕陽を浴びた紫藍色の毛勝三山が腰から上を現わした。右手の大森林の上からは雪を浴びた奥大日岳が見えている。室堂乗越の上から地獄谷の焼原と噴煙とが見える。

その左の方に、最後まで絡(から)んでいた霧が風に追われると、頭巾(ずきん)を脱いだように別山尾根の岩稜が見えてきた。やがてその左に剣岳の大きな頭が、二つに割れた絶巓(ぜってん)の岩頭(いわがしら)を擡(もた)げだした。霧の加減でそれが、くらくらと動いているように見える。

夕陽を強く受けて赭(あか)く光ったその山の色、山の容(かたち)は、囲繞(いじょう)する雲表の壮観を併せて、この旅最初の第一景であった。

七月二十日

今日は霧の出ないうちに偃松のある所まで登りたいと思い、朝食を終ると弁当も持たずに、午前五時半に出発した。

一時間ほど行くと、森林の下に長大な偃松が見えてきた。やがてミヤマハンノキと偃松の密叢に入ると歩行が漸く難渋となり、偃松だけになると、足がだるくなって歩くのが嫌になった。

六米に余る高い林のように立ち上っている大偃松の密叢の上を渡って行くのだから、その中へ落ち込もうものなら、上るのに容易でない。最初のうちは、枝から枝へと游ぐようにして匍行していたが、しまいには偃松の枝の上に寝ころんで、手足をのばして幾度も休息をした。

午前十時過ぎて漸く偃松が矮くなると、間もなく大きな草のスロープに出た。草地の周りは大残雪で、雪解の痕の草の上に足を下ろすと水滴が溢れるようだ。乾燥している所には、チングルマ、ガンコウランなどが地を蔽うて、ミヤマカタバミ、イワオウギ、イワベンケイソウ、タカネツメグサ、ミヤマキスミレなどが咲き乱れ、黒百合の花もそこここに綻びていた。

昼食を終って午後一時、原につづいている雪の斜面を登って、小さな隆起を二つほど越すと、一昨日(おととい)夕方見た剣直下の大隆起の頂に出た。

ここまでは豊饒な大森林と美しい偃松で飾られていたこの大尾根も、この隆起を境として、それから先は崩壊したぼろぼろの岩伝いとなっている。荒寥としたその岩稜の懐に少しばかりからみついているのが偃松の緑である。

長い年月にわたって風化浸蝕され、僅かに残っている牙のような叢岩の列によって、剣の頭に達する尾根の走向がほぼ物色できる。

剣沢向きの堅牢な岩質に比べると、この尾根に面した剣岳の西側全体は崩岩の集りのようで、剣岳の頂稜の線を境として、山体は西に向かって大きく断ち切られているようだ。

これからは、いよいよ、その崩壊面のガレの上を登るのである。三つほど並んで立っている岩峰の左をからんで、急傾斜の残雪の上をカンジキで通り、約三十分位、雪上を横に廻って長大なナギ〈急傾斜の崩壊地〉を四番目の岩峰に登りつめ、それから斜めに山稜に沿って暫く登り、池ノ谷向きの雪のある窪に荷を下ろした。この付近一帯の池ノ谷側は急に落ちて、非常に深く見える。

午後四時、濃霧が晴れそうもないので、今日も大事をとってこの径(みち)の雪の上に偃松を敷きつめ、天幕を冠って野臥(のぶし)を楽しむことにきめた。

天気がよくなるらしく、午後五時頃から空が碧く光って来た。今日は富山平原と日本海の方が実に鮮かに眺められた。上市川や早月川が銀蛇をうねらせ、その間を埋めている森林、田野、集落などが美しく見える。その先の蒼波が日本海である。

剣岳の夕陽にうつろう色や姿を眺めて、日の暮れるまで無為に過ごした。

つい二、三日前まで都会の中で、人の鼻息を縫って暮していた私が、今朝は青天井の下で、磊砢とした剣の大頭顱に対し、思うさま気息をのばし、溜飲を下げた。山はまことに痛快なものである。

七月二十一日

連日の濃霧も昨日できれ、今日は万象悉く光っている。爽快な気象に溢れているものは山ばかりではない。

一行は今日こそと勇み立って、午前五時に露営地を出た。そして磊々とした岩の世界のただなかに道を求めた。

登路は尾根の残骸である峭壁の、池ノ谷の側をからんで行くのである。崩岩の上を、岩壁の横を、険悪なナギに路を拓いて、最後に階段状の岩つづきを、剣岳頂点の右手を目がけて登って行った。

幸い少しの危険も感ぜずに、約一時間の努力で、目的の剣岳の頂のやや右寄りの岩の頭に匍い登った。午前六時。

美晴の旦（あした）、朝陽を浴びて三〇〇三米の頂に金剛杖を立てて、連山、叢岳を眺め廻したその時の気持のよさ。

帰路は長次郎谷に道をとり、私は金剛杖を斜（しゃ）に構えて疾風のように雪渓をグリセードした。

あまり調子づいて、剣沢の出合に出たのに気がつかずに、なお、どんどん降って行くと、クレバスが幾つも出てきたので、ようやく長次郎谷から剣沢に出ていることに気がついた。

それで雪渓を戻ることにして、長次郎谷のすぐ下手まで来たとき、思わず立ちどまった。降るときには走り下りてしまったので気づかずにいたが。雪渓の大きなワレ目から大量の水煙が吹き出している。なかをのぞくと暗がりの中を、大きな瀑布がドウドウと音をたてて落下している。

その滝の上にかかっている雪橋が非常に細くなっているのを見て、私は急に真剣になった。降ったときどうしてこれに気づかなかったのかと思った。この細い雪橋を登って、もしこれが折れたら、それこそ百年目だと思った。

私は暫くの間滝を見て考えたが。他に行く所がないので、思いきってその細い雪橋の上を、虎の尾をふむ気持で静かに渡って、ともかくも無事に長次郎谷の出合に戻った。

そこには友人と山の人たちが、出合の岩に腰を下ろして休んでいた。

君、いま下で恐ろしい思いをしたと友人に話すと、私の無事であったことを、自分のことのように喜んでくれた。

しばらくすると、下流から小黒部鉱山の者が上って来た。

今、あすこの雪渓の上を登って来た人が居るか、と聞く。

僕が上って来た、と云うと、彼は私の顔をじっと見て、

よくあんな所を！　わしは天狗様かと思った、と云う。

彼はあの雪橋を避けて、左岸の壁の高廻りをして来たという。その途中から雪橋の上についていた私のカンジキの歯の痕を見て、天狗様の爪かと思ったと、笑いながら云った。私は何となくきまりが悪かった。

しかしそれから間もなく、立山のボッカが、この雪橋が折れて、滝壺に落ちて死んだということを聞いて、私はほんとうに膚に粟を生じた。

つい数年前の（戦後になってからのこと）八月に、富山大学の石井逸太郎教授も、道からこの滝壺にスリップして遭難された。

私はこの滝を長次郎ノ滝と名づけたが、土地の者は南無ノ滝といって恐れている所であるということを後に聞いた。

午前九時頃からまた歩き始めた。剣沢を登って別山乗越から別山へ、それから真砂沢や内蔵助谷のカールを見ながら立山の主峰に登り、富士ノ折立から大汝へ来て、そこで中食をとった。

大汝三〇一五米の岩ダタミの上に立って、後立山の峰々を眺めていた私は、すぐ足もとから大きく深い谷を穿っている黒部谷の鬱蒼とした森林にひきよせられた。その谷底のスバリの壁に沿って、青い淵の動いているのを見て心躍った。

私の人跡の稀な黒部へ入ったのは、この時が動機であった。

雄山神社に参詣すると、そこから室堂へ下りて東京へ帰る飯塚君と別れて、私の方は御山谷のカールへ下った。

これから長い山のツルを上高地まで行こうというのだ。

立山から上高地へ

七月二十一日の午後、飯塚君と立山の頂上で別れた私は、御山谷のカールへ下ると、南の方に見えている木の茂った、山また山の隘路(あいろ)を中ノ谷に向って横ぎって行った。ここはイタヤ峠といって、あまり利用されていない立山からカリヤス峠への間道である。それでもどうやら森と藪とをかき分けて中ノ谷の流れへ出た。

流れを徒渉しながら二、三丁上って行くと、ザラ峠からカリヤス峠への道に出た。ひと上りしてカリヤス峠の上で休み、平(だいら)に向って下って行った。

平へ来て見ると、森閑として人の気配もない。小屋の戸を開けて中をのぞくと、うす暗がりの小屋の土間いっぱいに大きなカモシカが横になっている。しかも皮を剝がれた、惨憺としたふた目と見られない醜骸だ。

平の小屋はこの当時、遠山品右衛門が死んだあと無住の小屋で、人が居ないため周囲は荒れ放題で、ひと晩の泊りを求めていたのが当てがはずれて、仕方なしに少し離れた磧の隅に天幕を張ることにした。

幸いに天気は上々で、磧の前を滑って行く流れは澄んで美しく、夕陽影は針ノ木岳や南沢岳を照らして、渓谷は漸くたそがれんとしていた。

今日は大分疲れたので、夕飯を終ると早く眠りについた。

七月二十二日

いよいよ黒部川上流への溯行だ。

「平のカゴ渡し場」へ来て見ると、近頃は人の往き来がないためか、綱もいたんでいるし、滑車の心棒が三角に減ってしまってなかなか動かない。少し川へ押し出して見たが、とても使えそうもないので、途中から綱で川中に下り、徒渉してハリノ木谷の落口についた。

昔からあったこの籠渡しは、大正十五年に橋と架け替えられ、さらに後、昭和三十七年には小屋もろとも貯水池の水面下に没して、今日では小屋は池畔に建てられ、渡船が平からハリノ木谷の方へ往復することになった。

ハリノ木谷から黒部川の右岸に踏跡が見えたので、それを辿って岸辺に下り、暫く行くと大きな崩れの所で道はまた上っている。川沿いを捲いて行くうちに、道がだんだん高く上るようになって、足場が急に悪くなってきた。

崩れのような崖沢へ出たので、その底まで下りてまた上って行った。崩壊した厭な沢である。暫く行くとまた崩れ谷へ出た。それをまた底まで下りて上って行くと、また崖沢にぶつかった。実に始末の悪い渓側の横捲きだった。

対岸（左岸）の方は、ヌクイ谷や木挽(こびき)谷などが見えて、岸辺は美しく、崩れなどは殆ど見えないようだ。どうしてよりによってこんな脆弱な右岸に道をつけたのかわからない。

崖沢はまだ頻々と出てくる。そのたびにいちいち谷の底まで下りて、また匍うようにして上った。

一箇所かなり大きな崖沢を、グリセードしながら底近くまで下りた。するとその途端に草叢(くさむら)の中から大きなカモシカが躍り出した。彼は突然の闖入者(ちんにゅうしゃ)にびっくりしたらしいが、こっちもまた少からず仰天した。

ギャー、ギャーと叫び、渓側の急斜面をよろけながら駆け上ると、大きな岩の上に停まって、キョトンとした眼で、私たちの方をふり向いている。もうここまで上れば大丈夫だという顔つきだった。折角よい気分で昼寝をしていたのを驚かして、気の毒なことをしたと思った。

右岸の渓側を東沢の落口の下手の小谷までまる一日、しかも非常に難儀をしながらそこに着くと、日暮間近いので急いで天幕を張って泊り場をつくった。

土地不案内というものは、まことに致し方のないものである。私はその後、本沢と平の間を五、六回以上も往復したが、それは、いつも左岸の木挽山の下の岸辺を縫って通った。

左岸ならば、平水のときには三、四時間、減水の時ならば二時間足らずで、美しい林やトロや流れを縫って行けるよい所である。

しかしこの時には、全く難路に悩まされ通しで閉口してしまった。

この踏跡は大水で左岸の通れない時に通ったものらしい。

七月二十三日
今日もよく晴れた日だ。今日の日程は東沢を溯（さかのぼ）って、支谷から赤牛岳へ登ろうというのだ。
初めてなので様子はわからないが、東沢からなら大したことはあるまいと思って、午前八時に出かけた。
東沢は落口の三角洲が広く、山沿いには針葉樹が茂り、黒部の本流に向かって闊葉樹の喬木が美しく、流れはトロとなって対岸の壁の裾に光っている。風通しのよい寒いところである。

落口は滝のような奔流になっているが、少し上ると谷は広くなり、非常によくなっている。源流地が広いため如何にも明るい穏やかな谷である。

烏帽子岳からくる一ノ沢、二ノ沢、赤牛岳から落ちる狭く深い谷が二つ、それを見ながら進んで行くと、三ノ沢の長い尾根が彼方に見えてきた。

赤牛岳の方を見ると、手頃な、やや大きな支谷が入っている。滝が見えているが水が少いので、どうやら行けそうだと思った。

この付近では烏帽子側の森林が立派で、赤牛岳の方を仰ぐと、鮮かな茶色の山肌に、残雪と偃松が獣の斑のように美しく見える。あそこまでだなと思った。

滝が断続して三つあった。最後のものは相当高かったが、右を捲いてその上へ出た。谷底にはまだ随分雪が残っている。

森林帯が偃松の海となって山一面を蔽うている。その中へ踏みこんだら容易に出られない。一時間以上も偃松の中を游ぎ廻って、漸く右方に草地を見つけて、救われた気持でその方へ逃げ出した。

傾斜は相当あるが、広々とした草地には山草が美しく、偃松の集団がところどころに見える。もう森林の影は谷の方へ沈んでしまった。

急に歩きよい快闊地に出たので、草地へ腰を下ろして中食をとり、長い間休息した。ここは赤牛岳の頂から東北に下りている長大な尾根の上部で、この尾根の先は上ノ廊下の入口までつづいている雄大なものだ。

登るに随って視界は歩々に開けて来た。立山主峰、黒部別山、赤沢岳、針ノ木岳、烏帽子岳、三ツ岳などの山々が続々と姿を見せてきた。

しかし何よりも私を喜ばせたのは、すぐ足元の光景である。黒部の谷がこれらの高嶺を左右にして、朗かにも美しい光を湛えて流れているその姿だ。東沢から平、御山谷、御前谷を経て大タテガビンまで、ひと筋に見通せることだ。

山の上から黒部中流の美観を最もよく見られるのはこの赤牛岳である。

午後三時、赤牛岳絶巓（ぜってん）の三角点のあるところに着いた。

赤牛岳二八六四米は穏かな山で、頂を中心として鮮褐色の砂礫に蔽われ、露岩はあっても著しくなく、どこでも自由に歩くことのできる緩傾斜のよいスロープとなっている。

タカネスミレ、トウヤクリンドウ、イワウメ、ガンコウラン、チングルマなどの花が、ザクの面に美しい姿を見せている。

午後四時頃になると、雷鳴が黒部奥から聞えてきた。その方を見ると黒い油煙のような雲が騰っている。
そのうちに雷雲がすばらしい速さで上空に拡がって来た。雷鳴がとどろき、紫電が面をうつ。大急ぎで合羽を冠ると窪地にしゃがんで、お神立の通り過ぎて行くのを待っていたが、執拗な雷雨はなかなか歇まない。約一時間もじっとして細引のような雨に打たれていた。

身体が冷える、手足がこごえる。すぐ前を見ると、チングルマやイワウメの花も、水びたしになっておびえ慄えている。

やがて雷雲は轟音を残して立山の方へ移っていった。淡霧が山から谷をめぐって、紫藍色に光っている。夕陽が押えきれない力で射し込んできたのだ。

午後五時、皆で天幕を張り焚物を集め、濡れたものを干したりして、一応片づくと焚火を囲んで茶を入れながら、美しい夕陽と、夕立の後のみずみずしい山や谷を眺めていた。

五時過ぎになると、夕日が薬師岳の上に傾き始めた。

夕立の後の空は拭ったように美しく、日の光はサンサンとしている。

眺めていると、日輪は薬師岳の頂に向って静かに下りて行く。それがちょうど頂点の薬師の御堂の真上にかかると、金色の斜線が中天に向って無数に放射された。

やがて御堂は日輪の麗光に包まれて浮び上った。

私はザクの上に佇んで、西に向かってこのすばらしい光景に陶然と見入った。

ふと傍らを見ると、つれの山の人が二人、岩の上に脆いて薬師の御堂を拝んでいる。

南無阿弥陀仏！

ああ如来様じゃあ！

という感激の声が彼らの口を衝いて迸（ほとばし）った。

私もかつて見たことのない荘厳な夕べの景色に少からず感動した。

夕陽が沈むと山上は急に寒くなった。風の強い方向をよけて天幕を張り、寒さに慄えながら一夜を過ごした。

七月二十四日
今日も快晴である。夜が明けると急いで朝食をとり、泊り場の仕末をすると、寒い吹きさらしの露営地を後にして南にたどった。
すぐ鼻先きには大薬師が、朝陽に映じて樺色に光っている。その頸から懐にかけて四つのカールと、金作谷とその上手の雪渓の四つの縦谷がサンサンとして輝いている。
長い赭いザクの尾根筋を黒岳（水晶岳）に向う。約四キロの長堤のようなのびのびとした下りを行くと、黒岳との鞍部（東沢の中ゴヤ乗越）から岩の色が著しく黒味を帯びてきた。

それから黒岳二九七七米の登りにかかった。これも大した嶮しさはなく、頂の狭い岩の折り立った所に立って、展望をひと通り楽しむと、赤岳から赤ノ泊場に下り、小鷲のワリモ岳をひた上り、さらに鷲羽岳二九二四米の頂に達した。

眺望は絶佳を通り越している。北アルプスの真ただ中に乗り出している赤牛岳、黒岳、鷲羽岳の頂稜を歩いている気持は、ただ山々の姿でいっぱいである。

鷲羽ノ池をすぐ下に見ながら、鷲羽岳の高い背筋を一直線に下った。下には広い美しい高原が見えている。鷲羽乗越である。

下りは早く、一時間足らずで鷲羽乗越の大きな鞍部に下り立った。

広々とした偃松と草地に彩られた高原の行く手には、三俣蓮華岳がのし上り、顧みると鷲羽の峻峰がひと筋の背稜を延ばして超然としている。祖父岳も見える、雲ノ平も見える、東には大天井岳と大槍を中心とした群巒が私を迎えている。

鷲羽乗越は私には思い出の深い所である。明治から大正時代には、こんな不便な所はないとされていた。北アルプスのハートであるこの付近でシケに遭おうものなら出るも退くもできない。小屋もなく道もわからない。里へ下りるのには、どちらへも、信州にも飛騨へもまた越中の方へも、三日以上はかかる、ここで風雨にあった私の知人は、天幕を飛ばされ、半病人になって、上高地へ出るまでには、えらい目に遇ったと話していた。

私のこの行は大正六年だから、それから十四年たった昭和四年に漸く三俣小屋が出来た。烏帽子小屋も同じ頃に出来たので、ともに黒部の源流地に魚釣に入っていた島々の人が建てたのである。

それだから鷲羽乗越の広茫とした高原は、それまでは全く無人の境で寂寞としていた。登山者は殆どなく、信州の猟師がこの乗越から雲ノ平や薬師岳の付近を漁っていたらしい。雲ノ平の名は彼らのつけたもので、上高地の嘉門治も有峰の方まで入っていたということを聞いた。

北アルプスの山上には小屋は全くなく、黒部の平に小屋はあったが人は居ず、私たちは早月川から十日近く露営だけで過ごした。七月の登山期だというのに、早月尾根から蜒々安曇の大槍までの間で、一人の登山者にも会わなかった。

それが今日では三俣小屋を中心として雲ノ平、黒部乗越、水晶、岩苔平にまで小屋が造られ、毎夏数千の登山者を集めている。小屋は満員で、高原の至る所にキャンプがつくられて、上高地に次ぐ賑かな遊山地となった。長生きはしたいものだと私は思っている。

鷲羽乗越から偃松、山草、露岩と、美しい幾つもの小流を縫って、三俣蓮華岳の頂に立った、平凡な山だが信、飛、越、三国の要（かなめ）にある所だけに展望はよい。

蓮華岳から双六岳の東側の広い偃松と残雪の斜面に沿って双六岳との鞍部に下り、それから樅沢岳の上りにかかった。

今日も展望はすばらしく、過ぎて来た山や谷を指摘しながら、楽しく歩いた。剣岳と立山が遠ざかって、そのかわりに槍ヶ岳と穂高山がだんだん近づいて来た。

私はこの両方の名山を等分に見比べてそう思った。北アルプスの北の重鎮は立山と剣岳で、南の圧巻は槍ヶ岳と穂高山だ。この二つの尖鋭と豪快な姿を、色彩を、心ゆくまで眺め暮したこの山旅を恵まれたものと思った。

この日は硫黄乗越の窪地を選んで、山々に護られながらひと夜を明した。

七月二十五日

今日はいよいよ上高地へ下る日である。

十日も露営をしていると、顔は煤ける、髯はのびる。手足は汚れる。半ば仙人のようになった風体で、上高地へ下るのは具合が悪い。梓川へ出たら、あの美しい水の流れで顔を洗い、髯でも剃って行こうかと思った。

硫黄乗越から高瀬の千丁沢〔千丈沢〕を左に、蒲田の左俣を右に見て、西鎌尾根を上り、飛騨乗越についた。

槍ヶ岳には随分無沙汰をした。最後に登ったのは明治四十三年だから、八年ぶりでの面会である。

風景依稀として去年に似たり。大槍の穂先に立って見ると、先年と少しも変っていない。ただちがったのは屏風岩の所に鉄線が吊されてあったことだ。

その後、この鉄線から手をすべらせて墜落した事故があったので、鎖に着けかえられ、今日では屏風岩の外にも幾つかの鉄鎖が吊されてある。

槍沢の雪渓を久しぶりで、殺生の岩ノ窪、坊主ノ岩屋、赤沢の岩屋などを見ながら槍沢のドウへ来て見ると橋が架けられてあった。以前には徒渉をした所であった。

それから下の路は、左岸に沿って随分よくなっていた。ドンドン下って横尾から徳沢へ出て徳本(とくごう)の下まで来た。

今年の夏、松本の連隊の人が大勢で槍ヶ岳登山をしたし、宮様もまた登られたという。そのために見違えるほど路がよくなっていた。

河童橋へ来て見ると、五千尺旅館が新たに建てられ、河童橋も昔の角材をへの字形に並べたものから吊橋に変っていた。

久方ぶりで清水屋を訪れ、加藤惣吉翁と旧交をあたためた。

それから大正四年、焼岳の噴火によって梓川がせきとめられて出来た大正池を見に行った。たくさんの枯木が池の中に林となり、焼岳の姿を映して荒寥としていた。

上高地も昭和四年に梓川のバス道が出来るまでは、旧態を持続した原始境であった。

（大正六年七月）

御山谷を下る

大正七（一九一八）年の夏、私は立山の頂から御山谷（おやまだん）を降って黒部川の滸（ほとり）に出た。これが道の拓かれていない黒部、人跡の絶えた黒部川へ下りた最初であった。

私の、渓を探ることを目的とした山旅、山登りの道筋としてでなく、渓谷を探るために、山奥へ潜入した皮切りであった。

その当時は平（だいら）の小屋は無人で、黒部川はその源流地から下流の鐘釣温泉付近まで、約八十粁（キロ）の間、ほんの小部分を除いては、全く人跡稀（まれ）な、または未踏未開の原始境、処女境であった。

私は立山主峰の雄山から一ノ越を御山谷を下り、御山谷の流れについて黒部本流にたどりついたとき、この付近の自然の雄大と優美に魅せられて、合流点のひろびろとした白砂の洲の上にキャンプして、二日二夜というもの、上下流の美景を探りながら滞在した。

私はこの時ほど圧倒的な渓谷の魅力を感じたことはない。それは実に私の山旅に於て忘れることのできない第一印象であった。

　黒部は嶮阻であるというが、その水源地から八キロ薬師沢落口の下流までは、大きな山波と高原とが両岸から遠く拡がって、キャンプ地としても比類の少い好適地である。それから上ノ廊下の約七粁を経て、口元ノタル沢の下手から東沢の落口、平(だいら)、御山谷、御前谷(ごぜんだん)などを過ぎて、内蔵助谷(くらのすけだん)の落口である下ノ廊下の入口に至る約二十キロの間は、頗る快闊な、よにも美しい渓観を展開している。険阻な黒部にもこんな美しい所がと、初めての者は驚嘆するくらいだ。

　信州の大町から越中奥の立山温泉に至る連絡路の一拠点である平から上下流にわたって、この明媚快闊な、そして必ずしも辿るに難くない渓の美景が潜在しているのに、なぜ今日まで山の好きな人たちに探られていなかったのかと、私は不思議にさえ思った。

　それはとにかく、最後までとり残された黒部、現に今日でさえ、その大部分が原始のままに保存されている黒部は、景観上実に恵まれた渓谷である。この豪快な、変化の豊かな渓谷こそ、私のような原始的の自然に傾倒している者の、心の対象としてまことにうってつけの道場であり、詩境であると思った。

　大正六年の夏、私は剣岳から別山尾根を立山に上り、富士ノ折立岩から大汝(おおなんじ)三〇一五米（メートル）の頂に立って、その広い岩盤の上に佇みながら、海内無双と云われる立山山頂の展望に時を移していた。

山々の大観にやや疲れた私の視線は、自然と脚下を埋めている積翠（せきすい）の懐に憩いを求めた。そこにはまだ見たこともないような鬱々とした大森林が、立山から後立山にわたって、深い大きな谷底を埋めていた。蒼黒い針葉樹の領域から鮮かな闊葉樹が谷底に向って押し出しているのがことに美しかった。

するとその濃密な積翠の底に、岩壁の間隙をたった一カ所、瑯玕（ろうかん）の碧玉に似た、真青に光っている水の淀みを見つけて私の胸は躍った。

よく見ると、その青い淵の水は白泡を立てて渦巻いているようだ。淵だ、深潭（しんたん）だ。一体あれはどの辺だろう。降りて見たいなあ、と、私は眼を放たずに暫くの間、濃碧に光る渓の水を見つめていた。

立山の主峰と向い合って聳（そび）えている後立山のスバリ岳二七五〇米から、黒部の谷底に向って急落している尾根の末端が、その末端の森林が禿げて、大きな灰白色の立壁が露出している。その壁の下に潜んでいる碧潭、それは私の初めて見た黒部の明眸であった。

私がそれに見とれていると、神官が雄山神社の方からやって来た。私は挨拶をすると、その人に聞いてみた。

あの青い淵はどの辺ですか。すると、

あれですか、あれは御山谷の水が落ち込む黒部川の淵ですよ、と彼は答えた。それからその神官は次のような話をしてくれた。

御山谷は実によい谷で、黒部川の出合がまたすばらしく美しい。そしてそこには、たくさんの岩魚（いわな）が游（およ）いでいる。一日も釣ろうものなら、大きいのが五十以上もかかる。まあ一度行ってごらんなさい。と言う。

私はその話を聞いているうちに、見えない力で黒部の谷底の、あの青い水までぐんぐん引っ張って行かれるような気持がした。

私は大汝から御前谷を下って黒部へ出る計画をしていたので、その方の様子を聞いて見ると、彼はまだ御前谷へは下りて見ないが、これは谷が遥かに悪く、途中に大きな瀑布があるから、黒部へ下りるのなら、まず御山谷をお下りなさいと教えてくれた。

実際のところ富士ノ折立からも大汝からも、御前谷へ向って長大な雪庇と、断崖つづきで非常に悪く、ちょっと降り口が見当らない。御前谷へ下りるのならば、雄山直下のサル又の左俣のカールからするほかはないと思った。

しかし私は、あの青い美しい淵を見てからは、無性に御山谷を黒部まで下りてみたくなった。

翌大正七年の七月、芦峅（あしくら）の春蔵（平蔵の弟）外一名を連れて、雄山に登拝し一ノ越まで戻り、それから御山谷の大きな圏谷の中を、偃松（はいまつ）を踏み、ミヤマハンノキ、ナナカマド、ダケカンバなどの密叢を分けて、よさそうな所を選びながら下って行った。

御山谷の圏谷は随分大きいもので、槍ヶ岳や烏帽子岳方面から、立山の主峰と浄土山との間に雪を埋めたこの圏谷のすばらしさがよく眺められる。

残雪はまだ所々にあるし、そこから溝川は藪（やぶ）を分け、草地を貫いて流れていた。右手にイタヤ峠のある尾根が蒼く続き、左手には高く、雄山の三角点の峰から御山谷とタンボ沢との分水嶺になっている尾根が見える。この尾根はなかなか立派な尾根で、岩稜と平に偃松がかなり下まで茂っている。

摺鉢（すりばち）の底のような緩い傾斜の藪の中を行くうち、四方から集ってきた水が溝川となって走っている。足場のよくなったその中を下って行くと、つきあたりに赭（あか）い壁が続いている。そこはもう圏谷の下端で、さすが闊々（ひろびろ）とした窪地も尽きて、この壁の所から谷筋は急に右に折れて、狭いが水量の相当大きい谷となり、両岸もさし迫って、激流が岩を蹴って落走して行くようになった。

二カ所ほど腰を没する早瀬にぶつかったが、滝は一つもなく、白樺やナナカマドなどの灌木林が、やがて栂、落葉松などの喬木の世界となり、谷の勾配がだんだん緩くなる

新緑の御山谷と残雪の立山（大正15年6月）

と驚くほど闊い川瀬に出た。

しかし喬木が谷の上空に枝葉を交えているために、如何にも暗い。私たちは、栂、黒檜、落葉松に交って榛、椈、白樺などの茂り合ったその下を、殆ど平地に等しい緩い傾斜をもって、闊い砂洲の中を貫いてゆく、美しい流れの中を下って行った。

もう午後五時である。上空は茜色に光っているが、深い林に包まれた谷の中は随分暗い。遥か行く手を見ると、大きな岩壁が夕陽に赭く輝いて、その岩壁が美しく磨き出されていた。

あれは一体どこの壁か、黒部手前のものか、または黒部向うのものか、私は未知の谷だけにちょっとわからない。もしあの壁が黒部手前のものだとすれば、これから前進するのは考えものだと思った。

夕暮も間近いことだし、今夜はこの谷へ泊って明日早く出かけるのが得策だと、やや乾燥している洲の上に天幕を張り、沈鬱な、じめじめした野営をした。

翌日も天気は上々であった。朝早く野営地を始末すると、一行はまた御山谷を黒部へ向って下り始めた。

すると間もなく左手から滝のような沢が瀉入している。これは後にタンボ沢であることを知った。それから二、三町も下ると、急にあたりが夜の明けたような明るさとなった。私たちは御山谷の暗い谷底から、快闊な黒部本流の水際に吐き出されたのだ。昨夕、赭く光っていた壁は黒部向うのもので、しかもその壁こそ立山の頂から見た、あの青い淵を抱いているスバリの壁であった。

なあんだい、こんなに近いのなら、昨日ここまで下ればよかったのにと思ったが、初めての谷で地の理を知らない同志のことだし、相手が黒部という尤物だから已むを得ない。

私たちは落口の右手に展びている闊い闊い、花崗岩の分解された、銀白の美しい洲の上に荷を下ろすと、早速朝餉の仕度にかかった。

深邃な森の奥から溢れてくる御山谷の水が、本流と抱き合って、スバリの壁の下で丸い淵となって、すばらしい勢いで旋回している。

大汝の頂から見た碧玉のように凝った水が、ここではすばらしい躍動を見せている。灰青色に淀んだ美しい水の色、底から吹き上げてくる無数の珠玉の輝き、横に広がってくる刷いたような表面の綾など、その流れの姿の面白さは、いつまで見ていても飽くことを知らない。

この深い水の淀みの底に、または躍動している流れに漂って、黒い木の葉のようなものが沢山見える。岩魚の群れだ。人のあまり入らない所だけに随分いる。立山の神官が云った沢山の岩魚というのがこれである。
竿の代りに榛の細い枝を切って来た山の人は、もうこの淵に毛鈎を投げている。釣れる、釣れる。黒い丸く肥えたのが、しかも皆、目の下尺余のすばらしい奴ばかりだ。

顧みると朝陽は今、立山の主峰を照らし、その菱壁と氷雪とが燦々と煌めいている。その下を埋めている緑の積層は潑刺として、川瀬近くの林の中に峰桜が咲き乱れ、御山谷の奥の方からコマドリの澄み渡った声が響いてくる。静かな、大きい、いかにも明朗の世界である。

やがて朝餉が出来上った。皆天幕の傍の焚火の周りに集って、初夏のような軟かな陽射しを浴びながら食事についた。まず今日の幸にと、御飯のお初を鍋の蓋の上にのせて、山の神に供えた。

美しい水と枯れ切っている流木とで炊いた飯、御山谷から採ってきた薊を実にした味噌汁、それから、いま獲りたての岩魚の塩焼が蕗の葉にのせられてある。実に楽しいひと時の渓の団欒である。

食事がすむとキャンプをそのままにして、春蔵と二人で、上流を平の方へ、道のない谷筋を溯って行った。

快闊優美な川瀬の中を両岸から緩やかに谷に集ってくる尾根の衿元から、大きくカーブを描いて落走してくる流れに沿って、私たちは上流へ分け入って行くのだ。川の中に延びている洲や段丘の上には、川楊、榛、白樺、落葉松などの美しい林が、いとも嫋やかに集団している。とり次ぎに現われてくる優美な情景に、私はすがすがしい気持で川身を上って行った。

川瀬を渉り、渓側を廻り、壁のヘツリをして行くと、上流に木挽山が丸い姿を現わした。やがてその左上を圧して赤牛岳二八六四米の雄姿が出た。その懐の口元ノタル沢の上にはまだ雪が相当残っている。

左上を仰ぐと、蒼黒い森林の上から艶々した偃松の斜面をのぞかせて、赭く光った岩頭を目白押しに並べている高い峰々、針ノ木岳、スバリ岳、赤沢岳につづく峰々が蒼空に頂稜を刻んでいる。

行く先々に展べられた渓の姿に有頂天になった私は、ふと弁当を忘れてきたことを思い出した。中ノ谷の出合も過ぎたし、間もなく平につくと思ったが、やや不安を感じたので来た道を戻ることにした。

この時分には大出の品右衛門が魚釣をやめて、その後平ノ小屋は暫く空家になっていたので、そこでは食料を得られなかったからである。

中ノ谷の落口の下手で谷が左へ折れる所に、三十米ほどの立壁がつづいていた。上るときには丹念にその襞をヘツって行ったが、帰りには手間がとれるので、その前にある早瀬を渉って、川中の洲伝いに行こうと春蔵がいう。私もついその気になり、彼を先に私がその後から早瀬の中に入った。

ところがその早瀬は、岸で見たほどにやさしい流れではなく、入った途端に二人とも、ずるずると流されて行った。そのうちに春蔵は深い所にはまると同時に激流に捲き込まれた。

私は流されながら杖を踏ん張って立ちどまった。しかし足に力を入れれば入れるほど、激流はかえって足の下の石を崩して行くため始末が悪かった。私はあわてながらも春蔵を見守っていた。

その時には既に腰を没していた彼は、胸から頸、頸から頭へと沈んでいった。よいあんばいに一度は浮び上ったので、ほっとした瞬間また激流に呑まれてしまった。とうとう頭まで水に沈んで見えなくなり、流れに抗して藻掻いている彼の姿が、激流の中から見えたり隠れたりしていた。

私はただ茫然として沈みながら流されて行く彼を見送っていたが、その時には、せめて死骸だけでも、と、つきつめて考えた。しかし運のよい彼は、そして何といっても山育ち谷育ちの彼は、壁が左に折れている所までくると、本能的に、渾身の力で右手の浅瀬に泳ぎ上がった。

私は、まあよかったと胸をなで下ろした。

実のところ壁の角を左へ流されてしまえば、そこは深い淵になって渦巻いているから、とても助かる見込みはなかったのである。

今度は私の番だ。足の下の石が激流に崩されてゆくので、ひとりでに流されて行く私は、どうしても一番近い洲の方へ上がらなければならない。私は引き返そうとして、上流の方へ精いっぱいで向き直ってみたが、恐ろしい水の力は、まるで幾本もの棒で突くように、私の身体を腰を、ひた押しに突き落そうとする。

容易に腰を切ることができないで暫くためらっていたが、とうとう捨身になって左横の浅瀬めがけてよろげ上がった。そしてどうやらこうやら洲へ匍(は)い上がることができた。

二人とも安全地帯に立つと、顔を見合せながらまず苦笑を交した。そして無事であったことを喜び合った。これは少し手間どっても壁へツリをして行けばよかったのを、近道をしようとして不覚をとったのだった。

二人とも頭から肌まで濡れ鼠である。それから闊い磧の真中へ出ると、衣服を脱ぎ、褌(ふんどし)一つになって、濡れた物を灼(い)りつくような日の下に乾かした。

時計が止っている。ガマグチの中の紙幣(さつ)は水浸しになっている。大事な地図も濡れ紙になった。それを一つ一つ、石をのせて飛ばないようにした。

私たちの戻りがあまり遅いので、キャンプに残しておいた山の人の一人が魚を釣りながら、弁当を持って上って来た。彼は川の真中で裸になって話をしている二人の姿を見て、いったいどうしたわけかと不思議に思ったと云った。

私たちは、それから弁当をとると、御山谷の落口に戻り、暫く休むと、今度は下流を、さらに雄大になった渓の風景を見ながら御前谷の落口まで下ってみた。

峡流を圧して聳えている赤沢の叢峰(そうほう)や黒部別山のオオタテガビンの山壁の壮麗さに強い印象を受けた。

つい今しがたの椿事などは、僅か三時間もたたないうちに全く忘れて、人跡の殆どないこの原始的の大渓谷を探ってみたいという願望は私の心を一杯にした。

二日の間、御山谷の河口洲にキャンプをして、黒部の渓観を満喫した私は、帰途はタンボ沢を上ってまた立山に帰った。

タンボ沢は入口が狭く、雑草に蔽われた中を、薬研(やげん)のような溝が流れている。この谷は中程で四、五段の滝となっているが、水が少いため、滝のかかっている巨岩を登って、上流に出られた。

地形図にあるタンボ平は、樹木が茂っているために展望も悪く、たいして好い所ではないが、その上部に圏谷となっている所が、立山の神官の云うライデンの窪地で、展望もよい。立山主峰から下りている岩稜の間には残雪が夥しく、岩の美観もある。

私はこの径(みち)を上ってサル又のカールへ乗越すつもりであったが、上るに随って雪渓の傾斜が急激になり、クレバスが頻出してきたので、進路を左にとり、御山谷とタンボ沢との分水尾根の一角である台地のような悠大な峰に登ってしまった。この斜面には驚くほど広い範囲にわたってシラネアオイの群落を見た。

尾根を三角点の峰二九九二米に上り、雄山神社を再び拝して、つつがなく下山の途についた。

（大正七年月七月）

遠山川

大井川の奥へまだ伐採の入らなかった大正八〔一九一九〕年、私は甲州の雨畑から笊ヶ岳に登り、千挺木山を越えて大井川に下り、さらに聖沢を溯って聖岳を極め、遠山川を下って天竜川に出たことがある。これは聖沢にも、遠山川の奥にも、まだ道のなかった頃のことである。

笊ヶ岳

鰍沢手前の青柳から西山峠を越えて西山温泉に泊り、湯島で中村宗平を頼み、早川沿いの山道、峠道をたどって雨畑についた。

雨畑から奥沢に道をとって笊ヶ岳の支稜を登った。途中までは鉱山の道があったので楽だったが、飯場から上には道らしいものはなく、ボサ林の底を汗にまみれながら上って行った。それでも小笊にかかる付近から森林帯になり、冷風を浴びて笊ヶ岳の頂に立った。

私は先ず大井川の彼方を眺めた。

陽は漸く西に傾き、茜色の空の下を、怒濤のような夕雲が押し寄せてきた。その燃え立つ雲の潮をガッチリと巾広い背に圧さえて、腕を組んで此方を脱みつけている四つの山の塊の豪容を見て、私は思わず大声をあげて喜んだ。

どれもこれも、逆光に赭黒くくすんだ、幾世紀もの風雪に鍛え上げられた顔だ。

左から聖岳と赤石岳とが、その右には東岳と荒川岳が、同じくらいの隔りで、仁王立ちになり、盛れ上るような肩骨を怒らして、渋面をつくっている。

赤石山脈の四横綱――何という張りきった姿をしているのだろう。その懐の色と光りがまた幻惑を感ずるようだ。

ちょうど大井川の谷に向かって桟敷のように長く延びている山の頂に立って、私は随分長い間この群像の豪容に見入っていた。

まだ写真を始めたばかりの未熟な腕だったが、この四つの山の塊を、その印画を見て久しく楽んだ。

笊ヶ岳から千挺木山の丸い櫛形の尾根筋を、奥秩父でも歩くような森林の下をたどって、所ノ沢越えから所ノ沢に下り、夕闇につつまれた大きな伐採小屋に泊りを求めた。

聖沢と聖岳

谷の中腹にある所ノ沢小屋の夜が明け離れた。外へ出て見ると拭ったような美しい空だ。今ちょうど暁の光が赤石岳をバラ色に染めているところだ。赤石と小赤石が頭を集めて、その間から残雪が赤石沢に向って長く刻み込まれている。

V字状の山峡の上から、この山だけが一つ、しかも全容をはだけて谷をのぞいている。昨日笊ヶ岳の上から見た仁王のようなたくましい姿は、今朝はすっきりとした天女の姿に変っている。あまりよい姿なので、それを一枚とった。

所ノ沢からいよいよ大井川へ降るのである。この沢の中には伐り出された丸太がいっぱいに積まれてある。一つ上手の倉沢との間尾根を歩きながら私は妙な感じがした。この小さな尾根を境に、所ノ沢の方は伐採されて根こそぎ坊主になってしまったのに、尾根の脊筋(せすじ)から向うの倉沢側は、栂、檜、椹(さわら)、樅(もみ)などの深林が香ばしい色つやをして鬱蒼としている。そしてその中から、奥から、コマドリが美声を張り上げて飛び廻っている。

こんなに美しい山の樹木をこのままにしておくのがよいか、こんな立派な木を山の中に置きっ放しにしないで、建築材料、製紙材料にした方がよいのか、私には何ともいえないが、原始的の自然にあこがれて山に入る私の心は甚(はなは)だ暗い。

やがて大井川の流れが下の方に見えてきた。私は尾根筋を倉沢の落口に出た。それから大井川の長い吊橋を渡りながら上下流を見渡した。そしてこの谷を囲む濃密豊麗な森林を見て驚いた。こんなに両岸から無数の喬木が川を蔽い谷にかぶさっている処は、黒部川にもそう見ないようだ。この辺の大井川は狭く、深く、幽邃(ゆうすい)の感じのする処だ。

水の色が、古生層の青黒い岩盤の上を流れてゆくその水の色が、また実に美しい。陽射しによって、谷の走向によって、浅瀬、深瀬によって様々な色模様のうつって行く、黒ずんだ紫に緑をタッチして走って行く感覚は、暖か味と厚味とを見せている。同じ流れの色でも、花崗岩の溝を流れて行く越中の谷では、水は碧に冴える空の色を思わせる。それはむしろ冷たい感じを与える。

森林と断崖の縫い目を通じている細径(ほそみち)について、暫く下流をたどり、赤石渡(あかいしど)について赤石沢に入った。

赤石沢に入ってからさらに森林の鬱積を感じた。緑葉にうずめつくされた谷の真上から、午後の陽が緑を縫って光を落している。積み重なった枝葉のすき間から僅かに蒼空を垣間見るくらいで、山も尾根も殆ど見ることができない。

赤石沢と聖沢との出合から、私は聖沢へ入った。ヒカゲ沢までは径(みち)があったが、それからは道はなく、谷筋を縫い川瀬を溯って行くのである。

聖沢の水は滔々として流れてくる。それでも両岸には高い壁がないので、流れの縁を、林の下の藪を分けて上って行った。

ヒカゲ沢の出合から右岸に沿って行くと、下の方からゴトゴトという流れの唸る音が響いてくる。のぞいて見たが足場が悪く見に下りることができない。暫く上って川べりに泊り場を見つけて、そこへ荷をおくと対岸にうつり、崖について少し降りて見た。

狭くかぶさっている緑葉の底を押し分けて、聖沢の全流の水が滝となって落ちている。高さはないが滝の落ち込む丸い釜が、真青な壺の底から沸き上った水を吹き出している。なかなかの壮観である。これこそ聖ノ小タルに違いないと思った。

その夜から空模様が悪くなって雨が降ってきた。翌日は一日ぢゅう山雨と睨み合って暮した。天幕を川べりに張ったので、一寸、二寸と濁流が増してくるのが気がかりで碌に眠れなかった。

夕方になると水が泊り場近くまで上ってきた。しかし背後の尾根がよいので避難所の心配はなかった。夜に入ると雨は漸く収まり、星の光りが木々の葉かげから見えるようになった。その夜は明日の快晴を楽しみにして、好い気持で眠ることができた。

木々の大きな塊に圧えつけられているような深い谷だ、それでも暁の光りは枝葉の間に樺色を流していた。

仕度もそこそこに上流へ流れを縫って行くうち、谷筋が右に曲るとその先ですばらしい轟音が渓を震わせている。よほど大きな滝があるらしい。

さらに谷が左に折れる処で、その四角から大瀑布が、直下約五十メートルの一大水柱が、煙を捲きながら奔落(ほんらく)している。

これが話に聞いていた聖ノ大タルである。南アルプスでの雄瀑だけに、滝も立派だが釜もまたすばらしい。私たちはこの滝を見上げながら三十分ほど休んだ。

もうここは谷通しは通れない。水は大きく壁もまた高い。荷のある所まで引返して右岸の尾根につくことにした。

聖沢は両岸の尾根がよいので割合に楽に溯ることができた。

谷から渓側を上り尾根の脊筋(せすじ)まで上るとすばらしい緩斜面に出た。

そこには檜の純林が眼のとどく限りをつづいている。皆すなおに育った喬木ぞろいだ。しかも木の下には藪が出ていないで、地面(じづら)が箒で丹念に掃き清められたようにきれいになっている。随分掃除がゆきとどいたものだと、私はその上を好い気持で踏みながら感心した。

檜がつきると栂に代ってくる。これも純林で、大きな緩い尾根の脊筋に茂った美しい木肌と繊細な枝葉が、眼のとどく限りを霞のようになびいている。気品豊かなこの檜と栂の森の中を、コマドリやツツドリなどが、静けさを楽しむような美音で囀（さえず）っている。まるでお庭のようだと私は思った。自然のお庭、この美しい純林もやがて伐採しつくされるのかと思うと実際つらい。かなしい気持がこみ上げてくる。

電力も伐採も、こうしなければ生きてゆけない日本か。こういう第一級の山や渓が荒廃に帰したら、子孫はどんな風景を見て楽しむことだろう。

尾根からまた谷へ下りて行った。暫く流れを縫って行くと壁がだんだん高くなって、谷筋が右折する処までくると大きな滝がまた姿を現わした。これは約十三メートルのものだが、通過不可能な渓側を捲いて谷に下り、暫くすると谷は右折してその角からまた高い滝が落ちている。大タルから上で私が見たものだけでも三つあった。それが皆谷の曲り目にかかっていた。

やがて滝場を脱して左岸沿いを行くと、谷へのり出した平らな岩の棚が見つかった。背後は岩と木が蔽いかぶさっているよい岩屋である。

日暮れも間近いので、そこへ泊ることにした。岩屋の片隅には、鍋と、肉を切ったらしいマナイタがおいてあった。ここは冬になって遠山（とおやま）の猟師の泊る所らしい。

大分高くなって白檜（しらべ）が目立ってきた。しかし森は深く青空の他には眺望はない。気候が大分冷えてきた。

翌日は雲が多かったが雨の心配はなさそうだった。朝食を終るとまた水の中へ、谷の徒渉をつづける。

谷の傾斜がだんだんゆるくなり、両岸の尾根が開けてきた。やがて緩い傾斜の広い山あいの高原に出た。そこは一面に白檜の密林であった。そして喬木ぞろいの白檜の森の下の、ゆるい窪に溢れて、聖沢の澄みきった流れは、古生層の青い石、ラジオラリヤの赤い石が平らに敷かれた上を浅く広く流れている。

深い処でも向脛まで達しないくらいの楽しい徒渉、陽の光が木の間をすべって流れに映ると、つやつやしたうす緑の流れの中で、赤い石と青い石が美しく光っている。北海道の何処(どっ)かへでも行ったような気持である。

随分広くなった聖沢の源流を、西に向って上って行くうち、いつの間にか国境の稜線近い花野に出た。聖平である。

丸太を組んだ掘立小屋の、壊れかかったのが平の中程にあった。私はそこへザックを下ろすと国境の脊筋を偃松の長い尾根を伝って、聖岳三〇一一メートルの頂に立った。

もう午後三時を廻っている。今日は雲が多く、生憎と赤石岳、荒川岳、東岳の頭が雲にかくれている。しかし下界は晴れて谷筋はよく見通せる。私のこの行では赤石岳から荒川岳まで行く予定にしていた。

今、聖岳の頂に立って、私はゆくりなく西の方、天竜川に向って沈む深い山峡を見た。遠山川の長大な流域である。地形図を出して、初めて見る遠山川の様子と照し合せているうちに、未知の深谷の魅力が私の心を誘惑し始めた。

この谷へ下りて見よう、まだ記録のない、登山人の訪れたことのない深いこの谷を、遠い山々にかこまれた大きな谷を。と、無性に下りて見たくなった。

なんでも飛び込んでしまえば、自ら道が開けてくるという手前勝手な考えから。赤石岳の方は後廻しにして、この谷を下りて見ようと宗平に話した。

聖岳を下ると遠山川西沢の頭(あたま)に出た。そこは大きな崩れが急角度でナギ落ちている。それを避けて東沢との間尾根に進路をとり、シダ類の多い大尾根を左寄りに東沢に向って下りて行った。

頭の上の雲が急に濃くなって、強風が林を鳴らすと大粒の雨が叩いてきた。夕立だ。そのうちに雷鳴がとどろき始めた。私は合羽をかぶると、溝について一散に東沢の谷へ向ってすべり込むようにして走った。

東沢の狭い谷へ下りつくと、急いで天幕を拡げた。張ろうと思ったが、谷は巨岩で埋められ激流がその間を逆っている。砂地も磧(かわら)もない、仕方なしに大きな岩の間を均(なら)して曲りなりに天幕を張った。

夕立は間もなく収まったが、激流のしぶきがひと晩ぢゅう天幕にかかって、夢を破られながらまどろんだ。

遠山川を下る

遠山川は聖岳の西沢、上河内岳の東沢が合して西に向って流れ、兎岳の兎洞（うさぎほら）、大沢岳の北又沢を合せて、遠く天竜川にそそいでいる。この間十数里、天竜川での大支流である。

大正から昭和の初めまでは、遠山の里と呼ばれるこの流域一帯は、原始的な秘境として伝説や奇談に富み、昔のままの習俗を住民は持続していた。

三信鉄道が敷かれ、営林署の軌道が、本流では易老渡（いろうど）近くまで、北又沢では大沢渡付近まで通じるようになったため、この谷の探勝は今日ではすこぶる容易になった。

大正八年の夏、私は聖岳から東沢に下り、最初の入峡者としてこの谷の風景を探った。

この文章はその時の記録である。

東沢の窮谷で、巨岩の間で傾いた天幕を張り、ひと晩ぢゅう激流のしぶきに悩まされて夜を明かした。

翌日は天気に恵まれて、簡単な朝食をすますと、巨岩とガラ石と崩崖の間を、ヤゲンのような谷底を縫って降って行った。

やがて、左から大きな悪い谷がナギ込んでいる。前燕（まえつばくろ）沢というのである。間もなく西沢渡（渡とは出合のこと）へ出たが、壁が高く川通しはむずかしいので、右岸の尾根先のくびれを越して合流点に出た。その出合の右岸の川べりに畳三帖敷位の岩屋があった。よい岩屋だと思ったが、次に来た時には出水で埋もれて跡方もなかった。

西沢も東沢も源流は崩崖のため悪いが、西沢渡からは傾斜は緩く、谷の幅も広くなり、流れはのんびりとしてくる。しかし道がないから、川を縫ったり壁を避けたり、山の鼻を廻ってまた谷へ下る。

椈（ぶな）や楊の下の木藪の中を分けて、西沢渡から一時間で河原の広い砂地に出た。林の下の砂地で石に腰を下ろして休んでいると、傍にいた宗平がもじもじしていたが、懐に手を入れると何かつまみ出した。見るとそれは山蛭（やまひる）だ。私たちはゾーッとして顔を見合せた。甲州の湯島に住んでいる彼も、まだ一度も蛭を見たことはないという。

それから大騒ぎになった。皆裸体（はだか）になってしらべて見たら、私の脚絆（きゃはん）の中と足袋の中に一匹ずつ、連れの山の人にも二、三匹吸いついていた。私は遅塚麗水氏の飛驒越えの文を思い出して気味が悪くなった。

蛭は雨の後でよく出るという。木藪についているものが下を通る人の上に落ちる。一度つくと気がつかないうちに、衿だの袖口などから身体に入り込む。そして血を吸えるだけ吸って丸くならないうちは離れない。怖ろしい虫である。その後この谷へ入った登山者が蛭にやられた話を時々聞かされた。

私はそれから帽子を深くかぶり、衿の周りに手拭をよく巻きつけて歩いた。しかしその夜、大野で泊って、身体を調べたときにも二匹たかっていた。丸く肥えてボロボロ落ちたのには驚いた。土地の者は案外平気で蛭をちぎって捨てている。慣れっこなのであろう。

西沢渡から広い渓間を三時間ほどで易老渡の上手に出た。ここでは両岸が高く、流れは急に狭くなっている。やや深い徒渉を数回くりかえして行くと、下手に橋が見える。右岸が悪いので左岸にうつると橋の下に出た。

この橋は大井川最奥の部落の田代、小河内から支流の信濃俣入りを易老岳に上り、面平から遠山川に入る道筋になっている処にあるが、今日では全く廃道になって、魚釣りや猟師でさえあまり通らないということである。

両岸は立壁になって深い淵の十メートル上に一本の橋が梁木のように架っている。

桂の大きな自然木の両面をはつって造ったものであるが、もう十余年も経ったものらしく、中ほどの処で朽ちかけているため渡るのは危険である。磧で火を焚いて中食をとり、暫く午睡ののち右岸へ渡り返して橋のかかっている崖の上に出た。

二十数年前にこの谷へ伐採が入ったときに拓いた道が崖の横に断続的に痕をとどめている。なまじい道を造ったため、地盤が弛んで川に向って急に落ちている。

悪場つづきを冷汗を流しながら、灌木や笹にすがり、岩に抱きつくようにして暫く行ったが我慢できずに谷へ下り、左岸にうつったが、そこもまた道跡が崩れ落ち、曽て（かつ）あった桟道が処々にぶら下っている。

その後数年、私は下流から溯ったが、そのときには川の中を徒渉して易老渡を通った。易老渡を中心に谷は狭く流れは深いが、川床が緩やかなため危険を感じなかった。

正午に易老渡を発ち、午後四時になって、漸く兎洞の出合についた。

谷は明るく両岸が開けてきた。兎洞の水を併せた遠山川は急に大河の様相を示し、遠く下流の山や渓を眺めていると私は胸の中まで開けた気持になった。

さっきから私たちを追いかけていた谷上の雲が、だんだん濃くなってくると、だしぬけに雷鳴がとどろき始めた。それが両岸の高い尾根にコダマして谷ぢゅう、ぐんぐんうなっている。何とも形容できない荘厳な光景であった。私たちは降りかかる山雨の中を、

遠山川易老渡（大正8年7月）

合羽を羽織ると電光を浴びながら走った。

兎洞の出合で蓑を着た魚釣りを初めて見た。道もこの崖上まで来ているらしく、老人が木の皮で何か編んでいる小屋を見た。漸く人里も近くなったらしい。

ここから径について行けばよかったのだが、行く先の谷の様子や流れの姿が如何にも立派なのに誘われて、うかうかと谷筋を下って行った。

岸辺には巨岩が累々として、遠山川の流れはそれにぶつかって砕けている。水煙りをあげて落走してゆく壮快な大河のような景色に見とれながら行くと、谷はいよいよ闊くなって、かつての流路であった処が広い河原となり、現在の流路は左岸に傾いて流れ、その中から喬木の残骸が並木のようにすくすくと立ち並んでいる。谷の幅も驚くほどの広さになった。

やがて川中は通れなくなったので、崖を攀じて細径へ出ると、左岸沿いを下って行った。それからは道もよくなり、北又沢の出合につくと本流にかけられた壊れかかった吊橋にとりつき、橋桁を一つ一つ丹念に踏みしめながら対岸にうつり、北又沢を徒渉して右岸の尾根へ登りつくと、谷沿いの崖路を急いだ。

もう日暮れ間近い木下道は暗く、悪い崖上の細い径を、もし足をふみはずせば川まで落ちそうな危い岨道を緊張して上って行った。ここは八丁坂というのだと後できいた。

尾根の先を四、五回も曲った。するとうす暗がりの中から人家が三つほどボカし出された。遠山川最奥の大野の部落だ。あーあ、漸くのことで人里へ来たなと、疲れた私は、とりつきの家の前へくると、ザックを下ろしてその中をのぞいた。そして炉辺で枯木を燃している老人を見た。

どうか泊めて下さいと、あいさつぬきで頼んだら直ぐ承知してくれたので、土間へ荷を入れると、私は外へ出て氷のような清水で身体をぬぐいながら上流を顧みた。そして静かに暮れてゆく山や谷に目を送った。

空は水のように澄み、夕星が数を増し、国境に連なる鯨の背のような山や尾根が蒼々として遠く重なっている。その裾合を立ちこめている夕靄は、私たちが二日近くもさまよって来た遠山川の谷を埋めて夢のように動いている。谷川から遥かに高い所にある大野の山村は、渓流の音も聞えず、風のない夜の静けさはまことに太古のような趣がある。

家には戸締りもなく、畳もゴザも敷いていない。ほんとうに月影の漏るあばらやである。灯もともさずに炉の前に榾火(ほたび)を燃して老人は何か削りものをしている。

家の者が皆遠くへ出稼ぎに行っているので、その留守をこの七十余歳の老人が預かっているのだという。淋しい暮しをしている老人は、私たちの訪ねたのを大層喜んでいろいろ世話をしてくれた。

大野は遠山最奥の寒村で、人家は僅かに三、四軒、米も麦もとれず、ソバ、豆、ジャガ芋などを主食にしているという。

ジャガ芋を分けてもらい、それを煮て夕餉（ゆうげ）をすませた。私は残っていたウィスキーだの菓子や巻煙草などを老人にすすめると、彼は非常に嬉しがって幾度も礼をいっていた。主人は老人一人だけで遠慮して隅の方に坐り、私の方は山の人達と炉辺を占拠して勝手に振舞った。主客顚倒である。

その晩寝る前に、老人から山の話や星の話などを聞かされた。私たちの困った易老渡には、下の古い道の遥か上の方に魚釣りの通う径がつけてあること、冬、雪が深くなると遠山の猟師が熊捕りに東沢を越えて聖平の方まで入って行く。それからこの辺は山は大きく谷が遠く、集落も殆ど皆、山の斜面や谷間に生活を営んでいるので、遠山の里というのだと話した。

私は翌日信州飯田まで出るつもりなので、朝早く起きると空模様を見に戸外へ出た。淡碧（うすみどり）の空は美しく晴れわたって、曙の光を背から受けた南アルプスの主稜、聖岳、上河内岳から加々森山（かがもりやま）につづく高い山々が、遠山川の谷をたちこめた朝靄の上から巨鯨のような姿をゆるがせていた。私は昨夜老人から聞かされた「遠山の里」ということを思い出した。そしてこの大野付近の山水が、忘れることのできない親しい思い出を与えてくれたことを喜んだ。

私が南アルプスで最も強い印象を受けたのは、白峰山脈の大きなうねり、赤石岳を中心とした瘤（こぶ）のような山塊、それから遠山川の奥から見た山また山の壮観である。大井川を中心に富士川、天竜川の大きな谷に包まれたこの山地は、北アルプスの峻麗にくらべて実に悠然と延びている。その地貌の特色が南アルプスを大きなものとしている。

名が既に遠山川である。そこでは山は遠く谷は遥かに、奥深い山景を赤石山脈の南に延べている。山上に山をいただき、峰頭さらに峰を重ねたその大観を眺めていると、観者の心は縹渺（ひょうびょう）として雲外に遊ぶの観があろう。

天竜川の流域、平岡村の満島から遠山川の谷沿いを上ると和田という町に出る。それから大島、木沢を通って、遠山川の本流と上村川の合流点に延びている急な尾根を上ると中根に出る。さらにその上には下栗の集落があり、最も奥にあるのが大野の寒村である。

「この辺は隣へ行くのにも汗が出る」といわれるほど急斜面に家が疎在している。見事に開墾された麦、豆、玉蜀黍（とうもろこし）などの畑の中に人々は生活を営んでいる。しかもこれらの山村集落の趣きが、遠山独特の風景を造っているのは興味深いことである。

南アルプスの山波の後ろから暁の色が拡がって、樺色が東の空から流れてくる。朝まだき戸外に出てこの山峡を眺めることは楽しい。天気ならば渓という渓に淡霧がたちこめて、その上から丸い山々が無数に浮び出てくる。霧は白く光り、山は緑をのべ、澄み渡った空の下を悠揚と動いている。

谷の向うには、矢筈山、加々森山の大きなうねりが東に向って延び上っている。私の頭の上からすばらしい尾根を重ねているのが平谷山から立俣岳につづく雄大なもので、この二つの山のツルが重なり合って東の空にのし上っている、その天上が赤石岳、大沢岳、兎岳、聖岳、上河内岳である。これらの山波が朝霧の沈むにつれてその全貌をもたげ始めるその美しさ、その雄大さは、山党にはまことに大牢の美味である。

下流を見ると加々森山、池口岳、青崩峠、熊伏山の大きな重なりが、天竜川を隔てて遥かに三河、美濃、尾張の山々に接し、蜿々（えんえん）として蒼空に溶けこんでいる。

山の遥遠、谷の深奥、まことに遠山の名にそむかない大観である。

（大正八年八月）

西沢・国師岳・東沢

これは、西沢溯行の記録としては最初のものだろうと思う。西沢で有名な七ツ釜から京ノ沢の小屋まで溯り、大岳山道を国師岳に登り、金山沢から東沢を降った概略を述べたものである。

梅雨時にさし迫っているので谷歩きを気づかったが、幸に天候の調子がよいので、四、五日位の旅はと、飯田町発の夜行で、午前四時二十分塩山に着き、それから徒歩四里、秩父の往還を笛吹川に沿って上って行った。大正九〔一九二〇〕年六月、この頃には中央線の汽車は飯田町駅から出た。

去年からとりかかったという東京電力の笛吹川水力電気の工事で、沿道はなかなかの賑わいであった。

午前八時に天科につき、庄太郎の家を出たのは十時を少し廻る頃で、道すがら大岳山那賀都神社へ詣でる。神官が西沢方面に明るいので行く先の様子を聞き、名刺をおいてそこを出た。

社前を流れる中ノ沢に沿って登って行く。目的は西沢にある。少なくともその七ツ釜ぐらいは見たいと思って私は来たのだ。

西沢は二俣から溯ることは容易でなく、東沢との合流点の六、七丁上の魚止ノ滝から七ツ釜の間を通った人は殆どない。上釜の者が一人、余程前に通ったと云っていたが、この間にはまた五ツ淵、七ツ淵の勝景があると云うので、そのうち探って見たいと思っている。しかし最近では、二俣から溯行する者もだんだんふえて来たということである。

大岳山の立派な森を通りぬけると、中ノ沢の細渓を縫ってつま先上りとなる。行く手は草山となって植林した檜や杉がまばらに生えているだけで、真昼近い強い陽射しを受けながら、草いきれのする斜面を登って行く。ひと息入れて顧みると、六合目辺りまで残雪に蔽われた富士山が、裾山の間から高く美しい姿を現わしている。もう古礼（これい）、笠取方面の山々もかなり高くなって、裾から山の背を縫っている笠取の道が青笹原の中によく見える。

三、四十分も登ると一丈余の石碑が建てられてある処で路が二つに岐れている。左に折れるのが国師岳の登山路で、京ノ沢の小屋へ下るものである。私は右の方へ、なお沢について炭焼の径（みち）を上って行く。前方にはうす緑の美しい笹山が幾つもつづいている。その左の端から二番目の鞍部が西沢へ行くタボ（乗越）だと庄太郎が云う。

沢の水が細くなると炭焼小屋の前に出た。あまり暑いので炭焼は二人とも木の枝で編んだ日除(ひよけ)の下に寝ころんでいる。

丁度正午になるので中食をとり、小一時間も休んで夜行の疲れを癒し、午後一時小屋を後に沢の径を上り、大きな斜面に出るとほどなく、なだらかな尾根の上に登りついた。一面の小笹原に水楢の大木が処々に集団した美しい所だ。

ひと筋の細径がその中を西に向って走っている。遥か右下にはうす霞の中を広瀬の方がパノラマのように見える。堤のような山坂に雁坂峠の道が鮮かに刻み込まれ、時々トロッコが楽しそうに滑って行く。

もう甲武信(こぶし)、木賊(とくさ)、破風の山々は東沢の谷を圧して蒼黒い威容を連ねている。一片の雲もないコバルトの空の下に、奥秩父の主峰たちはさすがに雄大に見える。

六、七丁も行くと芹沢からの径に合した。同じような丸い笹山を上り気味に行くと、だんだん山の様子が奥深くなって大窪沢の頭に出た。この沢は西沢の支流で、二俣から二、三丁上で西沢に合流するものである。私たちはもう西沢の領に入ったのである。大窪沢の上流は名のように随分大きな椀状の窪地になって、下の方を見通したところでは、かなり楽な沢らしく見える。

この辺の尾根は表側は笹山つづきだが、一歩裏側へ入ると森林が深く、闊葉樹に栂や檜、落葉松などが交って、今まで見なかったシャクナゲやツツジが林の下を埋め、その桃色や紅の花が美しい。

栂の倒木に沢山ついている椎茸を夕飯の菜にとりながら笹山を四つほど越すと、黒木の二、三本目立つカヤトの山に出た。この先にはもう一つ高いカヤトの山があって、その先きの山からは皆黒木となっている。

午後二時少し過ぎ、尾根へ出てから約一時間を費した。先刻のタボがこのカヤトの山の窪にあたるので、五万分一の図幅の芹沢路の終点にあたる処である。そこから右折して大窪沢と西沢との間に出ている尾根について大窪沢の側を降って行った。

暫くの間シャクナゲの茂っている尾根の横をたどり、それから尾根上へ出て栂の木下道を縫って行く。四十分ほどで、栂林が疎らに生えている尾根のたるみに出て休んだ。そこで細径が二つに分れている。左下へ降って行くのは西沢の大淵（五万分一の図幅の西沢の西の字と沢の字の中間にあたる池のような淵）のある付近へ出る路で、庄太郎は七ツ釜へは初めてなので、ここを大淵へ降ろうかと云ったが、私は七ツ釜までは是非とも行きたいと思っていたので、なお尾根へつづく細径を下って行った。

三十分余でまた休み場のような尾根の小さな平に出た。まだ前方に小径が通じていたが、随分降ったので、この辺まで来れば七ツ釜へ降りられるだろうと思って、尾根に別れると広い急な斜面を栂や椈(ぶな)、楢などの間を滑りながら沢に向って下って行った。

もうこの下が目的の西沢だ。この辺が東沢ならば闊葉樹の若葉が陽に輝いて美しいのであるが、ここは渓谷があまりに深く陰沈とした森林の底を行くせいか、まだ午後三時だというのに何となく四辺がうす暗く、そして前方の見通しがきかない。

人のあまり入らない西沢は、栂、檜、落葉松など針葉樹の大木が闊葉樹を圧して、縦横に谷を埋めているため、壮大だが暗く凄い感が強い。

尾根から二十分程下ると流れの音が聞え、間もなく小谷の中を行くようになる。なお暫く小沢を降り最後に五米(メートル)位の小滝を廻ると、私たちはだしぬけに西沢への落口に出た。しかもその落口が丁度七ツ釜の横っ腹にあたっているのを見て、私は思わず声をあげて喜んだ。午後四時。

鬱々とした西沢の大森林の中を、迅雷のはためくように渓谷を震撼して、咆哮疾走する七ツ釜の奔川は、凡(およ)そ五、六段の飛瀑となり、大小の釜を挟んで約百余米の谷底をめがけ落下している。

滝は白竜のように、釜は深碧に凝って、その壮観はたとえようもない。今まで静かな尾根や小谷を歩いていたのが、西沢へ降ったとたんに聴覚や視覚を刺激されたため、私は佇んだまま暫くの間眼をみはった。

東沢に比べて水の大きい西沢が五、六米に圧縮されて、十数米の立壁の間を疾走してくる。それが七ツ釜までくると、鬱勃としたその力を放散するのだから、西沢は七ツ釜に至ってその渓観が最高潮に達するといえる。

この上流五、六丁の処にもう一つ滝と釜とがある。それを加えて七ツになるので、私に見えたのは五つであった。

第一のものが十米位の瀑となって、その滝壺からすぐに第二の七、八米のものが迸り出ている。この第二のものが最も壮んなもので、滝の左岸に立て廻された灰黒色の壁が半円形に大きくえぐれて奇抜な釜となり、それが滝壺の釜の水と共に溢れて第三の滝を造っている。

この第二の滝の左側の壁のえぐれた内側が不動尊にあたるので、土地の者の話では、岩の苔がちょうど不動様の形をしているのだという。この滝が七ツ釜の中心の不動ノ滝、即ち七ツ釜の不動尊だという。

第四の滝は見下ろしたのであるが、かなり高い滝で、その下を第五のものが釜を挟んでつづいている。その下の処で渓が左折しているためにその先は見られなかった。とにかくこの滝を最下段から仰いだら、百米近くの五、六段の飛瀑となって、さぞ見事なことだと思われる。

第二の滝の右岸の崖上をヘツって七ツ釜の上手の磧(かわら)に下り、やや深い徒渉をして左岸に移り、暫く行くと岩の間に七ツ釜不動尊と書いた一丈位(一丈は約三メートル)の木の札がおいてあった。そしてその付近から生温い鉱泉が処々に湧き出ていた。

また徒渉をして右岸に移り、三、四丁行ったが適当な野営地がなかった。日暮近いので大きな岩の間に宿をとることにした。

翌日は晴れてはいたが空がどんよりとした雨くさい天気だった。午前六時に泊り場を出て、左上の崖を上って磧に降りて見たが、淵と奔流と壁つづきで谷の中は通れない。少し戻ってかなり上の森の中をぬけ、荷を下ろして小沢から本流に降った。

その先には七米余の幅の広い滝がかかってその下に釜を穿(うが)っている。少し離れているがこれが七ツ釜の一つではないかと思った。この滝の下手を徒渉して左岸にうつる。滝の側面は一面の滑石(なめ)になっていて悪いので、渓側の藪を分けて沢へ下りかけたが、そこも崖が急でその下が淵となっている。また戻って右岸にうつり、野営地から二時間を費した。

この間が最も嶮岨な処で、蒼々と流れる西沢の急川が、深い淵となり奔流となって、両岸に迫る断崖の狭い間を曲折し衝突しながら流れている。

この滝から上流はだんだん川幅が広くなって急に歩きよくなったが、反対に谷は平凡化し、その美しさも面白味も東沢の比ではなくなった。西沢はその入口から七ツ釜の上流七、八丁までの間がよいのである。

これからは全く河床のみを行ける。約三十分も上ると右岸の大きな滑岩（なめ）の上を細い滝が流れている。石塔尾根の路を登って西沢へ降るところへ出るので、来年あたりは東沢から路をつけ、西沢の檜や栂を東沢へ伐り出すという計画で、そのために二俣と釜ノ沢に大きな小屋が出来たという。恐らく東沢、西沢の恩賜林もここ数年を出ないうちに荒廃を見せることと思われる。まことに惜しいことである。

なお暫く溯って、何気なく右岸の崖下を見ると、壁の窪みに背負子（しょいご）が二つ立てかけてある。不審に思ってそれをどけて見ると、後ろに棕梠（しゅろ）縄の大束が二把（わ）と米が五升位、鍋が大小二つあった。米はもうふやけて木綿の袋が処々破れ、背負子の縄もボロボロになっている。庄太郎は首をかしげていたが、これは三年前にこの先の大淵で溺れた岩茸採りのだという。

午前八時四十分に大淵に出た。西沢の名所の一つだが名のように立派な淵ではない。低い滝の下を径六十米位の池のような淵で、周りが明るすぎて平凡に見える。

それから一時間半ほど上ると前沢が右手から入っている。水量は多いが楽な沢らしい。

出合から半町ほど上に五米位の滝が落ちている。魚止の滝で、西沢もこれから上には魚はいないということだ。

間もなく林の間に京ノ沢の小屋が見えてきた。午前十時二十分、小屋について中食をとった。京ノ沢の小屋はあまり景色のよい処に建てられていない。

五万分一の図幅によると薊沢が国師岳の登山路の所で出合っているように入れてあるが、実際は四、五丁下で入っている。そしてこの間に、この魚止の滝がある。

正午小屋を出て広い磧や洲の中を行く。このあたりは落葉松の林が立派で、その大木の若葉がことに美しかった。約七、八丁で右手の尾根側にとりつき、急な崖を熊笹の藪を分けて登ると立派な栂林に出た。尾根の背へ上ると勾配がゆるくなり、道のよいのんびりとした登山路を行くようになる。尾根の中程の大タルに出て休む。

ここからは薊沢が広い立派な谷になって見える。森林もすばらしい。京ノ沢の小屋から二時間ほど登ると、尾根がだんだん急になり、樹木も目立ってひねっこびてくる。やがて石塔尾根が右手に目八分に見えてきた。

いよいよ岩尾根の登りとなる。二つほどの隆起を越すと、最後に大岳山(だいたけさん)奥の院の累岩の飛び出している岩峰に出た。その次の隆起を越し、午後三時半に三角点のある国師岳の頂に登った。

眺望は頗る悪かった。千曲川の谷から上ってきた霧雲が、八ヶ岳、金峰山、朝日岳の姿を消して、奥千丈の上へかかってきた。甲府盆地も雲が多く、富士山も赤石山脈の方も見えない。しかし秩父方面だけはよく晴れて、両神山も見えるし、三宝、甲武信から雁坂峠を経て雲取山に至る連脈も鮮かである。

時計を見ると午後四時になる。笛吹川の方からも濃霧が上って来たので、一つ手前の隆起へ戻り、甲武信岳の方へつづく尾根について下って行った。国境の尾根を三十分ほどたどり、斜め右に急斜面を窪崖に向って金山沢の源流に下りた。

沢の上流は随分荒れていた。それに支尾根の間が崩壊して小さな滝が幾つもかかっているため相当の難路だった。栂の小尾根を降って小沢を渉(わた)り、また左手の尾根を暫く降りて、泊り場によい所を探しながら行った。小滝を三つ、その横を廻って下に出て漸く小さな平地を見つけた。午後六時。

場所は如何にも悪いが、この先で時間を費すのは得策でないと思って野営の仕度をする。ここは金山沢の上流の国境の尾根から一時間半ほど降った処で、沢の水量もまだ少ない。

野営地にきめたものの、一方は山際になっているからよいが、背後は一間ほどおいて滝が落ちているから、その飛沫の煽(あお)りで馬鹿馬鹿しく冷える。この夜はひと晩ぢゅう焚火を盛んに燃やしたが、背中が冷えて碌に眠れなかった。

山中は霧がますます濃くなって、下流の尾根も見えなくなった。焚火の煙が山上に吹き上げられ、時々霧小便がかかってくる。夜半に眼を覚しては、乱雲の中に二つ三つの星を見つけて安心してまたひとしきり眠りについた。

明方になると雲行が穏かになり、急に雨の降る様子もないので、午前五時四十分下流に向って降って行った。

暫く降ると滝になり、その下が緩い流れとなって、また滝になっている。一時間近く同じような地勢を行くうち、流れが急に落ちて十数米もある滝の上に出た。この滝は七十度近い丸い大きな岩壁の面を滑り落ちているので、かなり立派なものだった。

渓側の矮樹にすがって横に捲いて滝壺の前に出た。この付近の滝は六、七十度の傾斜の岩に添って流れてくる穏かなもので滝壺も浅い。

一、二丁下ると左岸の崖に径四米、深さ二米位の鉱坑の跡がある、金山沢というのはこの鉱山から出たらしい。

午前六時五十分、石塔尾根を当面に仰ぐ。もう随分下った。これから下の金山沢は急に美しいよい沢になっている。両岸から蔽いかぶさっている闊葉樹の若葉は、漸くほぐれたばかりの緑の網目を流れの上に拡げ、その間からすくすくと延び上っている落葉松の淡緑の煙は、荒涼とした谷筋ばかりを降って来た私の気持を蘇らせた。中窪みになって鮮かな褐色をした花崗岩の一枚の川床の上を浅く流れてゆく清麗な谷水は、水盤の上へ水を湛えたほどの浅い美しい瀬や淵を残して楽しそうにせせらいでいる。

渓水を追いかけるようにして、魚のように流れの中を歩いて行った。こうして楽しい谷渉りを三十分ほどすると、谷の様子がまた荒らくれて、崖が高くなり淵が深くなり、やがて右手から壮大な岩の押し出しを見せて石塔沢が入ってきた。随分大きな沢で金山沢よりも荒蕩(こうとう)としている。

それから下流は水量は殆ど倍大になるが、渓川はまた美しく穏かになり、滑ることのない花崗岩の川床を、脛まで浸せば川の中ばかり歩ける如何にも愉快な谷渉りをつづけた。

両岸の森林がますます壮麗になると信州沢が左から入ってきた。それから暫くして谷の向きが左に変ると間もなく釜ノ沢との合流点に出た。午前八時二十分。

そこには何時出来たのか、左岸のつきあたりに大きな新しい小屋が建てられてあった。

一昨年の春、東沢を溯ってこの出合に来たときには、あまりに森林が濃密なので、どこを分けて登るのかとさえ思ったが、今年来て見ると、出合には大きな小屋が建てられ、付近に茂っていた檜の林は殆ど伐りつくされて、谷はがらりと明るくなって気のぬけたような感じだ。こんな風にして東沢や西沢の森林が伐採されたら、笛吹川の上流も数年も出ずして、さぞ見すぼらしい姿になると思う。

私は檜の伐株(きりかぶ)を越えて釜ノ沢の滝を見に行き、戻って東沢を下った。幸と下流にはまだ伐採が入らず、昔のままの若葉の林と美しい流れについて、至極のんびりとした谷渉りをつづけた。

コマドリも鳴いてくれたし、ヒカゲツツジやシャクナゲが美しい花を見せてくれた。

あらたふと青葉若葉の日の光　　芭蕉

麹岩(こうじ)、八丁山ノ神、髭摺岩(ひげすり)など、曽遊の思い出にひたり、崖の上からホラノ貝をのぞき込んで木暮、田部氏一行の足跡をしのび、二俣手前の大きな小屋の前に出た。これは西沢伐採のために新しく造られたものである。

広瀬の開墾地へ出て、トロッコの疾走してくるのを見て、初めて現実に返ったような気持になった。

（大正九年六月）

笛吹川の西沢には大伐採が入り、谷を埋めていた濃密な針葉樹林は皆伐り出されたという。西沢には檜、栂、樅、椹などの針葉樹が多いため伐採されたが、東沢の方は針葉樹は少なく闊葉樹の方が多いため伐採の厄に遭わなかったらしい。（付記）

清水岳
2603
清水平
猫又谷
旭岳
2867
白馬岳
2932.3
主稜
大雪渓
不帰岳
2053.6
鐘釣山
清水谷
杓子岳
2812
不帰谷
西ノ谷
鑓ヶ岳
2903.2
百貫山
硫黄沢
中ノ谷
天狗ノ頭
2812.1
名剣山
1906
祖母谷川
祖母谷温泉
奥不帰谷
祖父谷
欅平
猿猴沢
不帰嶮
八方尾根
奥鐘山
1543
唐松岳
2695.9
餓鬼山
2128.1
大黒岳
2393
オリオ谷
石小屋
餓鬼谷
東谷山
白岳
2541
五竜岳
2814.3
阿曽原沢
阿曽原
遠見尾根
仙人谷
人見平
東谷
仙人湯
雲切谷
S字峡
作郎越
南仙人山
2173.3
鹿島ウツ沢
ガンドウ尾根
剣沢平
十字峡
八峰キレット
剣大滝
棒小屋の小屋場
鹿島槍ヶ岳
北峰
天狗尾根
2842
牛首山
2539
南峰
2889.2

黒部川①
鐘釣温泉～十字峡
0 1 2 3 4 5km
僧ヶ岳
1855.5
駒ヶ岳
2002.5
サンナビキ谷
北又谷
西鐘釣山
鐘釣温泉
東又谷
片貝川
サンナビキ山
1949.3
阿部木谷
滝倉山
2029
宗次郎谷
ウド谷
毛勝谷
大明神沢
小屋ノ平
大明神山
2082.8
毛勝山
2414.5
西谷
小黒部谷
中ノ谷
釜谷山
2415
猫又谷
広河原
猫又谷
折尾谷
猫又山
2378.2
大ヌケ
大猫山
2135
細蔵山
1551
小黒部谷
東芦見谷
ブナグラ谷
赤谷山
赤谷尾根
馬場島
早月川
白萩川
東仙人谷
中仙人谷
大窓
松尾平
キワラ谷
西仙人谷
池ノ平山
2555
仙人山
仙人乗越
小窓尾根
小窓
池ノ平
池ノ谷
立山川
1920.7
早月尾根
小窓雪渓
北股
三ノ窓
小又川
毛勝谷
剣岳
2999
三ノ窓雪渓
八ッ峰
二股

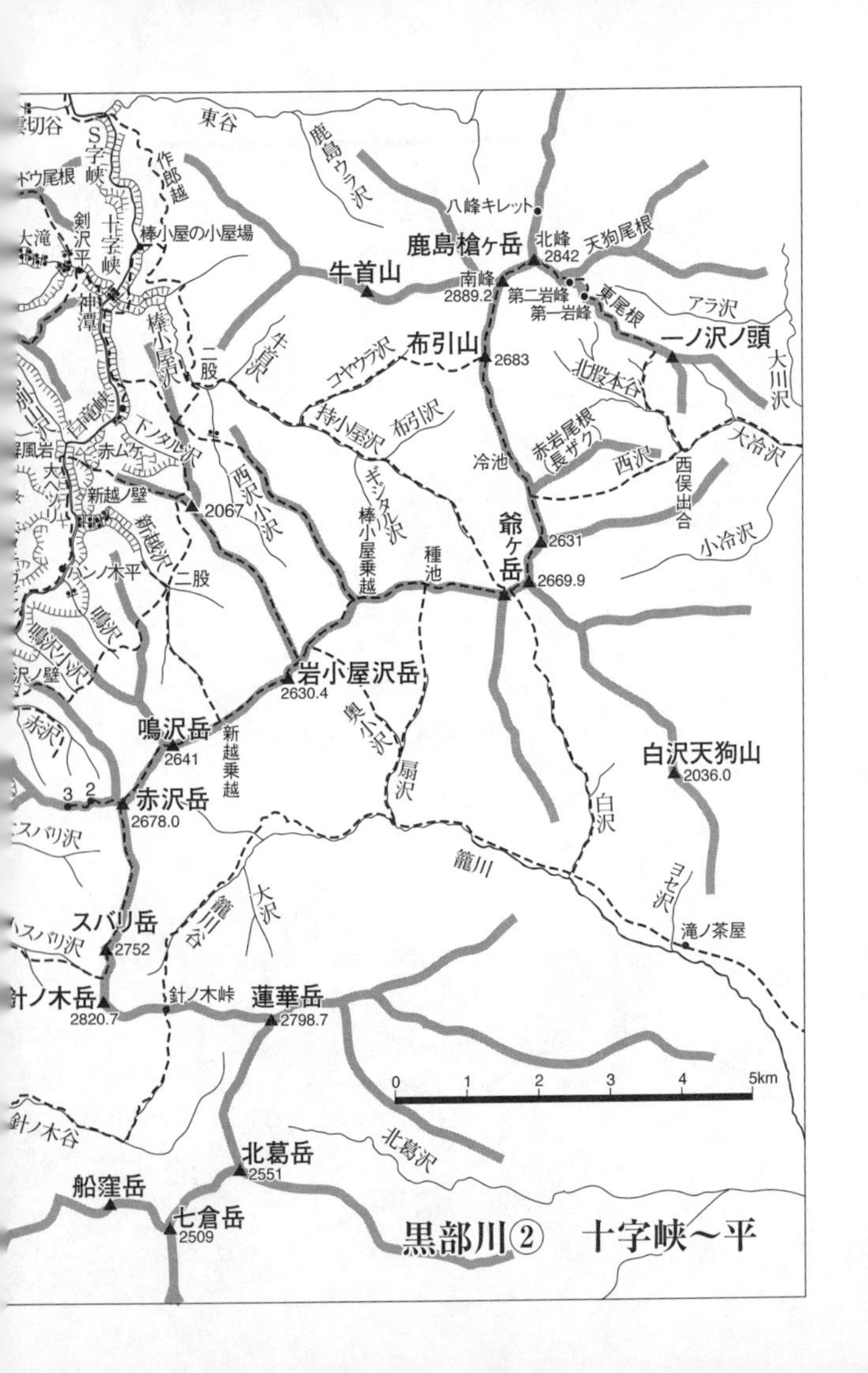
東谷
鹿島ウラ沢
八峰キレット
鹿島槍ヶ岳
北峰
2842
天狗尾根
南峰
2889.2
牛首山
第二岩峰
第一岩峰
東尾根
アラ沢
布引山
2683
一ノ沢ノ頭
大川沢
S字峡
作郎越
十字峡
棒小屋の小屋場
剣沢
平
大滝
神潭
棒小屋沢
二股
牛首沢
コヤウラ沢
北股本谷
持小屋沢
布引沢
赤岩尾根
(長ザク)
大冷沢
白竜峡
下ノタル沢
赤ムケ
冷池
西沢
西俣出合
大ヘツリ
新越ノ壁
西沢小沢
ギシタル沢
棒小屋乗越
種池
爺ヶ岳
2631
2669.9
小冷沢
2067
新越沢
ハンノ木平
二股
鳴沢
鳴沢小沢
岩小屋沢岳
2630.4
奥小沢
扇沢
新越乗越
赤沢
鳴沢岳
2641
白沢天狗山
2036.0
白沢
3
2
赤沢岳
2678.0
籠川
ヨセ沢
大沢
籠川谷
滝ノ茶屋
スバリ岳
2752
針ノ木岳
2820.7
針ノ木峠
蓮華岳
2798.7
0
1
2
3
4
5km
針ノ木谷
北葛岳
2551
北葛沢
船窪岳
七倉岳
2509
黒部川② 十字峡～平

大窓
池ノ平山
2555
仙人山
2211
仙人乗越
南仙人山
2173.3
仙人池
小窓
池ノ平
西仙人谷
松尾平
キワラ谷
小窓尾根
池ノ谷
1920.7
早月尾根
立山川
小窓雪渓
三ノ窓
北股
剣沢
剣岳
2999
毛勝谷
三ノ窓雪渓
八ツ峰
長次郎谷
源次郎尾根
二股
北峠
2284.5
小又川
東大谷
前剣
2813
平蔵谷
南股
黒部別山
剣沢
別山沢
真砂沢
ハシゴ谷乗越
大日山谷
大日岳
2501
奥大日岳
2606.1
剣御前
2776.8
室堂乗越
別山
2880
内蔵助平
2300
別山乗越
称名川
真砂岳
2861
2023
丸山
2048
丸山谷
1981.3
2279
天狗平
室堂谷
富士ノ折立
2999
サル又
3015
大汝山
3003
一ノ越
天狗山
2521
国見岳
2620.9
浄土山
2831
雄山
御前谷
弥陀ヶ原
追分
龍王岳
2872
鬼岳
2750
タンボ沢
松尾峠
東一ノ越
獅子岳
2714
御山谷
湯川谷
立山温泉
ザラ峠
鷲岳
2617
御山沢乗越
(イタヤ峠)
元ザクボ
中ノ谷
鳶山
2616
カリヤス峠
平ノ小屋
ヌクイ谷
口元木挽沢
越中沢岳
2591.6
木挽山
2301.2
中ノ木挽谷
奥木挽谷
スゴウ二の谷
スゴウの頭
2431
廊下沢
マノ沢
南沢

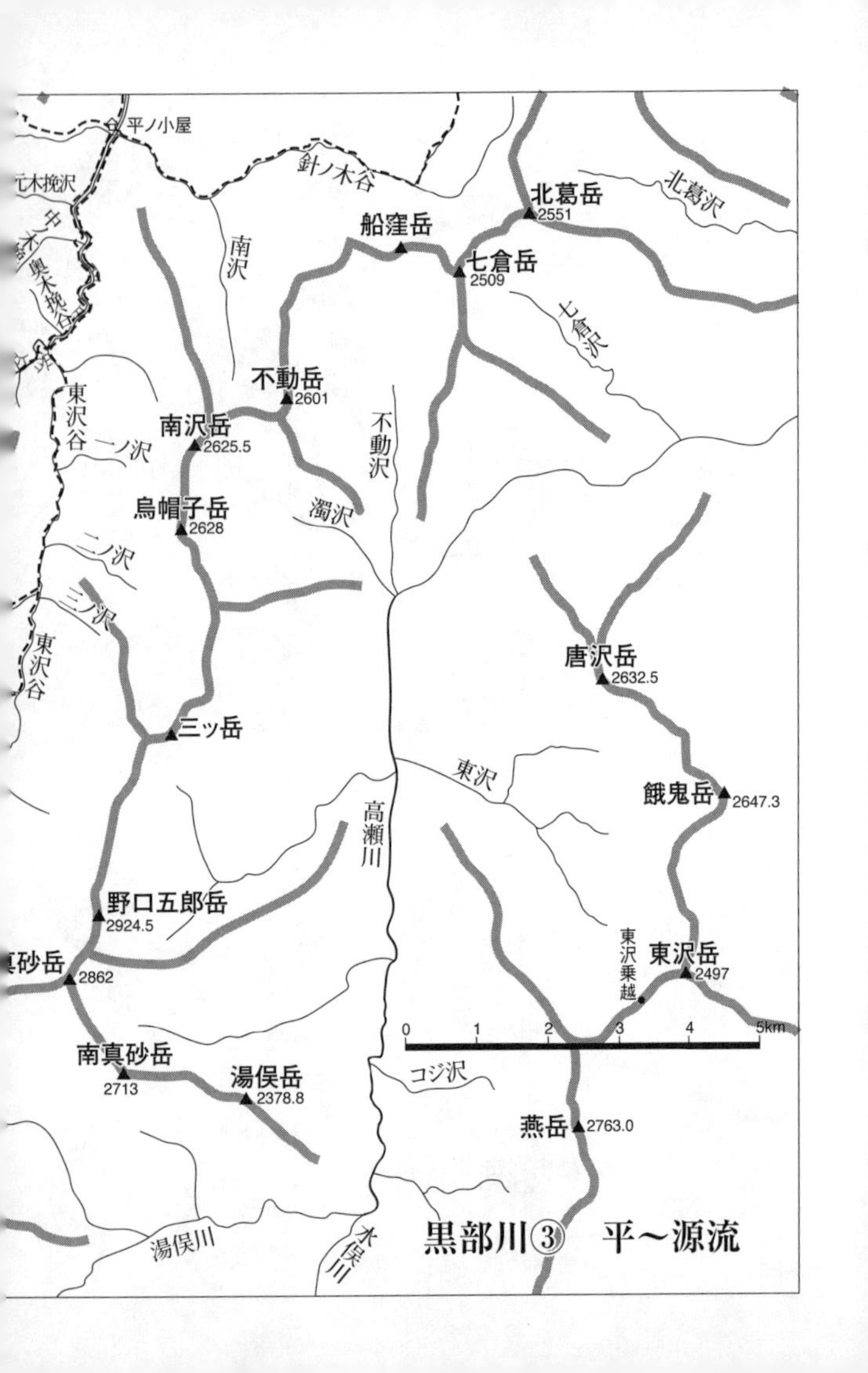
平ノ小屋
針ノ木谷
北葛岳
2551
北葛沢
船窪岳
七倉岳
2509
七倉沢
南沢
奥ノ木挽谷
不動岳
2601
南沢岳
2625.5
東沢谷
一ノ沢
不動沢
濁沢
烏帽子岳
2628
二ノ沢
三ノ沢
東沢谷
唐沢岳
2632.5
三ッ岳
東沢
餓鬼岳
2647.3
高瀬川
野口五郎岳
2924.5
東沢乗越
東沢岳
2497
2862
0
1
2
3
4
5km
南真砂岳
2713
湯俣岳
2378.8
コジ沢
燕岳
2763.0
湯俣川
水俣川
黒部川③　平～源流

スゴウ谷
真川
ヌクイ谷
スゴウ二の谷
越中沢岳
2591.6
木挽山
2301.2
スゴウ一の谷
スゴウの頭
2431
岩井谷
スゴ乗越
廊下沢
黒ビンカ
スゴウ沢
間山
2585.4
鳶谷
上のビンカ
中ノタル沢
口元ノタル沢
北薬師岳
2900
岩井谷
金作谷
薬師岳
2926.0
赤牛岳
2864.4
赤牛沢
薬師峠
立石
薬師平
太郎山
2373.0
太郎兵衛平
オクノタル沢
（岩苔谷）
ナカゴヤ沢
薬師沢
廊下入口
水晶岳
（黒岳）
2986
北ノ俣岳
2662
雲ノ平
赤木沢
祖父岳
2825
祖父谷
ウマ沢
ワリモ岳
2888
中俣乗越
五郎沢
鷲羽岳
2924.3
鷲羽池
黒部五郎岳
2839.7
黒部乗越
鷲羽乗越
三俣蓮華岳
2841.4
中俣谷

初めて下ノ廊下を降る

これは大正九〔一九二〇〕年の夏、はじめて黒部川の下ノ廊下を降ったときの印象記である。この時分には上流の平（だいら）から祖母谷（ばあだに）川の合流点まで約二〇粁（キロ）の間に、道らしいものはなかった。ことに下ノ廊下は前人未踏といってもよい原始境であった。

大正七年の夏、私は立山から御山谷（おやまだん）を降って黒部川のほとりに出た。これが魚釣りのほかは人の入らなかった黒部川を探った最初であった。

明治四十四〔一九一一〕年に道のない祖母谷川を降り、大正六年には平から黒部の本流を東沢へ溯（さかのぼ）り赤牛岳へ登ったことはあるが、人のほとんど入らなかった黒部へ入ったのは大正七年が最初で、これが二回目である。しかも今度は下ノ廊下を降ったので、黒部川のすばらしさをほんとうに知ることができた。

平と御前谷の間を探って歩々雄大になって行く黒部の渓の景色に魅せられた。そのために下ノ廊下を探って見なければ気がすまなくなり、この大正九年夏には大山村〔現富山市）の宇治長次郎、宮本金作、山田竹次郎の三人とともに平から降って見た。

中ノ谷、御山谷、御前谷の落口を通って、内蔵助（くらのすけ）谷の落口に達し、いよいよ下ノ廊下に入り、対岸に鳴沢小沢、鳴沢、新越沢の飛瀑を見、ザイルによって大小三十数回の壁ヘツリをし、架橋二回で黒部別山の屏風の立壁に遮られ、本流を徒渉して後立山側に移った。黒部別山谷から白竜渓（その頃には名はなかった）の間は通過不可能なので、峡壁を攀じて、岩小屋沢岳から廊下に下りている急峻な尾根を登って二〇六七米（メートル）の峰に達した。

天気模様を見てさらにまた廊下に降り、剣沢や棒小屋沢の深い落口を見て、鐘釣まで出たいと思ったが、生憎大風雨となり滞在しているうちに食料が残り少くなって、やむを得ずに岩小屋沢岳の奥小沢を下り、扇沢から籠川谷を大町に出てしまった。

平から御山谷まで

二日間降り込められた平ノ小屋を出たのは昼過ぎであった。その日は御山谷の落口まで行く予定なので、ゆっくり支度をすませると立山側に沿って、黒部川を降りはじめた。大雨の後なので水嵩はまだ大きいが水はきれいに澄んでいる。

小屋から川に出ると、岸辺に沿って左に廻り、岸を離れて川中の砂利洲を横ぎり、闊（ひろ）

い川瀬を行く。川面を渡ってくる渓風は涼しく、黒部川は春先のように駘蕩としている。

左岸につづく段丘の上には、楊、白樺、榛、落葉松などの林がつづいている。右岸を見ると、後立山の側の山脚が屏風立ちになって、森林の上につづく美しい偃松の斜面の上を目白押しに針ノ木岳、スバリ岳の頂稜が高く額を集めている。

崖側を越えると藪の中から中ノ谷が入っている。暫く降って行くうち、峻しかった後立山側の裾も、川近くで大分緩やかになり、段丘や洲が幾つも見えてきた。

午後二時、対岸に元ザクボ沢を見る。磧を辿り上流を顧みると、赤牛岳が夥しい残雪を懐にして高く聳えている。それから左へ廻ると木挽山が丸い優しい姿を現わした。行く手には赤沢の峻峰が谷を圧している。

谷の走向が変ってゆくにつれて、上、下流の山や尾根が走馬灯のように動いて行く。幾つもかき合わされた尾根の衿の緑の奥から大きくカーブを描いて溢れてくる水、その広い川瀬の中をつづいている洲や段丘の上に、楊、白樺、榛、落葉松などの美しい林が、並木のようになって優しく川風になびいている。これは平から御山谷の落口に至る間の渓の風景である。

やがてスバリの壁が見えてきた。もうそこは御山谷の合流点にあたる所だ。落口の左岸の白砂の上に荷を下ろしてひと休みする。平ノ小屋から川身を急がずに三時間かかった。

時間が早いから御前谷まで楽であるが、去年の思い出もあり、この美しい出合での露営が忘れられないので、白砂の洲のよいところを選んで天幕を張った。

釣上手の竹次郎は、木の枝に鈎(はり)をつけると早速魚釣りに出かけた。二人は流木を集め、私は一人、落口を中心とした美しい景色を眺めた。

御山谷の水は、深い深い森林の奥から流れてくる。それは急流というよりも沸(たぎ)り落ちてくる流れである。その水が黒部川に突っ込んでいるところで、本流は真青な丸い淵をつくり、御山谷の水と抱き合ってすばらしい勢いで旋回している。その対岸がスバリの壁である。

この淵の中に游(およ)いでいるたくさんの岩魚(いわな)を見ると、竹次郎は夢中になって糸を投げている。

顧みると御山谷の流れを包んでいる闊葉樹の積翠(せきすい)の上を、蒼黒い針葉樹の大森林が深く茂って、その上から無数の菱(ひし)壁と残雪を光らした立山主峰が双肌をくつろげている。

空は隈なく晴れて夕星がスバリの方にも、立山の上にも瞬きはじめた。立山の東面に群っていた岩燕が渓の岩巣に帰り、下弦の月がスバリの頂にかかる頃、谷もまた急に寂しさを加えてきた。

竹次郎の釣り上げて来た二十数尾の丸く肥えた岩魚を塩焼にして、焚火の周りで夕餉（ゆうげ）についた。

御山谷から内蔵助谷まで

翌（あ）くれば八月の六日、今朝は明方から雲が大分騒いでいたが、陽が昇る頃になると夥しい朝焼雲が、立山の上から下流の方へなだれて行った。お神立（かんだち）があるらしい。雨はもう随分降ったから大したことはあるまいときめて、午前七時四十分御山谷の露営地を発った。御山谷の流れを落口で横ぎり、川べりを立山側について下る。楊、白樺、榛、椈（ぶな）、楓などの林の下を、巨岩の間を縫って行くと、すぐ足もとを黒部の水が淙々（そうそう）として岸を洗っている。

黒部川も御山谷の落口を境として、上流の白砂翠緑のやさしい趣が、俄かに雄大味を加えてくる。しかし立山側はまだ緩やかに川瀬にのぞみ、岸辺には磧も砂洲もつづいて、楊の矮樹やオオイタドリなどが密生して、その前にはカワラナデシコや卯の花が美しい。

この付近の感じのよいことは、渓水が岸とすれすれに溢れていることだ。しかし川身の流れは深く、もう浅瀬らしい所は見られない。

深い淵の上を網目を描いて流れる水が、あるところでは巨岩の面をかすめて如露（じょうろ）の先から放散するような飛沫となり、または数尋（一尋は約一・八メートル）の底から熱湯のように沸きたぎって水の面を四方にひろがってゆく。それがまた衝き落ちてゆくあたりは油を流したような静かなトロとなって滑って行く。

面白い流れのリズム、じいっとそれを見つめていると、その底の方に木の葉のようなものが幾つも動いている。夥しい岩魚の群だ。透明な水底の白い花崗岩の川床の上を游いでいる魚の動きが鮮かに見える。

渓音の交響楽を伴った美しい水の回廊、初夏のようなのどかな陽射しを浴びて、涼風に衣をうたれながら、緑蔭の下を浅水に足を洗わせて行くのは実に贅沢な谷渉りだ。

滝のようになって入っている大スバリ沢を対岸に見て行くうち、行く手に赤沢岳の黒部寄りの釣鐘形の岩峰がどっしりと腰を落している。やがて御前谷の落口についた。午前九時少し過ぎ、御山谷落口からゆっくり歩いて二時間、しかも歩きよい愉快な谷渉りであった。

御前谷は御山谷より小さい。しかし幅よりも厚さのある奔流となって落ち込んでいる陰鬱な谷である。この谷の落口から三、四丁も溯ると、立樋のような絶壁に囲まれた御前ノ滝、三段約五十米が潜在している。

魚釣りが面白いので二時間近くも遊んで、午前十一時を過ぎて、内蔵助谷の落口に向った。

落差が激しくなって来たために、下流は却って明るく闊々(ひろびろ)として来た。左岸につづく蒼い尾根、丸山の南の峰から黒部川へ落ちている尾根の上から、峡谷のつきあたりを、黒い色をした隆々とした肩の瘤(こぶ)をおどらして、谷の空を截(た)っているのは黒部別山のオオタテガビンである。

いよいよ黒部の別山が間近になった。あのオオタテガビンの壁の脚が深峡に没するところ、下ノ廊下の嶮はその壁をめぐって始まるのだ。

早くあの下までヘツり込んで、下ノ廊下の壮観を見たいものだ。そうだ、あの手前では、黒部全流が大瀑布となっているはずである。しかし内蔵助谷落口を囲む壁が果して通れるかしらん。それからそれへと行く先のすばらしさを考えて、私はじっとしてはいられなくなった。

まだこの付近では立山側の汀(みぎわ)近くはゆるやかに延びて、対岸から赤沢が入るあたりまでは闊葉樹の林が両岸から最後の積翠を埋めている。赤沢落口の一丁ほど下手までくると、川は大曲りにくねって、正面にオオタテガビンの四つの瘤と、その左から黒部別山の南の峰の丸い頭が見えてきた。

大曲のところで黒部川の川瀬は非常に闊くなって、立山側は四、五丁も立派な磧を展べている。しかし広い所はこれが最後である。

磧のつきるあたりへ、丸山からワレ谷がナギ込んでいる（丸山とは、無名だったのでこの時に名づけたもの）。その落口から崖側を匍い上って行くと、河床がどんどん落ちてゆくのと反対に、足の裏は仰ぐようになり、三十分も行くと、大きな押し出しの上に出た。その上を、間を、または岩の洞を抜けたりして前進した。この大ナギの途中で、あいにく夕立がかかってきた。一同岩蔭で中食をとり、二時間ほど休んでいると小降りになったので、また下流に向って降りはじめた。

谷筋が左に曲ったかと思うと、遥か下流のつきあたりの左手から岩を蹴って入っている滝のような谷の落口が見える。

あれは何だろう、と私は、ちょっとまごついた。しかし考えてみると、左手から他の谷の入ってくるわけはないので、内蔵助谷に相違ないと思った。

とうとう本流には地形図にあるような滝を見ずにしまった。惜しいような気もしたが、はじめから無いものはどうしようもない。五万分一の立山図幅に入っていた滝のマークは、全く想像のものであった。

内蔵助谷落口近くになると、どこから殖えたのかと思うくらい黒部川の水は大きくなり、奔潭（ほんたん）を造って渦巻いている。それが一段陥ちて落口の前まで行くと急に右折して、とうとうとした水勢で下ノ廊下に向って驀進（ばくしん）している。すばらしい傾斜だ。

内蔵助谷落口の二百米ほど手前で、はじめて大きな壁にぶつかった。そこは手軽にへツり抜けることのできない悪場（わるば）であった。川は深い淵であり、行く手はその淵から衝（つ）っ立っている削（そ）ぎ落したような壁である。

皆荷を下ろすと、頭の上から、右左から圧（お）し冠さるように立っている障壁を仰いだ。右岸にそそり立っている赤沢の壁は直聳（ちょくしょう）約二百米、暗褐色の本箱を立てたような四角な壁となっている。左岸は立山側の丸山の山壁で、これはやや傾斜があるが、遥かに高く二千米付近まで壁の大露出を見せている。谷の幅は僅かに十数米、この両岸から迫っている峡壁が下ノ廊下の関門を扼（やく）しているので、渓水はそこで圧縮されて下ノ廊下の嶮となっている。

ここではじめて綱を出した（この時にはまだピッケルを持たず金剛杖で、ザイルでなく細引綱で行った）。長次郎は綱を腕に巻きつけると、渓側を壁のヒダについて暫く登って行ったが、悪いので戻ってきた。次に左手に延びている高い壁を、四、五十米ほど匍い登って岩の段にとりつき、さらに七米ほど右に廻り込んで漸く壁の肩に達し、身体を確保すると綱を垂らした。それから一人ずつ同じ動作で肩に登りつき崖嘴（がいし）を後ろに廻り込むと、狭い壁の背筋を静かに踏んで下りにかかった。最後に深潭を下にして断崖の横をヘツったときにはちょっと怖かった。

漸く小さな磧に下ると大きな岩の懐の浅い淵を渉って、無事に内蔵助谷の水の落ちるところにたどりついた。このヘツリには三度綱を用いて約一時間半を費した。嶮阻ではあったが、思っていたよりも距離は短かかった。

午後四時半、適当な泊り場は勿論ない。どうせ黒部の核心まで入ったのだからと、いま廻って来た岩蔭の僅かばかりの草の斜面に傾いた天幕を張った。

内蔵助谷の落口は御前谷のよりも高く急である。水量も多いようだ。御前谷の暗いのに比べて、この谷は上流に内蔵助平の高原があるため非常に明るく、オオタテガビンの壁と丸山の壁とで大きな窓が出来ているから如何にも壮快な感を与える。

今夜の泊りは随分悪い所で、大雨に遭ったらひとたまりもなく流されてしまう。避難所も近所には見当らない。しかし天気は大丈夫なので安心して腰を落ちつけ、傾斜している石溜りの間に火を焚いて炊事の仕度にかかった。竹次郎は榛の枝で新しく竿を作るとまた魚釣りに出かけた。

夕栄の空は高く澄み渡って、金糸のような細い雲が幾筋も東の方へ流れて行く。明日の天気もまず心配はない。

函の底か井戸側の中に居るようなこの谷底では眺望こそ全くないが、その代りにどこを見ても峻高壮麗な岩集いだ。夕陽が内蔵助ノ窓から射し込んでくる。それだけが僅かな明りとりである。

山の人たちが夕餉の仕度に忙しいその合い間を、私は岸辺に佇んで眼の前を流れて行く水の姿を眺めていた。

上流からたぎり落ちてくる水の潮、同じ淵、同じ岩の上を、間を、殆ど同じリズムで、しかも絶え間なく流れて行く水の姿、おそらく永久に流れて行くであろう。その水の動きに見入っていると、なぜか私は、この深い谷を刻み込んだ自然の悠久な力を強く感じさせられた。

夕餉を終り談笑に時を移し、眠ろうと思ったが、ふと米のことが心配になった。悪場つづきなので、なるべく荷を軽くするため、できるだけ節約して持って来た米が、平ノ小屋で降りこめられて、既に予定より二日分を減じてしまった。着ゴザをひろげてその上へあるだけの米をあけてみると、漸く八升だけで、今夜の分を加えても一斗しかない。

私は米を補給に、内蔵助平を室堂へ人をやろうと思って長次郎に相談すると、皆で控えればどうにかなるだろう。いよいよ不足したら岩魚でも食べるちゃ、と彼はいう。

私たちは、それから狭い泊り場の傾いた天幕の中で、内蔵助谷の飛沫を浴びながら、互に寄り添って窮屈な眠りについた。

内蔵助谷から黒部別山谷まで

八月七日、午前七時少し過ぎてから野営地を後にして、滝のような内蔵助谷の落口を、岩を抱くようにして横ぎり、それから渓側の急な斜面に移って、泥草をふみにじりながら行くと、清水の滴りで濡れている草ツキの壁は滑り易く、文字通り一挙手一投足に、渾身の力をこめて行くために、僅か五、六十米のヘツリで汗が滴るようだ。この汗の中には、すぐ下が激流で、落ちたら助かりっこないと思う冷汗も交っている。

暫くして磧に下り、巨岩の間や砂地を縫って行くと、谷の走向が左へ左へと折れ曲って行く。この辺は下ノ廊下で最も川幅の狭い部分で、対岸の壁が高くのび上っているため暗い感じがする。

後立山側の壁の根元には自然に出来た大きな洞が幾つも穿(うが)たれている。そこにはたくさんの岩燕が巣喰っている。巣の周りに蜂の群るように岩燕が集っては散り、散っては集っている。岩巣の洞の入口に嘴(くちばし)をあけて並んでいる雛に餌を運んではまた取りに行くのだ。

廊下の岩巣は彼らの安住の地で、岩壁や激流にふさわしいこの鳥の群こそ、下ノ廊下の風景を活かしている大事な点景であると思った。

下ノ廊下へ入ってからは岩魚も一層多くなった。碧い淵やトロの底を游いでいる姿を見ると、竹次郎は竿を捨てて来たのをくやんでいたが、もうここまで入ると釣どころの沙汰ではなく、私たちはひと足だって辷れない。一歩一歩真剣に踏みしめて行かなければならなかった。

流れが左に折れている壁の突端のところで、三回綱を用いて水際に出ると、それからは川の曲折が少くなり、対岸に片寄った流れが白布を敷いたような美しい滝津瀬を、法螺の貝のようにえぐられた岩床の間をくねり落ちてくる。その下は大きなタルの淀みだ。

午前九時、川の真中に乗り出している。長方形の大きな岩の上で荷を下ろして休み、記念のため石を積み重ねて、岩の面へ一行四人の名と年月を記した。これでオオタテガビンの黒部川に突っ込んでいる壁の突端を越したことになる。

後立山の方は直立の壁つづきで、しかもその脚を深い流れが洗っているので、とりつきようもないが、幸いと立山側はオオタテガビンの大山壁が川で終るところには、小さな壁が幾つも抱き合っているばかりでなく、川べりには巨岩が重なり、小さな磧さえあるので確りした足がかりがある。

一時間ほど休んで巨岩を下ると、間もなく対岸の壁のワレ目を、幅よりも厚さのある流れが滝となって入っている。その上方には長大な滝が見える。名のない谷なので鳴沢小沢と名づけた。

対岸はさらに壮大な壁が直立に近い角度で川から屏風立ちになっている。これは鳴沢の壁で、約百米の高さをもっている。峡流はこの壁に傾いて千米近くを左から右へと大きくカーブを描いて走って行く。

立山側もしばらく壁つづきとなり、二回ほど綱を用いてその横をヘツった。対岸の後立山側は漸く低くなり、川筋が右に折れるとその窪から大きな支谷が入っている。これも落口は滝となっている。これは鳴沢岳の懐からくるもので、これを鳴沢と名づけた。

鳴沢近くなると立山側の渓側はゆるやかになり、榛の林に包まれた平に出た。川寄りには楊が茂り磧もつづいている。下ノ廊下には珍しい平だ。後にハンノキ平と名づけたもので、その後数年して水力電気の小屋が建てられた。

鳴沢の落口から左に折れると、それからは流れは北に向って一直線に走っている。すぐ近くに赤褐色の高大な山壁が大きなおでこを出している。これは黒部別山の壁だ。

左岸について流れの中を渉ってゆくうちに、流れがだんだん深くなり、後立山側からくねって来た激流が、この大きな赭壁（あかかべ）の根元を洗って深い流れとなっている。そのため川中を行くことが不可能になった。直立の悪い壁なのでヘツることはできない。私はここで追い返されるのかと思った。

一行は僅かばかりの石の溜りに荷を下ろした。長次郎は壁をにらんで暫く考えていたが、やがて成案を得たらしく、金作と竹次郎をつれて上流へ戻って行った。

暫くすると金作と竹次郎とが四間に余る長い流木を、長次郎は細い三間ほどの丸太を担って来た。

これから緒壁のクボへ向って一回と、さらにそのクボから川中の巨岩に向って一回と、都合二回の架橋作業で、漸くこの悪場をきりぬけることができた。

私たちは依然左岸のみを辿る。暫く行くと川幅は広くなったが、やがてまた急に狭くなると、壁と壁との間には雄麗な巨岩が錯綜して、流れの姿はすばらしいものになった。狭い飛流は丸い大きな淵に呑まれ、碧水は悠々とその中を旋回して、その下の狭い岩の戸口にかかると、また飛流となって次の碧海に躍り込んで行く。

左岸から乗り出している巨岩に攀(よ)じ登り、壁について廻ると、対岸のすばらしさに眼をみはった。

後立山側は一面の壁続きで、ノ深(ぶか)にワレたその裂け目から、直立三、四十米の一大水柱が棒立ちになっている。幅よりも厚さのある棒のようなこの大瀑布は、川近くで巨岩の段を蹴ってその下の釜に突っ込んでいる。

これは新越沢落口の滝らしい。五万分一の地形図に載っていないので、これを新越ノ滝と名づけた。この瀑の上方にも積翠を縫って二、三段の滝が光っている。

新越沢の下手の壁は三百米を越える断岩が直立の壁となってそそり立っているのだ。これは内蔵助谷落口以来の高い直壁である。

滝の下で深い美しい淵をつくっていた渓流は、再び狭い奔川となって下手の壁にかかると、赤褐色の大削壁の根元を蹴って、噴煙のように弧線を描いて沸き立っている。ここでは黒部本流は僅かに二米の狭さに圧縮され、水は流れをなさずに煙となって吹き落ちている。黒部を通じての狭流である。

後立山側の山壁の盛んなのにひきかえて、私たちの歩いている立山側は至極平坦な岩の丘なので、この水の狂乱を眼前数尺のところに見ることができた。

この付近の渓趣は、下ノ廊下上半部で第一の壮観であった。それから流れの汀につづく岩の段丘をたどって行くと、間もなく岸辺が緩やかになり、黒部別山中央下の広い窪地に出た。川に向っている所は高い砂丘であり、その内側は山裾の緩斜地となって、そこには残雪が山のように溜まっていた。私たちはその雪のトンネルをくぐって行った。

午前十一時半、この窪地で流木を集めて火を焚き、湯を沸して中食をとった。それから一時間ほど休んでまた降りにかかった。窪地から岸辺に出て巨岩を縫って行くこと半町ほどすると、立山側が俄然険悪となって、もはや川身を縫ってはとても進めなくなった。

いよいよ大ヘツリの嶮にかかったのである。これからは連続の壁ヘツリを行くのだ。この壁はどれも、どこも皆、深い淵と流れにとり囲まれているので、一瞬の気も許せない。私たちの動作も真に緊張の極に達した。

壁の露出の壮んなこの辺では、樹らしいものは殆どなく、手がかりになるのは岩の襞より外にはなく、架橋にするような材料も全くない。

大ヘツリというのは私のつけた名である。下ノ廊下中での最も長いヘツリであるからである。

黒部別山の最高点二四〇〇米の約二千米の高さから、菱壁を漸次拡大して、約一千米の高さを屏風のような菱壁を重ねて下ノ廊下に直落しているものが、屏風のヒシと名づけた大山壁であって、その上手の一部が渓流に接するところで危く幾つもの棚を造っている。それが大ヘツリで、水平距離は約二〇〇米で、約三つに分たれている。

私たちは長次郎を先導として、綱を用いること二十数回、二時間半を費して漸くこの

下ノ廊下大ヘツリ。奥は黒部別山北尾根（撮影年不詳）

難場を越えることができた。

大ヘツリを越えると、屏風の鉄壁は深い流れに腰を落しているので、もはやその方を行くことは全く不可能となった。

谷窮（きわ）まって道通ずということを、私はここで実際に体験した。

大ヘツリを終った私たちは、壁と流れとの間にあるやや広い磧に集った。するとそのすぐ前で、美しいトロが静かに流れているのを見た。そして対岸に移る実によい徒渉点だと思った。水の深さはわからないが、どうも渉れそうな気がする。

私たちは皆静かなトロを見て喜びの声をあげた。このトロが渉れさえすれば後立山側に移れる。もう下ノ廊下を降ることに成功したような喜びが私の胸を一杯にした。

長次郎も相好を崩して喜んでいる。金作も竹次郎も喜びの色が顔に溢れている。

ひと息入れると、皆衣服を脱ぎ褌（ふんどし）一つの丸裸になった。長次郎は私の長い杖を持って上流の方に立ち、私は長次郎と腕を組んで流れへ入った。

四、五間ばかり渉ったとき、水の色が碧く淀んできたかと思うと、瀬が急に深くなった。私は思わずひやりとした。流れがだしぬけに腰から胸に来たからだ。水が胸までくると飛沫が盛んに顔にかかる。

このトロは表面が緩やかに見えて底の流れはすばらしく疾（はや）い。足を上げるたびに身体ごと浮き上りそうになる。下腹と腰に力を入れて、深瀬を二カ所ほど横ぎってどうやら無事に対岸にとりついた。

この徒渉点は下ノ廊下でたった一カ所の渉り場で、川幅は二十米位であるが、川床一杯に美しい玉石(たまいし)で均(なら)されているから、足場はよく、その上を透きとおってするすると流れてゆく水の美しさを見て、こんな穏かな流れが、下ノ廊下の絶嶮の、しかも中心地点に潜んでいたのを不思議に思った。

一同は後立山側の岩の段丘の上を抜けると、広い白砂の丘の上に天幕を張った。川風が寒いので焚火を囲んで暖をとっていると、どこから帰って来たのか、たくさんの岩燕が、谷の上空から錐もみで降りてくると、流れの上を風を切って飛び廻っている。

空が茜色に変ってきた。谷上の夕焼雲がまぶしいほど光っている。

上流を仰ぐと赤沢の峻峰が盛んに燃えているところだ。円い主峰も、第二、第三の尖峰も夕雲の中から見え隠れしている。まるで炎の中の大殿堂のようだ。

やがて爽かな夕べが来た。廊下の壁で細長くかぎられた渓上の空に、夕星が夢のように現われ、その光が増すにつれて渓谷は蒼茫として暮れていった。

黒い塊りとなった廊下の壁と、すさまじい谷の叫音に圧せられて、私たちは天幕の中に入り、ここで釣り上げた岩魚を焙(あぶ)り、今日は黒部の川越しをしたお祝いだと、ウィスキーを飲み廻して賑かな晩餐をとった。

夜が明けはなれると、長次郎と下流を見に降って行ったが、黒部別山谷(新称)の落口を対岸に見るあたりから右岸の後立山側は直壁に遮られ、しかもその壁の脚を深い流れがぶつかっているためまた泊り場へ引き返した。

朝食を終ると泊り場を後に、砂洲づたいをトロに沿って少し上流に戻り、昨日対岸から見ておいた、たった一カ所谷底まで灌木のつづいている壁をめがけて、狭いワレ谷の懐から岩壁にとりつくと、灌木を手がかりにして遮二無二匍い登って行った。ひとしきり上りきると、大きな岩の段地に出た。

すぐ下を蒼々と流れて行くトロに、別れを惜しみながらひと息入れた。

それからは直立に近い壁のヒダや灌木を、足がかり手がかりにして匍い登った。ここは降るときにはどうしてもザイルを要するところだ。

一時間ほどすると傾斜が漸く緩くなり、壁から痩尾根に移った。赤ムケの壁が額をけずって高く、北に向って真直ぐに流れて行く下ノ廊下の下半部がひと眼で見通せる。

あそこまで降ることができなかったのはほんとうに残念である。多分、あのどんづまりのところあたりに棒小屋沢も剣沢も潜んでいるのだろうと、暫く崖頭に立って眺め入った。

やがて痩尾根が大きく丸くなり、唐檜(とうひ)の森林帯へ入った。天気はますます悪くなって濃霧を谷から吹き上げてくる。山々はその中に姿を消してしまった。

どこかよい所に泊らねばと思いながら、緩やかになった尾根の背を上って行くと、大森林に蔽われた高原のような丸い大きな尾根の頭に出た。地図を見ると、それは岩小屋沢岳から黒部に向って下りている大尾根の分岐点にあたる二〇六七米の峰である。私は後にこの峰を大観峰と名づけた。

平の中をよい泊り場を求めながら歩いていると、大木の切株が六尺位の高さで沢山並んでいる。これは測量部の人が見通しに伐ったのだと長次郎がいう。それでは多分この近くに泊ったのだろうと、近所をうろついていると小池が二つほど見える。そしてその傍の草地に焚火をした痕が見えた。

ここに陸地測量部の人たちが泊ったのだと知ると、皆一斉に荷を下ろしてしまった。朝から渇ききっているので、急いで池の縁へしゃがむと、あたふたと飲んだ。飲んでから池の水を見ると、まるで番茶を煮出したような色をしているばかりでなく、その中に沢山のオタマジャクシが游いでいるのを見て、私は思わずポケットから宝丹を出して飲んだ。

池の傍に天幕を張り、ガーゼで濾した水で飯を炊いていると、強風を伴った礫（つぶて）のような豪雨が横なぐりに吹き込んで来た。私たちは二日二夜というもの、この泊り場にちぢこんで過ごした。

米はなくなる。身体は冷える。とうとう廊下の降りをあきらめて、風雨の中を岩小屋沢岳西尾根の、広い草原を風雨に打たれ、熊の糞をふみながら国境の主稜に上り、オク小沢をずり下りて扇沢へ出ると、籠川谷を大町へ出た。

これが初めて下ノ廊下を降った時の思い出である。

（大正九年八月）

黒部下流から

仙人谷―黒部別山―内蔵助平―サル又のカール―立山―剣岳

大正九〔一九二〇〕年の夏、上流の平から下ノ廊下を白竜渓の上手まで下って見た。それで今年は反対に下流から下ノ廊下を溯って見ようと思い、七月十六日の夜行で上野を発ち、翌朝泊駅で降りると、愛本橋までガタ馬車で入り、それから徒歩で宇奈月へ、さらに黒部の岨道について、夕方新鐘釣温泉（錦繍温泉）に着いた。

この山旅の頃にはまだ黒部鉄道は敷かれず、水力電気の工事も入っていなかった。宇奈月は一面の草の丘つづきで、人家といえば原の中に一軒の湯小屋があっただけだった。冬になると雪に追われて群猿が餌をあさりに下りてくる、熊が迷い出て来たということなどが新聞に見えたりした。大正十二年に鉄道が敷かれてから急に開けて、温泉旅館・売店など続々出来て賑かな温泉の街になった。鉄道が敷かれると同時に水力電気の工事が上流に向って進められ、宇奈月はますます繁盛して、今日では北陸有数の遊山地になった。これは全く水力電気開発のおかげである。

大きな深い寂しさの谷。ひと言にいえば、その頃の黒部の全体がそういう感じだった。

桃原の吊橋を渡ってからは、この谷の大きい直線的の力にぐんぐんひき入れられた。仏石の茶屋や七谷越えあたりはことによかった。森石谷を越えると森林は立派になり、両岸の山々、その山脚は峻急に峡底に落ち、山壁の折れ目にかかっている支谷は、黒部でなければ見られないワレ谷となって危く渓心に望んでいる。

雄大な黒薙川の合流点、あとひきの吊橋にかかった頃には、陽はやや西に傾き、岨道はひっそりとして、涼風は渓をわたって湧き起ってきた。

私は黒薙川の落口にたたずんで、山、谷、森林、渓流を眺めながら、いよいよ黒部の奥へ来たなという深い感銘を受けた。

猫又谷の落口を中心とした黒部本流の景はなかなかよい。鐘釣の岩峰をひと廻りすると黒部川のほとりに出た。やがて行く手に長大な吊橋が見え、その手前の壁伝いの上り道を新鐘釣温泉へ着いた。

川沿いの座敷に通されて対岸を見ると、サンナビキの谷の上に夕陽が光って、峨々とした山骨が見える。蒼黒い偃松の色、ゴツゴツとした肩骨、その懐の夥しい雪、それは今夏初めて見る高い山の肌である。仰角はすこぶる大きい。

七月十八日。朝、新鐘釣温泉を発ち、鐘釣温泉へ立ち寄って、小黒部谷から奥の道の様子を尋ねると、昨日帰って来た者の話では、シジミ坂の先の吊橋が落ちて通れないということだから、立山の方へ行くのなら小黒部へ入る方がよいという。

私はちょっと出鼻を挫かれたが、とにかく日数をかけてもやって見ようと思った。

鐘釣の岩峰を過ぎると百貫山、名剣山と嶮しい山々がつづき、左岸の尾根の間から毛勝岳につづく岩尾根が見える時分には、尾根の出入が錯綜して、渓筋がどちらへ曲っているのかわからないほど山々が深く重なり合っている。

壁を伝って本流の水際に下りて見ると小黒部谷の落口は滝のようになって本流に突っ込んでいる。そこで黒部の水は美しい綾を描いて奔騰している。

祖母谷川への道を左に見送って、欅平につくと、それからシジミ坂の嶮にかかるのである。その頃の欅平は森林の平で、小屋も設備もなかった。

欅平から暫く行くと小谷が二つ入っている。それから岨道が森林をぬけて壁の横を通るようになると急に悪くなり、やがて路は峻しいガレ谷に下りている。その底には残雪が小山のように堆高くなっている。

これがシジミ坂だなと思った。谷は露岩のワレ目を落ちているため甚だ狭く、その上は左右からのしかかるように円い壁が重なり合っているので上の方はよく見えない。ワレ目の樋となっている大きな空滝の縦壁に、二十米ぐらいの、木の枝で編んだ丸太の梯子がたてかけられてある。それを上りきると、今度は壁の棚を斜め左に谷沿いに廻って行く。

それからいよいよシジミ坂の嶮にかかるので、激流から直立する高さ十数米の壁の横を、僅かな襞（ひだ）に付いて路が刻まれ、ボールトを打ち込み鉄線が張ってある。しかし、ボールトは雪に押されて下向きに曲り、鉄線は弛んで手がかりが悪い。何にしても黒部下流での最初の悪場である。

午後一時、ひょっと対岸を見ると、そこは見渡すかぎり壁つづきだ。私はいま、奥鐘山の直前に来ていることがわかった。

鼻先にとてつもない大きな胸壁を突き出しているこの岩峰、むしろ巨大な岩の塊りは、腰から下を黒部の碧流に洗わせ、そそり立つ山壁の肋（あばら）のあたりがやや突き出て、棚、襞、皺（しわ）などに添って灌木や草などがからみついている。

直聳（ちょくしょう）の壁は、あるところは冠り気味に、大体八十度前後の急角度で千米に迫る大障壁となって、谷の上空を截（た）って延び上っている。

雄大な山の塀だ。祖母谷落口、欅平付近から始まって、オリオ谷のところで二度急曲して、餓鬼谷まで延びて東谷山に対している。この間の距離は四キロを越すだろう。それだからシジミ坂からシアイ谷、オリオ谷、などの落口を経て、餓鬼谷の合流点までは絶えず我々を圧して聳えているわけだ。

シジミ坂付近から見たものが、奥鐘山の最も立派な部分で、黒部の廊下は奥鐘山から始まると私は思っている。

岩伝いの悪場を過ぎても崖道は楽にはならない。しかし椈、榛、樺などが大分茂って、道の尽きるところ、岩の角をひと回りすると吊橋の前に出た。落ちていると聞いて来た橋が新しく架け直されているのである。

屏風のような左岸の岩壁が、のしかかるように川に向かって立っている。そこへ木の枝を組み合せた二十米位の簡単な吊橋が出来ている。もしこれが出来ていないと、数時間を費してかなり上の方まで上って、綱で下りなければならなかった。

道はやがて谷に下り、大石の累々とした広い磧に出た。そこに人夫が六、七人で休んでいた。私は吊橋の礼を述べて、行く先の様子を尋ねたが、とにかくこの奥へはまだ入っていないからわからないが、これからは桟道や梯子が壊れ、吊橋も落ちているので、今までよりはよほど手ごわいから気をつけてお出でなさいという。午後二時少し過ぎ。

左岸の山の深いワレ目からシアイ谷が走り込んでいる。それと向い合いに、赭い岩塔が両岸から直立している。右手のものは低く砲弾の形をしてその頭に灌木が茂り、左のものは奥鐘山の壁の出鼻でかなり高い。土地の者はこれを夫婦岩と呼んでいる。黒部川はここで「く」の字なりに曲って、この岩の戸口で圧縮された全流の水が、その下の深い淵に向って吹き出している。

午後三時、夫婦岩の右の鞍部を上ってまた川沿いを行くと、川に向かって傾いている一枚岩の大きな壁つづきに出た。打ち込んであったボールトはところどころ残っているが、鉄線は断れて用をなさない。万一の用意に綱を使い、横匍いで通った。

間もなく梯子の頭に出た。壊れて危険なので、竪の丸太につけられた枝の結び目に足をかけて下ると、その下にまた一つ壊れているのがあった。それを降って岨道を行くうち、下りとなり、さらに上りきると、今度は大岩壁に懸けられた二十数米の梯子が全く落ちて跡方もない。これには弱った。

荷を先に綱で下ろし、その後から綱で降りた。下が平地になっているので危険はなかった。それから先は、桟道も、梯子も殆ど落ちていて、ますます歩きにくくなった。道は川から約五十米のところを通っている。

先を案じながら歩いていた私たちは、また絶壁の横で前進できなくなった。今度のやつはなかなか面倒だと思った。

川に向かって五十米以上もある碧壁が十米位エグれ込んでいる。その上は冠り気味になって、灌木やシャクナゲ、シダの類がまばらに生えている。壁面は蒼い蘚で水際まで被われて、もと架けてあった片桟道の丸木の桟が崩れ落ちている。

私たちはここで、僅か十余米の横捲きに一時間半を費してしまった。

この悪場を過ぎてから道は大分良くなった。針闊混交の気品のある森林の中を坂道を上って行くと、渓流は遥か下を淙々と走り、山を渉り林にそよぐ遠嵐が、物静かな交響楽を奏でている。

よい気持で歩いているうちに、四辺から暗さがひろがってきた。時計を見ると七時に近い。尾根の様子では、すぐこの下あたりがオリオ谷の落口らしく思われたが、何分足もとが危なくなったので前進を止め、山の鼻を大きく廻る手前どころの小さな平に荷を下ろして、そこで野営をすることにした。

よいあんばいに近くの小谷で水を得られたので、夕餉の仕度にとりかかった。

天気は申し分なく、森の上を夜空が澄み渡って、夕星が粉ダイヤのように光っていた。

飯を終ると、天幕を張らずに上にかけ、焚火もしないで眠りについた。

オリオ谷・仙人谷

翌くれば七月十九日。梢を払う朝嵐に、仕度もそこそこ、飯もたべずに露営地を出た。

山の鼻を右折して、二十分ほど坂路を下って行くと、道は森林を脱してオリオ谷の落口に出た。

石の高い間を縫って合流点から黒部本流のほとりに出ると、荷を下ろして朝食の仕度にかかった。

今日も美しく晴れて、拭ったような朝空には霞一つかかっていない。目ざめたばかりの渓流の上を、羅（うすもの）のような朝霧が静かにさがってくる。流れの面（おも）にもつれ、森林をぼかし、飯焚く人までを画中のものとして川下へ流れてゆく。

藍を溶かしたような黒部の水に漱（くちすす）ぎ、巨岩の上に腰を下ろすと、高空を仰いで腹一杯に呼吸をする。

もう四、五日も谷歩きをつづけたら、私の腹の中も、清い黒部の水と、澄んだ谷の空気に洗われて、おそらく岩魚（いわな）のもののように、綺麗になるにちがいないと思った。

四方の森の中から小鳥の囀（さえず）りが聞えてくる。朗かな朝は渓まで頗（すこぶ）る快闊である。岸辺に臨んでいる尾根先は、今まで見たような壁つづきではなく、森林が濃密で、闊葉樹の積翠（せきすい）が、新緑と思われるほど潤いのある鮮かさで渓側を包んでいる。

しかしさすがに黒部らしく、いかほど樹木が茂っている山脚でも、ほとんど直立に近い急角度で、函（はこ）のように渓流をとりかこみ、谷は著しく直線的に縁どられている。

この出合は明るい感じのするところで、餓鬼谷の方からくる流れが、オリオ谷の少し上手で、六米ほどの水晶簾（すいしょうれん）となって平滑の巨岩から懸っている。ここで一度陥没した流れは深い淵となって、その先で大きく曲ると、一直線に奥鐘山の壁に向って驀進（ばくしん）している。

朝陽の初光が後立山の峰から斜めにさし込んでくると、奥鐘山の壁が紅く光ってきた。私は水際について暫く上流をたどって見た。三、四丁のところであるが、谷が急に曲って餓鬼谷の落口に向う尾根先が実に悪く、また来た方へひき返した。私は欅平の人が忠告してくれたのを思い出して、谷通しをあきらめた。

大正十四年のときには、この尾根先に佐野桟道というのが出来て、それを通って川沿いを上流にたどった。

出合へ戻って暖かい飯と味噌汁とで腹をこしらえて、餓鬼谷の方へ突き出ている尾根のくびれを目ざして、森の下の踏跡らしいものを探しながら上って行った。

午前八時、上り始めると、すぐ左手の大木の下に、雑草にかこまれた岩屋があった。畳八畳敷ぐらいの、下端の平らになった大石を天井にした自然の岩屋である。石小屋というのはこれによって名づけられたのであるが、中がしっけているため適当な泊り場でなく、雨天の時に利用する程度のものである。

石小屋を左にして山側の急斜面をひた上り、三百米ほどの所で栂の大木の傍に腰を下ろしてひと息入れた。ここでは谷を縦に奥鐘山の嶂壁が双肌をくつろげて私たちを見送っている。

やがて針葉樹の喬木が尾根上らしい茂りを見せて、間もなく、小さな気持のよい鞍部に出た。一二〇〇米くらいの地点で、私はこれを石小屋乗越という名をつけた。米栂、シャクナゲ、ドウダンなどの密生した中を、亭々として伸び上っている栂、黒檜の大木には、サルオガセが無数に長髯をなびかせている。

今までは渓筋ばかりを歩いていたので行く先の山の展望がなかったが、この乗越に上って初めて深い、高い、黒部奥の山々を見通すことができた。

両岸から掻き合わされた尾根の上に、一段高く、蒼黒い岩尾根が大きく乗り出している。これは剣沢の左岸を固める南仙人のガンドウ尾根で、その胸あたりに刻み込まれた幾筋もの赭いガレはこの尾根を頽る雄峻なものとしている。

東谷山の上に、赤沢岳、鳴沢岳、岩小屋沢岳の連脈が初めて視界に現われた。

高く、遠く、その懐には青苔のような偃松の尾根を分けて幾筋もの雪の縞が見える。

峻しい岩の背稜も、深渓の上に望むために高邁の感を与えていた。

午前十時半、いよいよ乗越を上流に向って下る。脚下は目のとどくかぎり闊葉喬木の密林である。秋にはさぞよい所だろうと思った。

小一時間で谷に下りた。アゾ原谷で、岸からも、流れの中の石の間からも、砂を押し上げながら熱湯が吹き出している。

谷の上流を見上げると、山が大きくワレて、その右の溝には雪の洞門から長大な滝が煙を吹いて落下している。アゾ原の滝である。

この谷の左手のものを上りきって尾根を越すと仙人谷の滝場の上に出られる。立山、剣方面への近道で、今日ではアゾ原に小屋が出来てこの道が通路となっている。

私は本流通しを仙人谷に入りたいと思って、なお黒部の谷道を行くことにした。谷を渉って緑蔭で中食をとると、のんびりと昼休みをしてそれからアゾ原谷の落口を見に行った。

この谷は川近くで堤のような所を奔流となって走り出ている。そのあたりには熱湯が幾筋も煙をあげて本流に流れ込んでいる。随分大量な出湯である。アゾ原というのは、湯の出る熱いところという意味だと聞いた。アゾ原の熱層である。

大分道草をして、午後二時過ぎになってまた上流へ岨道をたどった。石小屋乗越からは地勢がよくなり頗る歩きよく、森林の中を涼風を浴びてゆく気分は爽快であった。

下るに随って山側はいよいよ緩やかになり、行く手は鬱々とした栂の純林で埋めつくされている。急な山の側面が川近くで大きな起伏となり、幅二、三丁、長さ十町もの、この辺には珍しい大きな平となっている。しかし木が茂り谷が迫っているために陰鬱な所である。この平をその後、日電の人が人見平と名づけた。

平が行きづまって道がまた急峻になると、行く手が明るくなり、夕陽に映えた岩の肌が桔梗色に美しく、山の中央部の割れ目から青く光った雪渓がひと筋喰い込んでいる。その中ほどの棚に集っている残雪の下から、細いが、高い滝がひと筋かかっている。これは仙人谷の上手の雲切谷の瀑布である。

道は川から直立する岩壁の横に刻まれている。南画の山水を見るような景色だった。崩壊した岨道はますます狭く峻しくなり、歩くよりもヘツリのほうが遥かに長くなった。

桟道の落ちた間から下をのぞくと、約五十米下はヤゲン状に削磨された花崗岩の狭い川床の底を、流れは裂けるような音をたてて疾走している。

同じような狭い峻しい崖上の岨道を四十分ほど行くと、道は窮まって、ドウドウという音が耳を驚かした。

壁を廻ってその奥を見上げると、仙人の滝が約五段に折れ曲って巨岩を蹴って迸ってくる。水量は随分大きい。私たちは滝の手前の岩に腰を下ろして上流を眺めながら前程

東谷落口付近の吊橋（大正14年8月）

を考えた。

仙人谷の落口のところで、黒部本流は直角に近い角度で東谷落口に向かって折れ曲っている。上流の左岸は十五米位の壁つづきの上に森林が茂っている。針葉樹が多くなって来たため、暗い黒い感じが強くなってきた。

本流の右岸の方は傾斜が緩く、岸辺まで森林と崩れが延びている。落口から本流の方を見ると、すぐ左へ折れた所が東谷の落口らしい。それからは立山側は堅岩の連続で非常に悪くなっている。そこは谷の行きづまりといってもよい所で、これから先へ行った記録も口碑もない。

大正八年の夏に木暮理太郎、中村清太郎の両氏が、音沢村の佐々木助七を連れてここまで来たが、この行先の路が拓かれず、案内の助七も仙人谷から上流は未踏地らしく、仙人谷を立山の方へ登ってしまった。私も同じように、ここで溯行をあきらめて仙人谷を上ることにした。

その後昭和四年水力電力が大規模の爆砕によって岩壁を穿ち、十字峡方面への連絡をつけた。今日の岨道がそれである。

仙人の滝の付近は黒岩と崩れで泊るところがないので、今夜は人見平まで戻って泊ることとして、来た崖道を戻り、平に帰ったのが午後六時過ぎ、この往復に一時間二十分を費した。

天幕を張り夕餉の仕度にかかる。平の出はずれの崖の下から岩清水が滴っているので、川まで降りずに炊事ができた。

森の中が暗くなると藪蚊が襲来してきた。焚火の煙でそれを追い、着ゴザの上に腰を下ろして漸く寛ろいだ。

山の人が釣り上げてきた三尾の岩魚を塩焼にして、焚火の明りで夕飯をすませた。窪地だけに夜は暖かだったが、陰鬱な湿地は居心地が悪く、密林の間から微かに夜空と星の光を仰いでまどろんだ。渓声のみは近いだけに強く、夜もすがら岩に裂け、壁を叩いて眠りを妨げた。

仙人谷・仙人の湯

七月二十日、夜は明けはなれたが、森の中は薄暗く、藪蚊がまた盛んに集まってくる。午前七時、きのうの路を上り返し、滝まで行かずに、きのう目印しにしておいた岩の溝を上って行くと、急な草の崖にぶつかった。右手へ逃げて栂の森の中を半ば匍うようにして上って行く。傾斜はおそろしく急で、休むのにも木へつかまる始末だ。

仙人谷へ入ってから道はおろか踏跡さえない。急峻な斜面を、樹叢の間をひた上ること約三時間で、細長い山稜の一部へ出た。すぐ下に仙人谷上部の滝が見える。一面の赤崩れの下に、まだ滝が一つあった。

アゾ原から乗越すとこの付近に出るらしい。それから雪渓へ出るまではまたひと苦労したようだ。ようやく雪渓の上に降り、雪をかじりながら昼食をとった。

午後一時半、谷へ下りてからは雪渓つづきなので急に歩きよくなった。行く手から尾根が下って雪渓が二つに分れている。右のは北仙人山の方へ行く支流で、左のものが本谷である。

残雪が多いため尾根はまだ冬の姿で、ミヤマハンノキに交ってシシウドやアザミなどが芽を吹き始めている。

本谷の方へ曲ると、行く手の丘から噴煙が濛々(もうもう)と騰(あが)っている。仙人の湯である。私たちはその傍に荷を下ろした。午後二時四十分。

さっきの藪で疲れたのと、仙人の湯へ入ってみたいので、早いけれども煙の来ない谷寄りの丘に天幕を張り、野営の仕度を済ませると、湯の出る所を見て歩いた。湯は丘の岩原の間から湧き出して渓を造って流れている。噴き湯は十数カ所もあるが、昔浴槽の出来ていたのは二カ所らしく、二間ぐらい周りを石で囲んである。しかし今では泥砂や沈澱物で埋まって平らになっている。

湯槽（ゆぶね）を掘り拡げて出口をふさぎ、湯をその中に溜めて腰まで入るくらいの深さをつくり、足をのばして身体を洗った。適温だが濁っているので浴泉の快は得られなかった。

その昔、片貝川の方から谷を上り峰を越えて、この湯に入りに来た時分には、多少の設備も出来ていたし、湯小屋も建てられてあったというから、相当よかったと思われる。とにかく海抜一七〇〇米の高さに、雪渓の中の岩の丘に湧き出しているのだから珍しいものだ。

仙人湯・池ノ平・内蔵助平

七月二十一日、今日は土用三郎という日だが、山の上の暁は慄（ふる）えるように寒い。午前七時発、本谷の雪渓を行かずに、野営地の前の雪の上を上って、右に方向を変え、ミヤマハンノキ、ナナカマドなどの藪を出ぬけると、仙人山の頂から左に下っているなだらかな尾根が間近に見えてきた。

すると、そのなだらかな稜線の後ろから、すばらしいものが飛び出した。

それはまるでサザエに似た恐ろしい岩峰の群だ。しかもそれはひと塊りとなってだしぬけに蒼空から浮び出て来た。

やあ！　剣だ。と私は思わず叫んだ。

どうだい！　すばらしいではないか、剣が出たよ君、見たまえ。と言うと、山の人たちも歩くのをやめてその方へ吸い込まれた。

なもはやあ！　えらい山じゃあ。と驚きの声をあげている。

昨日までは谷底ばかりを歩いていたのが、今朝はまったくだしぬけに、しかもすぐ鼻先のところに、峨々とも崔嵬（さいかい）とも形容できない力強い岩根の群が、にょきにょきと現われたのだからたまらない。

小窓ノ頭、三ノ窓ノ頭、それから八ツ峰の第一峰に至る、剣岳中での最も嶮しい奴ばかりが、胸から上をはだけているのだ。

どれも皆頂に向って傾き、西から東に向って競い立っている。その岩がしらの一つ一つが、淡碧（うすみどり）にすんだ朝空の面に、すばらしい色で磨き出されている。

朝陽を吸い込んでいるその岩肌の色はルビーのような光沢を含み、皺や地衣や、偃松などが、水晶の中の草藻のように紫色をしている。その間を埋めている残雪の縞の美しさ。

仙人の乗越へ上ると、このトサカ頭の持主が全貌を現わした。

一番左の八ツ峰の第一峰から、三ノ窓ノ頭につづく鋸歯状の八ツ峰と、小窓ノ頭とが折り重なっている。実に豪壮な姿ではあるが、どういうものか、はじめて眼に入った時ほどの強い刺激がない。やはり暁の光が山を美化し、魅力を与えたのであろう。

美しかった朝空にも、煙のような軽い雲が浮び、八ツ峰の上を順にからみながら小窓の方へ拡がって来た。

仙人乗越から池ノ平へ、それから三ノ窓の雪渓との出合を通って剣沢に出た。南俣を横ぎり、楊や榛や白樺の林の中を行くと、大町の黒岩直吉が休んでいた。後から来る客を待っているらしい。

剣沢に別れて、支流のハシゴダンの方へ入ると間もなく雪渓に出た。数丁も上ると谷が分れている。左のは黒部別山から直接来るもので、右のものがハシゴダン乗越の方から来るものである。これは尾根上の茂みはえらいが、雪渓の傾斜が緩いので、鞍部までしごく楽であった。

午後四時、ハシゴダン乗越に上りついた。乗越の上から内蔵助平（くらのすけ）がよく見える。立山東面での広い盆地、ゴゼンダンの丸山の懐に毛氈（もうせん）を敷きつめたような美しい草地が、周りの黒い森の中に青緑の褥（しとね）をのべている。

ハシゴダンの上って来た側は、雪渓つづきで楽だったが、反対側は濃密な灌木とジン竹で、そこへ入ると下る方向さえ判らなくなった。急な斜面をジン竹につかまりながら遮二無二下ったがなかなか平に出ない。一時間ほどして細い空沢（からさわ）に出た。それを左に廻りながら下って行くうち勾配もやや緩くなり、黒部別山中央部からくる空沢との分れ目へ出た。それから密林を分けて行ったがなかなか草地に出られない。

最後にまた方向を定めて林の中へ入って見た。今度は手ごたえがあって、内蔵助本谷の立派な河原に出ることができた。それを徒渉して暫く行くと林がつきて小溝に出た。行く手を見ると、待望の内蔵助平の青草原が美しく展開した。付近は沮洳地（しょじょ）〔湿地〕なので、そこを横ぎり大イタドリの中をぬけて、平の東南隅の、白樺の疎らに生えている乾燥した草地に出て、そこを泊り場ときめた。午後七時。

美しく澄んだ流れは傍らにあるし、焚き物もふんだんにある。背後は丸山の屛風で風を除けている至極よい露営地である。

黒部別山・内蔵助平

大正六年の七月、早月尾根から剣越えをやった折に、立山の東面に入り、黒部別山や内蔵助平を探って、御山谷の方へ出るつもりでいたが、剣の頂から見た立山東面の窪が、濃密な森林と密叢に埋めつくされているのに尻込みをして、遂にこの東面入りを果さなかった。

しかし佐々内蔵助成政（さっさくらのすけなりまさ）が、早月川から大窓を越えて立山の東面に入ったという伝説を聞き覚えていたので、一度は探らなければと思っていた。

七月二十二日、静かな内蔵助平の露営地は、小鳥の囀りとともに明けはなれたが、今日は一日滞在するという惰気から、なお暫く眠りつづけた。

目の覚めた時には、日は高く昇って山々は光り、平はまばゆいほど明るくなっていた。今日は黒部別山へ行くので、野営地はそのままに、兎に食物を荒されないように天幕の締りだけして、林間を朝露を浴びながら本流に出た。午前九時少し過ぎ。

昨日よりも良さそうなところを探しながら空沢を上って行く。途中、林の兀げた小さな平が二、三カ所見えた。

午前十時、空沢に出て少し上ると、きのう目じるしにしておいた、黒部別山から来る、沢の入口に出た。なお一時間ほど上ると細い残雪の溝へ出た。狭く急なので、林との間を縫いながら上り、頂稜に近い崩れの上で、岩に腰を下ろして休みながら立山の方を顧みた。

さっきから気になるほど鮮かな残雪をちらつかせていたのは立山の別山であった。大まかな正しい三稜形の胸壁を刻んで、幾筋もの縦谷が雪の縞を描いている。颯爽とした雄姿である。

右手の森の間から剣の雪が光っている。左手には立山の主峰が、富士ノ折立から大汝、その後ろに雄山の一角と、折り重なって聳えている。山景もいよいよ佳境に入ったなと、私は思わずほほえんだ。

細い残雪から上は崩れで、崩岩と砂礫とを交えた峻急な斜面を上りきると、それからは林を分けて上れば、黒部別山の頂につづく山の背に出られる。

左へ頂に向って小さな隆起を越すと、ハシゴダン乗越からくる尾根の接続点に出た。もうその先は二つほどの隆起を隔てて、最高点二四〇〇米の頂である。

山の様子がなだらかに美しくなる。残雪もところどころに見える。黒部向きの丸い草の斜面へ出ると、皆申し合せたように腰を下ろして休んだ。午前十一時半。

この草地の西の縁には、唐檜(とうひ)、黒檜(くろべ)、栂、落葉松などの喬木が、防風林のように繞(めぐ)らされ、この狭長な頂稜の西側を限っている。

この森林の間から剣岳がすぐ鼻先に見える。三ノ窓ノ頭、小窓ノ頭、大窓ノ頭、仙人山など、過ぎて来た山や渓が鮮かに見える。まるで観点が変ったのと、最も近い優れた展望台に立っているため、すばらしい眺めだ。

剣岳は思いきり肩幅を張り、懐をひろげている。まるで坐禅の姿だ。

源治郎尾根の瘤(こぶ)のような二つの岩峰、八ツ峰の第一峰、小窓ノ頭などの尖閣を連ねて、その中に光っている長次郎谷と三ノ窓谷の雪渓が一際目立つ。

雲が多く剣の頂は隠れがちで、早月の谷から騰(あが)ってくる霧の塊りが、長次郎谷の窓を越すと、大きく拡がって剣沢の方へ下ってくる。

頂上から北の方へ頂稜を伝って行く。草山を上り小藪を踏みわけて行くと、藪が兀(は)げて草地となり、残雪がところどころに溢れている。立山向きの森林が濃くなると黒部谷の方がよく見えてきた。

以前剣岳の頂から黒部別山を見たとき、頂稜の中央の所に水溜りのようなものを見たが、それがこの雪で、雪の続いている周囲は、草地と平らな岩盤の露出で、緩傾斜の丘が幾段にも黒部谷の方へ延びて、短い草地にはシラネアオイ、クルマユリ、ハクサンイチゲ、キンポウゲなどが紅紫黄白の褥(しとね)を展げている。雪解の水がその間を流れている。まことに好適な露営地である。

しかも、こんなやさしい草地から滴る水が、やがて下ノ廊下の絶嶮にナギ込んでいるハ、深いワレ谷となるのかと思うと、少からず好奇心をそそられる。

この下こそ、かつて下ノ廊下を降ったときに仰いだあの嶮しい菱壁(ひし)で、千米に迫る階段状の立壁の連続となり、剣沢の落口から内蔵助谷の落口まで、下ノ廊下核心部の殆ど全体にわたってその左岸を占め、日本に比類のない大裂谷の側面をなしているのだ。この山こそは日本アルプス中最も長大な壁の持主で、黒部川の王様と讃称するのも決して誇大ではない。

最高点から黒部川の水はあまり見えないが、北の峰二二八四米から暫く下ると、そこからは下ノ廊下の上半部が覗われる。私が大正九年に匍い上った後立山側の壁も痩尾根も、岩小屋沢岳西尾根の分岐点二〇六七米の峰の森林や草の大斜面などがよく見える。

昼過ぎから雲が深くなり、この山頂にも霧がかぶってきた。空沢へ出た頃には雨がかかってきたが大した降りにはならなかった。帰途は藪くぐりを避けるため、本流との出合まで降り、本流を溯り、小滝の少し上手から小流について入って行くと、間もなく内蔵助平の東南隅に出て、白樺の林間を漫歩して野営地に戻った。

内蔵助平から黒部別山まで、急がずに往復半日の行程であった。

立山の東面には、無数の菱壁を繞らした七つのカールがある。その中央部の富士ノ折立と真砂岳との間にある標式的の椀状のカールに源を発して、雪の縦谷をつくっているものが内蔵助谷で、その雪が解けて渓水となり、御前谷とこの谷との間を、北に下りている、長大な丸山の尾根先を廻るあたりから、内蔵助平の高原が展べられている。

東西約十五丁南北三十丁ほどの広さをもっているこの平の、北方剣沢寄りの約三分の二は針闊混交の密林と、根曲り笹の深叢となり、南隅の約三分の一が草地で占められている。

この盆地は往古は、立山、別山、黒部別山、丸山等に囲まれた堰止湖であったものらしく、その水が内蔵助谷を浸蝕して黒部川に落ちるに随って、池水は減退して盆地となり、今日のような森林と草地に埋められた高原となったのである。

草地の北隅には、雪解の水を湛え、四辺の山や林の影を映している小池がある。清水

剣岳と内蔵助平（昭和5年10月）

のような溝川は花崗岩の砂床の上を浅く流れ、平をめぐって本流にそそいでいる。白樺の林や白檜の森が平の周りに集団している。偃松が平の縁に茂り、シャクナゲの桃色の花がその間を咲きつづいている。

山草の種類は豊かではないが、コケモモ、チングルマ、イワカガミ、ウメバチソウ、ハクサンフウロ、車百合などが美しく、オオイタドリやコバイケイソウが平の隅々に繁殖している。この平を訪れるのは七月がよく、八月中旬からになると草が伸びすぎて、やや鬱陶しい感じがする。

この二、三日は毎日のように雲の出るのが早く、昼間の展望は妨げられたが、朝夕は随分よく晴れていたので、気持のよい野営をすることができた。

夕方、空が晴れ渡り、茜色の光が立山の頂から東の方に流れて、黒部別山の丸い頭が紅く燃えているのを見ていると、岩燕の群れが黒部谷の岩巣から舞い上ってくる。はじめは一羽二羽と算えているうちに、やがて無数の群れとなって木の葉のように上空を翔(か)け廻っている。そして彼らがいつのまにか谷へ姿をひそめる頃、夕闇が山裾から拡がってくる。夕靄が小流や森を浸(ひた)して、平もそれにつつまれて静寂の世界となる。

夕飯がすむと私は、杖を曳いて付近を歩き廻った。夕星の光が追い追い冴えて、立山颪(おろし)が身にしみるので、服の衿をかき合わせて、草叢(くさむら)を天幕の方へ帰りかけると、数歩先の草が波打ってその中でかさこそと何かが駈け廻っている。杖で追い出して見ると、小兎が二匹、もつれながら夕闇の山裾へかくれて行った。

今度の山旅では、この平の野営が一番静かで、のんびりとしていた。風のない夜はことに寂寥として、遠くで響く内蔵助谷の瀬音を聞くだけで、時折り明滅する焚火の光が夢を驚かすぐらいであった。

明方の三時頃になるとさすがに寒い。手足の冷え具合が霜夜の暁を思わせた。眼が覚めると天幕をぬけ出して焚火に枯枝を添え、暫く身体を暖めてはまた天幕に戻ってまどろんでいると外が賑かになった。最初に聞えたのは、すぐ後ろの森の中から渡ってくる駒鳥の声だ。

ミソサザイ、ヒガラなどは、天幕の周りの藪のなかで盛んに饒舌(しゃべく)っている。寝ながら小鳥の声を楽しんでいると、ホトトギスのせっかちな声が、私を天幕から這い出させた。黒部別山の裾からはカッコウののどかな声が流れてくる。

外は一面の朝霧で、山も、森も、高原も、皆その中に息づいている。溝川へ顔を洗いに行く。氷のような水は漱(くちすす)ぐことさえできないほど冷たい。

私は川縁に立って、平を中心に動いて行く朝霧の美しさを眺めていた。霧の潮は山上へ上らずに、森の際や川の面に沿って下って行く。それが次第に沈むと、その上から黒部別山の頭が大きく焙り出された。

立山の方から煽ってくる朝嵐に、霧が非常の速さで黒部別山と丸山の峡間を、内蔵助谷を逃げ道として黒部谷へ吸い込まれて行った。

暫くの間は山も森も高原も、それから私たちの天幕までも模糊として、水墨の山水画のようになった。

やがて朝陽が山上を照らしはじめた。

立山、別山、黒部別山、丸山、皆朝陽を浴びて紅く煙っている。今日も天気はすばらしい。

天幕の前では、山の人が出発の仕度に忙しい。私たちは間もなく立山主峰に向って内蔵助谷上流へ溯って行った。

内蔵助谷・サル又のカール・雄山・室堂・剣岳

七月二十三日、米はもう底をついたが、今日はひとまず室堂へ出る予定なので、なんとなく気が軽い。

午前六時発、内蔵助谷本流を横ぎって、藪の少い所を迂回してまた本流へ出ると、谷はゆるやかに折れて、その上部は随分高く見える。一丁ほど流れを上り右に折れて、残雪の上を行くうち雪渓の上に出た。

もう右手にあたって近く、真砂岳から黒部別山につづく大尾根の大山壁が見える。その左が窓のような凹みになり、さらに内蔵助のカールが拡がって見える。これが内蔵助谷の源流で、私たちの今行く雪渓は左に岐れた支谷であって、二〇〇〇米の峰の右の鞍部を、御前谷へ乗越す道筋になっている。もちろん道はない。

雪が急になったので、カンジキを履く。暫く登って顧みると、前の尾根を越してオオタテガビンの真黒な岩の瘤が四つ、トサカ立ちに聳え、その上から鹿島槍の上半身が、すっきりと抜け上っている。桔梗(ききょう)色に透きとおったその美しい山の色は、周りに他の山が見えないため、独立した火山のように超然としている。

雪渓を上りきると痩尾根の藪の中に出た。そこが御前谷と内蔵助谷の分水嶺の鞍部で、仮に内蔵助谷乗越と名づけた。

鞍部から右へ少し下り、急な崖を廻りながら暫くヘツって、狭いが緩やかな草地を見つけて、そこへ腰を下ろした。午前九時半。内蔵助平から約三時間を費した。

ここはもう御前谷の領で、崖頭を横に廻ればサル又の雪の上に出られる。サル又のカールの上段の堆石堤の上だと思う。

草地にはミヤマキンポウゲ、シナノキンバイ、ハクサンイチゲ、チングルマ、ハクサンフウロなどのお花畑になって、その所々にクルマユリが赤い色をして美しい飛模様を織り出している。お花畑の上は岳樺やナナカマドの藪尾根がつづいて、その上から高く、ガリガリの富士ノ折立の岩が見える。

午前十時にサル又のカールの上に立った。見下ろすとそこから谷は一段落ちて、その下がまた椀状の雪の窪になっている。雪渓から滲み出した水は浅い流れとなってその上を走り、やがて両岸の迫った壁尾根の間にかくれている。

後立山側から、または黒部別山などから、立山の東面のこのサル又のカールを見て、私はその形の美しいのに憧れを持っていた。今その上に立って周囲の壮大な岩山の集い（つどい）を眺めているのは、なんとなく得意である。

カールの勾配は十五、六度で、両岸に近づくにつれ傾斜を増している。タンボ沢上流のライデンと境した岩尾根も立派だが、なんといっても大汝の懐に向かってそそり立つ菱壁は壮麗を極めている。

しばらく雪上を行くと、右手に、大汝に向って壮大な雪渓が喰い込んでいる。その奥の方を見上げると、筍（たけのこ）のような巨岩の群が離れ島のように見える。雲霧の中から浮び出ているその姿は、あまたの仏体が山の上から来迎するかのような奇観を呈している。

雪が一段と急になり、ひと上りするとその先はまた緩やかな鍋の底のような窪となっている。もう尾根は間近に見えているが、なかなか遠く、途中に幾つもの径をつくっていた。

最後に五十度ぐらいの雪の急坂を上りきると、雄山の三角点の時のすぐ下の鞍部に出た。三角点の峰二九九〇米を越えて雄山神社に参拝し、恙(つつが)なかった山旅のお礼を述べ、午後四時半、久しぶりで室堂に下った。

室堂で今度の山旅のよかったことを考えているうち、仙人谷から見た剣岳の峻聳していた姿を思い出した。私はこれからまた剣岳へ上って、頂稜を小窓まで歩いて見ようかと思った。

それで翌朝は、別山尾根から剣岳へ上り、頂上の岩屋で泊ろうと思って中をのぞくと、湿気で如何にも具合が悪い。そのため岩屋の前にザイルを並べて、天幕を冠ってゴロ寝をした。

生憎と夜半から雲の往来が烈しく、霧の塊りが頂をめがけてぶつかってきた。夜が明けると荒れ模様となり、小雨が吹きつけて来たので、せっかくの小窓までの縦走をあきらめて室堂に戻り、翌日称名(しょうみょう)谷の道を帰途についた。

（大正十一年七月）

黒部峡谷完溯記

下ノ廊下の巻

自　大正十四年八月二十五日
至　同年九月二日

同行者は日本山岳会員沼井鉄太郎、岩永信雄の両氏。先導者は大山村の宇治長次郎。

これは大正十四（一九二五）年の夏、道のない黒部川を溯り、鐘釣から上流の平に達したときの紀行である。

現今では、仙人谷落口まで水力電気の施設が完成されたのでこれを略し、それから上流の東谷落口から平までの分を記載した。

水力電気の施設により仙人谷落口から下流の黒部川は荒廃に帰したが、東谷落口から上流は、今日なお原始のまま保存されて、昔日の黒部と異るところがない。

したがって、まだ人工によって変形されていない原始的の黒部の面影に接しようとする者は、東谷落口から上流へ入らなければならない。

できない。

東谷付近と作郎越え

黒部川は東谷落口の二丁ほど上流で右に折れているため落口から上手を見通すことは

濃密な森林に蔽われた急峻な尾根が、深く積層された山脚の狭い底から、巨岩を押し分けて奔放してくるその水量の豊かさ、水勢のすさまじさ、さらにその水の色の美しさを見ていると、時のたつのをさえ忘れてしまう。

東谷の落口から眺められる谷川の距離は、上流二丁、下流一丁位の範囲であるが、その間に圧縮された渓の立派さは、下流では見られなかったものである。

この間には高い岩壁こそないが、その代りに岸辺につづく岩石段丘や、激流の渦中に錯綜した巨岩麗石は、皆その浸蝕によって鏤刻(るこく)され、磨きあげられた花崗岩の美しさを極度に発揮している。

東谷は落口の滝の上で二、三段の小滝となり、その上は奔流となって、つきあたりを塞いでいる直壁の右にかくれている。その奥はしばらく滝場らしい。

東谷落口最下段の滝の上あたりから、本流の上手に向って岩の段丘が、ほぼ平らに二十間位つづいている。その岩の棚と僅かな草地を均(なら)して電力の大きな天幕が二つ張られ、上手の岩壁にトタン板をさしかけて、炊事場と風呂場が出来ている。

その風呂場をかこむ美しい花崗岩の壁の横皺(よこじわ)から、透明な出湯が滾々(こんこん)として湧き出ている、そしてすぐ傍の壁の皺からは氷のような岩清水が走り出ている。

この大きな風呂に、この出湯をそそぎ込んで岩清水であんばいして入る。周りはすばらしい自然の環境、随分贅沢な湯場である。

風呂の前に延びている人造石のような岩の棚の上は、断えず流れ落ちる湯と水とで自然に清掃されているのもすばらしい。

温泉は六十度近くの熱さをもった、極微の硫黄分を含んだ単純泉である。この仙境を水力電気の人たちだけに任せておかずに、登山者のために開発したならば、将来よい渓の湯場が出来ると思う。

黒部峡谷も、この霊泉を最後として、これから上流の間には出湯は見られなくなる。しかしこれからがいよいよ廊下の中心地帯となるので、谷が窮迫するに随って、私たちの気分もまた緊張してくる。

八月二十八日、昨日の夕方から気温がぐっと下って、空は高く澄んできたが、今朝は案の如く美晴で、浅碧の空に真綿をひきのばしたような巻雲が樺色に光っている。

東谷落口上流の岨道
（大正14年8月）

川の水は小さく、天候は申し分がない。山の人も皆元気一杯で、私たちの気分も実に明るい。朝早く湯に入り、ゆっくり朝食をすますと、午前七時東谷を発った。吊橋の上手から斜めに山側につけられた歩道を登って行く。山勢は割合に穏かで、静かな森の下道をたどる朝の気分は壮快である。

黒部の水声がだんだん遠くなり、道は左曲右折して急な上りとなった。顧みると対岸の山側が真立てに截ち落され、その中を蒼黒い壁の立樋にかこまれたワレ谷が、川近くなると板を立てたような岩壁の面を滝となって落ちている。水は少いが随分荒っぽい天斧の痕だ。

小一時間で小尾根の上に出ると、黒檜の大木の根元に、赤ペンキで「作郎越」と記された自然石が立ててあった。これは東谷から棒小屋の小屋場までの道を拓いた音沢村の作郎という者の名をとってつけたものである。

作郎越は黒部谷向きへ下り始めてから、棒小屋の小屋場に至る間が最も美しい印象的な峠であって、標石からまた左右に道を上り、上流に向かって視界が開けてくると、森林の茂った幾つもの尾根の上から、赤沢、鳴沢、岩小屋沢の連嶂が壮大な姿を現わした。一行の視線はしばらくその方へ吸いつけられた。

幾つもの尾根といっても、それは皆黒部奥の尤物であって、一番近い森林の茂った懐に二筋ほどの赭ナギをもっているのが、仙人山のガンドウ尾根で、その左肩から牙のように尖った岩を露き出しているのが黒部別山の北尾根で、さらにその左手から象の頭蓋骨のような形をして、すばらしい急角度で黒部へナギ込んでいるのが、私の曽て餇い登った岩小屋沢岳西尾根の突端である。

「あの右のが赤ムケで、その下が悪いちゃあ」と、長次郎はその懐の大きな赤ムケの大ナギを指した。

この辺から見た黒部本谷は、濃密な森林が眼のとどく限りの山と渓にわたり、栂、黒檜、五葉、姫子、落葉松の喬木が鬱蒼として、谷底近くまで深渓を埋めている。

九時二十分、涸谷を廻る頃には、暫く姿を見せなかった黒部の激流が、再び脚下数千尺の渓底に現われてきた。仙人尾根の山脚は板を立てまわしたような壮大な壁の露出となった。そこにはもう森林は影をひそめ、灌木がまばらに壁のヒダや間隙にしがみついている。

廊下が始まったぞ！　と、同行の沼井、岩永の両君が叫ぶ。

私も眼を光らせながら岨道を急いだ。道が漸く水平になり、涸沢をひと廻りすると、山峡が遠く開けて、その奥の方から東沢乗越が見えてきた。水晶岳二九七七米もその右に姿を見せている。

こんな十数里もある下流から、黒部の水源地をめぐる高峰が鮮かに望み得られたことは、意外であっただけ一行を喜ばした。

やや大きな涸谷をまた一つ廻ると、陽を遮った森林の中は冷風が漲(みなぎ)っている。私たちは壮快な気持ちになり、日中の暑さも忘れ、揚々として急坂を走るように降って行った。やがて東信歩道が左手から合すると、間もなく棒小屋沢下手の小屋場に出た。

棒小屋の小屋場から十字峡まで

「距　愛本道標　十一里十町」。古河合名会社の水力探検隊が、初めてここに小屋場を造ったのを、その後東洋アルミナム会社により左岸に道が拓かれ、さらに日本電力会社がそれを継承して、現在の岨道を、とにかくここまで完成した。

川面から約十米の高さで、かなり広い岩の段丘を利用して、物置場のような吹き通しの小屋が二つ建てられてある。黒部川の水が激増しても、ここまでは浸(つ)く惧(おそ)れはなく、後ろの山側も森林が茂り、傾斜が緩いから山抜けのする心配もない。

小屋場としては、まず理想的な所で、これから上流約一里、新越沢上手のハンノキ平に至るまでにはこのような安全な場所はない。

周囲の渓趣は黒部川としては大した特色はないが、さすが廊下をかこむ渓山は雄峻で、流水は深く美しい。

東谷を朝発って、この小屋場に着いたのは午前十時三十五分であったが、ちょうど真昼の陽射しが強いのと、今日の目的の一部が済んだので、山の人は皆小屋の中へもぐり込んで休んでいる。

川沿いから湧き出している岩清水を、ズックのバケツで汲み上げ、昼食を終ってから一時間近くやすんで、眼を覚ましたのは午後一時であった。

今夜の泊り場をここと定め、山の人の中の年長者二人を残して、野営の仕度をさせ、私たちは一行八人でザイルと写真機を持って剣沢の落口に向った。

山の人の仕度の済むまで、私たちは崖頭に立って上下流の景色を眺めていた。上流は暫く見通せるが、下流はこの下で急に右折しているため見通せない。

豊麗な森林に蔽われた尾根の先は、どれも皆、黒部の谷近くなると急角度で薙ぎ込んでいる。その奥に、ちょうど私たちの面を圧して、黒部別山の大きな塊りが、午後の陽を浴びて赭く光っている。

遥か絶巓(ぜってん)付近から下ってくる尾根は、どれもこれも途中で直截(ちょくせつ)され、斧で割ったような大きな菱壁(ひし)となり、その面は日光を受けて光っている。菱壁をかこむ谷溝は紫色の底光りを放っているために、この大きな山は絶大な宝玉のように見える。

小屋場から川へ下りると、それから上流は全く道が絶えている。渓側は狭く、道を拓くほどの余地がないからである。磧伝いを行くうち浅瀬となり、岩の段を上って暫く行くと、その先は大きな緒ナギになっている。それを避けて下につづく岩の鼻を左へ廻ると急湍が深く岸辺を打っている。

そこで一丈程の立壁をザイルで登り、壁の襞を伝ってまた川辺に降る。さらに三間ほど徒渉して高低不揃いの岩の棚をヘツって行くと、下流に向かって直立している赭壁が、深い淵に腰を落して淀んでいるために、追われるように壁に抱きつき、直立の壁と壁との間隙を四肢を伸ばしく僅かにヘツり抜けた。

漸くのことで悪い岩場を脱けると、すぐ先きに次の壁が待っている。その上端は川に向かって逆層となり、一尺四方位の棚が三段、皆つるつるに赭く光って水面に向って傾いている、両手と両方の膝とを交互に使ってその上へ匍い登り、また流れ近くの岩場に下りた。

この赭壁は水面から約三十尺の高さで、距離は僅か二十数尺のものであるが、一行が通過し終るまでに四、五十分を費した。

悪場はこれで終ったのでなく、岸辺の壁を十間程行くと、さらに険悪な岩場が私たちを脅かした。

水面から二間位の高さであるが、円く角のとれた壁は、どれも皆下向きに冠さっているので足がかりが頗る悪い。

まず最初の岩にとりついたが、岩の角が膝頭のようになっているために、次の岩の瘤（こぶ）にうつる所が最も困難であった。幸いとその岩の頭にはボールトが打ち込んであったので、それへザイルを結び、身体を工夫しながら動かして行った。幾度かためらいながらも、どうやら左足を壁のおでこの下の円い棚の上にかけ、右に手足を伸ばして次の岩の瘤にとりつき、さらにその先きの岩の棚へとりついて冷汗を拭った。

随分気味の悪い壁へツリだ。何しろこういう谷の岩壁は、山の上のとちがって、つるつるで角がとれているから足の摩擦も手がかりも実に覚束ない、それにこの壁の脚も皆、深い淵や流れに洗われているために、もし過って川へ辷（すべ）り落ちたらそれで終りである。

このヘツリは約四間で、高さは水面から二間位であるが、ここでも約三十分を費した。悪場が済むと皆岩の上に集まって、ほっとしたような顔をしている。帰りがまたひと難儀だと思った。

小憩の後前進すると、川は左へ曲り、行く手にまた新手の岩壁が鋭く入り組んでいる。これは稜角のある高い板のようなやつだ。

渓水はそこで止水のような深海から、躍々とした奔湍（ほんたん）の活動に移っている。

右岸の棚を下って、立壁を避けながら、これに沿って奔湍を衝いて徒渉った。前方の壁は著しく複雑となり、しかもそれは実に雄麗極まる色調を帯びてきた。左岸には青味がかった屏風岩が叢立し、その上には森林が鬱々と茂り、右岸には灰色の立壁が高さ十数間の小山のような丘となって河心に向って乗り出している。渓側は全く直立の壁にとりかこまれ、その間を狭いトロとなって押し出してくる流れは、その下手にくると急に解放されて、すばらしい勢いで川一杯に拡がっている。もう剣沢の落口はすぐそこらしく思われるが、壁がいかにも狭くたてこんでいるので、一向に要領を得ない。

ただ黒部本流を挟んで、光線の射し込んでいる深い谷が二つあることは確かで、おそらくその右のものが剣沢ではないかと推測した。

徒渉は追々深くなる。河心から逆寄せてくる流れは矢を射るように疾い、水底の石の上をひろって行くのであるが、ともすると石の間に落ち込もうとする。

この急流は今年のように水の小さな時にはどうにか通れるが、大きい時には壁を上って行くより手のないところである。

一行は緊張して、助け合いながら崖側の一隅にたどりつくと、藪をかきわけて右岸から乗り出している小山のような岩の丘に匐い上った。

その頂につくと、山刀で灌木の茂みを拓き、丘の突端ににじり出て黒部川を迎え見た。

十字峡

花崗岩の美しい岩の丘が、大きく六面体の櫓を築き上げている。その側面は袴の襞のように竪に浸蝕され、約八十度の角度で黒部の河身に乗り出している。その上は四坪ほどの平が二段になって灌木が茂り、上流も下流も暫くの間はひと眼で見通せる屈強の物見台、そこを中心として下ノ廊下核心部の、第一関の壮観が展開されているのだ。

私はこの岩の丘を峡見ヶ丘(かいみ)と名つけた。

先刻から、僅か数十間の近くまで迫っても見ることができなかった剣沢の落口が、この岩の丘に上り、戸口のように固められた壁の扉の奥をのぞくようにして、初めてその水を見ることができた。

剣沢落口の左岸は直立の青壁が、将棋のコマを立て並べたように削り立って、その上の斜面には黒檜の密林が蔽い茂っている。髪をふり乱したようなこの樹叢の姿は物凄い感を与えた。

黒部全流でこんなに黒檜の多く繁殖している所は他にはない。剣沢ほどの深刻な谷の落口、豪壮な黒部川下ノ廊下の第一関を飾るには、この幽凄な植物景観を必要とするのであろう。

落口の右岸は灰白色の円い壁が低く本流に乗り出し、その上をまた巨大な壁が築き上げられている。

剣沢落口の水は、この狭く、ひしひしと固められた岩壁の中を、十間四方の釜を穿ち、釜の水は瀑布の強圧によって突き動かされ、間歇的に銚子口のような釜の出口から黒部の本流に躍り込んでいる。そこでは流れの幅は三米に過ぎない。

釜に躍り込んでいる剣沢最下段の瀑布は、この丘からは見ることはできないが、右手の青壁の屏風の後ろから夥しい水煙りの吹き出しているのが見える。この水煙りこそは雄大な瀑布の潜在を示しているものだと思い、ひと眼でもそれを見たいと思ったが、今日はこの丘から一歩も先へ出られないので残念ながら明日の楽しみに残しておいた。

剣沢の落口と黒部本流の壮観に気をとられていた私たちは、やがてまた、自分たちのすぐ背後から滝をつらねて、轟々と落下している大きな谷のあるのに気づいた。

この谷は一体どこから来るのであろうと、三人は顔を見合わせた。

「君、変だなあ。この谷はまさか棒小屋沢ではあるまいな？」と二人が云う。

「しかし、他にこんな大きな谷が、後立山の方から入ってくるはずがないぞ。棒小屋沢らしいぞ」と、もう一人が云う。

すると、もう一人が
「君、地図を出して見給え」。

五万分一立山図幅を岩の上へ拡げると、私たちはその上に額を集めた。

地形図を見ると、剣沢が入ってしばらく上流で、左から棒小屋沢が入っている。

しかし、私たちは地形図を見つめているうちに、直感的にこれが棒小屋沢に間違いないという結論に達した。

その棒小屋沢も随分深く狭い谷である。がっくりと割れて洞門となっている壁の奥に、滝が三段になってかかっている。丘の背後を脅威するその懸川は、岩を裂くような叫音をあげて落下している。

上段のものが二丈ほど、その下のが三丈位、最下段のものが四丈ほどで、落口の巨岩に遮られて、水はその左右から交叉してX状になって本流へ走りこんでいる。

滝の左岸の壁は長大な獣の背のようで、上部は約六十五度の角度で、下部は黒部本流に向って直聳し、さらに上流に向かって深くえぐりとられている。

最下段の釜を囲む花崗岩の円い棚は、彫像の女人の肌のような軟らか味をもって、滝の飛沫を受けて大理石のように光っている。釜の大いさは五間四方位、滝の圧力によって本流に瀉入している。この谷の落口は三米に満たない。黒部川の水道はここで明らかに四つ辻になっているのだ。狭く深く、そして壮麗無比の十字の廊下を形造っている。その卓抜な谷の有様を見て、私たちは思わず驚異の眼をみはった。

剣沢と棒小屋沢の二大支谷が同時に突っ込んでくるので、黒部本流はその深い水底から衝き動かされ、水は沸きたぎって白色光を放ち、しばらくの間逆流し、旋回して四間位の岩の迫門に圧し縮められ、やがてその下流の深いトロに向って躍り込んでいる。三大峡谷の水が岩を打ち、渓谷の空気に大震動を与える叫喚の声は耳を聾するばかりだ。

私たちはこの丘の上に立って、暫くの間言葉も交えず、黒部川によって示された大自然の光彩に陶然とした。

沼井君も手を差しのべる。岩永君も同じように手を差し出す、私も。そして三人交互に握手を交わして、この壮観を共にしたことを喜び合った。

ああ、その時私は、山友の眼に宿る感激の涙の光るのを見遁さなかった。

実際私たちは、せめてひと眼でもよいから、この落口の様子を探りたかった。そのために沼井君は、曽て大町から東谷を降って本流の右岸の棒小屋の小屋場に出、さらに上

十字峡から見た剣沢の落口。正面は剣沢最下段の滝と釜、右下は棒小屋沢、中央は黒部本流。棒小屋沢から撮る（昭和2年8月・別宮貞俊撮影）

流へと志したが、準備の不足と水量が大きかったため目的を達せずに大町へ帰った。

私も上流の平（だいら）から御山谷、御前谷、内蔵助谷などの落口を探って下ノ廊下に入り、その上半部を探ったが、大雨と食料の欠乏のため、途中から岩小屋沢岳に上り籠川谷を大町に出てしまった。

その時の目的の焦点はやはりこの落口であった。しかし指を屈すると、それから最早六年の年月を経過した。

今夏は幸いと天候に恵まれ、減水の好期に際し、勇敢な山の人の協力を得て、私たちが第一人者としてこの落口の偉観に接することを得た。私たちの喜びと感激は極りないものがあった。

それにしても、剣沢も棒小屋沢も、何という狭さを流れているのであろう。黒部の裂谷、その中で最も優れているこの二大支流の水は幅をもって横溢することができずに、深さと厚さとをもって竪岩を穿ち、即ち瀑布となって落下しているのだ。

立山の別山東側から、剣岳南面の水を集め、仙人山や黒部別山の落水を併せて、その峡間を貫流している剣沢は、たとえ黒部の廊下へ落ち込むにしても、それはよほどの谷幅をもっているものと思っていた。

棒小屋沢も同じように、鹿島槍岳、爺岳、岩小屋沢岳の尾根に達する、遠い深い大斜面の水を集めてくるのだから、源流地に雪は少いとしても、あの幅の広い長大な渓の落口は相当の広さをもって黒部本流に合流していることと想像していた。

しかしそれが予想に反して、剣沢落口の水幅は僅かに三米、棒小屋沢のものも同じく三米にすぎない。祖母谷川上流に比類のないこの二大支流の合流点が、こんなに狭く黒部本流を差し挟んで十字の廊下を形造っているということは、私たちに示された渓谷日本に於ける大いなる奇蹟でなくて何であろう。

十字の断層線を穿ってつくられた十字峡。私たちはまだ地名のないこの景勝を「十字峡」と名づけた。

さっきから剣沢の落口の方を睨んでいた長次郎は、いつの間にか棒小屋沢の滝場へ消えて行ったが、やがて戻って来た。

「明日はこの丘の先きを本流まで下り、剣沢の方へ橋をぶつじゃ」

と、長次郎はにこにこしていたが、さて明日はどんな道筋が、どんな風景が、私たちの前に展かれるか、すくなからず好奇心をそそられた。

午後三時二十分帰途につく。帰りは二度目なので割合に楽に徒渉を終り、磧や岩の丘を縫い、二個所の難場も来た時ほどの苦労もなく、小屋場近くになると、山の人は釣糸を垂れ、私たちは談笑に興じながら、気ままに泊り場に帰った。午後四時半。

もう天幕が張られ泊り場はすっかり整頓されていたが、私たちは天幕に入らずに岩の上に腰を下ろして、暮れようとする大きな渓間の景色を眺めた。

やがて高空は樺色に光り、夕雲が黒部別山の頂に燃え、渓側をだんだらに下りてくる夕靄の中に、森林も岩壁も模糊として、深くむせぶ渓声の奏楽の裡に、黒部渓谷は暮色につつまれんとしている。

十字峡の探検を無事に了(お)えた私たちの喜びは、その夜のキャンプの賑いとなって現われた。天幕の前に板を敷き、持参したウイスキーを飲み廻す。山の人は唄い、私たちは今日の成功を祝し合った。

山の友の一人は、感激的に向う脛を撫でている。この足のおかげで、こんなすばらしい所を見ることができたのだと、頗る満悦である。

渓を知らない者は馬鹿だ。黒部！　こんなすばらしい渓を見ないものは気の毒だ！

と、友の気炎は黒部別山の頂よりも高い。

月は渓心にかかり、両岸の山壁は露を帯びて光っている。

「山高く月小なり」という支那の詩を思い出した。

半夜、舟をめぐらして楚郷に入る、
月明らかに、山水共に蒼々。
孤猿更に叫ぶ秋風の裡、
これ愁人ならざるもまた断腸。
私は、その猿の姿を、声を、その後この十字峡の上で、見聴(みき)きしたのだから愉快である。

十字峡から神潭まで

八月二十九日、午前五時起床、今日も空は高く澄んで、涼秋のような爽かな峡風が川面を渡ってくる。

磧へ降りて顔を洗い、食事がすむと、午前七時三十分、小屋場に別れを告げ、ワレ谷の下を廻り、岩の段の赤崩れの出鼻を横ぎって行く。左岸は森林の下を四十米位の立壁が川から切り立っている。その脚(あし)を浸(ひた)して約五十米のタルが声を呑んで流れている。

朝のせいかすばらしく光る。その静かな水が巨岩に堰かれて激湍になると、乱置された岩に砕けて滝津瀬となって奔落している。

右岸を行く私たちは、間もなく第一の岩場に達した。昨日の帰途と同じ要領で、上の段まで上らずに下を廻って安全な岩の棚にとりついた。一行が通過し終るまで、長次郎は川近くの平岩の上に立って、ザイルを斜に構えている。もしも誰かが落ちたらその綱を投げるつもりだろうが、落ちたら最後、深いタルに呑まれてしまうのでどうしようもない。

やがて第二の岩場にかかった。例の冠り気味の丸い岩の膝では、足の運び工合が悪かったため、身体が川の方へ傾き、右手の壁にうつるまでにやや時を費した。ここでは岩の縁がみな川に傾いているために、重い荷を持っている山の人たちはことに緊張していたが、昨日の経験があるので、今日は割合に早くヘツリ抜けることができた。

壁ヘツリの悪場も無事に通過して、岩場から徒渉にうつり、岩の上をひろって乱湍を溯る。荷の重い山の人たちは、杖をさし出しては一人ずつそれに連らなり、急流を横切って、十字峡につき出ている岩の丘の上に攀じ登った。午前九時半。

そこで山の人たちは荷を下ろし、長次郎は山本、青木の二人をつれて、弁当とザイルだけ持って棒小屋沢の中へ入って行った。

剣沢の方はむずかしいので、棒小屋沢の方を探って見るつもりらしい。

私たちは峡見ヶ丘の上に佇んで、四辺から迫ってくる窮谷の景色を嘆美した。

真上から降りそそぐ日光を反射して、谷の物象はサンサンと煌めいている。このまばゆい光の中を、上流三丁ほどの磧の右手から、本流は雪を欺く激湍となってこの丘に向って跳躍してくる。

十字峡から上流の岩壁は、後立山側に向かって打ちのめされたように悉く膝をついて将棋倒しに傾いている。西から東へと圧し冠さっているこの山地特有の地形が、こんなすばらしい渓の景色にさらに趣を添えているのだ。

この付近は想像していたほど壁の露出は高くない。随って森林は谷近くまで茂っている。考えて見るとそのおかげで私たちはどうやら溯行することができたのである。

山の人たちが出かけてから、私たちは連れ立って丘の背後の急崖に登って見た。剣沢奥の滝を見ようと思ってである。しかし、いかにも足場が悪いので、仙人山の岩尾根をのぞいただけで再び戻り、今度は長次郎たちの後を追って、灌木に縋りながら五間ほど下って、棒小屋沢第三の滝（下から）の釜の汀に下りた。

滝は幅が広く、その下に五間位の丸い滝壺の釜が沸き立って、その落口から第二の滝が溢れ出ている。降りた所は壁に囲まれた舌状の小さな磧で、私たちはそこに腰を下ろし、滝の飛沫を浴びながら中食をとり、日向に出て滝と釜とを見ながら暫く休んでいた。

この釜の水を渡って落口に横たわっている岩の丘の上から、私たちは初めて剣沢落口の滝と釜との全貌を見ることができた。

凄いほど蒼い色をした剣沢の釜に打ち込む瀑布の高さ約二十米、幅が狭く厚さのある一大水柱となって、非常な圧力をもって落下している。瀑布の過半部の高さまで、水煙りが騰（あが）っているのを見ても、その下の釜の動揺のすばらしさを見ても、この瀑布の水量が、圧力が、如何（いか）に大きいかが想像できる。

ここからは棒小屋沢下部の二段の滝と、剣沢の釜と瀑布が見られ、さらに黒部本流を正面に迎え見ることができた。しかしこのよい十字峡の観点も、水の大きい時には越すことのできない険阻となってしまうであろう。

私たちのために山霊が重い扉を開いてくれたことを深く感謝しないわけにはいかなかった。

丘へ戻ると日盛りの頭の上を、沢山の赤トンボが峡風に追われながら飛び交わしていた。

双眼鏡を手から手へうつして、代わるがわる剣沢の釜の色を見つめ、上下流を縦観し、この丘の出鼻で圧し縮められている水の流動、その乱舞のめざましさ、泡沫の綾千鳥に動く面白い旋律の拡大されたのを見て手を打って喜んだ。

午後一時半になると、棒小屋沢の上で人の声がする。眼を上げてその方を見ると、林の向うを見えがくれに、猿のように一人がするすると急な崖を降りてくる。それから間をおいて、同じように人影が増し、落口の牛の背のような巨壁の上で皆が止った。

一番先に降りて来た山本は、青く苔のついた滑壁（なめ）をずり下りて、滝壺の下に傾いている壁の腰を、四肢を伸ばして廻り込み、滝の落口に消えたが、やがて私たちのいる丘の上へ登ってきた。

そしてザイルを岩の上へ向って投げると、それが上の木の根元にくくりつけられ、皆その綱を伝って棒小屋沢の滝壺に下り、やがて丘の上に集まった。

長次郎は、にこにこしている。

「どうだ。行けるか」と聞くと、「大丈夫、行けるちゃあ」と云う。

その話によると、落口から見通せる川の曲り目にある磧までは降れる所は全くないが、その先きには良い下り場がある。そこまで下りてしまえば、その先きはまた暫く良さそうだと云う。

私たちはこの偵察の成功を聞いて喜び合った。

歓喜のどよめき、それは成功心のためからではなく、多年の宿望である、しかも人跡未踏の雄大な自然に対するあこがれが、今こそ満たされるという感激の爆発なのである。

それから間もなく一行は、棒小屋沢第三の滝の落口である奔流の上に、約八尺の丸太を渡し、その上を大事に通って草の崖を登り、牛の背のような岩場にかかった。ここでも山本はその身な軽さを利用して、猿のような素早さで滑（なめ）の斜壁を登り、その上からザイルを垂らした。山の人たちも荷があるからなかなか骨が折れる。

そこを上りきると更に二度ザイルで登り、午後二時半には目立って高い黒檜の枯木が二本並んでいる岩場の上に登りついてひと息入れた。

剣沢の瀑布が真正面になって、枯木の間から鮮かに見える。滝の上部が先刻見た時よりもさらに四米程高さを加えた。その上は奔流となって左手の壁の後ろに隠れている。剣沢の右岸はその辺では緩斜地となって、その上には黒檜の森が暗いほど茂っている。

暫く休んだ一行は、渓側を横捲きに行くうち、大きな壁に遮られると峻急な登りが始まった。

崩れ易いザレの急斜面でそれが頗る長い。百呎のザイルを用いて足らず、さらに六十呎のものを加え、六十度を越す急崖を、半ば匍うようにして遮二無二登って行った。獣のように匍い上って行く人影を見ていると、まことに魚貫きの嶮ともいえる。しかし幸いに森林の中には藪が少く、ところどころ、しっかりとした岩石の露出が足がかりとなるため、さほどの危険を感ずることもなく、約三十分の努力で森の下のやや平らな休み場についた。

これからいよいよ渓底を目がけて降るのである。ここは十字峡から上流へ通る最もよい乗越であり、しかも人跡未踏地であるから、東谷の作郎越えの向うを張って「長次郎越え」と名づけ、立木の皮をむいて「長次郎越え」と彫りつけ、記念のために通過年月日を書きつけておいた。

休み場から少し登り、岩つづきの下をだらだらに下り、ひとしきり道のように均された踏跡を行く。カモシカの道である。それから藪に入り、対岸に小さなワレ谷を見て、ここでもザイルを二回使って藪をぬけると草場へ出た。

草場をずり下りて岩壁の頭に出て、本流の右岸につづく層状の大きな岩の棚の上に出た。十字峡の丘の上から見通したとおり、棒小屋沢落口から上流では、右岸の壁は皆順層になっているので非常に良い足がかりとなった。

棒小屋沢の丘の上から、ちょうど一時間半、大きな岩の階段の上部を伝って行くと、すぐ足もとでは黒部川が深い紫色のタルとなっている。

紫の濃い碧色の水の深さは十数尋(ひろ)もあるだろう。両岸の壁にうねりを打って重々しくぶつかっている。タルの中には斧で上端を平らに磨(す)ったような長大な岩が横たわっている。それがこの凄いタルに実によくうつる。(その後昭和二年に剣沢に入ったときには、この岩へ橋を架けて対岸に渡った。)

棚を下りきっていよいよ待望の磧に降った。これは棒小屋沢の落口から突き当りによく見えていたもので、私たちはその磧の石州の上に荷を下ろした。

私たちの居る後ろは、高さ四十米位の直立に近い大きな岩壁で、川近い所で横に長くかぶさっている。そしてその下がやや平らな棚になっているので、そこを均せば十人位の泊り場が出来る。

壁のオデコを利用して、横皺にピトンを打ち込み、ザイルをくくりつけて、上下二段に天幕を張り渡し、私たちは上段の間に、山の人たちは川近くの州の上に陣どった。

神　潭

神潭（かみぶち）という名は私がつけたもので、十字峡から上流は全く前人未踏の境で名がないのと、この淵が頗る神秘的な立派なものであるところから名づけたものである。

（付記）その後五年を経て日本電力の歩道が出来てからは、左岸の渓側の道から俯瞰するので、淵があることはわかるが、碌にその姿を見ずに通過してしまう。十字峡にしても、右岸を辿って棒小屋沢の右岸から乗り出している峡見ヶ丘から剣沢を見、棒小屋沢を顧み、そして黒部本流を迎え見る、十字峡を一瞬に収められるからこの絶景がよくわかるので、歩道を辿って剣沢の吊橋を渡り、対岸に棒小屋沢の滝を見て行くだけでは、十字峡のほんとうの美しさは味わえない。河身を行くよさは、やはりこういうところにあると思う。

さて時間はもう四時に近い。山の人たちは磧に火を焚き、夕餉の支度にかかっている。

私たちは美しく澄んだ黒部の水で嗽（くちすす）ぎ、顔や手足を洗い、それから川中に出ている岩の上に佇んで、おもむろに付近の景色を眺めた。

先刻の大タルの大量の水が、この磧の右を廻る所から非常な傾斜で奔下激落している。それがちょうど野営地の下手までくると、また、深く一段落ちて、その先には渓水が丸く大きく拡がって、曲麗雄大な深潭を造っている。

そこが私のいう神潭である。

川中に出ている花崗岩の平岩の上に立って下流を見渡すと、今まで過ぎて来た棒小屋沢の落口や剣沢の落口、棒小屋沢の右岸から乗り出している屈竟（くっきょう）な岩の丘などがひと眼で見通せる。

なるほど上流である此方（こちら）から見ても、岩壁で丸くぎっしりと詰められているので、どこが両支流の落口だか、通って来たものでさえ判断しにくい。それほど二つの谷の落口は狭いのである。しかしよく見ると、丘の右手の真白に晒（さ）れた丸い岩の段の後ろから、棒小屋沢の水の一部が吹き出しているのがわかる。剣沢の水はその右岸の壁で全く隠されている。

ここは上流から降って来ても初めての者は驚かされるだろう。

下流から上流を見通したときに、川は四個所の岩のくびれを通じて、ここまで四、五丁の距離を感じたが、いま、上流から下流を見ると、それは僅か二、三丁の距(へだた)りに縮められ、川幅の方が数倍に拡大されて見える。上下流によって、渓の景色の変化の豊かなのには驚かざるを得ない。

野営地の下手で段落した全流は、その先きになると流れの姿をなさず、恐ろしい圧力でつき落ちてくる水自身の重圧によって、流れ全体が無数の水柱となって噴き上げられている。躍り狂っているその無数の水柱が、陽射しの反映で七色の色彩を見せている。そのまばゆさといったらない。跳躍している無数の水晶、そういうよりほかには形容のしようがない。

谷底へ圧しつけられた水は、すばらしい動揺をもって、その先き数間の所で渦潮のように盛れあがり、やがてはその中心から崩れて川面一杯に拡がりながら美しい波紋を描いて行く、そこでは直径二、三十間の深潭となって、壺のように大きく取りかこんでいる花崗岩の麗壁の中に静かに湛えられている。

さしも狂乱の姿をつくした水の面も、悠々と澄んで鏡のような濃碧の色に冴え、やがてまた恐ろしい激湍となって次の深潭に捲き込まれて行く。

岩壁の上には森林が茂り、その蒼翠はこの渓間を幽邃(ゆうすい)にしている。十字峡からこの深潭に至る間の黒部川は、おそらく全流を通じて流水の最も壮美な所の一つであろう。

日が黒部別山の背にかくれると、峡谷は何時しかひっそりとして、夕霧が四方の山の窪から静かに下り、茜色の高空のみが僅かに残光をとどめている。

私たちはこの美しい渓流を前にして、気持ちのよい花崗岩の上に腰を下ろし、夕餉を終ると焚火の周りに集まって雑談に耽った。

今夜も岩小屋沢支脈の上から月が現われた。夕雲の名残が黒部別山の上から後立山の方へ流れて行くために、渓は時々その影で暗くなった。

私たち三人は川の中に出ている平岩の上に座を移し、月を眺めながら今日まで歩いてきた黒部の話に夜を明かした。

月の光は激流に砕け金波を漂わせ、森林は影を重ねて岩壁を蔽い、神潭の深淵は凄婉（せいえん）な色に沈んでいる。

ふと気がつくと、右手の巨岩の頭に、いつの間にか長次郎が匍い上って、月光を浴びながら楽しそうに唄っている。

今夜の月は一時間ほどで横に廻って黒部別山の南の峰にかくれてしまった。毎夜月の入るまで起きていると約束をきめた私たちは、渓間が暗く、寒さが身に沁みてきたので、天幕にもぐりこむと、渓音の伴奏に乗せられて安らかな眠りについた。

廊下の無人境（一）

神潭から広河原まで

十字峡から上流の大ヘツリ、さらに内蔵助（くらのすけ）谷の落口までは、全く先人未踏の領域で、東洋アルミナム会社の探検隊も、漸く棒小屋沢の小屋場に達しただけで、それから上流は知られていない。この地域こそ川の中を通ることができなければ、尾根上まで匍い登るより外に手のないところだ。

日本電力会社では、立山側の岩壁を爆砕によって道を拓き、大ヘツリの先きまで歩道を開鑿（かいさく）する計画であると云っていた。これに対して東信電気会社の方では後立山側の尾根筋に歩道を拓き、東谷から上流を岩や尾根をからんで上流の平まで、とにかく道を拓いた。

これから一行の行こうとする谷筋は、大正九年に私が大ヘツリを越えて後立山側に渉り、岩小屋沢支脈の突端に上り、そこから俯瞰した流域で、ほぼ直線の走向をもって落走して行く渓筋である。

八月三十日、美晴の爽かさは、澄み渡る碧の空にも、緑林の微動にも、渓流の輝きにも現われている。

朗かに立ち昇る野営の煙を中心に、山の人たちは出発の支度に忙しい。

午前八時、谷いっぱいに射し込んでくる朝日を浴びながら上流に向って溯り始めた。峡壁は著しく赤褐色を帯び、その傾斜は五十度を越えている。この急斜面をザイルによって四、五米も登るのであるが、幸いと岩がしっかりしているので辷る心配はない、これから先きは岩が順層になっているため足場は頗るよい。

巨象の頭蓋骨のような雄大な形をした岩小屋沢岳西尾根の突端が、真正面に大手をひろげて私たちの行く手を遮っている。蒼い林の中を、胸に大きく赤壁を露出しているのが、いかにも物々しく見える。

赤ムケじゃあ、と長次郎が云う。

先年、長次郎と二人で、あの上に立って、今私たちの辿っている渓筋を見通した所だ。あの下が悪いちゃあ。と、また長次郎が云う。黒部別山や岩小屋沢岳の西尾根から覗いた経験から、あの下だけは通れないと思っているらしい。

岩場を離れて灌木の中を行くと、間もなく割合に広い草の緩斜面に出た。この斜面の上部には著しく赤味を帯びた壁がつづいている。その下は岩屑で傾斜が一面に蔽われ、その石の間を夏草が茂っている。傾斜は約二十度、こんな緩い渓側はこの先きの下ノタル沢までにはない。

休む間を沼井君は石を採集している。下手に当って仙人山の岩尾根が見えるが、もう大分隔りが出来た。黒部別山の岩の頭が朝日を受けて紅く光っている。

立山側は概して縦に岩脈が入っているために崖沢やワレ谷が多く、岩の緩い所は谷近くまで扇状のタールス（石の溜り）が発達している。私たちの行く右岸の方は岩が堅く、横に皺が入っているため足がかりがよい。

午前九時。草藪を分けて岸辺近くの壁のヒダについて登ってゆく。黒部別山の乱峰を真上に見てひと廻りすると、谷の奥がさらによく見通せる。しかし視界のどんづまりは、やはり赤ムケの尾根で、その真下で黒部川が急に右折しているのがわかる。

またしばらく廊下伝いを行くうち、川幅がやや広くなる。立山側より後立山側の方が傾斜が遥かに急になった。立山側には草の疎生したタールスや小さな磧が見える。

時々ザイルを出して急な傾斜を進んで行くとやがて磧に出た。神潭の野営地から最初の磧で、私たちはややのんびりとした気持ちになった。

これから川は左へ左へと折れ曲って、その凸角に小さな磧が三つほど見えている。しかし流れはどこも皆、深いドブ（瀞）の連続である。

転石の間につづく砂地に、シシ（カモシカ）の足痕が沢山見える。シシが水が呑みに降りてくる所らしい。

陽は谷中に輝き、岩壁も激流も光りを受けてまばゆいほどで、陽炎が壁からも磧からも悠々と上っている。無数の赤トンボが羽根をつらねて頭の上を飛び交わしている。陽光に透きとおった金茶色の羽根が実に見事である。

どこを見てもV字状の渓谷は頗る明るい。

九時三十分、磧の南の端に出たが、その先きは七十度もあろうという壁つづきだ。一行は前進を中止した。ここから見た黒部別山の高みは、仰角四十度である。

長次郎は一人で先きを見に行った。山の人は皆身軽になると、ピトンとザイルをもって、山本を先頭に溯行の作業にとりかかった。

この悪場から数えて岩壁の鼻を四つ程ぬければ、その先きの川中には大石が右岸を埋めている。私たちはそこまで漕ぎつければこの難場を通過したわけになるのだが、さて、どういう方法にしてかかるかという興味にそそられて、三人は石に腰を下ろして山の人たちの動きを見つめていた。

やがて彼等は急峻な壁の横面にピトンを打ち込み、その先きの曲り目では、三人ばかりで石を背負っては岸辺の水の中に投げ込んでいる。ひと足ふた足の所が深いので、そこを浅くして足がかりを造っているのである。

十時十五分、それから先きの壁を曲って見えなくなったが、暫くすると巨岩の間から笠が三つ四つ磧を縫ってこちらへ動いてくる。山の人はまず荷物を先に運び、私たちをその後で通す考えらしい。一時間程休んで私たちはぶらぶら出かけた。

約十間ほどの岩の棚を廻ると、そこに居た山の人に指さされて、岸辺の浅い所を六間ばかり徒渉し、また壁へツリを行くのだが、その面が皆とげとげしているので足がかりは十分であった。

それからピトンとザイルの場所となった。壁のヒダに一本のピトンが打ち込まれ、その先にザイルが結ばれた。それをたよりに行くのだが、ここは手がかりがあるので強いてピトンの必要のない所だった。

次に約四十度の板を立てかけたような壁にぶつかった。しかも上部は冠さっているので、その岩の面に二本連続してピトンを打ち込み、ザイルで両端を結んだ丸木がそれから吊された。急造の桟道である。

私たちはその一本の丸木を足場として、手を岩面にかけながらそこをヘツリ抜けると、一間ほど隔ててまたピトンが打ってある。それを伝って水の中に下り、先刻石を投げ込んだ岩壁の角を膝まで浸って十間ほど廻り込むと、ちょっとした磧になっている。それからまた深い徒渉にうつり、その先きは流れと岸を交互に縫って十間程進み、漸く良い岩場にたどりついた。

そこが最後のヘツリで、登りきった所は水面から三十余尺、幅の広い堅い壁つづきで、岩の棚から岸辺に下ると、大石に埋められた磧に出た。連続の悪場を過ぎた後のほぐれが私たちの気分をすがすがしくさせた。

この付近の流れはことに深く、悠々としてうねってゆく水の色は碧瑠璃に澄んで、その底には大きな岩魚が幾匹も、人影を見て逃げ廻っていた。

暫く緊張しつづけていた人たちは、ここで解放されたようにのんびりとして、皆手足をのばして休んでいる。

青木の持っていた釣竿を長次郎がとって、糸を投げたが一向にかからない。山は上手でも釣は下手だといって笑った。

長次郎は渓の水で時々頭を冷やしている。暑さあたりで頭がいたむという。そのせいか数日前から何となく元気がなく、休み場へ着くたびに手拭で頭を冷やしていた。それでも悪場にかかるとそんなことは忘れたように先頭をきって行く。気の毒のようにも思ったが、それは暑さあたりばかりでなく、私たちの先導者として、また山の人たちの頭分として、こういう悪い谷を行く彼の心づかいが頭をいたくさせるのである。

日盛りになると、黒部別山の頭が鳶色に燃えて、すぐ鼻先に迫って来た北の峰から、後立山の方へ割り込んでいる壁尾根が、著しく西南に傾いて牙のような鋭峰を擡げている。その左に続く大きな頭をよく見覚えているので、いよいよ目的地も間近になったことがわかった。この牙の形をした峰は、上流からは、瘤のように丸くどっしりとして見えたものである。

じりじりといりつくような磧の中で焚火をする。茶を煮て昼食を終ると、山の人は巨岩の影に着ゴザをかぶって日覆としてその中で休んでいる。私たちも僅かな岩影に真昼の陽射しを避けながら暫く休息した。

この石の州の先きは良い草地がつづいているので、今日はそこで泊り、先きを見に行っておいて、明日この尾根の鼻を越して行こうと云ったが、米はあとやっと二日分しか残っていず、行く先がまだ遠いので、長次郎はもうひとかせぎして、できるだけ赤ムケの壁に近い所まで入って泊った方がよいと云う。私たちもその方に賛成した。

次の磧までは暫くよさそうなので、私たち三人だけで前進する。

午後一時三十分。あまり近くなったため、赤ムケは前の尾根に隠されて見えなくなったが、下ノタル沢のワレ目の上にあたる山の窪が大きく見えてきた。

渓はいよいよ豪快になったが、壁の上にはまだ相当に樹が茂っている。岩の棚を伝って一丁半程行くと、川は静流となって流れの幅は広く、美しい石州が斜めに川中に向って延びている。

この石州は歩測で三十六間位あった。ここにも砂地の上にシシの足跡が点々と印せられていた。

渓水は上手のくびれから池のようなトロとなって、ちょうどそのくびれの下手に横臥している巨岩の周りを、見事なカーブを描いて大きく蛇行している。対岸の壁に傾いて青磁色に深く澄んだ水は、こちらの岸に浅く溢れて鮮麗なトロとなっている。

このあたりは標式的のV字状谷で、谷中が闊（ひろ）く、頗る開豁（かいかつ）である。岩壁の露出の高大な黒部峡谷は、谷に射し込む日光を遮る樹木がないので、どこを歩いても素的に明るい。自分の持っているすべての物を白日のもとにさらけ出して赤裸となって堂々と迫ってくる。何の怪異も幽凄も粧っていない男性美のこの谷は、その明るさの中に、はかり知れない造化の神秘を蔵している、その豪快な谷の姿は華々しくもまた雄大である。

左岸から赭黒色の壮大な壁がのり出している。その奥の様子を見ると、壁もこれから高くなって廊下はいよいよ佳境に入るという予感を与えられる。

岩壁の上の方には、岩巣の周りに沢山の岩燕が群がっている。この旅で初めて見るこの小鳥を珍しく眺めた。

下流を見ると、渓間はV字形の大きな懐を拡げて、その真上に仙人山のガンドウ尾根が、駱駝（らくだ）の背のような三つの瘤をつらねて磊々（らいらい）としている。その胸のあたりに刻み込まれた幾筋もの赭いガレを見ると、自然の荒廃（ルイン）がかえって山容を雄大ならしめているのに驚く。

強烈な陽射しを受けて流水はサンサンときらめき、岩壁はコバルト色に煙っている。石州の突端に出て、静流に糸を垂れている人の姿は、周りの大きな自然に映って画中のものとなっている。

適当の名がないので、ここを廊下の広河原と名づけた。

廊下の無人境（二）

広河原から下ノタル沢落口まで

廊下の広河原は、上流に当って両岸から差し迫っている岩壁で尽きている。対岸の立山側は十数丈の赭壁が乗り出して、やや低い右岸の壁つづきも、左へ折れたその先きは直立にえぐりとられて、深い淵の上に屏風折りになっている。そのためにここ暫くは川通しを行くことができない。

長次郎は道を探るために一人で壁を攀じ、樹叢を押し分けて登って行ったが、約百米ほど登ると下へ合図をした。

一行はその後を追って崖側を攀じ登った。午後二時二十五分。

この登りは短距離であったが、今までの渓側の廻りの中では最も急峻で、上りと殆ど同じ方向へ下りにかかった、そして下りの方が上りよりも遥かに良かった。

おそらく二百米近くも上ったろう。下りにつくと渓流は足もとに鮮かに見られる。紺碧の深い流れが岩礁に砕けて白泡を吹きながら強く流れてゆく姿も立派だが、巨人が膝を立てたように激流の上に立ち並んでいる対岸の岩壁も美しい。

廊下の壁が俄然高く峻しくなったのに気づいた私たちの喜びは高潮せずにはいられなかった。

四時十五分、川近くの白ナギの上に疎らに草の生えている所に出た。この上下に一時間四十分を費したが、川沿いの水平距離は僅かに二丁に満たない。

小憩の後岸辺づたいをザイルによって行くうち壁の断れ目に出た。そこから次の壁の出鼻に急造の梯子をかけ、流されないように岩の角に結んだ。長さは僅かに一間程であるが、そのうち四尺位は水の中に潜ってしまう。水に浸りながら梯子を登りきると、大きな岩のきざはしになる。川への傾斜は約六十度で、下は深いタルだ。

さらに五、六間上って降りた所が屛風のような立壁で、その竪皺のワレ目や小さな岩の穴から氷のように冷たい水が幾筋も横に走り出ている。岩に遮られていた水の脈が、その間隙から恐ろしい勢いで迸っているのだ。そこを通ると身体中弾かれる。口を当てて飲もうとすると顔一面に水のつぶてだ。実に奇抜な岩清水だ。
川はまた著しく魚臭い。磧に下りて時計を見ると四時四十分になる。周囲を見廻すと廊下もいよいよ窮まったことがわかる。赤ムケの下手につづく恐ろしい山壁の露出は面を圧して行く手をとり囲んでいる。

四面の岩壁は高く、森林は遥か尾根上に退いて、灌木だけが壁の襞や凹に沿って疎生しているだけで、峡谷は目のとどく限り峻高壮麗な岩の世界となった。

長次郎と山本とが先きを見に行ったが、やがてまた戻ってきた。右岸はまだ少しは行けるが、問題の下ノタル沢の下手から上流に向ってはとても通れそうもないという。黒部別山谷の落口まで僅か四丁ほどの間だか、そこが黒部川中での絶嶮で、漏斗状の岩壁のひびのような所は、翼なくしては通過できない所である。

とにかく今日はここを泊り場ときめ、先きを見定めておいて、明日は谷筋が行けなければ、尾根の大廻りをして、上流の徒渉点に降ることにきめた。

それから山本、白川、青木の三人をつれて、沼井、岩永、私の三人は、一丁ばかりの崖側を上流に向った。

もう相手は壁だけで灌木さえ生えていない。壁は川に向って急に落ち、しかもその棚は傾いている。私たちは水面から四間程の狭い棚の上で行きづまった。その先きは下ノタル沢の落口に向って急に落ちているのでなかなか悪い。時間をかけてザイルで下りたらもう少し行けると思ったが、夕暮も近いし大事をとり、岩の出鼻の一尺に足りない足場を踏んで上下流を眺めた。

下ノタル沢がすぐ上手四十間程のところに入っているのだが、立壁の折目が幾重にもワレ込んでいるので、ちょっと判りにくい。とにかく非常に狭いものである。

この落口の前のところで本流は淵となって光っている。その上手に少しばかりの石の溜りが見えている。下ノタル沢上手の壁は実に立派で、雄峻な山勢は後立山側で八十五度の角度をもち、高さ約五百米の蒼崖となり、尾根の頸から胸にかけて赤ムケの壁が断続的に露出している。この山脚は川近くになると更に垂直に截ち落され、その断崖は黒部別山谷に向ってつづいている。

下ノタル沢の落口の上で、二段に平たく削がれた円形の壁が流れから直聳して、その下が深くなっているから、下ノタル沢を越えられたとしても、そこはどうしても通れない。しかもその先きには遥かに大きな、鎧に似た皺の入っている楕円形の大きな壁が渋面を作って私たちの方をにらんでいる。ここを通してたまるものかといったような風情である。

その先きにも、谷水で磨き出された円味のある壁がつづき、渓水はその下で蒼く淀み、暮光を宿して薄気味悪い光を放っている。

立山側を云えば、七十度の逆層の壁が川近くで危く踏みとどまっている。この方は壁がやや低いが、その先きになると後立山の側より遥かに悪く、おでこの壁が川に冠さって深くえぐれ込んでいる。この付近では、流れは立山側よりも後立山側に傾いて深い。

岩永君と交互にザイルで身体を結び、上下流を撮した後、来た壁の棚を野営地に戻った。今日の泊り場は磧が狭く峻しいため、私たちの天幕は一段上にある巨岩の上に張り、その下に山の人たちのものを張った。私たちの居る岩の上から下の天幕へ行くためには、悪いヘツリを行かなければならないほど、ひどい露営地であった。

夜になると月光は下流の山水を照らして、夢のような美しい世界を展べていたが、高い岩の屏風で四辺を立て廻したようなこの漏斗状の深い谷の底では、月は壁から壁へ隠れて待望のその姿を見ることができなかった。

尾根も、森林も、岩壁も、黒い大きな塊となって、両岸から迫ってくる高い岩壁の折重なっている狭い谷は、堅く扉を閉し、その底を貫く廊下の激流は、ごとごとという重い唸りをあげて押し出してくる。

幽凄極まる窮谷の夜、私たちは大きな自然の力に威圧されて、黙々として天幕に帰った。

私たちは東谷の落口から黒部川の右岸のみを辿って下ノタル沢落口の下手まで溯った。ちょうどそこで黒部川は南から北への走向をとっていたものが、右に急折して黒部別山谷落口までは略ぼ西から東への走向をとっている。

この間は僅かに四丁程であるが、立山側も後立山側も直立またはすばらしく冠さっている峡壁にかこまれている、黒部川での絶嶮境であってまた最も美しい所である。私は前後三回に亘って溯行を試みたが、ここだけは遂に突破することができなかった。今回も尾根の高廻りをして黒部別山谷の落口の上手に降りた。

日本電力では、東谷から左岸通しを岩壁を爆砕して岨道を開鑿した。そして昭和四年の秋、下ノタル沢落口から上流では、左岸の立山側に沿って、冠さった峡壁の懐にボールトを打ち込みワイヤーで丸太を吊し、片桟道（片方は壁でとめ、片方はワイヤーで吊ったもの）を造り、非常な人力と費用で僅かに岨道を通した。昭和五年にはこの道を修覆したが、その後全く手入れをしないために、通過が不可能になった。爾来約二十年、関西電力によって行なわれていた道の改修が成り、今日では上流への連絡ができるようになった。

廊下の大迂回路（一）

翌くれば八月三十一日、山運の好い私たちは、今日もまた美晴に恵まれた。上流の壁を眺めていると、後ろの方で山の人たちがさわいでいる。

見ると、野営地の後ろにある大岩の面に、残り炭で「ナベカツギ　安川」と書いてある。

その鍋カツギの役を承わっている年長者の安川を中に、がやがやと笑声が起っているのだ。山の人たちもほんとうに嬉しそうだ。何しろまだ見たこともなかった黒部の廊下の、その真中まで来たのだから。

その安川は調子に乗って語っている。

「黒部川、黒部川と云って、子供の時分からいろいろ恐ろしい話を聞かされていたが、とうとうまだ誰も入らなかった廊下の奥へ来てしまった。黒部の奥には大きな孟宗竹があって、その皮が年々剝がれて流れてくる。まだ奥まで入ってその竹を見た者がないと云われたが、来て見るとそんな竹などは一本もない。しかし佳いなあ！　この景色は……」

と、子供のように喜んでいた。

下流のシアイ谷までは、自分の持って来た酒を、ちびちびと内証で呑んで楽しんでいた彼、一升瓶とここで別れて少なからず悲哀を感じていた彼も、廊下では自然の美しさに酔ってしまったらしい。

私たちも実に嬉しくなった。そして空（から）の味噌樽へ、同行三人の名と年月日を記して、岩のウロの中に納め、一同野営地にむかって別れを告げた。

今日は一行はさらに緊張している。是が非でも上流の徒渉点までこぎつけなければ、米は一日分を余すだけである。日が延びると米の欠乏のため平ノ小屋まで行けずに、或いはまたこの前の轍（てつ）を踏んで信州へ下らなければならないかも知れない。

午前七時、野営地を後に昨日の踏跡を下流に戻り、岩清水のある壁を廻り、岩場を越え、梯子を降って約二十分で白ナギの草ツキに出た。

長次郎、山本、それに沼井君の三人は、草場から上方につづく空沢を目がけて登り始めた。崩落する石の音が絶え間なく聞える。多数では崩石が危険なので、私たちはやや左へ、昨日通った林の中を辿って急峻な登りについた。

この登りは足場がよかったので少しも危険を感じなかった。暫く上ると黒部別山が森の間から瘤を集めたような山骨を擡（もた）げた。その厚大な山壁は登るに随っていよいよ立派になり、やがてオオタテガビンの岩の尖閣が現われた。

木の間隠れに仙人山の岩尾根を眺めながらひと息入れる。

先刻から黒部別山の壁の立派さに誘われて、二度カメラを向けた。初めに美しいと思ってシャッターを切った。ところが、少し登って見ると岩壁はさらに領域をひろげて、オオタテガビンがすぐ眼の前に現われてきたので、また一度その姿をとった。この休み場に来て見ると、脚下に拡げられた大きな山壁の入り組んでいるそのどん底に、私たちが入ることができなかった廊下の流れが、深い壁の間からトロとなって青く光っている。岩永君は、見えたぞ、見えたぞ！　と呶鳴る。沼井君は無言のまま眼を光らせている。私も無意識にカメラを取りだして、ピントを合せた。

深い壁と壁とが肌をふれ合っているその底を、碧玉のような幽光を放っているその流れは、あるところでは巨岩の上に溢れて泡沫を漲らし、さらに急湍となって目覚ましい流動を見せている。

両岸の嶂壁が錯綜して高く、立山側も後立山側も、その上にさらに力強い山壁を築いて悠然として塊聳（かいしゅう）している。

南から北に向って走っている下ノタル沢から下流も、黒部別山谷から上流も見えないで、その間をつなぐ西から東に貫流している狭流だけが見えたのは実に愉快であった。私たちを峻拒したその谷の姿を見つめて、三人は快哉を叫んだ。

オオタテガビンの稜角と、岩小屋沢岳西尾根の急斜面の交差から立山の鬼ヶ岳が覗いている。それが上流に見える唯一の山影である。

十時近くにまた登り始めた。深い林にかくされて廊下が見えなくなると、今度は池ノ平付近の優しい山の姿が見える。三十分ほどすると山勢はなだらかになり、溝のような窪地が処々に現われて来た。もう間もなく尾根である。

藪がうすれて東北の視界が開けると、牛首山、鹿島槍岳、布引ノ頭、爺岳に連なる国境の山々が青屏風を立てたように見える。北の方には白馬岳から朝日岳につづく山や高原がのんびりとして、餓鬼山の出鼻から奥鐘山が黒部の谷に向かって飛び出している。奥鐘山も随分小さく見えるようになった。

藪がまた濃密になり、暫くの間その中を押し分けながら登って行くと針葉樹の喬木が現われてきた。午前十一時。

姫子、黒檜の大木の目立つ丘のような所で休み、落葉の上に腰を下ろして中食の半ばをとる。手まめな沼井君の心づくしで、パッキングを施して持参した飯盒(はんごう)の水のために、飯もどうやら腹に収まった。

長次郎は高い木に登って諸方を見通していたが、目的の二〇六七米の峰のある方向が判ったので、その方に向って強行した。十一時三十五分。

藪はかなりひどい。汗はとめどなく流れ、ノドがひりつくほど渇く。その藪にかこまれた平に出ると、小池が二つ見えた。水は恐ろしく汚く、しかもオタマジャクシがその中で游(およ)いでいる。とても飲む気にはなれない。

大正九年に、二〇六七米の峰の上で、これと同じような所で、二日間雨の中を露営した。その時の飲料用の水もこれと同じようであったことを思いだした。

十二時近い頃、先の方で山の人たちがさわいでいる。

道だ！　皆、その傍に目白押しに並んではしゃいでいる。

道？　これは私たちにも意外であった。

しかし考えて見ると、これが今年の七月に拓かれたばかりの東信電力の道で、私たちは偶然その一部に出たのだ。

私たちの今いる所は、一八〇〇米位の地点で、尾根上を通っているこの道は、これから上流に向っては新越沢の二俣、下流の方は棒小屋沢の二俣に下るものである。

岩小屋沢岳からつづく国境の山稜も、鹿島槍岳の颯爽とした姿も、指呼の間に集まっている。この道さえ行けばという考えが一行を元気づけた。そして道について尾根上をさして上って行った。

岩小屋沢岳から黒部の廊下に下りている壮大な尾根の分岐点にあたる二〇六七米の三角点のある峰はすぐ頭上に森林に蔽われて、円くむっくりと聳えている。

この峰から一つのツルは北西に長く延びて十字峡に至り、他の一つは西微北に短兵急の岩尾根を黒部別山谷の前に落している。

私たちは谷の底から前者の渓側を尾根に達し、二〇六七米の峰付近から後者に移って、その背筋を廊下へ下りて行くので、この二つの尾根の股から出るワレ谷が下ノタル沢と名づけたもので、この谷には水は殆ど見えていなかった。

漸く尾根上に達し下ノタル沢の頭にあたる赤抜けの上を廻って行くと、黒部別山の上の乱雲の間から、鋭い牙のような岩峰が見えて来た。さらに数十歩してその方を見ると、雲の飛散したあとから、剣岳が胸から上を現わした。小窓の頭、三ノ窓の頭、その左から丸い剣岳の頂が首をもたげた。

どこを見ても岩、岩、岩の世界だ。その色彩の雄麗さといったらない。

やや低いが、すぐ間近く、私の眉に迫っている黒部別山の姿を見よ。廊下の中心から競い立っている鋼鉄の盾のような菱壁(ひし)の層壁、それは何という天工の妙技だ。その色彩の含蓄の深さを見ていると、写真なんかとる気になれないほど圧倒的に大きい。

どうせ岩登りをやるのなら、日本随一の岩場であるこの黒部の別山の東面を攀(よ)じて、後ろに後立山の峰々を背負いながら、立山、剣に見参する快を貪りたいものだと思う。

懐の雲が消えると、立山の主峰も見えてきた。午後の逆光にその山体は葡萄色にすき透っている。サル又のカールの雪が、その頸に月輪(つきのわ)のように二つ並んで光っている。もう九月に近いため雪は少いが、それでも左俣にはまだ相当の残雪が見える。

立山の上には噴煙のような夕雲が群り、その腰をめぐってオオタテガビンの岩峰と丸山とが折重なって、その間に青く静かに眠っている高原、それがおなじみの内蔵助平である。

廊下の大迂回路（二）

二〇六七米の峰から徒渉点まで

東信歩道へ出たおかげで、二〇六七米の峰まで上らずに、その横下一九五〇米位のところを廻って黒部別山谷の方へ乗り出している尾根へ移ることができた。しかもそこはもう私には曽遊の地だ。

山の人たちは中食の残りを食べ、私たちはレモンを残りの水に溶かして腹を満たした。

午後二時、また歩き始める。尾根道を暫く下って行くと、東信歩道は左に岐れて新越沢に向ってかくれてしまった。今見つけたばかりなのにと、私たちは残り惜しい気でその道を見送った。

なおしばらく唐檜（とうひ）の喬木林の下を尾根について降り、左へ少しそれると急な窪崖（くぼがけ）の藪の中を分けて下った。大分悪いのでまた尾根に戻り、上手の肩の上に出ると、栂の若木の密生した平藪に出た。その中を通りぬけて小さな草地に荷を下ろして休んだ。廊下の見えなかった所が、すぐ足もとに見えてきた。

尾根を離れて崩れの上を左へ移って行く。川への降り口が判るか、と長次郎が云う。私はもっと左の方へ廻ってもよいと思った。しかし実際は左へそれ過ぎたので、一行はまた右の方へ進路をとり、密叢の中の急峻な崖を、辷りながら降って行った。足のすべることは大事はないが、手は確実に木を摑んでいないと危険である。役に立つ割合からいうと足四分、手六分で、身体の重い私は、幾度となく枝をつかんだなり身体を宙に走らせた。

大きな白ナギの上へ出て、百呎のザイルでその急な部分を越え、右から左へとナギを通り、この尾根の最下段の頭の上に出て、ひと息入れた。

もう午後五時になる。日は大分西に廻ったので、休んでいると谷風が肌寒い。ひとしきりの運動で空腹になったので、板チョコとヌガーで一時の飢を凌いだ。

ここは岩小屋沢岳支脈の西尾根が、黒部の廊下に向かって絶壁を落しているちょうどその上端にあたるところで、尾根先が激流の浸蝕によって断ち落された直壁の上にあたるところだ。

顧みるとこの段の上のところで、尾根は著しく剝ぎ落され、斜め北に向って一面の赤ムケを露出している。これは棒小屋沢落口の上手から見たもののうちで、最も上流に喰い込んでいる部分である。

赤褐色に剝ぎとられた巨人の胸壁のように、円味を帯びた大きな壁の上部が、三段ほど笠を重ねたようになっている。その横長のワレ目から岩燕の雛が首をそろえ嘴を開けて並んでいる。

親燕はこの洞を中心として、上空へ翔け揚って行くもの、餌をくわえて舞い下りてくるもの、この大きな岩巣を塒(ねぐら)として幾百羽の小鳥が一つの生活を営んでいる。

大正九年、初めて下ノ廊下へ入ったときには、内蔵助谷落口の対壁の洞の流れに近い所にこの小鳥が沢山いた。その次の大正十三年には、歩道開鑿のため電力の人夫が入り込んだため、その付近から全く影を隠した。しかしその当時には新越沢落口の下手の壁の高みにはまだ沢山いたが、今ではその付近にもいたたまれずに、この壁に集まっているらしい。

時間が大分遅れたので長次郎は心配しはじめた。まだ二時間はたっぷりかかるから、みんなもっと急がにゃあ、と云う。

小憩もそこそこに、尾根の稜角の左手の急な窪を目がけて、ミヤマハンノキの密叢の中をひた降りに下った。やがて岩壁の巨大なのが、とり次ぎに草の崖から現われてきた。その立溝を縫って行くこと約一時間、黒部の流れは脚下にあたって近く、しかもあの美しい瀞が鏡のように光っている。

やあ！　いいなあ！　と私たち三人はうっとりとしてそれに見入った。

午後六時、漸く見覚えのある大きな円い岩の段地の上へ出て、膝をつきながらトロの写真をとった。

それからザイルで右下の深い岩のワレ溝へもぐり込んだ。薬研のような岩溝は崩石の道となっているので、一行が揃ってから徐ろに川に向って降って行った。ここは先年登った時よりも藪が少くなり、幅が広くなったような気持ちがした。

川近くでまたザイルを垂らし、一人ずつ大事に砂州の上に下り立つと、皆ほっとして顔を見合せた。

一行は先ず清麗な黒部川の水を腹一杯に飲むと、一斉に万歳を叫んだ。時に午後六時五十分。

とにかく長次郎の予定よりも遥かに早く、幸いと日のあるうちに下りついたので、私が心配して持参したズックのバケツも用いず、岩角にすがってひと夜を明かすこともなかったのは実に嬉しかった。

下流に向って大きな岩の段丘を越し、その下手にある白砂の敷かれた広い州の上に荷を下ろし、小砂利の均された岸辺に出て、顔や身体を拭い、久方ぶりに邂逅した対岸の大嶂壁を仰いで、暫くの間うっとりとした。

今日の行程はたっぷり二日分はあった。それにしても日のあるうちに、よくこの徒渉点まで下ることができたものだ。

黒部川の中心地点である人跡未踏境を溯行し得た喜びは、私たちの胸に溢れて、誰の顔を見ても皆、にこにこしている。美しい砂地の上に焚火をかこむと車座になり、茶をのみ菓子をつまみ、賑かな夕餉(ゆうげ)をとった。だがしかし米が少いために、粥(かゆ)をすすって我慢したのは己むを得ない。

空は薄曇りとなって、上流に見えるはずの赤沢岳は乱雲にかくされている。それでも高空はところどころ茜色に光っていた。明日もう一日だ、どうか天気になってくれと私たちは念じた。

岩燕の群れが谷の上空から舞い下りてきた。木の葉落し、錐揉みなど、さまざまな演技を見せては、渓流の上をつぶてのように飛び廻っている。やがてさっきの赤壁の岩巣の塒に帰って行くのであろう。

（付記）下ノ廊下での岩壁の最も高峻なのは、黒部別山東面の全部と南仙人のガンドウ尾根の黒部川に面している部分である。そこには下ノ廊下唯一の温泉として東谷の霊泉があった。

今夜もまたすばらしい月夜だ。毎日のように月が円くなってくるのが楽しみである。今夜も十一時一過ぎまで月光を浴びながら、岩の上に集まって語りあかした。月が漸く黒部別山の上に傾き、廊下の最後の夜のとばりは閉された。私たちが天幕に入る頃には、渓谷の夜はいたく更けて、おく露に旅服はしとど濡れていた。天幕のカンバスも露で光り、川面を下りてくる風も蕭々（しょうしょう）として肌寒い。

ああ、もう秋だな、と私は思った。そして何ともいえない大きな哀愁に、私の心はしっとりとした。

廊下の徒渉点から平ノ小屋まで

九月一日、今日はもう九月に入ったと思うと、なんぼのんきな私たちも何となく心せわしい。昨夜は宵のうちからあまり暖かだと思っていたら、夜半には小雨が時々天幕にふりかかってきた。白みそめてから雨は収まったが、空は一面に曇っている。上流の赤沢岳は煙のような雲霧の間から第二峰と第三峰が鋭鋒を現わしている。朝餉を終る時分から雨がまた落ちてきた。やや慌わて気味に天幕をたたみ、山の人たちに出発の支度をさせ、私たち三人は長次郎と山本、白川を連れて下流を見に下った。

午前五時半、野営地から壁際の巨岩の間を昇降して二丁程で、昨日私たちが降りて来た尾根の突端にあたる直壁の下に出た。

　大正九年のときにもここから下へは降れなかった。川はこの岩の戸口のところで、ほぼ直角に折れ曲って、急に陥没した川床はさらに傾斜を強めて躍進して行く。対岸から黒部別山谷が入っている。その落口はよいが、上の方は相当に悪い。

「ああ！　シシが降りてくる！」と山の人の一人が叫んだ。

　見ると対岸の、すぐ近くの壁を一匹のカモシカが降りてくる。小薮をくぐり、壁のヒダについてゆっくり歩いている。谷へ水を飲みに来たのだ。しかし川近くまで来たものの、生憎とその下が立壁になっているため、さすがのシシも下り口を求めていたが、漸く下手にある小さな磧を見つけて、そろそろ降りて来た。

　私はその姿を急いでレンズへ収めると、もう用はないと、皆で一斉に「おーい」と叫んだ。

　シシは驚くまいことか、暫くうろたえながら壁の凹（くぼ）をまごまごしていたが、やがてよろめくようにして十数間も上って、岩の角から此方をふり返ってきょとんとしている。

　どうせ人間なんか、この川を渉って来られまいという風に、のそのそと壁を上り、やがてまた薮の中にかくれてしまった。

午前七時、野営地に戻ると、いよいよ上流に向って出発した。雨が大分強くなったので大ヘツリが少し気にかかったが、よいあんばいに間もなく小降りになった。

昨日来た岩の丘を横ぎり、美しい砂利州から瀞の徒渉にかかった。この前には水深胸に達し、顔に飛沫がかかったが、今年は非常に浅く僅かに膝に達するくらいで、楽々と徒渉することができた。

川床一面に敷き均された丸い小さな石の上を、ずるずると流れて行くその水の美しさ、渉っても濁らすほどのものは芥蔕も止めない黒部の清流も、今日限り渉って歩くことができないと思うと、まことに名残が惜まれる。私は、そっと手にすくってその水を飲んだ。

川幅約五十米のトロを渉り終ると、次に緩い岩の棚を上り、それからいよいよ大ヘツリの嶮にかかった。

黒部別山の山壁の大急斜が川近くで危く踏みとどまり、そこで高低不揃いの岩の段となっている。そのヘツリが約三丁、黒部川での一番長い岩壁のトラバースで、私のつけた大ヘツリだ。

この大ヘツリは大約三つに分けられる。初めのは四十間程で、その次の高い壁は下流から登るよりも上流から降るときの方が悪い。中間のものが最も長く、約一丁あって、その中程にある六面体の滑岩（なめ）は全く手がかりがなく、先年は少し怖かった所であった。第一のと第二のものとの間に、残雪のある小さなワレ溝がかかっていた。

第三のものには一個所冠った所がある。これは水の小さいときには、その裾の州を横ぎって行けばヘツらずにすむ。その先きにもまだ二個所ほど悪い所がある。

とにかくこの長大なトラバースも、今年は二回目であるのと、長次郎の上手な先導で愉快に、少しの危険も感ぜずに通過することができた。しかしザイルは殆ど間断なく使用された。

大ヘツリを無事に終り、灌木の間をぬけて岸辺へ出ると巨岩の上に立った。この巨岩こそ大正十三年に下ノ廊下を降ったときの終点であった。

目的地の溯行を全部終ったので、一行は歓喜の声をあげた。時に午前九時少し過ぎ、野営地から二時間を費した。

黒部別山の懐はこれから一変して非常によくなる。雪のトンネルの傍をぬけ、雪解の跡の崩れた石原を横ぎって少し上ると、その先きは一面の草藪になっている。ここまで日電の歩道は今年、上流から拓かれていた。

中食を持たない一行は、傍目もふらずに迅速に上って行った。対岸には岩壁と積翠とを割って新越ノ滝が落ちている。高サ約三十米、今年は水量は少いが、それでも棒のような水柱となって垂直に落下している。

この滝の下手を固めているのが新越ノ直壁三百米、その壁脚を爆走する黒部の流れは、その幅僅かに二米、煙となり弧を描いて疾走している下ノ廊下での偉観である。

やがて赭い大岩壁の横にボールトが打ち込まれ、鉄線が張られてある横を廻って行く。これは立山側からそそり立っている赭い大きな壁の脚にあたる所で、道のなかった頃には急造の丸木橋で通った所だ。

この岩場を越すと山勢は漸くなだらかになり、落葉松、黒檜、栂などの間に、榛（はんのき）や椈（ぶな）の大木が茂り、岨道はその中を三十米下に渓流を見ながら行く。

対岸に鳴沢の滝を見てその前の泊り場に着いた。ここは大正十三年に岩永君と来たとき、下ノ廊下へ入って初めて泊った所で、榛の林に包まれた二十坪位の平地で、下ノ廊下第一の泊り場である。その時分には日電の歩道がまだ拓かれていなかったので、いわば私たちがこの泊り場の開拓者である。

その時に私はここを榛ノ木平と名づけた。その後電力では大きな小屋を建てた。それが今のハンノキ平の小屋である。

このあたりから流れは著しく右へ廻っている。対岸に鳴沢小沢の落口を見て、暫くすると内蔵助谷の方から滔々（とうとう）と渦巻いてくる壮麗な流れや、川中に錯綜している美しい巨岩を眺め、草崖の横を廻って内蔵助谷の落口についた。午前十時四十分。

巨岩の間に荷を下ろし、焚火をして湯を沸し、米がないので、鐘釣温泉で求めた葛粉を練って砂糖を交ぜて食べ、残りのビスケットを分け、レモン湯で僅かに飢を凌いだ。休んでいると内蔵助谷の窓から吹き落ちてくる風が寒いので、だんだん日向の方へいざり出て、しまいには焚火の周りに集まって、ややしばらく休息した。

道の出来たありがたさは、徒渉点から大ヘツリの難場を越してこの落口に辿りつくまでに要した時間は僅かに三時間半であるから、今後下流からの歩道が連絡すれば、平ノ小屋から十字峡まで一日で楽に行けるようになることと思う。

一時間ほど休んで、十一時半に平ノ小屋へ向う。内蔵助谷落口上手の壁も横に道が穿たれたので楽に通れるようになった。壁を廻ると立山側からの大ナギの上を辿る。対岸には赤沢支脈の突端の大赭壁がそそり立っている。

赤沢は源流の山が悪いわりに落口付近はよく、緩い斜面を奔流となって森林の中から本流に瀉(そそ)ぎ込んでいる。赤沢の落口を最後として両岸の山々は緩く川瀬に延び、谷は明るく、岩壁は影をひそめ、緑林がこれに代って光彩を放っている。

渓流は狂乱の姿を更(あらた)めて、緩い川床の上を潺湲(せんかん)として随所に美しい淵やトロを湛えている。顧みるとオオタテガビンの岩峰は高く下流を庄し、その左から黒部別山の南の峰が円い頭を延ばしている。

道はますますなだらかになり、栂、白樺、榛、水楢、落葉松などの林の中を行くと御前谷の落口に出た。

落口のやや上に架けられた丸木橋を渡り、暫く行くと道は川に落ち、岸に沿い浅水を渉り、磧を横ぎってまた渓側の道を行く。二つばかりの小流を横ぎって、渓側について大きくくねって行くうち、岸辺は非常に闊(ひろ)くなり、川に向って集ってくる尾根は皆緩く川瀬に垂れ、森林がますます美しくなると、御山谷の落口に出た。

私たちは、久しぶりに御山谷から立山の主峰を仰ぎ、美しい森林の底から溢れてくる御山谷の流れを見て喜んだ。

御山谷の上手にある傾きかけた吊橋を対岸にうつり、小スバリ沢を横ぎって後立山側の岨道を行くと、山勢はますます陵夷(りょうい)して、川幅は頗る闊大となり、楊や榛の林が川州の上に翠緑を漲らしている。広い洲をめぐって大きくカーブを描いて曲走してくる黒部の流れは、廊下の激流とは全く似てもつかない悠揚さをもって、優美な姿をのべて私の眼を楽しませた。

上流の尾根の上から木挽(こびき)山が見える。赤牛岳も見える。もう程なく平(だいら)である。

元ザクボ沢を横ぎり、中ノ谷に向ってかけられた吊橋を渡り、広い石州の上を縦に林丘を上り、午後三時半、平ノ小屋の下手にある日本電力の小屋場につき、そこの係員の好意によって電力の天幕の客となった。

岸辺近くにある浴槽に浸り、やや疲労した四肢をのばし、東谷以来の汚れを流し、すがすがしい気分で平から大きく廻ってくる静流を眺めていると、何ともいえない幸福な平和な感じがする。

朝方曇り勝ちであった天気は全く晴れ、空は茜色に澄み、夕陽の名残がスバリの壁を照らし、森林の緑は瑞々しく輝いている。

川中に電力の人が十人ほど列を作って、激流の中を流れてくる丸太を引き揚げている。まるで絵のような景色だ。黒部川の丸太流し、私は珍しいと思ってそれを眺めた。

上流から伐り下ろしてきた木材を引き揚げて、この平に小屋を建てるのだという。

私たちの今夏の谷旅、下ノ廊下の溯行も成功をもって終りをつげた。私たちは溢れるような渓谷の印象を懐に秘めて、立山温泉から千垣に下り、それからまた夜行列車で家路に就いた。それはもう初秋の九月四日であった。

（大正十四年九月）

下ノ廊下Ｓ字峡〔東谷出合の上流〕（大正14年8月）

春の立山

大正十五年六月

同行者　日本山岳会員　岩永信雄君

山の人　宇治長次郎　他

今から千数百年前、佐伯有頼によって初めて足跡を印せられたという名山立山、天手力雄命(あめのたぢからおのみこと)らを祭神として、三〇一五米(メートル)の頂に鎮座している雄山神社によって、古来賽者の登拝するもの絡繹(らくえき)としてつきない北陸の名山立山は、本州中央山脈の北部に於ける雄大な山景の唯中に、神秘な自然の霊域を劃する喬岳(きょうがく)である。

明治の末、私は、槍ヶ岳の頂から、または白馬岳の頂稜から、この山群の壮観を眺めて、心の跳るのを禁じ得なかった。剣岳、立山、薬師岳をつらねる山脈の、東面の峨々(がが)とした山壁によって囲まれた氷雪の美観、ことに幾つものカールの美しさは私をいたく喜ばした。

以来夏の季節を選んでは、立山群峰に登ること数回、その山の壮観を見るにつけ、さらに残雪の深い、新翠に彩られた、春の立山を探って見たくなった。

私の立山登山は宗教的のものではなかった。そしてこの山に興味を持ったのは、表登山口である弥陀ヶ原方面よりも、むしろ東面の黒部谷に向かっている雄大で複雑な地域であった。大きな自然の懐に自分を抛り込むのならば、私には立山と黒部がうってつけの道場であって、こういう意味から立山は私の名山であり、黒部は私の霊渓である。

大正十五〔一九二六〕年の六月初旬、上野を夜行で発ち、憧れの越中の山旅についた、同行者は日本山岳会員の岩永信雄君だった。

この山旅で、先ず興味をそそったものは北陸の海景であった。漸く蘇った青葉の頃、山にはまだ残雪が深く、日本海は蒼淼として、陸に境するその縫い目のところに、屋根に石を載せた漁家が点在している。明るい表日本の海岸に比べて、いかにも沈鬱なこの山村海郭の趣が私の心を強くとらえた。

ああ、いいなあ！　と、話し合いながら、私たちは夜行で疲れた眼に、黎明に光る静かな、黒水晶のような日本海を眺めわたした。

糸魚川近くになると、雪の山々が海辺近くまで突き出ているのを見て驚いた。

「君、あの山はなんだい」

「あれは妙高火山群さ」

「すぐ前に見えるのが最高峰の火打山で、その右の丸いのが焼山だ。左奥に見えるのが多分妙高山の裏側だろうよ」

「そうかなあ。君、すばらしい雪だなあ」

「ちょうど朝日が背から煽っているので、山の色が実に綺麗だ」

そんなことを話しているうちに汽車が糸魚川駅に止まると、また走り始めた。

行く手には、姫川谷の奥からさらに大きな山々が、深い雪で埋められて上へ上へと重なっている。

「ほう、白馬岳だな」

「さすがに雪がまだ深いなあ！」

「あれは何だい。あの右手の丸い大きいのは」

「よくは判らないが朝日岳らしい」

「白馬岳は随分高いなあ！」

「あの高原が積み重なったようなその奥に、目白押しに並んでいるあの山々が、大蓮華山の白馬連峰だよ」

「よく晴れたものだ、これは堪らんというものだ」

「君、早く立山が見たいなあ！」

などと、はたから聞いているとまことにうるさいような対話がつづく。

親不知（おやしらず）付近の海景も珍しかった。

汽車がいよいよ富山の平原へ滑り出ると、私たちは口もきかずに、左手に高く姿を現わす雪の連峰の美容に見入った。

毛勝（けかつ）三山、剣岳、大日山塊、その上の方に、その奥まった白銀の裳（もすそ）の上に、立山の主峰がコバルトの空を背にして大きな額を撫でている。

鍬崎山の奥から櫛形の薬師岳も見える。大坂森、西笠、東笠など、その谷溝はまだ残雪で一杯である。

滑川駅で下りると、立山鉄道でその頃の立山駅〔現在の岩峅寺（いわくらじ）駅付近〕というのにつき、富山電鉄に乗り替えて千垣（ちがき）についた。

そこで宇治長次郎や同行の山の人たちと一緒になった。

天幕、米、味噌、副食物、防寒用品など相当の荷物である。

称名谷へ

六月七日、昼少し過ぎに千垣を出て、常願寺川の右岸を行く。もう源流地の高い所に、弥陀（みだ）ヶ原の熔岩台地が文字通り谷から大きな台地を築き上げている。その奥から立山主峰、浄土山、大日山塊などが額を集めて、午後の陽に光っている。その裾合は滴るような若葉の海、青葉の潮だ。

芦峅(あしくら)につくと雄山神社に詣で、森閑とした山村の間をまた常願寺川のほとりに出た。川沿いを初夏の冷風に吹かれながら行くと、右手に高く、大鷲、大鳶などの五色ヶ原の山々が深い雪の姿を現わした。

山を見ると子供のようになる私たちは、もう黙ってはいられない。長次郎を中に、たれはばからず大声ではしゃぎながら山の話に夢中になる。実際山の人の身形(みなり)は勿論、私たちの姿にしても、東京では見られたものではないのだが、気分だけは、ざんざめかして、立山という壮麗な雪の花道へ上って行くのだ。藤橋へついた。海抜四百五十米のこの集落は、夏とは全く趣きを変えた静けさで、私たちの前に眠っているようだ。
日蔭の少い夏の暑さの中を、沢山の登山者のつめかける忙しい藤橋も、初夏には落葉松の新緑林の中を、駘蕩(たいとう)と吹きなびく川風に面を向けて森閑としている。

濃密な森林を越して大日岳の雪が溢れるようだ。

藤橋で一切の食糧をととのえて、午後三時過ぎに一行は常願寺川の本流と別れて称(しょう)名(みょう)谷へ入って行った。

初夏だけに、この谷は雪代(ゆきしろ)で滔々(とうとう)としている。七姫平の開墾地でひと休みすると、谷沿いをまた上って行った。
弥陀ヶ原の側面を固めている大赭壁、悪城(わるじろ)の壁が残雪の下から光っている。残雪の滴りでこの壁の面には無数の滝が壮観である。

雑穀谷の水も大きい、丸木橋が傾いていたため、重い荷の山の人たちはなかなか骨が折れたようだ。

やがて行く手に当って、称名ノ滝をかこむ壮大な壁が現われ、その中から滝の上部が恐ろしい水煙を吹いている。

行きづまりの所へ来ると道標が立っている。「右称名新道藤橋より二里六町、左山道」とある。

ここで称名谷の道はつきているので、谷を渉（わた）って右に山側を上るものが弥陀ヶ原へ上るもので、僅かに踏跡が通じている。左の方のは硫黄採りの道である。（現今では、弥陀ヶ原へは称名坂の道が出来、左の大日平から大日岳へも、よい登山路が通じている。）

ひとしきり細い岨道（そばみち）についてひと廻りすると、下の方に倒壊した小屋が見える。滝見平の小屋である。午後六時四十分。

雪崩で圧（お）し潰された小屋の前の段地を片づけるとそこに天幕場を造った。

称名谷は谷筋が西に向かっているために、夕陽が遅くまで谷奥を照らしている。そのために新緑林の夕映はことに美しい。椈（ぶな）、栃、白樺、榛（はんのき）などの透きとおるような萌黄緑の中に、栃の花が寂しそうに咲き乱れている。

若葉に包まれた谷奥の露営地で、久しぶりで山ウドの香り、越中の米や味噌のおいしい夕食をとった。

室堂まで

六月八日、今日も美晴で、日の長いありがたさは、午前三時半というと明るくなり、天幕から匍(は)い出して残り火を集め、枯木を添えて火を起し、静かな渓底の黎明の快さにひたった。

仰ぐと明星はまだ林間にきらめいて、梢を渡る立山颪(おろし)は案外寒い。

「雪の上を渡ってくる風じゃから」と山の人が云う。

小鳥が盛んに囀(さえず)っている。シジュウカラ、ミソサザイ、ウグイス、ヒガラなどが梢をからんでは飛び廻っている。

朝日が谷底へ射し込んでくるのを見ながら露営地を後にして谷に下り、雪上を渡って対岸の岸辺伝いを称名の滝壺のほとりに立った。

称名の滝、高さ四百米、これは日本で第一級の雄瀑である。上三段と下一段と殆ど同じ高さで、雪解の水を集めて奔落するその水量、その水勢は目覚ましいものだ。赭黒色の様々な壁を重ねた両岸の壁もすばらしい。夥(おびただ)しい水煙のため、私たちは滝壺の前に長く佇んでいることができない。

　七時二十分、僅かばかりの踏跡を求めながら、徐々に弥陀ヶ原への上りにかかった。道は急峻で、残雪に蔽われて処々消えている。しかし森林は立派で、新翠の間に栂や樅の大木が交り、その下にツツジの紅の花が美しい。第一滝見台と立札のある小さな平へ出ると、そこから称名の滝の全貌が見える。

　登るにつれて若葉が木の芽となり、渓音が遥か下に遠ざかるようになると、谷向うの森を越して大日山塊の雪の姿が見えてきた。急な細径（ほそみち）を登りつくして、弥陀ヶ原の一隅である鍋冠り杉の上手に出た。

　雪上に枯枝を敷いて荷を下ろし、杉の大木の根元から溢れ出ている冷水でノドを湿した。行く手は広い広い弥陀ヶ原の高原で、残雪が遠く立山主峰につづいている。

　よい所へ上りついたものだと話し合いながら、今までの急峻な渓側とは比較にならないくらい平らな美しい高原の中を行くことを喜んだ。

　雪は深くとも、もう六月である。のどかな初夏の風に、白樺や椈の芽はふくらみ、ウグイス、ミソサザイ、ホトトギスの声が高原の春を告げている。

　雪の上から陽炎（かげろう）がゆらゆらとあがり、山々は桔梗（ききょう）色に咽（むせ）び、その奥から薬師岳の雪の姿がひと際美しく見える。

白樺や白檜（しらべ）の集団している高原の上を、気まかせに歩いて行くと、称名谷を隔てた大日岳がいよいよ近く、奥大日岳につづく雪の堤は初夏のものとも思えない。その裾にゆったりと延びている大日平の森の中からカッコウの声がのどかに聞えてくる。

午前十時、弘法の小屋について湯を沸して中食をとる。雪は小屋の南側では四、五尺であるが、裏手の東側では二丈もあり、まだ二階の軒先まで残っている。

弘法からやや上り気味に行くと、遥か天際をかぎる浄土山の丸い頂の左をつきぬけて、雄山の頂点と雄山神社のお宮とが、大槍の穂先のようになって真黒に光っている。

追分の小屋へ来て見ると、これは全部雪に埋まって、その中から屋根の板葺だけが露（あら）われている。私たちはその上に腰を下ろしてひと息入れた。

やがて白山の方から雷鳴が聞えてきた。顧みると怒濤のような夕立雲が、西の空から立山に向ってひた寄せて来た。雲霧は鍬崎山を包んで、煙のようなその息吹が身辺を掠めてきた。

雨の来ないうちにと、私たちは霧の中を泳ぐようにして急いだ。室堂平まで上ると、そこだけは珍らしく雪がはげて、偃松（はいまつ）が露われ山草がふるえている。

どうやら雨の降らないうちに室堂に着いた。その室堂も深い雪の中から屋根だけを出して、傍にある測候所の櫓の鉄柱が曲って雪上に倒れている。冬から春へかけての吹雪の強さが思われる。

雪に穿たれてある穴をくぐって室堂の中に入ったが、真暗で何も見えない。外が雪で光っているため中は余計に暗い。ランタンに灯をともして漸く炉辺に荷を下ろし、乾いているゴザを敷くと、僅かばかりの焚木に火を燃(も)しつけた。

室堂の内側は北と南の隅に吹き溜りの雪が天井近くまで積り、私たちの陣取った狭い板敷の傍にも大きな雪の塊がのさばっている。

鍋、桶、その他の雑具がとり散らされ、大鍋の中には食べ残しの飯がふやけている。見るから陰惨な光景で、寒さと不潔と暗さのために、かなり感じの悪い泊りをした。

午後四時頃に夕立が廻ってきた。五時には豪雨となったが、幸に半時ばかりで雨は気持よく霽(あが)った。

日暮には大分間があるので、地獄谷の方へ散策に出かける。室堂の暗がりから外へ出るとまぶしいほど明るい。広々とした雪の丘を縦横に行く気持はすばらしい。

大日山塊が夕陽を背にして紫色に煙っている。剣岳の雪もすばらしいが、その左奥にやや離れて、紫藍(しらん)色の衣をまとっている毛勝三山の姿もよい。

地獄谷だけには雪は殆どなく、赭(あか)く禿げた丘の上からも磧(かわら)や窪みからも、轟々という鳴動を伴って、噴煙があがり熱湯が迸(ほとばし)っている。

雷鳥が一羽遊んでいたのが、私たちの姿を見ると、雪の上を横ぎって逃げていった。するとまた偃松の中から一羽が出て来て、その後を追いながら遊んでいる。夫婦(めおと)の鳥は睦じそうに雪の上を並んで歩いている。彼等もまた夕べの静けさを楽しんでいるのであろう。その羽毛はまだ半ば白く、牡のトサカの紅いのが目立つ。

やがて寂寥とした夕が来た。日輪が西の方日本海の上に曳かれた横雲の幕にかくれると、夕闇の帳(とばり)が拡がり、立山も、剣も、大日山塊も、蒼茫とした夜の中に沈んで行った。夕星が一つ、立山の真上で光り始めた。

室堂へ帰ると、僅かなコークスと炭火で暖をとり、夕食をおわると寝(しん)についた。

思い出

恵まれた山旅　初夏の立山
弥陀ヶ原が雪に閉されて
その中から　芽を吹き出していた

白樺や椈の林に
コマドリやカッコウが囀っていた
その新鮮な初夏の頃

駘蕩(たいとう)とした風は高原を渡って
陽にきらめく遠近の山々は
一様に桔梗色に霞んでいた
その初夏の烟景の中を
私は、夕陽を浴びながら室堂を出た
そして　地獄谷へとそぞろ歩いた

陽は今　日本海に沈まんとして
落照に映えた　夕雲の流れは
紫に霞む毛勝岳の裾をめぐって
金色に光っていた
その初夏の夕べを

私は　歩きながら考えた
静かに寂しい　高原の夕を
拡がって行く　物のけはいは
私の心の中になつかしい思い出を
はぐくみ始めた
私は自分の胸を抱きしめながら
来し方のことを追想した
そして眼を開いては
四辺の静寂に吸い込まれた

地獄谷の叫びも　浄土川の音も
遠くかすかに聞えてくる
私はふと自分の足もとを見た
そこには　道しるべに
いくつもの積石がしてあった
賽の磧ではないが

しかしそのような処だった
私は　何心なく石の上に
さらに石を積み重ねて見た
これは　亡友T君のために
これは亡き母上のために
それから　これは
近く見送った子供のために
一つ一つ　私は
石を積みながらしんみりとした

親しみと悲しみで　胸一杯になり
涙がとめどなく流れて来た
それを拭おうともせずに
さまよっていた
夕陽は何時の間にか雪海に沈んで
その名残が　立山の頂を

去ろうとしては　たゆたっていた
空と溶け合うような　藤紫の山の色
またたく夕星の光のような
気高い色や光につつまれて
逝かれた人たちは
今は何をしていることだろう
私は足をとどめてそんなことを考えた
そして　また歩きながらそれを反芻(はんすう)した

立山から雪の内蔵助平へ

六月九日午前七時、日本晴れの大空の下に朝陽に輝いている雄山の頂を指して上って行った。

室堂からアイゼンを穿き、浄土山の裾を廻って、称名川の源の雪上を踏んで一ノ越に上った。

どこを見ても雪の多いのは驚くばかりで、御山谷(おやまだん)のカールにも、サル又のカールにも、美しい雪が朝陽を浴びてサンサンとしている。

　雄山神社に詣で、その石だたみの上に腰を下ろして展望に耽った。この日は霞が深く、山々はその中に煙っていた。

　大汝と富士ノ折立との間を東方に乗り出している大雪庇（せっぴ）は、一丁近くもつづいて頗る（すこぶる）壮観である。富士ノ折立岩の西側をからみ、急なザクの稜坂を下ると、真砂岳との鞍部に出た。東の足もとには内蔵助（くらのすけ）谷源流のカールが、美しくも整った椀状の雪を思うさま拡げている。こんなすばらしい形のカールは他ではあまり見ないものだ。

　これからその大きな銀のお椀を下って内蔵助平に出ようというのだ。まず、カールの富士ノ折立側を廻って斜めに降る。雪面が軟かく傾斜が急なため、万一の用心にザイルを出して、皆それを握ると徐（おもむ）ろに下って行った。

　足を下ろす度に銀砂のような雪が足下から崩れ落ちる。ナダレはナダレを呼んで、銀煙は身辺を包み、カールの底に向ってむらがり落ちる。紫色の大カールの底へ、それは頗る壮観だがまた気味の悪さも感ずる。

　滝をさけるために、私たちはカールの横上を廻り込んで、富士ノ折立から内蔵助谷へ下りている岩尾根の一角にとりつき、さらに急雪を蹴って内蔵助谷へ下りた。黒部別山と丸山とが足下に開け、内蔵助平がその間に美しく延びている。残雪が多いため内蔵助谷は幅の広いよい谷となっている。私たちは間もなく内蔵助平に出た。

平に来て見ると雪丘の起伏が案外多く、それが皆南北に延びて、幾つもの畝を造っている。どうも露営地には具合が悪い。漸く本流と右俣（ハシゴダン乗越の方からくるもの）との出合の上手に岩穴を見つけ、そこへ丸木を組んで差し出し、桟敷のようなベッドを急造してその上に天幕を斜めに被い、貧弱な泊り場を造った。

この泊り場の作業に一時間半を費した。泊り場のすぐ前は雪の崖で、小さな流れがその下を走っている。水を汲みに行くのに、辷らない用心に雪に段を刻んだ。顔を洗いに下りるのにも、用をたしに行くのにも、ピッケル持参で行く。私たちはこの乱暴な泊り場に都合四晩を過した。

日が落ちてしまうと寒さが急に身にしみてくる。山の人の努力で焚木は山のように積まれた。

焚火の周りに集まって夕餉をとっていると、赤沢岳の上に夕星が長い光を曳いて夜のは下ろされた。皆身体の疲労に、話もいつかとぎれて寝についた。午後八時。

ゴゼンダンの丸山

六月十日。快晴の天気が実によくつづく。

もう早起きのミソサザイは、泊り場をめぐる白樺や白檜の梢を飛び廻っては、腹一杯の声を張り上げて囀(さえず)っている。黒いやや茶がかった雀より小兵な身体をして、尾を振り振り囀っているこの小鳥は、この平には随分沢山いる。姿に似ずその顫音(せんおん)は実に美しい。泊り場のすぐ下の所が雪のトンネルになっている。その下へ代る代る水を呑みに集まってくる。奔流の飛沫を思うさま浴びると、また梢に戻ってはもんどり打ちながら叫んでいる。

ピヨ、ピヨ、ピヨ、プル、プル、プル——幾百羽となく飛びながら鳴いているその声を聴いているうちに夜は漸く明け離れ、明星の光が淡く、四辺の山々が美しい雪の姿を現わしてくる。

曙光を浴びて桜色に光っている立山主峰の額に、一抹の薄雲がたなびいている。

ステップを切ってある雪の上を、ピッケルを持って流れに顔を洗いに下りる。明方の寒さに冷えている手先を、雪から解けたばかりの流れへ入れると感覚がなくなるようだ。ろくに漱(くちすす)ぐこともできずに、好い加減に顔を撫でて雪坂を上ってくると、コマドリの銀鈴を振うような声がひと筋、高原を流れてくる。

午前六時三十分、今日も出がけからアイゼンをはいて行く。野営地の前の谷を雪の上で横ぎり、白樺や白檜の疎林の間を縫って、雪丘の起伏を内蔵助谷の本流へ出た。

雪の厚そうな処を選んで本流を横ぎり、丸山西側の山沿いを平に出た。夏には毛氈を敷きつめたような一面の草地も、今は全く雪の平となって土の色も出ていない。

私はこの平に来て、雪面の凸凹の甚だしいのに驚いた。これは冬期に四周の山々からなだれてくる風雪のためだと思うが、スキーの好適地だと予想していた私の考えは間違っていた。


丸山中央の隆起と、北の峰（内蔵助谷へ出ている峰）との鞍部から、平の南隅に延びている最も長くなだらかな小尾根にとりつき、その雪稜を上る。顧みると内蔵助の池が、狭い函のような雪の割れ目から青く光っている。

尾根の丸い瘤を六つばかり上ると、追々傾斜が急になり雪の上が登り難くなったので、尾根筋の林の下の小藪に入り、それを縫って三分の二くらい上り、やや緩い雪の丘の上に休んだ。

さっきから剣の頭がだんだん延びてきたが、ここでは八ツ峰の第一峰から三ノ窓の頭付近まで見えてきた。谷窪に雪が深いため、菱壁が際立って立派に見える。

ハシゴダン乗越の上から、綿帽子をかぶったような仙人山が現われ、なお少し上ると、剣岳の頭の左に別山の氷雪が輝き始めた。その右に最も近くつづいている黒部別山は、恐ろしく大きな山となった。

最後の急な雪坂の上りにかかる。一人先きに匍い上って、ザイルを白樺の大木の根本近くに結びつけてその一端を垂らした。

岩永君、私、最後に米谷が上る。ちょうど百呎〈約三十メートル〉のものが一杯であった。上りきると緩やかになり、白檜の森の間をぬけると雪の鞍部に出た。

瘦尾根であるが、南側には雪がつづいているのでその上を通る。しかし幅は僅かに三、四米で、その一部が雪庇となっているから、できるだけ林の縁について行くこととする。

午前七時五十分、暫く休んで写真をとる。

もう立山主峰も近く雪の懐をひろげ、剣岳の全容も別山の右稜を圧して傲然と構えている。

内蔵助谷の落口へ向って突き出ている北の峰が円錐形に尖って、深い雪に埋められたその頂と、頸をめぐって茂っている森林との調和が実に美しい。

この峰も頂点直下で、黒部本谷、内蔵助谷に向かっては豪壮な嶂壁を築いている。下ノ廊下左岸の入口を扼している雄大なものである。

東方には後立山の連峰が、黒部谷を脚下にしてずらりと並んでいる。逆光線にやや灰色をしたその山々の色は深い。しかし残雪は何といっても立山側に饒かである。

雪尾根は中央の峰に向って上りとなる。私たちは北の峰をあと廻しにして、先ず御前(ごぜん)谷(だん)落口に延びている南峰を探ることにした。主に雪庇となっている尾根筋を約三十分上って、二つの隆起を連ねている丸山中央の峰に上りついた。午前八時三十分。

丸山はこの峰を中心にして三方に山のツルが岐れている。㈠立山主峰に向ってかなり下り、さらに急な上りとなって二二八〇米の三角形の峰となるもの、㈡御前谷落口の左岸に向って堤のように突き出ている一九八一米の峰、㈢内蔵助谷の右岸に聳立する二〇一〇米の峰などである。

頂の広い中央の峰の雪の上に白檜の葉のついた枝を折って敷き、その上に腰を下ろして、のんびりと四周の山や谷を見廻した。

西の方を一杯に、額をけずるように近く大きく、立山東面の大屏風が立て廻されている。氷雪にとぎすまされたその懐の複雑な美しさ、菱壁のすばらしさ。私はこれに対して無言のまま恍惚とした。

岩の塊り、雪の塊りが、どうしてこんなに美しいのか、荘厳なのか私にはわからないが、私の心を誘う魅力をもっていることはたしかだ。

今まで何処から見たよりも、近く、立派な立山東面の荘観に私たちは満足したのだ。

サル又の大雪窪、雄大なその左俣のカールは雪が三段に落ちて、その上で皆椀状の大

ハシゴダン乗越から見た剣岳。左が頂上、右が八ツ峰の第一峰
(撮影年月不詳)

きな雪の窪ができている。その広さは立山主峰東面下のほぼ半ばを占めている。右俣の方は高く大汝峰と富士ノ折立岩との下に懸って、同じような雪の窪が二段に椀状をしている。

カールは氷雪によってすくいとられた椀状の窪であるが、サル又というのは信州の猟師がつけた名で、カールの底の堆石の丘がここでは二つ行儀よく竪に並んで、遠くから見るとカモシカの蹄（ひずめ）のように見える。それがまた猿股の形に似ているためにつけられたものらしい。

さらに上方を仰ぐと、大汝峰と富士ノ折立岩とを結ぶ主稜に、長大な雪庇が数丁の間を横ざまにのしかかっている。この大雪庇の陰影の色が美しい。

雄山頂上の祠は大汝の左後ろにやや遠く、富士ノ折立から真砂につづく頂稜は全く深雪に被われ、その下に懸っている内蔵助のカールが、蒼空に向って美しい銀のお椀を捧げている。

真砂岳から黒部別山につづく長大な尾根の斜稜を越して、剣岳が肩を怒らしている。峨々としたその山骨、稜々としたその空線は、見るから痛快である。剣岳も今はさすがに雪が深い。

いよいよ中央の峰の下りにかかる。南方に向っている尾根筋は、暫くは急な降りとなるが、下りつくして少し上ると、それからは尾根は急に緩くなり、堤のような幅の広い丘つづきとなる。

のんびりとした山歩きだ。高低の少ない、幅の広い雪の脊尾根をぶらついて行くと、日射しが強いので汗がにじみ出る。風の殆どないのどかな真昼、濃藍色に澄み渡った大空の下に、この山を中心とした黒部源頭の山々は、輝きに満ちた氷雪の美粧を凝らして十重二十重に私を囲んでいる。黒部本流の煌めきが幽林の底を銀線を束ねて走っている。午前九時半、南峰一九八一米の頂にたどりついた。

この峰は尾根と殆ど平らな、大きな堤の突端のような処で、頂は広く、展望は予想の通りよかった。

四面に高山を控え、しかも黒部谷へ延びている丸山は、標高が低いだけ、周囲の自然は壮観を加え、立山、後立山の峰々の仰角は大きく、黒部の流域を縦観して、その奥山を見通す好適の位置にある。

六月だというのに山上の残雪は五米余の深さがある。密叢や矮樹は悉くその下に埋められ、そのため展望が自由なばかりでなく、足障りになるほどの藪がないから、公園の築山でも歩くような気安さでのんびりと行くことができる。

春の立山は、この山を歩くことだけでもすばらしいことだと思う。

正午南の峰を後に、約三十五分で中央の峰に帰った。

途中でカモシカの糞場を見る。雪を穿(うが)って二尺に二尺五寸位の正しい長方形の穴をつくり、その底に棗(なつめ)形の一寸位の茶色の糞が、行儀よく向きを揃えて百数十個も並べてある。それを見て丹念なのに驚いた。糞場もこうなるとむしろ芸術的だと云って笑った。

別山にも剣岳にも大分霧が濃くなった。

中央の峰を午後一時に発ち、細長い脆弱そうな雪庇の上を、藪と雪との間を灌木について約三十分上ると急な雪崖となり、それを上りきると丸山の北の峰二〇一〇米の頂に達した。黒部本流と内蔵助谷との間に突き出ている、円頂ですばらしい立壁の山だ。白雪に埋められているこの峰の頂は、内蔵助谷落口に向って平坦に十五米もつづいている。のんびりとしたこの山の頂でまた一時間余りも展望に耽った。

オオタテガビンの岩の瘤がすぐ鼻先に落々としてそのキレットの様子がよく見える。しかしあまり廊下に近いため、周囲の山々や黒部の谷筋の景色は南峰よりも劣っている。黒部別山の上をかすめて来た霧が、私たちのいる山巓(さんてん)へも廻って来た。午後三時頂上を下り、往路を約二十分で中央の峰との鞍部についた。

山稜から急崖を下り、小藪、雪尾根を縫って、二カ所ほどザイルを用い、午後四時、内蔵助平の一隅に下りた。
雪の平を横ぎって池の畔に来て見ると、深雪のワレ目から五十米位の間、水を見せている。池の周りの雪は鋸で切ったような断面をもって岸辺を囲んでいる。水の中には藺（い）の類が朽ちて藻のように沈み、清水のような澄んだ底には、花崗岩の細かい粒が一杯に敷かれ、周囲から雪の塊が崩れ落ちる度に美しい波紋を池一面に拡げている。小波（さざなみ）の中には黒部別山の一部、森や雲の影などが透明印画のように写し出される。宝玉のような春の池の美しさだ。

泊り場へ帰ったのは午後五時四十分。

夕陽は程なく立山の後ろにかくれたが、午後七時になっても、赤沢岳と鳴沢岳とのツリ尾根の上には、残照が遅々として漂っていた。雪の多いため内蔵助平は非常に明るく、立山の上を揺曳（ようえい）していた茜色の夕雲の流れを眺め、その懐に秘められている氷雪の色に見入っていると、何ともいえない落ちついた大きな気持になる。

黒部別山へ

六月十一日、美晴、今朝も小鳥の声に誘われて夢うつつの境をさまよっているうち、午前三時半になると自然に眼が冴えてきた。初夏の夜は明け易く、白樺や白檜の梢が明るくなると、ミソサザイはもう泊り場の囲りに集まって囀っている。

　木の芽ほぐれよ、雪解けよ、とでも云っているのだろう。この春の使の美しい顫音の綾を貫いて、澄みきったコマドリの声が平を縦に流れると、私はじっとしていられずに、天幕から匍い出して、暁の空気を腹一杯吸い込んだ。

　午前五時三十分、朝食をとる。朝陽がオオタテガビンの岩がしらを離れると、立山の東面はサンサンと輝き始めた。

　今日こそ雲の微影も見ない。今日は待望の黒部別山行だ、剣沢へも是非下りて見たい。

　午前七時二十五分、不用の物を泊り場に残して、露営地からアイゼンをはいて出かける。

　黒部別山の裾の斜面に沿って朗らかな高原の中を、雪の丘を昇降して行くと、漸く綻(ほころ)びそめた白樺の若葉は、至る処で生々(せいせい)の気を吐いている。

　顧みると浅碧に澄んだ大空を背にして、岩小屋沢岳、赤沢岳、スバリ岳、針ノ木岳が、空際鮮かに山骨をつらね氷雪を刻んでいる。

　午前七時五十分、ハシゴダン乗越の下で休む。そこから一番近い闊(ひろ)い雪の溝を選んで上って行くと、雪渓が崖となりひと足辷らせると平まで落ちそうな処へ来た。

　午前八時四十分、ハシゴダン乗越二〇〇五米より一つ東上の隆起にとりついた。

すぐ鼻先に、剣岳の磊々（らいらい）とした巨体が飛びだしている。一番近く右肩を突張り、雪の肌を破って、すばらしい山骨を露わしているのが八ツ峰の第一峰だ。腰から天辺まで遮るものなく直聳しているその姿は実に壮麗で、この方面から剣岳を最も立派に見せているのはこの峰である。

私たちの来た方を見ると、内蔵助平は遥か彼方に低く延びて、丸山の懐に抱かれた雪の平には黒木が列をつくって点綴（てんてい）している。

立山主峰はやや遠くなり、別山の三稜形の姿が、岩稜と雪の縞を光らして近く迫ってきた。

森の中からダケガラスの淋しい声がする。午前九時、薮をくぐって森の下をぬけ、残雪の上へ出てはまた薮を上る。

落葉松、白樺、岳樺（だけかんば）、栂、五葉、唐檜などの喬木が鬱々として、尾根筋はすばらしく立派になった。

頂上につづく隆起に上りついた。黒部谷の方を見ると、すぐ足もとの深い深い山壁の間から下ノ廊下の激流が見える。

午前十時五十分、雪坂を上りきって、最高点二三四〇米の頂につき、西下の森の縁にあるなだらかな、雪のハゲて草の出ている平地を見つけて、そこを今夜の泊り場とする。

僅か一坪程の平を利用して、太い枝を組んで床を張り出し、その上に丸木を差し出し、天幕をかぶせ、前から斜めに支柱の丸太を渡してしっかりと結びつけて、急造の小屋を造った。これは雪が相手でないから、内蔵助平の泊り場より頑丈に出来た。

泊り場の前の大きな雪の丘に上ると黒部谷がよく見える。赤沢岳と鳴沢岳のツリ尾根の上から蓮華岳の頭が初めて見えた。この山は頂が広く緩やかなため、脊筋(せすじ)は残雪で真白である。

この日は夕刻から烈風となり、気温が高く、焚火の煙が小屋へ吹きつけるので、白檜の枝を下ろして、泊り場の前にザイルを三筋ほど渡して枝をぶらさげ、二間位の防風兼防煙の垣を造った。

六月十二日。今日は空模様が大分よくなったが、雲の出方は非常に多くなった。午前五時半に朝食を終り、泊り場の東の丘に出て見ると、叢雲(むらくも)が大槍の穂先をかくし、黒部五郎岳も雲の中に沈み、水晶岳の頭から薬師岳の上へ横雲の幕が押し寄せて行く。午前六時三十五分出発、ザイル百呎(フィート)、ライン百呎を携えて北の峰へ向って行く。午前七時北の峰の三角点付近に上り、それから大きな雪の段を三つほど降ると、その下は痩尾根となって雪の間に藪が出ている。

脚下を見ると、崩壊した尾根は形をなさないほどひどく蝕まれている。残雪の状態を見ながら、よさそうな所を選んで徐々に降って行くと、山勢はいよいよ険悪となって、どれがナギだか尾根だか判らなくなった。

この山も黒部別山谷を境として、北の峰から北寄は岩質が脆弱で山側は剥落して、大ヘツリ付近より上流の堅牢さがなくなり、岩壁も上流の赭黒色の雄深さから灰白色の弱い色となっている。

ことに黒部別山谷の上部は今活動の最中で、年々崩壊が甚だしくなっている。近い将来、黒部別山の東面を彫蝕する天斧は、恐らくこのワレ谷から施されるのであろう。

白樺の大木の傍からザイルで二間程下ると、壁と雪との間に出る。それから傾斜五十度位の雪崖をザイルによって七、八間ずり下りて小藪の中を行く。こんな荒涼とした処にも峰桜が咲いている。白樺や落葉松の新緑も美しい。

やがて雪の上をくねって下り、白樺の大木からザイルを垂らし、長大な岩の右下を、急雪の上を横ぎってその岩の懐の小さな窪地で休み、一行が揃うとまた雪崖をずり下りて行く。それから稜上の二尺幅の処へ断続した雪の上をたどる。傾斜は緩くなったが足場は決してよくならない。

午前七時四十分、剣沢の一支流の頭と、黒部別山谷上部を分ける鞍部に出た。これは鞍部と云うよりもキレットと云う方が適当なくらい、西側が狭く鋭くそがれている処だ。またひとしきり藪がひどくなるが、やがて雪の背を攀じ、下ノタル沢に向ってつき出ている尾根へ上ると、深い雪路となって歩きよくなった。

途中で雪尾根の幅一尺に足りない馬の背のような処を通る。キレットから一時間でこの尾根の最高点に着いて、黒部別山や下ノ廊下の縦観の景を撮る。

黒部別山の頂から見られなかった下ノ廊下の流路が、この山の背から見ると、近く鮮かに、しかも私たちの足もとに向って真一文字に走ってくる。

鳴沢落口から黒部別山谷落口に至る谷底は、ほぼ六カ所ほど残雪に埋められて雪橋となり、流れはその間を奔川となり飛流となって現われてはかくれ、ある所では夥しい水煙を揚げ、ある所では真青に淀んで、すばらしい活躍を見せている。

対岸の後立山の山側をかぎる壁集い（かべづとい）は、新越沢落口の下手からことに雄峻となり、岩小屋沢岳西尾根の突端の赤ムケの壁を中心として屛風折れに下ノタル沢落口につづいている。川身を通ったとき仰いだ方形の大きな山壁は、高所から俯瞰すると、どれも皆壮麗な菱壁の連続と錯綜であった。

立山側の黒部別山側面の岩壁は手の届くように近い。廊下の屛風菱の連壁が、鉄の楯を重ねたようになって鋭く山頂に向って競い上っている様、その色の或る処は漆黒に、或る処では暗褐色の深い光沢を含んで、その壁脚は板のように廊下の水心に削り落されている。

黒部別山谷を中心とした壁も随分立派で、ここには岩の窪や壁の襞に沿って、落葉松の大木が集団している。その新翠の美しさが周囲の傲岸な山勢と比べて如何にもなよやかな趣を見せている。

午前九時、剣沢落口に向って進路をとり、約百米下って見る、これは降るに随っていよいよ急となり、尾根というよりも雪崖の連続となった。ザイルを摑み雪の段を三つほど下ると、それから下方は断落して見えないくらい急になっている。私たちは雪尾根の突端までにじり出て、そこで前進を止めた。午前九時二十分。

（ここは翌年の夏十字峡から上って見たが、やはり非常に急な所で、灌木や岩角に縋って僅かに攀じ上ることができた。）

脚下四十五度の俯角に、渓水の煌きが見える。白樺、ナナカマド、栩、落葉松などの新翠を縫って。

よく見ると、それは流れではなく滝の連続である。

「棒小屋沢！　棒小屋沢だ」と岩永君が叫んでいる。

なるほど棒小屋沢落口の滝である。すばらしい水量だなと、私も感嘆してそれに見入った。

「君、滝壺の釜が見えるではないか」

「凄いなあー　あの水の色は」

夏には滝壺の縁のところが青く淀んでいたのだが、今は水量が多いため、釜全体が白色光（びゃくしきこう）を放って沸きたぎっている。

高い処から青葉若葉を縫って銀線を垂れている滝は実に美しいものだ。

今十字峡の真上に立っているのだが、尾根があまりに急なため、黒部の流れも、剣沢の水も見えない。

私たちは荒寥とした後立山側の渓側を見て驚いた。それはどこを見ても地肌が赭く剝がれて、如何にも傷ましく見える。冬から早春にかけての大きな底雪崩が、この急な渓側の山肌を剝ぎ落すのだ。

しかしその荒寥とした地肌を、埋めるようにして闊葉樹の新緑は、激闘にめげない若武者のように、溌剌とした生々の気を漲（みなぎ）らしているのだ。

谷の活動は止む時はない。こういう荒れ谷の冬期から早春にかけての自然の動きは活渋であって、浸蝕の多くはその季節に行なわれるのである。

しかし如何に荒寥とした趣はあっても、自然の神技(てだれ)は驚くほどの調和と美観をもっている。渓側のナダレの痕を見ても、その赭い地肌を蔽うて光る若葉を見ても、形容することのできない大きな総合美のあることを感じた。


午前九時三十五分、もと来た雪丘を上り、支尾根の最高点から馬の脊(せ)渡りの雪尾根を過ぎ、藪、岩、雪を縫ってキレットに達した。

黒部別山谷を見下ろすと、案外緩やかな傾斜面に雪は埋められているが、両側面からのノマ〔全層雪崩〕の痕が渦のようになって見える。

午前十一時四十分北の峰に戻り、野営地に帰ったのは正午。皆寛ろいで焚火を囲み茶を入れ中食をとり、山の話に興じていると、すぐ下の森の中からオオルリの美しい声が聞えてきた。

平穏の天気は風全く死し、後立山の方は大分霞んで、棒小屋乗越付近から一団の軽雲が騰(あが)ってきた。

黒部別山南峰へ

泊り場に三人の山の人を残して小屋場の跡始末をさせ、長次郎と午後二時、南の峰に向った。

大体雪稜を昇降して二、三の藪くぐりをして、南峰二三〇〇・三米の頂についた。途中雪庇の上から、黒部別山谷落口より下ノタル沢落口に至る絶嶮境・白竜渓を見た。

今朝下った雪尾根の側面は、この峰から見ると削り取ったような灰白色の壁で、その壁面に立皺が美しく刻み込まれ、頂稜は波状の長堤を築いて下ノタル沢の凹角に突込んでいる。この壁尾根と、対岸の岩小屋沢岳の西尾根とが膝を交えた処が下ノ廊下の核心部である。

見ているうちに、根なし雲が一団二団と、クラゲのような形をして谷下から動いて来た。祖母谷の上にも、東谷や棒小屋沢の上にも拡がって、無数の痣(あざ)を描きながら長閑(のどか)に動いて行く。

私は曽遊の山河を眺めるなつかしさに、約一時間もこの峰頭に立って眺望に耽った。

午後三時四十分、南の峰の頂を下り、隆起を二つほど戻ると頂稜に分れ、左に雪溝について内蔵助平めがけて降って行った。

これは最短距離であっただけなかなか悪かった、夏には藪で下れない処だと思う。午後五時内蔵助平の一隅に下って、白樺や白檜の林の間を漫歩しながら野営地に帰った。

僅か二日ばかり留守にしていた間に付近の雪は大分解けて、谷の幅は見違えるように闊くなり、白樺の新緑は芽から若葉へ、溶けるような緑の世界が、この平を麗(うらら)かなものとした。

泊り場の中に端坐して小鳥の囀を聴き、赤沢岳の尾根上を匍っている茜色に光る夕雲の流れを見ながらうっとりとした。

乱雲がひとしきり赤沢岳の頂上をかくすと、第二峰の壮大な菱壁だけがくっきりと浮び出て来る。第三峰の猫ノ耳の間を匍いながら、煙のように流れている夕雲の揺曳が、面白い曲線を描いては黒部谷へ下って行く。後からも後からも、同じような雲の曲線が、見えない手で静かにたぐられて行くようだ。

その魔術の種がつきた頃、夕星の深い瞳が水のように澄んだ空の奥から瞬き始めた。

立山の主峰を仰ぐと、その東面は深い夕闇の影を宿し、懐を埋めている氷雪の色は見るから肌寒く、頂をからんでいる夕雲の名残が、樺色の彩光を長く曳いて剣岳の頂に向って流れてゆく。

夕栄えの空模様はすばらしく、明日もまた美晴に恵まれると云われ、私たちは安心して焚火を前にして寝についた。午後八時三十分。

新緑の黒部川―御前谷

六月十三日、午前三時半、拭ったような暁の空を明星が一つ皎々(こうこう)と輝いている。その光の動きを見ていると、今にも此方へ向って飛んで来そうだ。

焚火が一晩中よく燃えていたので、昨夜も安眠することができた。一行は皆元気で少しの疲れも覚えていない。

ミソサザイ、ヒガラ、ウグイス、コマドリなどの声が、小屋場を中心として縦横に流れている。すがすがしい小流の音、澄んだ暁の空気は、今日の日和のよさを告げているようだ。

五時半に朝食を終り、天幕の間から立山を見ると、これはまた初冬の山のような冷たさで、大汝から富士ノ折立につづく長大な雪庇が、山の額に一文字の紫色の影を宿している。

黒部川へ内蔵助谷を降る

丸山北峰の裾が大きな雪の棚になって内蔵助谷へなだらかに延びている。一行はその雪の上を横に廻り、丸山の壁の下あたりを、密叢をくぐって残雪の上に出た。矮い林は皆数米もの雪に埋まって、緩い傾斜の雪の丘の上には椈の大木が樹枝を張って壮麗な林となっている。節くれ立ったその幹からも枝からも、ほぐれたばかりの若葉の波は、青空に向って絵日傘をひろげたようだ。

七時五十分、谷筋へ下る。雪渓のワレ目から一カ所、奔流がシブキを上げて躍り出ている。夏には五、六米の滝をかけている処である。

傲岸なオオタテガビンの裾を埋めている夥しい落葉松の若葉の軟かさがひと際目立っている。緩い雪渓を下って行くと、岳樺の巨木が刃物で裂いたようになって仆れている。この付近の雪崩の凄まじさが思われる。

赤沢の叢峰を谷向うに望みながらのんびりと下って行くと、黒部本流もま近くなり、すぐ鼻先に廊下の入口の赤沢の赭壁が見えてきた。

夥しい白樺の新緑林が薄萌黄色に燃えて、四辺の山の雪までまばゆいようだ。黒部谷近くなるに随って、雪渓にはクレバスや洞穴が現われてきた。

山の人たちは、雪の上に今しがた通ったばかりの熊の足痕を見つけて大騒ぎをしている。荷を置くと二手に分れてその足痕の向いている方へ静かにつけて行ったが、密叢の中では判ろうはずがなく、暫くすると皆引返して来た。

雪渓がつきる処で、その底から渓水が恐ろしい勢で吹き出している。午前八時に合流点近くの本流の見える処まで下りた。

右手を見ると丸山の側壁は櫓のように高い。その壁の懐をえぐって深く割れ込んでいる縦の穴が、幾つも、黒部谷に向って口を開いている。鷹や鷲の巣には恰好な処だ。

左手にはオオタテガビンの山壁が虚空に延び上って、その裾を埋めて目の覚めるような若葉が緑を流している。この両山壁に包まれた内蔵助谷は実に闊々(ひろびろ)としたU字状をなして、上流は思いきり大きな窓が蒼空を包んでいる。

黒部川の落口に立ち本流を見て、私はその水嵩の大きいのに驚いた。やや灰色をして渦巻き逆落ちて行く激流のため、夏見えていた川中の巨岩の集団は隠され、岸辺を打って荒れ狂って行く奔流は壮烈を極め、全流白く泡立った奔潭(ほんたん)の上に、栂、ナナカマド、白樺、榛などの滴るような新緑が青い光を映している。

落口から直角に折れ曲って行く廊下の飛川は、春の谷渉(たにわた)りにはあまりに荒くれて手の下しようがない。しかしその荒蕩とした流れの上を、優しく鮮かな浅翠を抹彩し、楽しそうな小鳥の奏楽を懐にして、突加として現われて来た雄大な廊下の壁の曲折を見ると、私の身も心も黒部別山下の絶勝へ吸い込まれようとする。

落石や崩雪の危険を考えて、私たちは廊下へ下ることを諦めて、上流の方へ、清川、翠緑を追って溯ることにした。

内蔵助平の右岸から本流の左岸につづいている壁の横を、刻みつけられてある岨道(そばみち)について廻って行った。ここは高さも七、八米、低い所は流水とすれすれに行くので、激流をすぐ下に見て行ける。

岩壁をひと廻りすると、生憎岨道は崖のように寄りかかっている大残雪で隠されている。長次郎はその雪の尖頂から壁の横をヘツって器用に廻って行ったが、私たちの方を振り向くと、横に手を振って上を廻れという。よく見ると板のように壁に寄り添っている雪と、壁の面とはかなり大きく開いているのに、残雪の脚を激流が洗っているため、不安定の雪はいつ崩れて流れ出すかしれない。大勢で通るのは危険である。

私たちは大きな壁の横を、崩崖のワレ目について三十米もザイルで匍い上った。するとすると山の人が後ろの方で突然大きな声をあげた。驚いてその方を見ると、丸山の中腹から転落してきた一尺四方位の岩石が、雪と土とを伴って崖を飛び下りてきた。幸と一行の六尺ほど後ろを水煙を上げて黒部の流れに落ち込んだが、考えただけでもゾーッとする。間が悪くそれに当ればとてもこの世の者ではない。怖ろしいのは解雪期の谷渉りだ。

川近く下ってまたひと廻りを上下すると、梯子のかけてある岩場へ出た。それを渡って壁の凹みについて行くと、暫くの間は岨道がはっきりしていたが、丸山の側壁から赤沢の壁の脚へ押し出している急に傾いた大残雪の上に出ると、ザイルに連なりピッケルを打ち込みながらも足はなかなか捗らない。

あぶないから早くせんにゃあ！　と長次郎が叫んだが、生憎と足はそう器用に運べなかった。

この大残雪は黒部本流をまたいで大きな雪橋となり、そのトンネルの底をすさまじい響を立てて激流が乱舞している。なお小さな残雪の横を二カ所ほどヘツりぬけると、その先きは残雪が少く谷筋がよくなってきた。

午前九時三十分、顧みると驚くほどの落差を示した本流のつきあたりに、内蔵助谷落口の水が飛竜のように巨岩を蹴って躍り込んでいる。

数丁の間、激流を圧して直聳していた赤沢の赭壁がつきるあたりから、赤沢岳の岩峰がぞくぞくと姿を現わして来た。黒部谷に最も近い釣鐘のような岩峰が、流れからすばらしい毛脛を立てている。

赤沢は大体、主峰からくるもの、第二峰と主峰との間にかかっているもの、第二峰と第三峰の間から薙ぎ込んでいるものが集って黒部本流に入っている。落口付近は案外穏かで、デルタの上には白樺や榛の若葉が美しく茂っている。夏には水が極度に涸れるため、落口は押し出し位にしか見えないから、殆ど気づかずに過ぎてしまう。しかし今は新緑期で上流に雪が多く、頗る壮大で、尾根や谷の出入りが鮮かに見られ、その岩壁の豪快味も遺憾なく見られる。

やがて丸山中央部の大崩れにかかる。丸山の南峰と北峰との間の、黒部川に向かっている懐にあたる処で、そこは岩壁と崩岩との嶮しい露出となっている。

仰ぐと三百米ほど上方に当って二つの岩峰が特立して、そのワレ目から懸水がひと筋光っている。その下は崖谷となって、黒部の落口では、水は崩岩の底を潜って隠れている。私たちの丸山谷（まるやまだん）と名づけたものである。

午前九時四十五分、丸山谷の落口を通ると間もなく岩場を全く抜け、闊々とした川原に下った。眺望のよい、泊り場にもよい処である、

黒部別山南峰の頂は下流に当って高く、オオタテガビンの岩の瘤が、隆々とした稜壁を黒部谷に傾け、左下を丸山の山壁は丸いやや鋭い肩を櫓のようにつき出している。

この谷筋も対岸に赤沢を見るあたりから、山勢は頗る緩慢となり、流路は広々とうち拡げられ、積翠は山から渓に亙って横溢している。これから平（だいら）を過ぎ、さらに上流の東沢落口付近まで約十五キロが、黒部川中流の中ノ瀬と云われている処である。

夥しい椈、水楢の若葉は樺色に輝き、その間を白樺、ナナカマド、楊、榛の新緑は溶

けそうな萌黄色の霞となっている。これらの華々しくも優しい新翠の底を逝く黒部の流れは、もはや下流のような岩壁の曲折を、その深い峡間を貫いて行く奔川ではなく、美しい花崗岩の川瀬を繞って潺湲として落走する親しみ深い清川である。

立山側の山裾を林間につけられた歩道も、大体緩やかな渓側を行くために、今までのように心づかいもしないで、のんびりと行くことができる。

午前十時三十分、御前谷の落口につくと、そこには冬以来谷の上からナダレて来た雪の溜りで、高さ三丈、長さ半丁余もある雪の土手となって押し出している。御前谷の水はこの雪の堤の底から黒部本流へ入っている。

御前谷の落口付近の新緑も美しく、日に輝いている川瀬はすばらしく明るい。落口の白樺の林の中に腰を下ろして、私たちは前程の相談をした。内蔵助谷落口付近が悪かったので、御前谷を上ろうと長次郎が云う。それは最初からの私たちの予定だったので一議もなく賛成はしたが、かんじんな食料は、米も味噌も残り少なくなっているので、先ずその補給を平ノ小屋でしなければならない

山の人二人を平まで食料をとりにやった後で、一人は釣竿を持って岸辺伝いを上流に向い、長次郎は新緑の木蔭で中食をひろげる。私は岩永君と二人で、岨道を御山谷の落口へ上って行った。午前十一時十五分。

御前谷落口から御山谷落口の間でさえ、二、三ヶ所の崖崩れがあって、その度に小谷へ下りてまた岨道に上った。やがて岨道は岸辺に下りて、川縁（かわべり）を行く頃から道はよくなった。森の下の湿地にはミズバショウの花が満開で、カタクリの牡丹色の花が美しく、山裾にはツツジ、シャクナゲ、コブシの花が咲き乱れ、カッコウの鼓が森の奥からしきりに聞えてくる。

私たちは御山谷落口の上手の所に出て、丸木橋を渡って右岸の小屋場のある平へ出た。今年はまだ日電の人たちも入っていないので、付近は寂寞として実に静かな感じだ。

落口の黒部川の州の上に立って、私は先ず御山谷の上流を仰いだ。雪の立山主峰は夏よりも幾層の壮麗さをもって、東面の大森林の上から君臨している。鬱々とした針葉樹の下に漲っている新翠の美粧、その奥から溢れ出てくる御山谷の清流、解雪期の驚くほど大きい水嵩で躍り狂ってくる水の姿を見ていると時の経つのさえ忘れてしまう。

私はこの数日の間、立山の主峰を中心に、山や渓を探（たず）ねて、今黒部川のほとりに下り、最も美しい御山谷を通じて霊峰を天際に仰いだ、その親しみは実に深い。

黒部川も御山谷の落口まで溯ると、楊の新緑がひと際目立つ、落口の左には白樺や榛に交って峰桜の花盛りである。森からホトトギスのけたたましい声が聞えてくる。

スバリの壁、その前の黒部本流の淵、それはつい五日前、大汝の雪庇の上から見て喜んだものであるが、来て見ると、夏ならば静かに旋回している丸い淵の底をついて、雪代の大量の水は御山谷からも黒部本流からも押し合って、深碧の淵は白熱の釜と化し、全流沸き返って煙を吹き上げている。すばらしい谷の活動である。

暫くの間落口の白砂の上を歩いていたが、吹き下ろす御山谷の風が寒いので、巨岩を背にして風をよけ、日向にうずくまくって中食をとった。

午後二時近くなると長次郎が下流から上ってきた。やがて平へ行った二人も帰ってきた。米一日分、砂糖二斤〔一斤は六百グラム〕、熊の肉二百匁（もんめ）〔一匁は三・七五グラム〕を小屋にいた猟師から分けてもらったという。これでどうやら食料の欠乏が補われた。

それから御山谷の落口を後に岨道をまた下流に戻って行くと、釣り上げた岩魚（いわな）二十数尾を、楊の枝に差して竹次郎が岸辺から上ってきた。

雪解の後の岩魚は脂がのっていて美味しいと云う。今夜こそその御馳走にありつけると思うと、この旅初めての味覚の豪著を喜ばずにはいられなかった。

午後二時四十分御前谷の落口に戻り、三時に御前谷を上り始めた。凸凹の甚（はなは）だしい雪の押し出しの上を行くと、谷筋は間もなく右に曲り、雪が二段になっている。夏には滝になる処だ。それから先きはやや左に折れ、十分ほど上って行くと、左岸の壁が急に立派になり、その上の森の下を埋めてシャクナゲの白い花が咲き乱れている。

やがて渓谷を震撼してすばらしい叫音が響いてきた。左に折れて谷の行き詰りを見ると、すぐ眼の前に濛々(もうもう)とした水煙をあげ、深い雪を割って大瀑布が三段になって落ちている。

御前ノ滝(新称)だ。その最下の滝壺まで落口から約三十分を費した。夏にはこの滝を見に入るだけでも十分の収獲である。

雄大な立壁で囲まれているため、瀑布の周囲だけは雪が全くない。御前ノ滝約六十米は、最下のものが最も高く、その水の柱は深く残雪に没して下の滝壺から夥しい水煙りをあげている。

御前谷全流の雪解の水を集めた水勢はすさまじく、滝壺の釜は深雪の中を頽る壮大に抉(えぐ)れ、紫紺色の水底から白泡を立てて荒れ狂っている。

直聳(ちょくしょう)した左岸の壁には足場が得られないので右岸にうつり、その壁の襞に沿って三間ほど横に廻って藪に入り、小滝の幾筋も迸(はし)っている岩場を登って行ったが、上の方はだんだん悪くなって来たので、また左へ方向を変え同じような滝のかかっている大きな岩場を廻り込み、それから水に濡れた壁の面を、藪を絡んで大滝の上へ廻りこみ六米位の岩の段を下って、漸く最上段の瀑布の頭に出た。

一行は岩頭に集まって壮大な滝の姿を見下ろした。

滝の上はすぐ雪渓につづいて、渓側の藪の中にシラネアオイの花が、この荒涼とした幽谷に春らしい姿を見せているが、他は深雪で全く埋めつくされている。源流のサル又のカールから黒部川の落口までの積雪量は大したものだ。

滝の上から雪渓は左に折れてまた右に上っている。両岸から下りている藪尾根上いっぱいに立山主峰の姿が、峨々として蒼空から浮び出ている。

やがて右方の丸山からかなり大きな雪渓が入ってくる。一行はそこで本谷と別れてその方へ上って行った。

カモシカが一匹、雪渓の行く手を走って上の方へ逃げて行った。あれよ、あれよと云っているうちに乗越を山の向うに隠れてしまった。猶も急な上りを暫く行くと、左手の山の頸の処にまた一匹のカモシカが、岩場と小藪とを縫って悠々と歩いている。大声をあげたり、手を振って見せても少しも驚かず、時々止っては此方を見下ろしている。さっきのはあわて者だったが、これはまた、ばかにおっとりとしている。どっちも狐の毛のような赤いのを長く延ばした大きな奴だった。

雪渓を上りきると、丸山中央の隆起と二二八〇米の三角峰との最低鞍部に出た。午後五時。内蔵助平はすぐ下に見えている。平にある池の周りの雪が大分融けてかなり大きくなったようだ。

この鞍部から平へ下りている雪尾根は非常にゆるく、ザイルなしで気楽に滑走して平に下ると、雪上を横ぎって午後五時四十分、無事に泊り場に帰った。

平(だいら)で分けて貰った熊の肉と、釣りたての岩魚の御馳走で賑かな夕餉をすまし、最後の野営を楽しんで、午後八時、眠りについた。

内蔵助平から上市まで

六月十四日、午前三時に目を覚まして、天幕の隙間から覗くと、空は真暗で小雨が霧に交ってしとしとと降っている。いよいよ天気も崩れ出したらしい。

今日は下山するのと天気が悪いためとで、午前四時三十分には朝食を終り、野営地を始末して五時半、ハシゴダン乗越に向って出発した。

蕭々(しょうしょう)と降りそそぐ煙雨の中を、小鳥は相変らず楽しそうに囀っている。赤沢岳の方は雲にかくれたが、オオタテガビンも黒部別山もまだよく見える。立山主峰は狭霧の奥から模糊として、時々大きく焙(あぶ)り出される。

乗越の下でアイゼンを穿(は)き、六時三十分ハシゴダン上に出るとすぐ剣沢に向って下る。雪上には障害物が少く、縦横に歩けるのと下山するという気分のために、行程は非常に捗り、七時には剣沢の出合まで降りついた。出合の手前には大きな雪の堤が築かれている。夏には白樺の林のある処だが、樹叢は皆深雪の下に隠されている。降りついた処で、剣沢は雪渓を割って流れを少し見せているが、他は殆ど白皚々（がいがい）とした大残雪に埋めつくされて、二俣の出合にある三角形の巨岩もその尖頂を僅か二米ぐらい露わしているだけだった。

三ノ窓の雪渓を登る。谷は雪で埋められているが、山側はさすがに陽春らしく、白樺の若葉は真白なその幹と交錯して美しい。

小窓の方へ道をとり、午後八時十分、池ノ平との分岐点に着いて休む。雨はひとしきり上がって、黒部別山が雲の中から隠見している。小窓はすぐそこに見えているのだが、距離は案外長い。鞍部へ上りつくと、烈風が白萩川の谷から小雨を伴って吹き上げてくる。マントは吹き捲られ、頭巾は飛ばされそうなので、休むこともできずに、白萩川に向ってひた走りに下った。

雲の切れ目から毛勝岳の雪の姿が見えたがそれも束の間で、落石を気づかいながら絶壁の間につづく雪坂を迅速に下った。

午前十時十五分、大窓からくる雪渓との出合に着いて小憩したが、その付近でも両岸の壁を縫って新緑が美しかった。

下流を見ると、遠くバンバシマ付近の丘のような裾山が萌黄色に輝いて、横雲がその上を白い光を曳いてただよっている。下界には薄日がさしているらしい。

雪渓はまだまだブナクラ谷落口までつづいている。落口の上手の草地の中で飯を焚き、山ウドの味噌汁を煮て中食をとった。空腹だったのと冷えていたために、これは実に美味しく蘇生の思いがした。

しばらくの間雨がやんだが、また小雨が襲って来た。

約一時間ほど下ると、右岸は白萩川の奔流と雪崩で行き詰まってしまった。

太い流木で丸木橋をかけて左岸の浅瀬に下りた。もう雪渓はつきて残雪のみを処々に見るようになった。

左岸の尾根上に索道が高くかかって、曽(かつ)ての小黒部鉱山の名残りが憐れに見えた。また架橋して右岸にうつり暫く行くと今度は橋がかかっている。左岸に渡って岩石や楊の間を行く、最後に急な崩崖の横を通過すると、初めてはっきりつけられた細径に出た。

行く手にバンバシマの平は広く、灌木と雑草の間を行くうち、立山川入りの道との分岐点に出た。

立山水電の取水口の小屋の前で休み、また歩き始める。雨勢は追々強くなって、両岸の山々は濃霧に閉され、早月川の瀬音とざんざ降りの雨声との中を、濡れそぼれて走って行く私たちの頭の中には、もう山のことを考える余裕さえなく、強行軍の行程は非常に捗り、午後三時四十五分には伊折（いごり）の部落についた。

伊折の手前から水田は田植えに賑やいでいた。笠を冠り赤襷（あかたすき）をかけた娘たちが忙しそうに動いているのを見ても、歌を唄いながらのんきに馬を引いて行く若者たちの姿を見ても、雪山の懐をさまよって数日のあいだ人に逢わないような山旅をして、今日はまた山雨の中を寂寥とした荒れ谷を下って来た私たちには、さみだれる山裾の田植時の軟かな情趣は、たとえようもないなつかしみを覚えさせた。

伊折で泊るつもりでいたが、頑張ったため時間は案外早かった。最後の努力だ。頑張りついでに頑張って、上市まで走り飛ばし、出来れば夜行で帰ろうと相談し、さらに馬力をかけ、大雨を衝いて強行した。

午後四時四十分折戸につき、茶を飲み駄菓子で飢えを凌ぎ、それから辷（すべ）りがちな、いやな峠道を、マラソンのように駈け比べをしながら上市の町に下り、駅についたのは午後六時四十分、そこで私たちは山の人達と別れ、また長い夜行列車で帰京の途についた。

春の立山は天候が極めて順調にいったために、一日の無駄も滞在もなく、しかも残雪の状態が理想的であったので行程も捗った。夏には行くことのできない丸山が雪上を愉快に歩け、黒部別山でも藪のひどい処は皆深雪で埋められていたので、容易に廊下を見ることができた。内蔵助平なども、もう少し遅れると雪は泥濘と化し、とても露営はできなくなっただろう。しかし、春の黒部川は悪かった。殊に廊下は雪解の大量の水と、落石、崩雪のため、危険で近寄れなかった。

（大正十五年六月）

剣沢行　その一

上流より

早月川から小又川を溯（さかのぼ）って奥大日岳へ登った私たちは、室堂乗越へ下って露営をして、翌日から剣沢探検の行程についた。

同行者は日本山岳会員別宮貞俊、岩永信雄の両氏、山の人は宇治長次郎を先達とする大山村の人たち。

大正十五〔一九二六〕年八月二十七日

天幕から外を見ると、明星が立山の上ですばらしい光を放っている。暁方から南風が吹き荒れて、気温は割合高い。

午前六時、月はまだ天狗平（てんぐびら）の上にかかって、西の方から廻ってくる雲足は飛ぶように疾い。

午前七時に泊り場を後に、斜めに山稜に登る。今朝も毛勝三山はよく晴れている。三十分で室堂乗越の上に出ると、それから偃松（はいまつ）と灌木の茂みを分けて尾根伝いを行く。この辺は登山者が少いと見えて、切開けがしてない。

空模様はだんだんよくなって、立山も薬師岳も、鍬崎山もよく晴れてきた。奥大日岳の小又川寄りの岩巣が壮大に見え、その懐から下りている三ツ又の雪渓はもう朝日に光っている。

偃松がひどくなってきたので尾根筋を離れ、その横を捲きながら雷鳥沢の雪渓の上に出た。午前八時半、別山乗越の上につき、雪上を降って剣沢の小屋に入ってひと息入れた。

小屋から剣沢の大雪渓を降って行くと、谷が右に大きく曲るあたりから、下流に高く鹿島槍岳が上半身を現わした。コバルト色に透きとおったその山肌の軟かさ、その容の立派さに思わず足をとどめて眺め入った。

間もなく平蔵谷の落口についた。長次郎谷の出合を左に見て、真砂沢の出合についたのは午前十一時二十分、そこでゆっくり中食をとった。

午後一時五分、藪の中を下って雪の上に出る。剣沢の水が案外大きいので、橋をかけて右岸にうつり、ハシゴ谷の落口を横ぎって林に入る。磧に出るとまた丸木橋を渡して左岸に戻り、石の間を縫って雪の上へ出ると、そこはもう剣沢の二俣（小窓谷と本流の出合）である。

午後二時十五分、左岸の林の中に露営地を定めた。まだ日暮までは間があるので、左岸沿いを降りながら下流の様子を見に行く。二俣までは剣登山の人が訪れるが、それから下流は人が殆ど入っていない所である。

長次郎を先頭に、ライン百呎(フイート)のものを携えて、小窓の雪渓の下を通って、巨岩の左を藪に入り、磧に出て楊や榛(はんのき)の林の中を行くと小沢が入っている。白砂の押出しが美しい丘を行くと、また一つ小沢が入り、次にやや大きな谷が滝となって落ち込んでいる。

谷筋は著しく折れ曲って、地形図にあるように南々西から東に向っている。方向が移るにつれて剣沢の廊下の壁の間から、黒部向うの唐松岳から大黒岳、五竜岳につづく鋭い山稜が深碧の山の屏風を立て連ねて走馬灯のように動いて行く。

午後三時半、二俣の泊り場から三十分程で、剣沢は両岸から迫る峡壁によって狭い深い廊下となっている。

私たち三人は巨岩の上に集まって、轟音とともに岩樋のような廊下に吸い込まれて行く剣沢の激流を眺めた。

山本、米谷、山田の順に約十五米(メートル)ほどの草ツキを登って、白樺の幹にラインを結びつけ、壁の出鼻を廻ってその後ろに姿を消したが、暫くして皆戻ってきた。壁が悪くて左岸はとても行けないという。

明日出直して右岸の方を降って見ることにして、そこから泊り場に戻った。午後四時二十分。

夕方になると雲の往き来が烈しくなり、気温も大分高くなったと思ったら、とうとう吹き降りとなった。

窮谷（一）

八月二十八日、昨夜から降り出した雨は、夜の更けるにつれて勢いを増し、剣沢の瀬音は重い唸(うな)りを発し、時をおいて谷へ崩落する雪の音がすさまじい。暗い寂しい夜だった。

時々夢を破られてはまどろんでいると、風雨はさらに強くなって、豪雨が滝のように天幕に降りそそいできた。雨漏りが始まったのでもう落ちついて眠れなくなった。

暁方近くなると山の人の天幕の方で大騒ぎが起った。その方を見ると、昨日まで何事もなかった後ろの木藪の崖の凹みから、雨水が滝となって躍り出している。山の裾に張った山の人たちの天幕は、生憎とその水の通り路になって濁水が溝を穿(うが)って天幕の中を走っている。

不意の洪水で大恐慌に遭った山の人たちは、水みちを横に排(ひら)き、天幕の中のものを片づけると、皆ザイルの上に乗ってしゃがんでいる。それを見ると気の毒でもあり、また滑稽でもあった。

幸い私たちの方は水みちをよけていたので何事もなかったが、この大騒ぎのうちに夜は全く明け離れた。


午前八時頃から空模様がよくなったので、外へ出て見ると、ひと夜のうちに雪渓の雪が大分落ちて川が目立って闊(ひろ)くなった。しかし北俣も南俣も真赤に濁って滔々(とうとう)と渦巻いている。随分大きな水嵩になった。

濃霧の切れ目から三ノ窓の雪渓が夢のように現われた。やがてそれがはっきりして薄日の光を映すようになると、遥か天上に三ノ窓の頭(あたま)、小窓の頭、八ツ峰の岩つづきが、そのキレットや凹みから盛んに雲を吐いている。菱(ひし)壁が幾つも浮き出して無数の尖峰となっているのが実に見事だった。

いよいよ天気も恢復したようだ。川の水が大分小さくなったのを見計らって、零時三十五分、下流に向って出発した。今日は一行総出で、ザイルも全部携えて行く。

長次郎、金作、米谷、野口、竹次郎、山本、信一、それから私たち三人と都合十人である。

対岸に黒部別山の裾が崩崖になっている。架橋点はその下手で、川幅の最も狭く、両岸から巨岩の乗り出している所を選んで丸木を二本並べてかけた。流れの幅は三米で、その下で谷は非常に深くなっている。

美しい楊や白樺の茂っている岸辺から、水の中の石の上を渉り、押し流されそうな深い流れを横ぎって岩の上にとりつき、橋を渡って対岸に出た。

さらに藪の中を水際に出て、岸辺の石を縫って残雪の上に出た。そこは廊下の入口で、昨日行きづまった少し上にあたる所である。

谷の走向が東に向って開けると、唐松、大黒、五竜の山のツルが行く手に廻って来た。深い、狭い廊下の峡壁の間隙を、午後の陽にきらめく山々の皺は、蒼と紫と赭とをこきまぜて、眼にしみいるような鋭さだ。

廊下の戸口の立壁をさけるために、残雪の上から藪に向って切開けをつくって登ると、ラインで水際に下り、徒渉にうつる。激流の余波が岸辺に溢れて、石の上に打ちよせているその浅い所を、脛位まで浸して、中程に出ている壁を左から右へ廻って行く。八間程であったが気持ちのよい所であった。

下流のつきあたりに第二の残雪が土手のようになってつづいている。昨日左岸から見た一番奥の雪である。上流を顧みると、廊下の入口の丸い壁はもう半丁ほど上手になっている。激流はそこから急に断落して狭い滝津瀬となり、煙のような白い泡を吹き上げている。

直立に近い渓側をヘツり、左に折れると両岸を跨いでいる大きな雪橋が下流に見える。その下はトンネルとなって、奔流が底を貫いてサンサンと輝いている。

少し下ると対岸は屏風折りの壁つづきとなって、激流がその壁脚を深くエグって走っている。水際の巨岩の上を昇降して、第二の残雪の上に登り、ピッケルをその突端に打ち込んでおく。

もうピッケルが邪魔なくらい前方は切迫し、嶮岨（けんそ）は踵（くびす）を接して寸時の油断もゆるさなくなった。私たちはいよいよ廊下の核心に来たのだ。

下刻（かこく）〔川底を低下させる侵食作用〕の谷の怖ろしさ。足もとの鋭い流れを見ると、電気飴が非常な速度で回転していると形容する外に言葉がないくらいだ。

目ざましい輝き、華々しい動揺、無数の銀線のもつれ、無数の真珠の旋回、狭い壁と壁との間に反響する咆哮、百雷の鳴りはためくような叫喚の声、それに見入り、聞き入っていると、大きな自然の動きに融け込んで茫然として自失してしまう。

飛川、峻流の美しさ。こんなに大量の水、こんなに狭く深い谷に圧縮された水の動揺を見た者は沢山はあるまい。

廊下の入口から約三キロを黒部の十字峡に打ち込むまで、ヤゲンのような裂谷を貫い

剣沢の廊下（大正15年8月・別宮貞俊撮影）

て、驚くほどの落差をもって奔落躍動する水の姿は、考えただけでも壮美の極である。

この辺の谷幅は広い所で七、八間、狭い所となると僅か三、四間で、両岸が壁で限られ、自然の岩樋となっているが、その数丈上からは樹木が谷を蔽うて茂っている。黒檜(くろべ)、栂、椈(ぶな)、白樺などの森が、岩の凹みや、壁の皺(しわ)に根を張り、流れの近くまでつづいている。森林と岩壁と奔流とが渾然として組み合されている渓の姿は、剣沢の廊下の中で最も深邃(しんすい)な所である。

五十呎のザイルにすがって崩崖から藪に入り、ひた登りに上ると、それからはザイルを力にして前進をつづける。ひとたび辷(すべ)れば一大事である。

流れから百尺位の樹幹にザイルを結んで上下に渡し、それをつかんで崖の上まで匍(は)い上り、樹のところで下手に渡してあるものにうつり、藪と壁を横一文字にトラバースする。すぐ下手に大きな雪橋がかかっている。三番目のものだ。

雪にクレバスが入っているので、狭い所でそれを越え、やや緩やかな雪上で休む。

上流を顧みると、今まで通ってきた峡壁の間から、八ツ峰の第一峰が剣の頂に似た丸い頭を差し出している。その右を乱雲の間から三ノ窓の頭につづく針峰がギザギザの頭を並べている。

午後の陽がその背後から浴せかけているので、逆光線にむせぶ山々の姿が、廊下に影を落している森林や岩壁と、激流の輝きに相対して、それは実にすばらしい風景を見せている。

雪上を下ると、流れに向って急斜している残雪は馬の脊(せ)のように狭く、危険なのでザイルを張り渡して、這うようにして通り、渓側にうつると壁のワレ目を上って、約半坪の岩の棚の上で休む。

私たちの下降もいよいよ行きづまったのではないかと思った。岩の棚から一丈ぐらい上で巨大な壁が廂(ひさし)のように被い冠さって、長さ二間位の所から急に右手に折れ曲っている。

そこでは足がかりのないような悪場となっている。一行の足どりは遅々として進まない。あるだけのザイルを出して岩場の懐にカギの手に張り渡した。三十米の脚下は白熱にたぎっている激流なので、山の人たちの動作は緊張して、皆だまりこくって自分たちの持場についている。

長次郎が先頭になって悪場を抜けて先きを見に行く。米谷も先にヘツって私たちの方を注意している。山の人たちもこの壁の出鼻を抜けるのにかなり踠(もが)いていた。幾度も工夫して、クモかカニのような形で、僅かに嶮(けわ)しさから脱け出すという様子だった。

先へ行った金作の声がするので、私はザイルをつかんで壁の曲り角までにじり寄ると、そこに金作がいて私を吊るすようにして押える。後ろから竹次郎が足場を固めてくれる。漸くそこをヘツり抜けて、降り気味に壁の横を廻ると疎らな林の中に出た。

危険区域を脱け出して、私たちは自分の身体をとり返したような気持ちがした。今通って来た岩場はこの行での第一の難所で、黒部の廊下にもこれほどの所は少なかった。

林の中を下りきると黒部別山側の大ヌケの下に出た。山腹からなだれ落ちている花崗岩の泥砂は残雪の上を埋めて、対岸の壁近くまで押し出している。そこでは残雪は今までのよりも遥かに広大な地域を占めて、下流に向かって大きなスロープを造り、深いクレバスの幾つかを刻み込んでいる。

雪上を左岸寄りに廻り、断落しているクレバスを越して、十数間も下ると、右手の雪の下から高さ七、八米、幅も同じぐらいの滝が、濛々（もうもう）と水煙を吹いて落ちている。その数米下で雪はまた谷を埋めているが、大分傾斜が急になってきた。

私たちはそこで踏みとどまって下流を眺めた。長次郎、米谷、山本たちは、先を見るため左岸の壁の後ろを残雪について下って行った。

剣沢をかこんでいる山壁も、この辺で急に高く大きくなり、川床はどんどん陥没して非常な勾配となった。私はもう間もなく大瀑布の頭に出られると思った。

樹林は流れ近くには全くなくなり、両岸の岩壁は直立数百米、その組み合された岩尾根の間に、剣沢は狭く圧し縮められ、荒々しくも雄大な風貌が身に迫ってきた。谷末に仙人山のガンドウ尾根の先が瘤（こぶ）を束ねたようになって落ちている。その先きには棒小屋沢左岸の廊下尾根が、緩い斜線を横え、さらにその後ろには霧に頭をとられた牛首山の大尾根が見える。

剣の大滝をかこむ壁（昭和4年6月）

午後四時、帰路が心配なので引返すことにする。帰りは二度目だから割合に都合よく悪場を通過して、午後五時十分には架橋点につき、五時二十五分、二俣の野営地に戻った。

金作が峰桜を手折ってくる。野口は味噌汁の実にコマナを一束ほど採ってきた。長次郎もザイルを提げてニコニコと笑いながら帰ってきた。やがて美しい水でおいしい飯が出来上る。焚火をかこみ、剣沢の話に興じながら夕餉についた。戦いの後のまどいという気持ちである。

長次郎たちの話では、私たちの停まった雪の先きで岩壁を廻り込み、雪上をまた左に曲ると、それからは壁が高く、雪が急落しているので下れなくなった。右手から大きな谷（黒部別山北峰から十字峡に下りている岩尾根の、キレットの所から剣沢に下りている谷）が入っている付近で行詰まってしまった。もうすぐ下の所から瀑布が落ちているらしいが、そこまではとても下れなかったという。

そこで、明日は池ノ平に上り、南仙人の尾根で支谷を見付け、大滝のすぐ下あたりで剣沢へ下りて見ようと相談を決めた。

剣沢は谷通しを十字峡までは不可能であると最初から覚悟していたので、今日途中から引き返したことも失敗であるとは思っていなかった。

窮谷（二）

八月二十九日

仙人山から剣沢へ、それが今日の目的である。私の最初の予定は、二俣の泊り場から剣沢を降って、落口付近に架橋して黒部本流を横ぎり、それから右岸を下って鐘釣まで出る計画であった。しかし、そううまくはゆかなかったのだ。

昨日の下降で、上流から黒部本流まで下ることはむずかしいことを確めたので、今日は南仙人の尾根から剣沢へ下り、剣の大滝を見て十字峡まで出て見たいと思っていた。長次郎が対岸から見通しておいたという谷、この春私と岩永君とが黒部別山の北尾根から見た谷、そのどちらかを降りたならば、大丈夫剣沢まで出られると予想して、長次郎に行動の一切を任せて、行くことにきめた。

午前四時に天幕を出て焚火の前に煖(だん)をとる。オリオンが黒部別山の上でまばたいている。空には一片の雲もなく、片われ月が有明の光りを山峡に投げ、寒さが身にしみ徹るようだ。

やがて下流の方から夜は明け離れると、山々の頂が紅く染まって、野営地の周りを小鳥のささやきが朗らかに流れてくる。

早立ちをするつもりで早く起きたが、濡れた天幕の中に火を入れて乾かしたり、ザイルや衣類をあぶったりしているうちに時間が経って、出発は午前七時半になった。北俣の雪渓を上って小窓谷の方へ入り、池ノ平からくる谷沿いの崖上を、藪の内側をからんで池のある平に出た。

時期が遅れているせいか、池は二十余、しかも随分大きく現われて、そのさざ波の中に八ツ峰が刺繍模様のようにのびちぢんでいた。

小屋へ上らずに不用の荷を板の上に積んでその上に天幕をかぶせておき、仙人乗越に向って斜めに岩道を上って行った。

午前十時二十分、乗越の少し先きの美しい草地の池の傍で休み、池の水を汲んで中食をとった。暑気が強くなったので日陰が欲しくなった。

私たちはこの池を「仙人の池」と名づけた。剣の八ツ峰、別山、立山が静かな池の面に姿をうつしている。周囲に茂っている灌木がこの池に調和して草地も美しい。（この池が、今日では仙人ノ池という剣岳周辺の名勝となって、小屋まで出来ている。）

十一時二十分、鞍部の草地に出て藪の中を潜って行く。池から南仙人の方へは道はない。測量部の人のつけた切開けの跡を行く。正午、目的の南仙人山の三角点のある所に出た。二一七三米。

大分方向が変ってきた。ここから最もよく見えるのは鹿島槍岳につづく山稜で、ハチ峰のキレットなどが鮮かに見える。谷では当面に延々と蛇行している棒小屋沢が、その二俣から上が全部見え、下手の狭い岩間を滝が三つほど光っている。新越沢の上の滝場も見えるし、東谷中央部の磧もはっきり見られた。

北の方を見ると北仙人の岩骨が稜々として、その後ろに大窓から毛勝の山々がやや霞んでいる。眺望がすばらしいので十分程休んでまた歩き始める。

南仙人の東の山稜を少しそれて、左に奥仙人谷側をからんで行くと、林に囲まれた四坪程の平に熊の糞が一面にしてある。熊の泊り場らしい。そこを少し下ると、藪の中から逃げて行く熊の唸り声がした。不時の闖入者(ちんにゅうしゃ)に巣を荒されたのを怒った獣は、しばしの間、藪の中を離れずに唸っているのだ。

同じように山稜の北側を行くと、林藪からオオイタドリ、ヨモギなどの茂った草の斜面に出て、大きな壁の下をその上縁について伝って行く。すぐ下手に黒部の流れが見える。仙人谷落口で急に右折しているヤゲンのような岩樋の中を疾走してゆく激流が真白に泡立って、深い緑の底に躍動しているのだ。

草の急斜面を辷らないように徐々に下りて行くと、また樹叢に入り、笹藪の茂った尾根の突端に出た。ここは南仙人の三角点から藪尾根を二つほど越した所で、この下の隆起を越せばガンドウ尾根の岩がしらにとりつくのである。

この辺の黒部寄りの急斜面は奥仙人谷の源となっている所で、山側が黒部本流に向かって大岩板の露出となっている所だ。

一行はここで尾根と分れて剣沢の方へ向ってワレ溝を下るのである。急な傾斜の藪を抜けると、泥土の急坂を滑るようにして五、六米降って木につかまって休む。もうこの谷の両岸の壁を通して、剣沢の谷も、黒部別山の北尾根もすぐ近くに見える。

ラインを出して木に結びつけ、十五米ほど滑り下りて涸谷の上に出る。午後三時、側壁も川床も全部花崗岩の大露出だ。

大分時間を費したので、剣沢へ降れるかどうかが心配になって来た。長次郎は草ツキや岩場の嫌いなく走るように下って行く。そして遥か下の岩の棚の上へ腰を下ろして私たちを待っている。

途中で二回ザイルを使って、岩の階段のような所をどんどん降って行くと残雪の上へ出た。

下の方に深く狭い剣沢の流れが見えてきた。これは大滝の下手の流れで、それが深い林にかくれる辺が黒部本流への落口、十字峡である。棒小屋沢落口近くの滝場が、S字形の山のワレ目に三、四段連続して動いている。棒小屋沢左岸の尾根も、これに対する牛首山につづく二三〇二米の峰も、岩小屋沢岳の西尾根の二〇六七米の峰も、皆森林をべったりと埋めて笠のような形で面白く重なっている。

岩がますます乱暴になり、足場が悪くなったので注意しながら下って行く。午後四時二十五分、谷が右に曲っている所で十五米位の巨壁の空滝の上に出た。その下から大残雪が谷を埋めて、右岸も左岸も見上げるような高大な壁の露出となっている。いよいよA級の悪場にかかったらしい。

両岸とも壁でかぎられ、堅岩によって川床が固められているこのワレ谷は、空滝の所で山壁は著しく峻聳(しゅんしょう)して、右岸のものは直聳数百米、尾根上まで全く灌木も見えない。その竪に入った放射線状の大きな節理は実に壮大を極めている。この壁の下に剣の大滝が潜在しているのだ。

左岸の壁も六十度位の峻高の斜壁となって中天にかかっている。その右から黒部別山の北の峰と、棒小屋沢源流地の山や谷がのぞいている。

やがて二条のザイルは、ずるずると大きな岩滝の上をすべって雪渓の下に没した。山本と米谷がそれをつかんで下って行くと、上と下とでザイルを安定させ、皆次々に下って行った。殆ど直立に近い岩の面に、足をつっぱって身体を海老のようにして後ろ向きになって下って行くと、一行は間もなく雪渓の底の暗がりの中に入った。それから下流に向っている岩と雪とのギャップを、崩崖を這い上って雪渓の上に出た。

皆そこで揃うと、アイゼンを持たないのでザイルに連なって急雪の上を下って行った。すべりそうになると掛け声をする、一同踏みとどまって列を直してまた下って行くと、クレバスがある。それを越えるとまた同じようなのが出てくる。それが下るに随って大きくしかも断落してくる。最後のクレバスの所で前進を止めた。

なお大事をとって先きの様子を見にやり、私たちは左岸の壁の前の雪の堤の上に佇んで四周を観察した。

下流を見ると、約二百米の下で剣沢の流れも、その右岸にある残雪にかこまれた広い草地も、手のとどくように見える。その後ろには黒部別山の北尾根の先が、仙人山の尾根よりも遥かにゆるやかに延びている。

すぐ眼の下に好い野営地があるのを見て、何とかしてあそこまで下ってみたいと、皆真剣になって下る所を探し求めた。米谷、山本、野口は右岸の雪と壁の隙間から雪渓の下に入ろうとしたが、狭すぎて身体が入らない。さらに左岸のギャップから漸く雪渓の下にもぐり込んで暫く行ったが、狭い真暗がりの雪の下の、水に濡れた丸い岩壁は全く前進の望みがなく、空しく戻ってきた。

時に午後六時、谷底には蒼茫とした夜気が迫ってきた。やむを得ず記念の撮影をして戻り始めた。野営地を求めながら、空滝をザイルで登り、それから約十分の所で狭い草地を均して草を敷きつめ、その上に天幕を張り、一行十人文字通りすし詰めとなって一夜を明かした。糠蚊の猛襲に苦しめられ、手、足、頭が入り乱れて安定の所を探しながら眠る、というような窮屈極まる露営をした。

露営地は一六〇一米の高さの谷底である。やがて月が峡心にかかると、山、谷、壁、皆一様に青光を浴び、その影はまた一層凄さを加える。

高い空と、深い谷と、大きな壁とが総合された立体的の美しさは、窮谷の底にあるという感を深からしめた。

八月三十日　淵谷から池ノ平まで

昨日あれほど下まで降れたのに、しかもすぐ下の所に、剣沢のよい泊り場が見えていたのに、下れなかったことを思うと、泊り場へ戻ってからも残念でたまらなかった。山の人たちも皆同じような考えでいたらしいが、その中でも長次郎は、自分で見込みをつけて来た所だけに残念でならないという風だった。

彼は天幕の中で、明日の朝早く起きて木をおろして、クレバスに橋を架けもう一度下って見るから、と私たちに耳うちした。私たちは顔を見合せて喜んだ。そして是非頼むと激励のような、またお礼のような返事をした。

今朝は目を覚まし天幕から出たときには、彼はもう仕度をして、山刀を腰にして木の茂った尾根の方へ登って行ったが、やがて白樺と椈の二間位のものを二本ころがしながら下って来た。

午前六時半、朝食もとらずに、長次郎、米谷、野口、山田、山本の五人は、下流に向って昨日の悪場を下って行った。

金作と信一とで朝食の仕度をして皆の分は弁当に詰める。私たちは朝食を終ると、信一とともに先行者の弁当を携えて、七時二十分、空滝の上まで下って、下からの便りを待っていた。

三十分程するとがやがや人声がしたが、皆ザイルを持って戻って来た。下はどうしても行けないというのである。雪の面が段落して舌状の雪の棚が出来ているのが、下るに随って非常に間隙が広くなり、その断れ目に滝が幾つもかかっている。周囲の壁は皆円いナメで手のつけようがなくなったという。初めのうちは橋を渡して下って見たが、中頃の所でとうとう行きづまって戻って来たと云う。

話を聞いて失望したが、最早これ以上試みることは無謀であり、だいいち、食料は既に今日一日分を余すだけなので、今回はこれで断念するより仕方がなかった。

私たちはその翌年八月に剣沢の落口から溯って、この涸谷の直下の、黒部別山裾のよい草地（剣沢平と名づけた所）にキャンプをしてこの涸谷を見返して喝采をした。

去年下ることができなかった剣沢の本流を溯って、首尾よく目的を達したからだ。その時に下から見ると、やはり雪渓はいくつにも断れて段落している。最後に引き返したとき記念撮影をした所から三番目のクレバスが最も大きく、口を開いて、四米も断落しているのを見て、去年降れなかったのも道理だと思った。ここはもう少し早く、雪が剣沢に続いている時なら、案外楽に降れるかもしれない。（補記）

剣の大滝以下は次の探勝に譲ることにして野営地に戻った。そして泊り場の始末をして涸谷を登り始めたのは午前九時で、途中から下流を見ると剣沢本流の谷筋が昨日に増して鮮かに見え、棒小屋沢のタルの連続も深い山のワレ目から光っていた。

十一時に大白樺のある尾根に登り、右へ廻って少し下ると、奥仙人谷と仙人谷との分水尾根を表面に見て行くようになる。黒部溯行以来おなじみの大赤崩れが壮大に見えた。草崖の上端をヘツり抜けて闊葉林の中に入り草地で休む。のんびりと寛ろいでまた尾根の東側を廻って行く。帰りには南仙人の頂に上らずに横を巻いて、午後一時二十五分、三角点の東下の窪で、残雪の滴りを汲んで中食をとり、同じように山稜の東側を藪をくぐって草地に出る所で方向を誤り、引返して尾根に出て上って行くと、右手の藪の中からだしぬけに、オーイという声がする。驚いてその方を見ると、路に迷ったらしい若者が池ノ平への道をきくので、後ろについてこいと云い放って、なお尾根をからんで行くうち仙人ノ池に出た。午後二時五十分。

それから仙人乗越へ出て休んでいると、さっきの若者の外に三人で私たちの後を追ってきた。この人たちは上市から早月川を小窓へ上り、仙人ノ湯で湯治をしていたが、帰り途に仙人谷の支流を上り詰めたために、乗越より遥か上の藪尾根へ迷い込んだのであった。

午後三時四十分、池ノ平の小屋に着いたが、風が強く、気温が大分下って、雲の往き来が烈しくなった。もう仙人山も剣の八ツ峰も濃霧にかくされて暗憺とした光景になった。柱が六十度位に傾いているこの小屋は、内からの支柱で漸く支えられ、羽目は破れ、戸口は壊されて立てつけが合わず、小黒部谷から吹き上げてくる烈風に手足まで凍えるようだった。

漸く火を焚いて暖をとり、床板の上にゴザを敷いて、天幕をかぶってまどろんだ。

翌る八月三十一日、第一回の剣沢行を了えた私たちの一行は、小黒部谷の悪路を下って黒部川の岨道（そばみち）に出て、鐘釣温泉から帰京の途についた。

（大正十五年八月）

剣沢行　その二

下流より

昭和二（一九二七）年八月、石井鶴三、田中薫の両君と、千垣から立山温泉に入り、平の小屋から御前谷まで下って、旧東信歩道を棒小屋の小屋場に至り、そこで下流から上って来られた別宮貞俊、岩永信雄の両君と落ち合い、十字峡を経て神潭まで入り、別宮、岩永、私の三人は、黒部本流に架橋して剣沢に入り、石井、田中の両君は下流を鐘釣に下られた。その時の剣沢の紀行である。

八月二十四日、今日は朝から驟雨に悩まされた。雨の中を天幕から抜け出して、顔を洗いに水際に降り、谷上を見ると雨雲は低く山々にかかり、薄絹のような霧の幕は、森林や山壁をその美しい網目の中に織り込んではまた吐き出している。

やがて雨が霽り加減になったので、上手の磧に集まって朝食をとり、空模様を気にしながら焚火の周りで今日の行程の相談をする。

午前九時、石井、田中の両君は、四人の山の人をつれて昨日降りてきた草の崖を登って行かれる。私たちの一行と別れて下流の鐘釣温泉の方へ下って行くのである。

この天気でどうする、と長次郎にきくと、こんな焚物のない所には一日も居られぬ、早く剣沢へ入らんことにはらちかんと云う。

なるほどそういえば、この付近にあるほどの流木は全く焚きつくしてしまった。今月の初め文部省の撮影隊がここで約三十五人も泊ったので、焚物は殆どなくなっていたのを、私たちは諸方からかき集めて漸(ようや)くひと夜の燃料を都合した。それだから長次郎のいう通り、今日こそ流木の多い剣沢の谷へ入らないことには凌ぎがつかなくなった。

焚物がないために退却するのが普通であるが、そのために敢て悪い谷へ入ろうというのだから無謀のように見えるが、そこに探検という気分があるのだ。

山の人たちは背後の高い壁の頭へ攀じ登って、架橋にする丸太を下ろし始めた。やがて大きな壁の面を滑って、五、六本の丸太が谷へ突き落された。

雨はまたひとしきり強く降ってきたので、天幕の中で雑談をしていると、山の人たちは雨にもめげずに架橋の作業にかかっている。大きな声が壁に響き、流れを伝わってくる。

やがて架橋が終ると、私たちを迎えに来た。壁づたいを三十間ほど溯(さかのぼ)ると、狭い深い川の上に頑丈な丸木橋が出来上って、木の枝でそれを束ねたり、橋の根元に大石を乗せて流されないようにしてある。

大きなタルが奔潭（ほんたん）にうつる所で、上の面が殺（そ）がれて平になっている巨大な岩が、タルの下端で川中にのさばっている。そこでは流れの幅が二間半位で、三間余りの丸太を二本束ねて渡し、さらにその巨岩と対岸に横になっている船のような長い岩との間に二間半のものを渡した。そこの流れの幅は九尺位で、これでまず剣沢へ入る道が出来たわけである。

こんなに流れの狭い所は、そしてまた架橋地点として理想的の所は、下ノ廊下の中でもここよりほかには見出せなかった。

第一の丸木橋の下のタルに向ってうねり込んでくる、深い紫色に凝った流れを指して、「どうだ」ときくと、「深いちゃあ」、と長次郎も感心していた。

この架橋は去年からの宿題であって、私は最初十字峡付近から剣沢の落口の下手あたりに橋をかけたいと思っていたが、こないだ文部省の撮影隊と来たときは、良い地点は遂に見出せなかった。神潭へ下りたとき、泊り場からしばらく上流の、壁に囲まれたタルの下を見て、ここならばと思った。長次郎も眼をつけていた所で、今度はそこを架橋点に選んだのである。

橋を渡り対岸の石の間に出て、一行が揃うまで待ち合せる。

上流を見ると、一昨年（大正十四年）通過した川瀬や、壁、崩れ、草地、残雪までよく見通せる。暫くなつかしい思い出にひたった。

それから一行は列を作って、左岸を下流に向って斜めに壁のヒダについて横に上り、十間程行くと足場が急に悪くなった。草崖にかかると、ひと足であるが非常に気味の悪いヘツリをやった。

さらにその上部の一丈位の壁を攀じ登って、草藪の中を雨後の泥濘を踏み分けながら右横に上ると、椈、白樺、黒檜の林の中に入った。なお上方に向って登って行くこと約三十分で、黒部別山の北尾根の末端が剣沢の落口に通ずる尾根の脊筋にたどりついた。午後一時。

黒檜の大木の根元の平らな所に荷を下ろしてひと息入れる。長次郎たちは尾根を剣沢側へ越え、急いで谷へ下って行った。雨天ではあるし衣服は濡れて、森や藪の中は冷気で落ちついて休んでいられないからだ。

野口だけ一人残って私たちを呼んでいる。そして反対に十字峡に向って下って行った。彼は私たちの方を顧みて、「人の見ん所を見にゃあ」、と私たちの思っているようなことをつけ足して、椈、白樺、黒檜などの密林を踏み分けてどんどん降って行った。

その後を追って急な斜面を遮二無二降って、やや緩やかな所に出ると、その下がまた急峻になり、大きな窪地をぬけると間もなく剣沢落口右岸の平壁の上に出た。

休んだ所から約二十分で、滑岩の大きな岩棚の上を、いざるようにして黒部の流れの上までにじり寄って、十字峡を、今日は今まで見たのと反対側の剣沢の落口から眺める位置に立った。

大正十四年に初めて十字峡を見たときには、剣沢へ入ることなど全く考えていなかったのであるが、やはり、やって見れば案外目的は達せられるものだと思った。

棒小屋沢の滝壺から見た十字峡は、棒小屋沢と剣沢を主とし、黒部の本流は僅かな部分しか見えなかったが、ここでは反対に黒部本流が最も壮大に眼下に拡がって、両支流の落口の滝を呑んで、峡見ヶ丘の側面の壁と、剣沢左岸の立壁との間に圧し縮められ、深いトロとなって流れている。

剣沢のすばらしい釜を脚下にして、昨日降ってみた峡見ヶ丘の上流に対すると、岩の棚も、深い岩壁のワレ目の奥から奔落してくる棒小屋沢の滝の連続も、僅か数間の間に纏って見える。

剣沢の落口に向って傾いている餅を重ねたような壁の上を、野口の手を借りて釜の真上までにじり出たが、岩が滑らかなため、ひと足滑ると釜へ飛び込むような調子になっていた。

剣沢落口の滝はすぐ上からすばらしい音響とともに釜に突込んで、その圧力で吹き上げられた水煙りの下から釜の水は白銀色に沸き立っている。これほど美しい釜は、黒部全流でも新越沢落口の下手にある釜ぐらいなものであろう。

暫くの間十字峡の壮観を眺めていた私たちは、山の人たちの後を追って森の下を、尾根を越して剣沢の流れへ、右の内側をからんで降って行った。午後二時十五分。

闊葉樹（かつようじゅ）の中を草藪に出ると、剣沢の流れはすぐ足元を奔落している。磧に下りて手を洗い、また草叢を横にからんで岸辺を伝い、残雪の上をたどって最後に巨岩を攀じて草地へ出ると、そこには先着の山の人たちが天幕を張り、焚火を盛んにして私たちを待っていた。午後三時、雨はまた強く降りかかってきた。

終日雨の中を濡れそぼれた旅服のまま、雨滴を一杯に含んだ草叢の中を掻きわけながら来たので、身体は随分冷えた。

乾いた服と着換え、焚火で煖（だん）をとり、漸く元気をとりもどした。

別宮さんはレンジファインダーを出して、四辺の距離や角度を測っている。私は漫然と上下流に美しい霧をめぐらしている森林や山景を眺めていた。

谷につき出ている大岩へ上ると、大滝の上部がすばらしい水量で吹き出しているのが見えた。明日こそ待望のその雄瀑に目のあたり接するのかと思うと愉快でたまらない。

午後六時四十分、気温一二・三度、気圧六八・一、バロメーターでは標高九四〇米である。

仰角その他	
剣沢上流の窓の奥	一八度
黒部別山側最高所	三〇度
南仙人側下手の斜壁の高所	六二度
泊り場より剣沢落口の方向	南四〇度東
上流	北一八度西
棒小屋沢上のドーム	二二度
涸谷の頭	四度
棒小屋沢左岸の尾根先の赤壁	六度
距離	
野営地より大滝まで	約一〇〇〇米
棒小屋沢赤壁の枯木まで	約五〇〇米

野営地に選んだ草地には、槲や白樺の深い林の中に、オオイタドリ、ヨモギ、シシウドなどが身の丈よりも高く茂っているため、炊事場だけは上手の磧の巨岩の間でやるこ

とにした。

さんざん私たちを悩ました天気も、夕方から霽(あが)りはじめて、谷間の高空には真紅に染まった夕焼雲が流れ、その光りが谷底にまでうつろってきた。

夜に入ると雲は全く収まって、深碧の空の奥から星の光がサンサンときらめいていた。

明日は大丈夫天気らしい。

剣の大滝へ

八月二十五日。午前八時　剣沢第一の野営地発、九時　涸谷前、剣沢平休憩、十一時十五分　大滝の直下、十一時五十分発、午後零時三十分　剣沢平帰着、泊。


午前五時、谷の寒さは随分強い。今日こそは美晴で、谷上の空には雲の片影もなく、この深い谷を中心とした総ての物象が華やかに光っている。上流から吹き落ちてくるアラシに、露営の煙が川下になびいて行くさま、高空に光る冴えた朝の色などを見ていると、身のうちに元気が湧き上ってくる。

やがて朝陽の第一閃が、上流の壁のワレ目、黒部別山のトサカ尾根と南仙人の竪壁とが喰合わされた窓を照らして、見るまに谷底に下って来た。

すぐ下流の谷を被うて山のように高くなっている大残雪の上に立って私は上下流を眺めた。上流は一丁程上手で壁に隠されているが、その後ろに聳えている高い壁の間から、恐ろしい水量で大瀑布が噴き出している。とにかくすばらしい滝だ。その水の光、水の煙などを見ている私たち三人の心はときめいた。

下流の方は僅か二丁程であるが、その間の剣沢はかなり広い流れとなっている。去年の夏、南仙人の頭から見下ろした川瀬がこれであって、森林もその付近では谷近くまで茂って、剣沢も十字峡に至るまでの五丁程は、むしろ幽遠な渓となっている。

しかし剣沢中央部の瀑布の連続を中心とした雄大な渓の風景を見られるのは、実にこれから上流にあるのだ。

午前八時出発。泊り場をぬけ、磧へ下りて行くと、右岸には壁が乗り出して、流れはその膝をめぐって深いため通ることができない。

対岸に向って石から石へ飛びうつるのには距りがありすぎる、勿論徒渉はできない。どうしたらよいかと案じていると、長次郎と野口とが一間位の流木を捜してきて棒飛びを始めた。

石の上から石の上へと、右に左に飛び交わしながら対岸につき、雪上を登って橋の材料になるくらいの流木を担いでくると、深い流れの上に簡単な丸木橋を渡した。皆手をとり合って対岸に移った。午前八時五十分。
川に跨がる大残雪の上を、左岸から右岸の方へ戻り、最後の馬の脊のような雪の堤の上を、足場を刻んで磧に下り、さらに数間進みザイルで巨岩の上に這い登ると、去年の夏に降ろうとして降り得ず、さんざん苦労した南仙人の涸谷の直前に出た。

剣沢の廊下の中で一番広い平、残雪と草地とが三、四丁もつづいている美しい緩斜面、それは去年涸谷の最後のクレバスの上から見たすばらしい泊り場で、私たちは、今、ひょっこりとその前に出たのである。

谷キチの三人は小供のように喜び合った。そして涸谷を睨み返して、ヤッホーと叫んで万斛の溜飲を下げた。

私たちはこの草地を「剣沢平」と名づけた。

この涸谷は去年下った最後の雪の段まで一直線に見える。ちょっと見ると今年ならばどうやら降れそうに見えるが、双眼鏡でよく見ると、クレバスは、両岸から逼っている狭い高い竪壁の間の雪渓、むしろ雪の段にいくつも入っている。その去年の雪の段の所から三つ目のものが最も大きく、数間のギャップが右岸から左岸の方に楔形に拡がっている。先きを見に下った山の人たちはその付近から引き返したらしい。

この涸谷は、雪が剣沢までつづいている時でなければ降ることができない。

剣沢平九九〇米、気圧六七・六、気温二〇度。距離と仰角

涸谷表面突き当りの壁まで　一〇〇〇米
去年降りた最後の雪の段まで　約五〇〇米
その雪までの仰角　三〇度
涸谷右岸の頂上　四七度
棒小屋沢左岸の壁　六六度

剣沢の廊下にあった残雪は、短い夏の間には解けつくすことができず、その上へ上へとまた降り積もるので、谷の雪は四季を通じて相当残っている。雪の層を見ると、去年のものと今年のものとが重なっている所が多く、或る所では三年間の残雪が層をなしている所もあった。

山の人たちが総出で架橋に忙しい間に、野口は一人で滝を見に行った。長い棒を持って深い流れの中を二、三度飛び越えて対岸にうつり、涸谷の落口の雪の崖に石を叩きつけてステップを刻み、そこを這い登って上の方へ見えなくなった。

やや暫くすると彼は帰って来た。大滝の前まで見に行って来たという。

どうだ様子はと聞くと、

なもはやあ！　えらい所じゃ、と云う。

とにかく行く先がわかったので私たちは歓喜の声をあげた。

午後十時四十五分、橋が出来上ったので、平から雪の崖を下り、丸木橋を二つ渡って涸谷の下に出るとその下の流れを渉（わた）り、雪の崖の側面にステップをきり、ザイルでちょっと登って草地を横ぎった。

上流の壁はいよいよ逼（せま）って、驚くほどの高さを示し、滝場近くになったため、沢山の岩燕が谷から中空へと飛び廻っている。実に見事だった。

足もとは歩々峻嶮になって来た。剣沢はどこを見ても、深い鋭い奔川が、巨岩と壁の間を貫いて滝津瀬の連続となり、川床はぐんぐん段落している。

下刻（かこく）の殊に烈しいこの谷は、幅よりも厚さのある流水の色調、重い力をもって突き落ちてくるその壮観はすさまじいものであるが、また胸のすくような壮美感がする。

草地から水際に出て、石から石へと飛びうつる。あるときには石に抱きつく、その間隙は非常に深い流れである、先きの岩が下流に向かって斜めに傾いているために、それをめがけて飛び移った別宮さんの足は、生憎両方ともずれて下の狭い流れの中に落ちた。それを抱きとめようとした山の人もまた足を踏みはずして、諸共に激流の上に将棋倒しになった。幸いにすぐ下に延びている巨岩に支えられて事無きを得た。二人とも胸から下は水びたしとなった。私たちも一瞬びっくりした。

それからはさらに大事をとり、岩の間に流木を渡して、ひと足の所を支えて次ぎの岩に移って、三角形の側面の平らな五尺位の立岩に這い上り、ザイルで斜めにその次の巨岩にとりつくと、頭の上を滝壺の方からくねり落ちてくる流れは恐ろしい勢いで躍っている。

左岸から漸く右岸に移った私たちのすぐ前で、右岸の壁が大きくエグれて上流の方へ延び上り、上流の方からはまた巨岩が下に向かってのしかかって、そこに大きなウロが出来ている。

私が何心なくその上の方を見ると、黒い兵児帯(へこおび)のような布が、岩の間の太い流木にかかっている。「上流から流れて来たずらい」と、長次郎が云ったが、どうも不思議なので、野口にきくと、彼が滝を見た帰りしなに懸けておいたのだと聞かされておかしくなった。しかしこの布のおかげで荷のある者は随分助かった。

流れに入り、ウロの下に出たが、登りにくいので、上から垂らしたザイルを握り、両足を伸ばして岩の凸部にかけ、反り身になって幾度か工夫をして、黒い布にぶら下がると漸く六米程のウロをすりぬけて、右岸から出ている壁の先きにつづいている平岩の上についた。

もうその岩の先きを下りた所が滝壺の一部である。急な流れを斜めに砂利州の上をたどり、さらにまた流れを横ぎって南仙人側の大きくかぶった立壁の下に潜り込んだ。私たちはそこで大滝を正面に仰ぐ位置に立つことができた。午前十一時十五分。「剣の大滝」の最下段のもの、高さ約五十米の全容が初めて見参に入ったのだ。白雲のちぎれて吹き落ちてくるような一大懸川、噴煙の逆巻き雪崩れてくるように躍動しているその水の姿、陽射しの変化につれてぎらぎらと魚鱗のように光る水のきらめき、迅雷のはためくと云うも愚かな轟音、私たちはそれに圧しつけられたようになって、茫然として滝の壮観に呑まれてしまった。

ややあって漸く我に返り、周辺を観察したり、写真をとったりした。

まだまだこの上にもさらに大きなものが、少なくとも二筋はかかっている。その最上段のものは十字峡の上から見えるが、ここからではあまり近寄りすぎているのと、高い大きな壁が冠さり合っているために見ることができない。第二の滝（下から第二段の滝）の落口から間歇的に水煙りの迸(ほとばし)るの見ると、このすぐ上に大きな釜があるらしい。

瀑布の大水柱を囲んでいるその余流が、岩に裂かれて千筋の銀線となって走り落ちている。陽光がそれを斜めに射ると美しい虹が現われる。

滝を中心にして左右につづく壁は直立数百米の大懸崖となり、そのワレ目僅かに三米

剣の大滝。最下段の滝、約50メートル
（昭和2年8月・別宮貞俊撮影）

位が剣沢の水道で、それを境として同一の岩層でありながら、左は黒部別山、右は仙人山であることを思うと、別の名で呼ぶのが不自然のように思われる。

滝を囲む壁は、黒部別山側の一に対して南仙人側は三の広さで、その方へ廻り込むに随ってますます雄大となり、曽て黒部別山の北尾根から見た渦巻のような節理をしたものは二百米も上の方に明らかに見えていた。この壁付近が剣沢の廊下で最も壁の高大な部分で、その腰を貫いているのが剣の大滝である。

私たちの今立っている南仙人の壁の下部は円く大きくエグれ込んで、瘤のような岩の節が至るところに剝き出している。

滝壺は直径約七十米で、岩壁によって井戸側のように円くとり囲まれ、落口十米位が下流に向かって戸口のように高い岩の扉を開いている。

滝の直下では釜は非常な深さをもっているが、この円い盆のような滝壺は、落口の中程に砂利州が美しくつづいている。こんな窮谷へ大瀑布の打込む滝壺とは思われないほど優美な趣がある。

しかし今は八月の末で、水の最も涸れている時であるから滝壺を横ぎって対岸へ渉れたが、釜から溢れてくる矢を射るような急湍は、もう一尺も水が大きければ徒渉は容易でないと思う。

霧となって滝壺一杯に拡がってくる水煙のために、服はまたたく間に湿ってしまう。写真機もレンズが曇るので黒布で被い、陽射しのよい時を見て辛うじて画にすることができた。

上流の北俣・南俣の出合から剣沢落口までの高差七二七米の大半は、この瀑布を囲む高い山壁と断崖によって占められている。

それはまだ登山人によっても、電力の者によっても探られていない、太古以来の人跡未踏地で、今回初めて私たちの前に姿を現わした岩の殿堂であり、懸水の大瓔珞（ようらく）である。

壁が高いため日光は十分に射し込まないし、水煙りは厚い飛沫となって吹きつけるので、滝壺の前にいるとなかなか冷える。一行は午前十一時五十分、名残を惜しみながら帰路についた。

滝壺を横ぎって、平岩の所からウロを下り、ふた足み足流れを渉って次ぎの岩の上に降り、ふと左横を見ると、滝壺からまとまって落ちてくる水は、太い棒のようになって三米位下の流れへくねり込んでくる。

私のいる所からは、その棒のような水の動きを底から見上げることができる。剣沢全流を束ねた水を底の方から透き徹して見ることになる。日光に映し出されたその太い水の棒は、ビイドロの切り口を見るように、青く光ってくるくると回転している。これは裏見の滝でなく底見の流れだと、驚異の眼をみはった。

巨岩を足場にして左岸に移って、下流を見ると、両岸から削り立っている雄大な山壁の上を、森林を越して牛首山の翠緑がすっきりと聳えている。

大分雲が出てきた。今日もまた夕立の気配である。零時三十分、野営地に帰って、谷近くの平岩の上で中食をとる。

もう九月だというのに、剣沢には雪解の跡からウドがたくさん出ていた。早速持参のマヨネーズであえて、その珍味に舌鼓をうった。

濃霧が谷へ下りてくると、岩燕は風を切って上空から谷へ、谷から上空へと翔け廻っている。午後三時頃から夕立が来たが、五時には全く晴れ、剣沢平を中心に斜陽は山から谷を茜色に染めだした。

夜の更けるに随って剣沢の瀬音はますます強くなり、重い唸り声を伴った激流の音は峡谷を震撼し、時をおいては谷に崩れ落ちる雪の塊りは遠雷のように谷に谺する。

外は霜気に満ち、高空には星華が煌めいている。スバルは中空に寄りそって粉ダイヤのような光を放ち、遥か牛首山の肩からオリオンが静かにのぞきに来た。

黒部別山の北尾根の屏風のような懐にある剣沢平の夜は暖かで、安楽な眠をとることができた。しかし一足谷の方へ下ると、川上から吹き落ちてくる峡風は震えあがるような寒さである。

剣沢平・黒部別山北尾根・ハシゴダン乗越

八月二十六日、快晴、午後より大雷雨あり、雨は日没までつづく。

午前五時、天幕の外へ出て見ると、オリオンが東の空に淡くかかっている。剣沢へ入ってから初めてコマドリの声を聞いた。朗かな朝である。

今日は黒部別山を越してハシゴダンを剣沢の上流まで出たいので、午前六時、泊り場を後にして残雪の上を黒部別山の凹(くぼ)に向って登り始めた。

緩い傾斜の波状をした大残雪には、クレバスが二個所ほど入っていた。ちょうど南仙人側の涸谷と向い合いに、黒部別山にも狭いワレ谷が入っている。谷は三十度乃至(ないし)四十度の角度でワレ込んでいる。初めのうちはハシゴ段のようだったが、だんだん狭くなってヤゲンのような急な溝となった。

顧みると南仙人の涸谷は目八分に立ち上って、立派なタル沢となっている。

途中で二度ばかりザイルの厄介になり、巨岩の横を廻り落石に注意しながら行くと、ヤゲンの溝をぬけ、谷がやや開けると草の崖のような窪に出た。

滑る、滑る。尾根や岩間から絞り出る水の滴りのために湿っている草の急斜面は、足を下ろすたびに危くのめりそうになる。私たちはハシゴ段からヤゲン坂を上り、最後に草の崖の滑り坂に来たわけである。

漸くにして尾根上の白樺の大木の下へよろけ上った。午前七時半。尾根の上に登りつくと、反対側の方から朝日が美しく射し込んできた。尾根の脊筋を白樺、椈、黒檜などの密林の下を藪をかき分けて急斜面を登り、藪の窪でひと息入れた。午前八時四十五分。一五一〇米。

顧みると白馬岳から鹿島槍岳を経て赤沢岳に至る後立山の峰々が、森林の間から壮大な姿を現わし、右手に近く大窓の岩山が円い頭をつき出している。暑気が俄かに強くなった。

午前九時半、北尾根の下のタル沢に向っている支脈と、棒小屋落口の前に出ているものとの尾根の岐れ目に出た。一六一〇米。

この分岐点の上から剣沢の方へ深い谷が下りている。これは大滝の上手に下りているものである。

なお森林の下を藪を分けて行くと、木の根や岩角で梯子のようになっている急斜面を這うようにして上る。十一時半になって山の脊が暫く緩くなり、ナナカマド、キナシ、ドウダン、シャクナゲなどの茂っている平藪の上に出て、じりじりと照りつける陽射しを脊にして中食をとり、水筒の水を絞ってノドを湿した。

巨岩の上に立って黒部川の廊下を見る。ここからは岩小屋沢岳西尾根の赤ムケを対面に、その下から直線的に流れてくる下ノ廊下の上半部が鮮かに見られた。

藪の茂った痩尾根の難路（路はない）を、左折し右廻して漸く北尾根のキレットに辿りついたが、朝来蒸し暑かった天気は濃厚な夕立雲を醸（かも）して、潮のように黒部別山の上から後立山の方へ煽っていたが、やがて豪雨となり、雷鳴はつづけざまに、けたたましいくらい頭上から脚下をめぐって轟きだした。

暫くの間は山も渓も霧の底に息づいていたが、やがて天地は白霧に閉され、雨煙りは濛々（もうもう）として四辺を包んでしまった。服は濡れる寒さは加わる。惨めな思いでキレットの大崩れの上を這い上り、岳樺の大木の下をジン竹や草藪を分けてひた登り、草地を横ぎり午後二時になって漸く北の峰の三角点の所へ、全くほうぼうの体でたどりついた。

北の峰の頂上からは、栂、唐檜、黒檜、落葉松などの森の下を、苔むす巨岩づたいを、剣沢寄りにまたは黒部側を、密叢、痩尾根の脊筋をからんで、約一時間で頂上直下の黒部向きの斜面に出た。さらに右斜めに上りきると、残雪の溝をぬけ、黒部別山の最高点二四〇〇米についた。午後三時。

それから黒部側を草地を降って二つほどの小さな隆起を越し、ハシゴダン乗越につづく尾根の平に出た。休んでいると剣岳の方の雲がはげて、頸から下の大きな壁と雪渓が見えてきた。

疾風はなお横ざまに寒雨を叩きつけるので、顔も手足も冷え、身体が胴ぶるいをする。休んでもいられずにハシゴダン乗越を、森の下路を一散に下って行った。途中で内蔵助（くらのすけ）平の草地を見下ろして美しい高原に別れを告げ、乗越の手前から支谷をハシゴダンに降り雨水で泥濘になった谷の中を走りぬけて、午後五時、漸くハシゴダンの落口の広場に出ると、焚火を盛んにしうち寛ろいだ。山雨はなお蕭々（しょうしょう）としてやまない。

八月二十七日、曇、時々雨、午後からまた夕立が来た。

この日は弘法ノ小屋に泊って休養をとり、翌日は弥陀ヶ原から帰京の途についた。

（昭和二年八月）

黒部峡谷完溯記

上ノ廊下の巻

自　昭和三年八月二十六日
至　同年八月二十九日

今年（昭和三〈一九二八〉年）は、上ノ廊下から双六谷方面を採って見たいと思っていたが、下ノ廊下を立山側について鐘釣温泉まで下るというコースの方が希望者が多かったので、私もその方へ一緒に行くことにした。

しかし大ヘツリの先きの流れの状態が悪かったのと、下流の剣沢方面から日電の工事が、ちょうど私たちの降って行く方に向ってハッパによって道を拓いているので、何となく気が進まなくなり、下ノ廊下の下降を断念して途中から平（だいら）に戻り、上流を東沢の落口を経て上ノ廊下に向った。

ほぼ谷通し上ノ廊下を溯（さかのぼ）って薬師沢の出合までたどりついたが、天気が悪くなったために源流地まで上らずに、太郎兵衛平から有峰に出て、和田川を千垣（ちがき）に下った。

同行者は日本山岳会員岩永信雄、別宮貞俊、渡辺漸の三君で、山の人は皆、大山村の人たちを連れて行った。

平から東沢落口まで

平ノ小屋から上流、針ノ木谷、ヌクイ谷から東沢落口までの黒部川は、同じような快闊な景ではあっても、下流のものとはまたちがった趣きをもっている。渓幅の闊さ、森林が川瀬近くまで茂っているさま、州の遠く闊々とつづいている風景などは平から御山谷の落口までのものと同じようであるが、両岸の山勢が陵夷して、岩壁の露出は小規模になり、川瀬もその深さを減じて、遥かにのびのびとした情景が感ぜられる。そこからはもう額を削って直聳する針ノ木岳、スバリ岳、赤沢岳などの高い峰々を望み得られるほどで、主脈は近く迫ってはいない。

平から下流では徒渉の全く不可能なときでも、この上流地帯は、東沢落口までの間でも、対岸に横ぎることのできる浅瀬は至るところにある。浅水の中を縦横に行く徒渉の愉快さ、川中に延びている長い州の上を行くのんきさ。

川近くまで蔽い茂っている榛、楊、白樺、落葉松などの美しい集団、緩漫な傾斜の川床の上を闊く漲って行く渓水の行方を追うて、下流にあたって立山主峰や黒部別山を眺められることなど、このあたりの渓趣の特色ともいえよう。ひとことでいえば、上流らしいすべての情景が私たちをめぐって展開されてくるのである。

八月二十六日

電力の人たちは皆仕事に出かけて、平ノ小屋の昼は森閑としている。

夏の真昼の陽射しを浴びている周囲の自然、川風にそよぐ林は濃い影を清流に落し、激湍（げきたん）は強い光りを谷一杯に反射して、静かな浅い淀の上から、州の上から陽炎（かげろう）がゆらゆらと立ち昇っている。無数の赤トンボが、水の上を流れにつれて飛んで行くのも見ごとである。

下流を見ると、中ノ谷の吊橋の下手で右にかくれている黒部の流れの上に、両岸から集ってくる山脚の間を、大きな入道雲が後立山の方へ流れて行く。

どりゃあ、上手（かまて）へ行くか、という長次郎の声で、私たちは電力の小屋に暇（いとま）を告げ、午後一時二十分、平ノ小屋の傍をぬけて籠渡しの所に架けられた粗末な吊橋を対岸に渡り、東信道を行かずに右岸の川沿いを上り、ヌクイ谷落口の上手で左岸に渉（わた）った。

闊い川瀬を、美しく均（なら）された川底の石の上を、僅かに膝を没する深さのトロを横ぎって行く快さは、今まで通った下流では味わうことのできない柔らかな感触である。

流れが左岸の岸辺に傾くと、自然と草の崖を上りその横を行くようになる。約四十分は闊葉林の下の草地を行くと、また浅水を横ぎって広い川原に出た。幾町もつづいている石州の上を気まかせに行くと、渓の幅はいよいよ開けて、対岸まで三丁余もある大きな川瀬となった。

細長く延びている州の上には、榛・楊・白樺の細長い林が川風になびいている。黒部上流で最も川幅の広い所で、春や秋には新緑や紅葉の見事な所である。

午後二時二十五分、口元木挽谷の落口を横ぎって右岸にうつり、岸辺を辿りながら顧みると、下流は頓に展けて、ヌクイ谷下流の尾根の上に乱雲が高く騰り、その左から立山主峰の姿が見えてきた。後立山側からは、スバリ岳の山脚らしい急な尾根が黒部に向かって傾いている。

中木挽谷（金山沢）落口付近の廻り道をさけて、なお右岸を行くと川瀬はやや狭くなり、川中には壮麗な巨岩が面白く配置され、深い流れがそれをめぐって奔落している。この付近には珍しい豪放な景色だ。

午後三時十五分、右岸の渓側が著しく急になったので、流れの狭そうな所を選んで岩から岩へと流木を渡して対岸にうつり、闊葉林に沿って右に廻り込みながら左岸を縫って行った。

右岸はこれから東沢落口の二、三丁下手までは急激に川に臨んでいるので、その岸辺も相当悪い。数年前、右岸の三十米乃至五十米の所を東信歩道が拓かれてその当座は通れたが、今日ではそれも荒廃して殆ど通れなくなった。

左岸の岸辺を、林の下を行くと、高くはないが三十間位の壁へツリがある。右岸は壁が遥かに悪く、距離もあり、重い荷を背負って壁をへツって行く山の人たちは容易でなかった。しかし幸いと一人も川へ落ちる者もなく無事に悪場を通りぬけた。また暫く岸辺を行くと左岸の流れが深くなって壁がそれをかこんでいる。私たちは壁際から右岸に向って徒渉を試みた。

水深腿に達する徒渉、水勢も極めて強いので、二人ずつ並んで杖を握り、早瀬をついて斜め上に押し渉り、浅瀬に添って転石の上を行くと、水のある小沢が入っている。この付近から榛、楊、落葉松の林丘がゆるやかにつづいて、渓水は浅い幅の広い段となってせせらいでいる。赤牛岳の頂から西北に出ている大尾根の頭が、遠く行く手に見えてきた。

午後五時、東沢の出合も、もう間近になった。暫く川身を溯って左岸に渉り返し、浅瀬を拾い、磧つづきを縦に縫って、東沢の水を対岸に見ながら、十間位の幅を浅く流れる瀞を右岸に横ぎると、東沢落口の上手にある砂丘のつづいた広い平に出た。そこが今夜の野営地である。

砂州の上に荷を下ろして、後から浅流を渉り、磧を縫ってくる山の人たちの姿や、夕陽に光っているトロの静かな色を眺めてほっとした気持ちになった。

やがて砂丘の広場に三つの天幕が張られた。

魚を釣りに上流へ行くもの、焚木を集めるもの、炊事の支度にとりかかるものなど、皆、相当多忙である。

流木を二本立てて綱を渡し、徒渉でぬれた衣類を干し、私たちは焚火の周りに集まって、茶を飲みながら四周の景色を眺めた。

今日は速力を早めたので行程は随分捗った。下ノ廊下の新越沢落口の泊り場から東沢落口まで一日で溯れたということは、二、三年前ではちょっと考えられなかったことだ、減水期とはいえ、荷の重い山の人たちは実によく稼いでくれた。

珍しく風のない静かな夕暮であった。真直に立ちのぼる露営の煙、紫色の輪を描いて拡がってゆくその煙の消えるあたりを、高空は茜色を流していた。

夕雲は渓の上空に流れ、尾根の空線にかかって、南沢岳の支脈の上に出ている尖り岩が真紅に燃えている。

今頃は高い山々の頂は皆夕陽に焼けただれて、美しい彩光を、立山も、剣岳も、薬師岳も、さては赤牛岳や水晶岳も隈取っていることだろう。

山から渓へ帰って行く軽燕（けいえん）の群れ、その翼も夕陽に輝いて、寒い夕風に雷鳥は偃松（はいまつ）の中から鋭い叫びをあげ、頂近い草地やザクの上を、イワギキョウ、イワウメ、トウヤクリンドウなどの花が、夕寒にふるえているのだろう。やがて水のように澄んだ空の奥から、夕星が美しいまたたきを始める。こうした静かな夕べ、谷底に露営をしている折々には、山上の豪奢を偲ぶことが往々ある。

野営地の直前には流れを隔てて、高くはないが美しい壁が十数間位折れ曲って、渓水はその上手から深く淀んで、濃藍色のトロとなっている。流れは節理の面白い立壁の脚をひたし、その影をうつして、紫水晶のような光りを、壁と水との境にひと筋、横一文字に流している。

立ち枯れになった大木が、砂丘の所々に立ち並んで、落葉松、榛、楊などが汀（みぎわ）近くに美しく、黒檜（くろべ）、縦（もみ）、栂、五葉などの黒木の森が渓側から尾根にわたって茂っている。いかにも上ノ廊下に近い景趣となった。

午後六時半頃になると、烏帽子岳の方から月が昇ってきた。その姿が日に増し大きくなるのが何よりも楽しみである。

東沢落口からスゴウ沢落口まで

八月二十七日

午前七時四十分　東沢落口発、正午　黒ビンカ下、午後二時五分　口元ノタル沢落口、午後三時

五十分　廊下沢下手、午後四時三十五分　スゴウ沢落口下手の磧。露営。

東沢落口の風通しのよい闊い河原でも、昨夜は幸いと風が穏かで、非常に暖かな露営をすることができた。

午前五時、天幕を出て、すぐ前を流れている浅瀬の汀に下り、すきとおるような水を掌にすくって漱ぎ、顔を洗う。

空は美晴で雲の片影も見ず、暁の谷底には涼秋のような冷やかさが充ちている。

午前七時、漸く四方の山の端が紅く煙りはじめた。

渓の空気をゆるがせて、上流の壁の戸口からコマドリの澄みきった声が流れてくる。

七時二十五分には谷底まで朝日がさし込んできた。南沢岳の尾根の間を斜めに透して、野営地の前にせせらぐ浅流の上に白金の光を砕いている。だんだん上手に向って光りが延びてゆくと、瀞が鏡のように光り、木々の葉先は華やかにそよいでいる。やがて陽が谷一杯に照ってくると、いままで陰森としていた谷の空気に一道の活気が漲った。

さあ。出発じゃあ、と長次郎の声がする。

上流にあこがれている谷キチ連は、旅嚢を背負って嬉しそうな足どりで、次ぎ次ぎに旅程に上った。

午前七時四十五分、野営地につづく岸辺の砂原を行くと、壁が流れにつき出ているので左岸に向って渉る。流れが二つに分れてその間に砂利州がつづいている。州の縁を伝いまた徒渉して右岸の方へ渉り返すと、三十間余りの壁つづきになっている。その壁を水面から一間程のところを縫ってS字形に廻り、岸辺に下りて休む。

朝日のまだ射し込んでいない長いトロ、深い光りを水面に流しているその淀みの中を、山の人は打ち連れて渉ってくる。濃藍の水に美しい波紋を描いてくる人の影が、対岸から倒影する落葉松の林の影と交錯して絵のようである。

磧を行くこと二丁程で流れは著しくくねっている。上流の尾根の間から薬師岳の一角が見えてきた。午前八時七分。

前方には小さな壁が断続している。左岸へ移って三丁程磧の丘つづきを行くと、水声が盛んに聞える。右手を見ると深い藪を押し分けるようにして小沢が入っている。熊ノ沢というのである。

午前八時十五分、磧で休み、壁の出鼻を上ってその後ろへ廻りまた磧に出る。それからやや深い徒渉をして右岸に移って砂地を行くと、磧の対岸に低い崩れが見える。

黒檜、落葉松、白樺、榛、楊などが両岸に茂り、渓側の木立は著しく黒ずんで、上ノ廊下らしい幽凄さには、もう下流の平を中心とした緑林の華やかさは見られなくなった。しかしこの付近では谷の幅はまだ相当闊く、川瀬を包んで砂利州や砂丘がつづいて、差し迫った廊下らしい景色は見られない。

午前八時四十分、行く手の渓側の茂みを越して黒ビンカの丸い頭が見えてきた。その左奥から首をさしだしているのは薬師の一角らしい。

右岸の岩のワレ目から滝がかかっている。約一町で深い流れと壁にぶつかったので、斜めに浅瀬を横ぎって左岸に移った。

下流を見ると山の人たちは岩魚を漁りながら気ままに歩いてくる。長くつづく砂原や石州の上を漫歩しながら徒渉をくり返して行く。

徒渉が終るとまた磧を行く。長次郎は溜り水をかこんでいる岩の底を突いては岩魚を追い廻している。対岸には磧がつづいているが、その方には岩壁の露出がやや大きくなって、五十米位の岩盤が立像の背のようになって、川に向って傾斜しているのが目立つ。

河身を縦に渉ってまた同じ左岸に戻る。暫くすると巨岩大石が岸辺に蟠(わだかま)って、行く手間近く高い壁が迫り、川幅もやや狭くなった。

転石の上を拾い、渓側を横に廻って、また大石の累積された磧の上を行くと、左岸から藪を分けて小沢が入っている。

午前九時十二分、磧の石の上に休む。顧みると左岸にも、右岸と同じような高い滑岩(なめ)

の露出が向い合っている。

蝉の声が林の中から聞えるのが、なぜか忌ま忌ましいような気がする。ここはもう上ノ廊下だぞ、コマドリの領分まで蝉の奴が推参するのはけしからんと思った。

九時二十五分出発、磧の上を行くと岩の丘になり、それを越すとまた磧がつづいている。対岸の森の奥からコマドリの囀り（さえず）が聞える。今度のは本物だけに胸がすくようだ。

岩の櫓を越えて行くと、対岸のナメの上は小沢が滝となって落ちている。ちょうどそこから谷筋が急に右（北微西）に折れ、両岸に迫る立壁の奥から黒ビンカの山壁が、数百米の高さを、鎧のような逆層の壁を重ねてそそり立っている。この高い壁の脚は水面近くまで削り落され、黒部本流はその直下で狭いトロとなって、蒼黒い水の面にハガネのような光りを流している。黒ビンカの下までくると、谷はまた左に折れているため上流の見通しはきかない。

流れの幅は六、七間に狭められ、立壁の間をゆく水は全部トロとなって、両岸の壁の脚を洗っているため、どちらの岸も水際は通れそうもない。

この谷の折れ目が上ノ廊下の入口である。平から上流で初めてぶつかった廊下らしい廊下で、Z形に折れ曲ったその中心は、かなりの凄さをもっている。勿論、簡単に通過することはできない。

口元ノタル沢の右岸の尾根先が悪いということは、ほぼ予想していたからさして意外ではなかったが、どこを行けるかが疑問であった。

ひと休みしている間に、長次郎は先きを見に行く。私たちは写真機を持って付近の景をあさった。もうこのあたりでは針葉樹が多く、黒檜、栂、姫子、落葉松などが壁の間から生い茂って、渓は頓（とみ）に陰森になった。

ふと対岸を見ると、約十五間ほど下手の、川から数間のところにひと抱えくらいの黒檜の切株が見える。多分これが目印しで、ここまで来た者が廊下を避けて、この切株の所から右岸の尾根にとりつき、口元ノタル沢を中途で横ぎり、その暫く先きの川のよくなった所で降るもので、廊下沢の方へ行く魚釣のつけた踏跡である。

長次郎は間もなく帰ってきた。先きは距離は短いが相当な悪場だと云いながら対岸の方を見廻していたので、あの切株のところを行くのではないかと思ったが、何とかしてこの廊下を川通し行って見たいのでその方を主張した。

ここで初めて荷の中からザイルがとり出された。やがて野口と米谷が壁の悪場をヘツり始める。若い信一は裸体になると、山刀を腰にぶち込み、その後を追って岩場を目がけて登って行った。

私たちはトロの下手の浅瀬を横ぎり、対岸の立壁の下にある一坪程の州に渉って、彼等の動作を見守りながら、日向の暖かい所で休んでいた。

作業は順々に捗って、壁を攀じ登り、その折れ曲りの竪皺に沿ってザイルが垂らされ、それに縋りつくと水際まで下り、壁の出鼻を廻り込み、次に胸に達する深いトロの中を岸辺について、黒ビンカ直下の砂利州の端にたどりついた。

それからなお上流を見に行ったようであったが、やがて信一と野口とで三間もある流木を担って来ると、その先に綱を結んで岸辺から深い淀の上を壁に向って倒し、根元を石で固めて、傾いてはいるが、とにかく丸木橋をかけた。

大体の段取りができたので、午前十時四十分出発、川中に延びている小さな磧を横ぎって、深水の中に渡した丸木の上をひと足踏んで直ちに岩場にうつった。そのヒダや棚を、灌木や岩角に縋って十米程上り、横に二米廻って、その樹幹に結びつけられたザイルを握ると、屏風のように折れ曲っている壁の竪凹について降って行った。

十米ほど降るとその下は深く内側にそげているので足どまりがない。次の壁に待っている山の人の扶けを得て別に垂らされたザイルにうつると、その壁の棚を横に廻り、それから先刻かけられた丸木橋を、深い淀の上を渡って、安全地帯である砂州の上についた。

荷は分解されて悪い岩場の鼻を、水から二米の所で上から吊り、横に綱を渡して順次に州の上に運び、最後に長次郎が幹に結ばれたザイルを解くと二重にして下の段まで下り、それをたぐって肩にかけ、丸木橋の上を州に下りて来た。全員が通過し終ったのは午前十一時二十分で、約四十分を費し、初めの偵察の時間を加えると一時間四十分かかった。

難場もひとまず終ったので、皆、朗らかに寛ろいで、州の上にゴザを敷いて弁当を拡げたり、巨岩の上に腰を下ろし、深いトロを眺めながら中食をとった。

ちょうどこの州のところで、今まで北を向いていた谷筋が急に西に変っている。左岸に聳えている立壁は約百五十米で、右岸のものは五十米の高さをもっている。この方には竪にワレ込んだ大きな洞が物凄く見えた。

上流はやや開けて、奔流と磧とがとり次ぎに見えている。また暫くはよさそうである。

昼飯を終ると皆ゴザの上に横になって午睡をとった。悪場を無事に通過した後の気のほぐれが一行の気分をのんびりとさせた。

天気は申し分がない。輝く谷の上空を、真綿をひき延ばしたような雲が銀色に光って、トロは冴えて、底の小石がひと粒ひと粒美しい色に包まれている。水の上を飛ぶ羽虫が銀粉を撒いたようにきらめきながら下流へ下って行く。

正午、一行はまた上流に向って溯り始めた。岩場をひと廻りすると数間で浅い徒渉にうつり、右岸の磧を通って平壁の上に行くうち、右岸に行詰てしまった。対岸に移るのであるが、僅か六尺程の間が深く、流木を渡して橋をかけ、左岸に出て十間位行き、右岸に渡り返して磧伝いを行く。右岸の山側は幽深で森林は漸く立派になり、付近には岩石の段丘が両岸に錯綜して美しい。

磧を辿っていると、すぐ足下に溢れる深いタルの底に岩魚が幾匹も見える。翡翠(ひすい)のような透明な水の中に身じろぎもせずに静止している魚の群れは、今にも水に溶け込みそうに見える。

午後零時二十四分、徒渉して左岸にうつり、長い磧に沿って流れの中を縦に渉り、同じ左岸の岩の丘を行くと滝の連続している小沢が入っている。

なお河身の石の上を拾って徒渉して行くと、上流の壁は漸く高く、右手から川まで雪のつづいている小谷が入っている。それと向い合せに左手からも深い谷が一つ、これは崩岩でボロボロになった岩の間を瀉(しゃ)下(か)している。口元ノタル沢である。

思ったより水の少い、まとまっていない谷で、私たちはその方へ向ってやや闊い川瀬を渉って、その落口についた。零時五十分。

この落口の上手から、また幽静な廊下が始まるのだ。

上流に向って高い岩の丘つづきとなっている。その上を僅かな足がかりを求めて、米谷と山本とが幾つもの岩の出鼻をヘツって行った。しかし間もなく行く手の壁が直立して、谷幅は急に迫り、流れはトロを造って渦巻いている。通過不可能である。

まずひと休みと、皆櫓のような岩の上に集まって、そこここの窪を求めて荷を下ろした。

去年の秋、岩永君とともに、この上の東信歩道を通ったときに、口元ノタル沢右岸の森林の間から、遥か下に岩壁に囲まれた青みどろのトロを見た。それが今私たちの足もとをゆくこの美しい流れだ。私は尾根の方を仰いだ、そして当時辿った道のあるあたりを想像した。

黒部川も平から上流になると、岩壁の多くは稜角を露わして、何となく若々しい谷のさまを見せている。大体において下ノ廊下のような角のとれた岩の塊、混然とした山壁を築いているものとは趣を異にしている。

前者は僅かに青少年の域に達したものとすれば、後者は既に隆々として筋骨をもっている壮年期の雄偉な渓相を示している。上ノ廊下の上流立石から、ヤクシ沢落口より下流の廊下の入口までの間では、谷はさらに幼い面影を随処に宿している。安定を欠いている両岸の壁、支流の荒寥とした崩れなどにそれがよくうかがえる。

谷を狭くかこんで削聳（さくしょう）している岩壁、その十米ぐらい上は針闊混交の密林に閉されているこの付近は、僅かの距離であるが上ノ廊下の中で最も暗い感じのする所で、東沢落口から上流では、黒ビンカの下を第一の難場とすれば、ここは第二の難場で、第一よりもさらに嶮（けわ）しい。

右岸に行きづまった私たちが休んでいると、野口と信一が左岸に渉って、立壁の上を上流の方へ廻って行った。ちょうど彼等の辿っている高い壁の上に、ひときわ美しく茂っている大椈（おおぶな）の林がある。それは、やはり去秋、口元ノタル沢から見て目印しにしておいたもので、もし川通しを行けないときには、あの林の付近を行くことがよいと決めておいた所だ。

米谷は一番とっ先きにある高い岩の上で鈎（はり）を投げている。魚釣でさえ入らないこの辺の魚はよく鈎にかかるので、僅かの間に十数尾を釣り上げて、私たちの方へ持ってくる。岩の上の凹みにある溜り水の中へ入れておくと、水音のする方へ飛び出そうとするので、しまいには皆枝に差してしまった。

上流から吹き落ちてくる風が寒いので、口元ノタル沢の落口まで戻って、流木を集め火を焚いて煖（あたた）まる。山の人たちは口元ノタル沢に入って、落口近くの大石を、杖をテコの代りにして動かしながら岩魚を追い出している。総がかりで十数分もかかって漸く三尾を手獲りにして喜んでいる。子供の遊びのようだ。

やがて野口と信一とが戻ってきた。とにかく先きは行けると云う。悪いが僅かな所を越せばまた川瀬に下りられると云うので、皆、出発の仕度を始める。

午後二時五分、さっき越した所を左岸に捗り返し、逆層の丸い岩の傾斜面を攀じ登って、高さ約三十米の崖頭に達した。暫く灌木の間を行くと草の崖が現われてくる。大体水平に行くのであるが、流れまで全く直立している崖っ縁のトラバースは決して安全とはいえない。

ここにけずり立っている壁は約五十米の蒼崖で、その上縁の栂の大木のある所から、漸く身をかわすほどの狭い崖の棚を、そのエグレ目について抜けると、それからは下りとなり、やがて岩の段を下って水際に出た。ちょうど一丁位の悪場であって崖上で身をかわす所がちょっと怖かった。しかし真竪の廊下を見て行く気持ちはすばらしかった。

川べりへ降りるとすぐ対岸（右岸）に向って渉り始める。私は深い早瀬を、腰を没する流れを渉り終り、何か考えながら水の中の石から石へと行くうち、ひと足滑らせて腰を下流の方へ落した。そのはずみに、私の身体の重みで足の下の一尺ばかりの石が転んだため、深くはないが激流の中へ滑り込んだ。咄嗟の間に前にあった巨岩に抱きついたのはよかったが、大事なピッケルを流れの中に手放してしまった。

ひと足先きに岸へ上りついた渡辺君が戻って来て、ピッケルを差し出してくれたので、それをつかんで右岸に匍い上った。幸いに落したピッケルは流されずに岩の間に挟まれていたため、上ノ廊下へ奉納せずにすんだ。

それから草ツキにうつり、約二十間ほどの崩れを横ぎってまた左岸に渉ったが、その辺から両岸は頓に緩やかになり、川瀬は広く、森林は岸辺に垂れて、壮快な流れが上流約二キロの廊下沢落口を経て、スゴウ沢落口までつづいている。

左岸に沿ってかなりの距離を、河身を竪に徒渉しながら溯り、同じ岸辺に戻って岩場を廻り、やがてまた右岸にうつると、岩壁の間から小沢が滝となって走り込んでくる。去秋、泊り場の前で見た廊下沢下手の特徴のある壁が行く手に見えてきた。今日もう泊り場に近づいたのだ。

右岸沿いの川中を徒渉し、磧を縫って二丁ほど行くと対岸から小沢が入っている。岸辺を離れて草ツキを上り藪を分けて、ここで尾根から下りてきた東信歩道と合した。ちょうどそこは岩永君と私とが紅葉の中に霜夜をひと夜明かした所だ。午後三時四十五分。

去年見た時とは大分様子が変っている。夏草は茫々として平一面を埋め、隅にあった岩小屋が僅かにそれと見分けがつくくらいで、草地には白樺の林が茂っているが、どちらかと云えば、みすぼらしい泊り場になっていた。

平をぬけて大石が丘のように積み重なっている磧へ出た。川瀬を見ると、渓流はさすがに美しい。殊に落葉松の林が立派である。

巨大な岩石の集りの上を左へ廻って行くと、泊り場から一丁足らずで対岸（左岸）から廊下沢が入っている。口元ノタル沢よりも水量が多い。これは源流地が遠いのと、残雪が多いせいであろう。

岩場を伝ってその後ろにぬけ、また東信道に合して灌木林の中を上り、なだらかな崖道を下って行った。

当面に薬師岳の頂が見えてきた。陽がその上に落ちんとして上流の渓間は斜光に霞んでいる。激流にきらめき、森林を透して光をそそぐ夕日影の美しさ、深い谷の上からのぞきこんでいる大きな美しい山肌や、カールの色などに気をとられながら、道を離れてまた磧に出た。

渓側はますますよくなって、川瀬は左へくねって行く。その下手で徒渉にうつり、左岸の闊い磧の上に荷を下ろして今日の行程を終った。午後四時三十五分。

地点は廊下沢の落口から三丁ほど上流で、スゴウ沢の落口へは上流なお一丁余の距離にある。

大正九〔一九二〇〕年に沢本君〔沢本千代次郎、沢本三郎〕の泊った所、上流に薬師岳を見て川中にあるよい磧というのが、多分この辺らしい。

時間が早いので天幕を張らずに、まず濡れ物をとり替えて、昨日のような物干場を作り、焚火を盛んにしてその周りに集まった。

野営地の前から上流へ大きく左曲している谷筋や、廊下沢の泊り場の方へ落走して行く下流の、段落して行く流れの面白さに見入っていると、山の人たちは上流からも下流からも、岩魚を沢山釣り上げてきた。

今日は夕雲が多いために、上流の山々には断えず乱雲がかかってている。すぐ向いのスゴウ沢左岸の尾根が蒼黒く延びて、その中のガレがひと筋、鼠色に晒(さ)れて、ちょっと凄味を見せている。やがて薬師岳の一角がくっきりと姿を出した。

場所が広いので、磧の砂地の上に天幕を三つ並べて張り、上流を背にして清流に向かって陣取る。岩魚の塩焼や酢の物などを菜にして楽しい夕餉を終ると、山のように集めた流木で大きな焚火をする。

平(だいら)から二日がかりの谷の話に興じ、午後九時天幕に入った。

スゴウ沢落口から金作谷落口まで

この間が上ノ廊下の核心地帯である。

八月二十八日

午前七時三十五分　野営地発、七時五十七分　スゴウ沢落口の対岸、正午　上のビンカ下、午後三時　大曲り、三時四十分　金作谷落口下手の磧。泊。

午前四時三十五分、天幕をぬけ出して磧に出ると、焚火の残り火を掻き集めて暖をとる。空は曇っているが、雲の切れ目から碧い空がところどころに見える。陽気の暖かすぎるのがやや気にかかる。

上流を眺めていると、薬師の尾根上にうっすらと朝日が映えて、紅い軟かい色がその山肌にうつろってきた。

午前六時近くなると天気も大分よくなり、谷上の雲がほぐれて下流の方へ流れて行く。朝焼はかなりひどい。淡雲は山峡を埋めて、立ちあがる霧の中から岩燕が幾羽も舞い下り来た。

午前七時三十五分出発、進むにつれて薬師岳の姿が大きくなり、河原はますます闊さを増して開豁（かいかつ）な谷筋が前方に展げられた。

上ノ廊下の徒渉。スゴウ沢上流（昭和3年8月）

右岸にうつって暫くすると岩場に行き詰り、また左岸に戻って行くと川幅は二丁も拡がり、灌木や草藪の茂った磧の丘がつづいて、見渡すかぎり野広い流域が、静かにうねって行く流れを取り巻いている。しかし右岸の渓側はかなり急で、壁、崩れ、草崖の横に切り拓かれた東信道などを見ても、川瀬を行くよりも却って難渋のようだ。

薬師の頂稜は何時の間にか淡雲に蔽われたが、その下の三つのカールがはっきりと見えている。

午前七時五十分、右手から大きな谷が入っている。スゴウ沢だ。その下手で対岸（右岸）にうつる。瀬が早く水深腰に達する流れの中を、水底にある石の上を行くと、ともすると足場を失いそうになる。やがてスゴウ沢落口の前に出た。廊下沢よりも大きく水量も多い。しかし谷筋は割合に闊く、緩やかな傾斜で明るい渓流となっている。スゴウの頭らしい峰が、その窓から首を出している。

一丁程行くと左岸も壁つづきとなり、大きなワレ谷が同じ岸から入っている。これも水量はかなり多い。この付近から岩壁は急に赤褐色となり、追々高さと角度とを加えてきた。岩の色がこんなにすばらしく赭味（あかみ）を帯びてきたのは上ノ廊下へ入ってから初めてである。

午前八時五分、磧を行く。前方はいよいよ廊下状となった。ここは赤牛岳の頂上から西微北に下りている大尾根の先きを廻るあたりで、上ノ廊下中心部の嶮はここから始まるらしい。私たちを上ノ廊下まで引張って来た自然の魅力は、実にこれから金作谷の落口に至る間の壮快極まる渓観である。

両岸の山側は赤くむけて、左岸の壁は柱状となって高く、屏風折りに曲り込んでいる。直立に近い壁の根元を流れは圧（お）し縮められて、川の中央にある白く磨き出された巨岩の周りを悠々とくねっている。

鏡のような静かなトロだ、その鏡の面に倒影している森林や岩壁、空と雲の美しさ、これは口元ノタル沢以来の佳い風景である。

右岸の壁も一歩一歩嶮しさを増してきたので、一行の足どりは漸く鈍ってきた。岩伝いを行く私たちは、岸辺が狭くなると追われるように約十米の岩の頭に攀じ登った。午前八時三十分。

この岩の崖寄りには、ミヤマナナカマド、ミヤマハンノキ、白樺などの矮い木が茂って、ところどころに切開けがしてある。そして太い木の幹にワイヤーが吊されてある。東信道はここで谷を避けてまた高みへ上っているのである。

（付記）上ノ廊下の中心部の右岸は全部赤牛岳によって占められている。口元ノタル沢を中心として、赤牛岳の頂から東北に派出された大尾根の突端が上ノ廊下入口の嶮であり、西北に延びている大尾根をめぐって、上ノビンカの嶮を中心とした金作谷落口に至る間の奔流をめぐらしている。

この谷筋の左岸は木挽山と薬師岳とが固め、岩壁は右岸のものよりも高く、黒ビンカ、上ノビンカなどの大山壁はその方に雄姿を見せている。

東信電気の歩道はこの二つの嶮を避けて尾根上に上ってしまっているため、谷の佳い景色が見られない。

川通しを行く一行は、岩の曲り目にある凹みの上に出ると、樹幹にザイルを結び、約十米の直壁をそのワレ目に沿い、ザイルによって下った。荷を一つ一つ下ろしたため、ここを通るのに約二十分を費した。

この岩の先きには、川に向かって傾いている丸い壁がつづいて、その膝頭にボールトが二つ打ち込んである。

トロを下に見ながら十五米程ヘツって低い壁にうつり磧に下りて休む。このボールトの打ち込んである丸い岩から東信道は尾根へ上っているので、歩道との連絡はここで全く絶たれる。

なお右岸を行くと、最後に岸辺が水に落ちて、ひと足の所だが水が深く、先きの岩に取りつけない。流木を一本立てかけて、白く洗い出された巨大な円岩の上へ匍い上った。それから先きは峭壁と激流とで右岸は通れなくなった。

この辺から谷筋が小さく左右に刻まれている。渓観は刻々に移り、数十歩も行くと渓の様子が変ってくる。

下流を見ると、左岸に立て廻されていた赤壁は既にかくれ、それにつづく柱状のがっしりとした岩壁が現われ、やがて渓側の小さな崩れが尽きると、またひとしきり立壁が入り組んでいて、その立壁が板状の岩層にうつるあたりには、板のような一枚岩がそそり立っている。高さ十米、六十度の角度をもっている。

顧みると、スゴウの頭の一部が長大な裾を下流に延ばし、その方は森林が、谷を埋めて美しい。いましがた通って来た広いスゴウ沢の出合付近の様子が目の前にちらついてくる。

空はまだ曇っているが晴れ模様となって、朝日の第一閃が深い谷底に射しこむと、激流は華々しい光りを壁にまで映し出した。

両岸の山々は高く壁脚を裸出し、激流を押しつつんで狭く折れ曲っている。左岸の壁が頗る高く峻しい。黒ビンカのような逆層の重なりとなって遥か上流まで屏風折りになっている。森林は漸く高所に追い上げられ、渓音はすさまじい響を立てている。いよいよ壁と深い流れの世界となった。これから上ノ廊下の核心をなす豪快な景色が展開されるのだ。

円岩を上流に向って下り、なお暫く岸辺を縫って進み、十米位の岩の丘に立って見たが、前進ができないので戻り、左岸の階段状の層をした岩の棚に向って徒渉を開始する。

午前九時五分、浅瀬を渡って岩の段の上に匍い上り、数間戻り気味に登ってさらに上の段に達した。振り向くと、僅か数間位の後ろに、さっき下流から見た板のような一枚岩が見えている。周りの岩場が皆縦横に節理の入った磊々とした中に、その板状の壁だけが水晶のような稜角を削り落しているのが如何にも刺激的である。

対岸を見ると、流れに向って逆しまに頭を傾けている無数の角岩が、高い渓側からはみ出して、大きな石垣が崩れかかったような、膝を交えて岸辺に向って乱暴に乗り出している。その先きへ行くと、今度は饅頭を積み重ねたように巨岩が累々として右岸を固めている。上ノ廊下でなければ見られない荒っぽい、グロテスクな景色だ。

私たちはさらに左岸の汀(みぎわ)に下り、円筒の側面のような立壁の足許を廻り込み、岸辺に沿って浅瀬を行くと、行く手は顎をつき出したような立壁と、その方に深く淀んでいるトロによって遮られてしまった。

すばらしいビンカ(山壁)が上流の左岸に延びて、その左の肩を圧して薬師岳の一角と、間山の崩れとが壮大に見える。

下流を見ると、私たちが今まで通ってきた廊下の壁と流れの上から木挽山がのぞき込んでいる。もうその方にも森林は全く影をひそめて、岩巣伝いの嶮岨が私たちを威圧するようだ。

廊下の流れはいよいよ狭く、両岸とも逆層の高峻な岩伝いとなり、その渾成(こんせい)された形と色とは私たちの眼をみはらせた。

いよいよ核心に来たなという感覚が、私たちを真剣にし有頂天にならせた。

しきりに、気持ち、気持ち! という声がする。よほどよい気持ちになったらしい。

やがて左岸の崖側を離れ、河身の岩に足場を求めて深い早瀬を横ぎると、右岸のやや下手の岸についた。しかしそこで全く行きづまってしまった。右岸をやや進んで、午前九時五十分、大石の堆く（うずたかく）なっている磧の上に荷を下ろしてひと息入れた。

私たちの休んでいるすぐ後ろには壁の間に急なワレ谷がかかって、その行き詰りに狭い窓が見えている。対岸の鼻さきには、頭上を圧して釣鐘のような巨大な岩塔が、約百米の高さで突っ立っている。

しかし私の驚いたのは、それらの嶮しさばかりではなく、問題はむしろ眼前に展げられた渓流の姿と、その水面をかぎる壁の有様とであった。

私たちの立っている岸のすぐ上流で、鉄のような岩の扉が両岸から同じ態勢でのり出している。まずい形容だが、ちょうど巨艦が舷々相摩せんとする壮大さだ。黒部の水はその間を転石ひとつ見せずに、約一丁の距離を六間位の幅の、深い碧のトロとなって川一杯に拡がり、ひたひたと両岸の壁を浸しながら、声をのんで静かに、しかし素早く流れて行く。

これは上ノ廊下ではまだ目撃したことのない立派な風景で、私たちは暫くの間無言のまま、この絶景に吸いこまれた。

渓側は両岸ともに逆層のしかも角のとれた肉のある壁で、左岸のものは高さ三十米、釣鐘状の灰白色のもので、その後ろにはさらに大きな釣鐘状の岩峰がすばらしい露出を見せている。水面から力強い根張りをもって仁王立ちになっているこの岩塔の胴のあたりを、ノ深にやや斜めに入っている幾筋もの大きな横皺は、熔解した金属が急に冷却したために、下垂の形で凝結したようになって、下の層の肩に次ぎ次ぎに靠れかかっている。しかもその壁の脚はつるつるに光り、岩の堤となってトロから洗い出されている。

右岸のものも高さは同じく三十米位であるが、この方のものは、渓側から大仏の肩のような頭をむき出して、その下を約十五米の間は同じような丸い壁が重なり合い、最後にその丸い壁を囲んで水面に向って傾斜している鍔のような奇抜な丸い棚が二、三段立て廻され、さらに三十度位の傾斜で笠状の滑岩が、はばきとなって水中に没している。

今までの壁とは比較にならないほど、どっしりとした大きな技巧をもっているこの壁は、遠い過去から、それこそ幾百世紀の昔から、不断に激流と闘った痕跡がまざまざと残っている。深い流れを圧し縮めているこの地勢を見ても、水のために浸蝕された岩骨の擦れ痕を見ても、廊下の深峡を形造る渓の彫塑には、自然も悠久の星霜を費しているのであろう。

上流を見ると、左岸に向って躍進してきた流れは、この狭い戸口で右岸に傾き、川中にある白い大石と右岸の壁の脚との間を飛流となってたぎり落ちている。そこで急落するとその下の深いトロに呑まれて、静かに両岸を打って拡がって行く。流れの幅は七、八間で、両岸とも壁際で深く淀んでいるから、川通しはとても行けそうもない。川へ入ることをためらっていると、先きの様子を見に行くと云って、米谷と野口とが後ろのワレ谷を登って行った。

三十分たっても、四十分過ぎても何の合図もない。私たちは代る代る大声で呼びかけたが、激流の音に消されて何の応えもない。

どうにかなるだろうと思って、流木を集めて石の間で焚火をした。やがて湯が沸き上って中食をとっていると、遥か上流から人の声がコダマしてくるようだ。一行は弾かれるように立ち上ると、一斉に大声をあげて叫んだ。すると今度は確かにその方から人声が聞えてくる。

二人とも谷へ下りたらしい。まずよかったと、私たちは喜び合った。

中食を終って焚火の周りで話をしていると、しばらくひっそりとして人声がしなくなったが、意外にもすぐ上手の左岸にある巨岩に挟まれた磧の上を、二人してひょっくりと姿を現わした。そこは下流の黒ビンカよりさらに壮大なビンカ（山壁）の直下にあたる所である。

皆総立ちになってその方を見た。そしてヤッホーと叫んだ。二人は悠々として深いトロの中を斜めに下って来た。

杖を一緒に握り、並行の姿勢で深水の中を渉ってくる。その方を片唾をのんで眺めているこちらの方が、知らず知らず総身に力をこめて見守らずにはいられなくなった。流れは彼等の腿から腰へ、腰から胸へと浸して、しまいには肩近くまで流れに漬いた。さすがに彼等も真剣な顔つきになった。そして何時しか笑いが消えた。

いまにも彼等の身体が浮き上るかと、見ているこちらの方が気が気でなかった。しかしそれも僅かの間で、やがてまた身体が少しずつ流れからせり上がってくると、二人はのんきそうに話しながら此方をさして下って来た。

中流数間の深みを渉り終ると、二人の身体は水面からずんずん伸びて、右岸の壁際を伝いながら私たちのいる岸辺にたどりついた。ほっとした二人は裸になって濡れたものを絞っている。

どうだ、様子は、と聞くと、ああ好い気持ちだった、と答えた。

二人の話によると、先刻のワレ谷を匍い登ってから暫く高みを横ぎり、右岸に突き出ている壁の上部にある林の中をぬけて上流の大きな岩場の上に降り、そこから渓側を流れに下りると、激流の中を右岸から左岸に渉った。渉りついた所が、今私たちの休んでいる所から正面に見えるビンカの下の磧であった。

トロへ入ったが、幸いと水が小さいので、思ったほどの困難もなく渉って来ることができた。しかし中程で水が急に深くなったときにはヒヤリとしたと云う。

このドブ（狭く深いトロ）さえ越せば、先きは暫くは谷筋を歩けそうだと云う。私たちは顔を見合せて微笑を洩らした。

それから皆裸になると薄いシャツを着たまま、ある者は荷を頭の上に、または背中に高く結びつけて岸辺から水の中へ入って行った。

水に強い岩永君が山本の後を追って深瀬に入って行くと、その後ろから一列縦隊となって、トロに波紋を描きながら、ぞろぞろと川越しを始めた。

先方の者は水中に深く身体が没してゆく。心許ないようだ。壁際は両岸とも深く掘れているので川の真中を行く。そこには流れの中を長い州がつづいているので非常に具合がよかった。

一行の写真をとってから私は、先行者の後を、瀬の浅そうな所を求めながら渉って行った。

長次郎は最後まで残って、岸辺の石の上に佇み一行の様子を眺めている。もしも浮かんで流される者があったら、すぐに飛び込んで救い上げるつもりらしい。

やがて先行者はトロを渉り終って、上手の岩場近くにたどりついたが、生憎と岸にとりつく所に出ている白い岩の足がかりが頗る悪い。激流のため滑らかに磨り減らされた扁平の岩には、手がかりにする角も皺もないばかりでなく、水の中へちょうど滑り加減に傾いて、トロの底まで斜めに突込んでいるから、容易にとりつくことができない。一行は皆その前に一列横隊となって、左上から押してくる激流をいといながら、膝を没する水の中に佇んでいた。

とにかく岸にとりつく唯一つの足がかりはこの滑岩の外にはないので、身軽な山本は幾度もそれに向って匍い上ろうとして飛びついた。しかしその度ごとに岩の滑面に足をとられて水の中へすべり落ちた。

後ろから見ていると、イナゴが稲の穂にとびつくのか、蛙がガラスの壺の中を匍い上ろうとして滑り落ちるような風だ。

長次郎の方を顧みて救いを求める者もあったが、そのうちに最後の努力でとびついた山本の腰を次の者がささえ、滑りそうな足の平を杖の先で押してやり、漸くのことでその白い岩の上に完全に匍い上らせた。

それから岩の上と水の中で、手をとり腰を押したりして援け合いながら、一人ずつ岸辺にとりつき、巨岩と岩の丘との間にある日当りのよい所を選んで、陽にあたたまりながら身体を拭き、衣更えをした。午前十一時二十分、この徒渉に約二十分を費した。

山の人たちはまた荷をとりに戻って行く。泳ぎの好きな若者は、トロの色を見ると堪

上のビンカのトロ（昭和3年8月）

らなくなって、その中へ飛び込むと、よい気持そうに泳ぎ廻っている。

　衣を着更えた私たちは、撮影に観察に忙しい。

　川筋はここで上流から下流へと「く」の字形に折れ曲って、その凹角の所の山壁は実に立派で、二百米を越える逆層の壁が、数丁にわたって谷の上空に向って挺聳（ていしょう）している。

　その下手には私たちがトロの下手で見上げた釣鐘状の岩塔が、この山壁に寄り添って聳えている。上手から見ると、この岩嶂と山壁との間にヒビのようにワレ谷が入って、それの成長につれて岩が薄く剝がれ、矢の根を立てたような立壁になってしまったのだ。

　このトロから上流は、谷筋が頓に開けて壮快の気がみなぎり、岩壁と流水の壮観はますます高潮され、樹木は最早渓側に居たたまれずに、尾根を高く限って僅かに繁殖している。

　左岸一帯は約二百米の山壁をめぐらし、しかもそれが相当の距離を続いている。灰白色にそそり立った如何にもどっしりとしたこの壁は黒部の上ノ廊下随一のもので、谷の豪快、壁の長厚なことは、下流の口元ノタル沢を中心とした黒ビンカより遥かに立派である。私たちはこの雄大な山壁を、黒ビンカに対して上（かみ）ノビンカと名づけた。

　実際、上ノ廊下ではこの二つのビンカほど高い立派な壁はない。風景の雄大な点においても、この上ノビンカ付近、もっと範囲を広くとれば、スゴウ沢落口から金作谷落口に至る間の渓観に及ぶものはない。下ノ廊下で云えば、新越沢落口から白竜渓を経て十字峡に至る間のものに比することさえできる。

午後零時三十分、各自荷をまとめて上流に向う。壁の腰を廻り数間上流を行くと、左岸はまた巨大な壁伝いとなる。水面から三米程のところで逆層の大きな棚が蔽い冠さっている。ここでは上部の水平の壁のワレ目に沿って幾本かのピトンを打ち込み、ザイルを通して上下に張り返し、それによって川に傾いた板のような岩の面をへツり抜けると下りとなり、岸辺は岩石と浅い流れになっている。左岸に沿いその中を辿って行った。午後一時。

右岸を固めている岩壁、それは先刻米谷と野口とが、ワレ谷を乗越して下りて来たものであるが、随分長大な岩の崖となって、約五十米も谷に向ってはみ出している。これも逆層の大きな棚の重なりであるから、下りるのに相当不安を感じたであろう。

なお左岸の浅瀬と磧を縫って行くうち、野口は一人で対岸に向って激流を横ぎって行ったが、水勢に押されて中流で足を辷(すべ)らせて深みへ腰を落し、漸く巨岩に身を支えて事無きを得た。

行く手の右岸に見覚えのある岩壁がつづいている。燧石（ひうちいし）のような鋭い細かな稜角や襞を一面に刻み込んだこの岩の崖は、水面から膝を立てたように渓側につづいている。この特徴のある壁は、いつぞや沢本君の写真で見たものに相違なかった。

午後一時少し過ぎ、左岸上流の壁面から滝がシブキをあげて躍り込んでいる。これは通れないので、下手から右岸にうつり、その滝を顧みると、これは大きく明るいワレ谷から、幅広の累岩の上を廻って、最後に三筋に分れて本流の水面に落ちているものである。水量の多い壮大な吊懸谷（つりかけ）〔滝となって本流に合流する支谷〕である。

なお半丁ほど行くと左岸からまた一つ滝が落ちている。小さいがこの方は瀑布となって磧に落ち、さらに本流に向って瀉入（しゃにゅう）している。

その落口に向って左岸にうつり、滝の上手の立壁を七米位ザイルで上って、その上の壁を高さ十米、またザイルで上って小さな平に出た。

ボサの間を抜け、草ツキの横を上り加減にヘツって行く。滝に近い水気を含んだ草ツキは足場が甚だ悪い。右から左へと弧状に二十数間廻り込んで、川から三十米位の高さにある崖の突端に出た。

すぐ先きは崖谷で、ザイルを使えば岸まで降れるよい足がかりを得た。やがて太い樹の幹にザイルを結び、長次郎はそこに安坐してザイルを操りながら降って行く人を見守っている。約三十米を降って順々に岸に下りてひと息入れる。上流はまた岩巣である。ここで谷の方向は上流に向かってぐっと左へ曲っている。今まで西南に向っていたのが南微東に廻り、その曲り目には直立した壁が両岸を限って、流れはそこで急に圧縮されて深い飛流となって巻き落ちている。

上ノ廊下が減水したときでも、ここだけはどうしても左岸の渓側を廻らなければ行けない所である。

左岸の壁の裾を、水の中の石を拾って岸辺について暫く上り、崖側の角の所から深い瀬を横ぎって右岸に移った。川幅は七、八間であるが水勢は頗る強く、うっかり足を下ろそうものならもろに浚（さら）われそうだ。

しばらくは人と激流との闘いであった。この付近は上ノ廊下で一番怖かった。真に水勢矢のような所だった。

やがて右岸に渉りついて滑岩（なめ）の上を通り、水際を渉って行くと、左岸の壁から滝が飛び出している。右岸にも同じように壁の上から飛瀑が落下している。その落口近くの岸辺を、水底の石の上を、矢のように走る早瀬に抗しながら溯って行った。

スゴウ沢から上流で本流に入っている支谷は、皆、滝となって落ちている。岩壁でぎっしりと固められている廊下の側壁に遁路（にげみち）を求めて落ちてくる支谷の水は、勢い、滝となって落ちるほかに道はないのだ。

両岸の壁は著しく赤褐色を帯びて、岩層の状態も全く変ってきた。四角な赭い、すばらしい大きなブロックの集りのように、縦横に正しく節理の入っている岩の重なり合った立壁を見ると、廊下の壁の変化のめざましさに喜びの眼をみはった。

川床の激しい陥没と、激流の急速な折れ曲り、それを懐にして谷底に集ってくる尾根——ワレ谷によって薄く剝がれた幾つもの尾根の先が、この狭く急な廊下の底に集約されてくる有様は、いかにも引締った感じだ。

大正十三年の夏、私は豪雨の中をこの上で前進を拒まれて戻り、不承不承、金作谷の対岸の急な山側を、赤牛岳を目がけて大竹藪を匍い上った。私には思い出の深い所である。

これから上流は曽遊の地だから、なつかしみもあり、また何となく気分も軽くなった。ふと顧みると、スゴウ沢落口の上手で渓側を上ってしまった東信歩道が、ここでまた谷近くに現われてきた。これを見て私は、やはり谷通しを行かなければ、今まで通ってきたあのすばらしい廊下は見られなかったのだと嬉しかった。

やがて岩場を脱して段丘の上を行くと、すぐ先方に大残雪の押し出しを見せて金作谷が入っている。この残雪は薬師岳直下の大カールから落ちてくるもので、黒部本流を跨いで赤牛側にのしかかっている壮大なものである。

段丘を下りきると左岸に渉り、金作谷下手の岩層の磊々とした磧に出て今日の行程を終った。午後三時四十分。

金作谷落口、ちょうどそこまでで赤牛岳の頂から北微西に延びている大尾根の先をひと廻りして、薬師岳の中央直下へ辿りついたわけである。大体は五万分一の地形図が正しいが、今溯った谷筋は随分曲折が多く、地図だけをあてにしては到底谷渉りは覚束(おぼつか)ないと思った。

しかし一歩一歩と変化して行く深渓の面白味は、私たちに谷渉りの興味と真剣味とを満喫せしめた。

私たちはここで上ノ廊下の中心地帯を終ったので、明日からはいよいよ源流地帯に向って溯ることになるのである。


年によって谷の様子は随分違う。私が以前金作谷の落口に来たときには残雪はなく、落口の上下流とも黒部本流は狭いトロとなっていた。今夜は落口の対岸にある赤牛側の大きな磧で泊るつもりでいたが、来て見るとそこは、大残雪が本流を越して磧を埋めているのを見て驚いた。それで左岸の磧に泊まることにした。

平で分けてもらった餅米で白い強飯(こわめし)を炊き、とりたての岩魚を菜にして夕餉をとった。谷旅の飯のうまさよと、皆驚くほど詰め込んで、それから焚火の周りに集まって、今日の谷渉りの話に賑った。

心待ちにしていた月の姿は、あいにくと、乱雲に隠れて見えず、午後十時近くになって天幕に入った。

金作谷落口からヤクシ沢落口まで

八月二十九日

午前七時三十五分　金作谷落口発、八時　東信歩道に合し、赤牛側滝ノ沢下、小休、八時三十五分　赤牛側より出る大きな沢、九時十分　東信歩道と分れて磧へ下る。九時五十分　赤牛沢落口、十時三十七分　立石、午後二時十五分　上ノ廊下を終る。三時三十分　ヤクシ沢落口着。

夜半曇っていた空も今朝は名残りなく晴れ渡って、快晴の長閑(のどか)な情景は、山側を埋めた森林のそよぎにも、朝陽に光を砕いている激流にも充ちている。

午前七時三十五分、野営地を後にして浅瀬を対岸にうつり、段丘を上って金作谷落口の雪上を行く。

柴泥にまみれた大残雪の上を緩斜面を行くと、右手に高く金作谷は大きく開けて、薬師岳の頂稜が壮大に見える。上ノ廊下に入ってから一万尺の峰頭をこんなに近く仰いだのは初めてで、薬師岳頂点をめぐる偃松や岩巣や、残雪に象嵌(ぞうがん)された壮麗な姿に足をとどめた。

もう八月の末だというのにこの谷は、頂から黒部川まで残雪に埋め尽くされ、その懐は案外闊く、川近くでは傾斜も頗る緩い。私はこの谷を見上げているうちに、薬師岳の頂まで登って見たくなった。

金作谷は薬師岳頂点の東下にあるカールから下りている雪渓と、その右手に聳えている北薬師二九〇〇米のカールの下からくる雪渓の出合う所で広い棚状の平となって、その下から緩い勾配で黒部本流につづいている。

この谷は東沢とオクノタル沢の間で最も大きな支流であって、特徴のある地形と残雪の壮観をもっている。この谷を境として下流を明快豪壮とすれば、上流は狭隘幽深であると云える。

朝日は隈なく山上を照らし、下流の尾根の重なりの上にスゴウの頭(あたま)が紅く光っている。顧みると赤牛岳の山側は谷近くまで闊葉樹で埋められ、その大きな丸い裾は急傾斜で川に傾いている。この急な山側は曽て金作と竹次郎を連れて登った所で、この闊葉樹の下が大竹藪の密叢で僻易した所だ。

私はここを見ているうちに、今春病死した宮本金作を思い出した。痩せぎすな上背のある彼、ひょうきんな饒舌な、しかも山にも谷にも頗る強かった彼を失ったことはまことに寂しい。

彼が京都の今西〔錦司〕、西堀〔栄三郎〕両君の一行とともに最初に降りた、この無名の立派な谷に彼の名を冠し、黒部の奥に彼の名を記念し得たことを嬉しく思った。

金作谷落口の大残雪は上流に向って、なお一丁余の雪橋となって峡い廊下の谷を埋めている。この雪のない時には、金作谷の落ち口から直に美しい立壁に挟まれた廊下のトロ（ドブ）に入り、河身を徒渉して行くのであるが、今年は雪橋が断たれて流れに移る所が悪く、雪のつきる付近も川近くは険悪な壁になっているために、三十間ほど雪上を辿り、斜めに崖上に匍い上って東信道に合し、草の斜面から壁の横や、崩れやすい渓側の斜面について上って行った。

一丁ほど行くと、湯だ！　と先に行った長次郎が叫んでいる。赤牛側の滑岩上をすべり落ちてくる小渓の、手のとどくほどの所から煙が出ている。小量であるが湯の流れている所は草が黒く光り、その周りは湯の花が蒼白くついている。手を入れて見ると生温い。ここは川から三十米も上の所だ。

上ノ廊下の湯ノ壁というのがこれだ。黒部川はこんな奥まで湯の脈が通っているのである。このさらに奥のオクノタル沢には湯ノ谷というのがあって、大量の湯が湧き出ている。

それから道はだんだん下りになり、川から約十米の所を行く、薬師側の壁は直立に近く、三十米乃至（ないし）五十米の高さをつづいているが、赤牛側の壁には傾斜もあり、高さも低い。岩の色は金作谷の下手のものに似て赤褐色をしているが、やや黒味を帯びている。

午前八時十五分、赤牛側より出る見覚えのある滝ノ沢、大岩盤の上から瀑布となって落ちているものの中途に出た。金作谷落口から谷通しを来れば、ちょうどここまでは河身を溯れるのであって、その距離は四、五丁にすぎない。

沢を横ぎり崖嘴（がいし）をヘツって、岨道（そばみち）を尾根の曲折について廻り込んで行くと、脚下の廊下はいよいよ深遠となり、両岸につづく岩壁の中を激流は滔々（とうとう）と落走して行く。暗いが実に立派な廊下だ。下流の廊下より小規模になっているだけ、両岸は迫り、深刻な谷の凄味を見せている。

道はなお渓側から尾根に入り、幾度か曲折して赤牛側から入る支流の中途に出て休む。午前八時三十分。

そこは川から三百米余の高さで、相当の距離の高廻りである。花崗岩の幅の広い一枚岩の上を渓水は浅く走って、約十米下から滝の連続となって落ちている。黒部谷の上に薬師の頂稜の一部が見えてきた。
沢の上流には白樺、岳樺、椈、ナナカマドなどの密林が低くつづき、その上に蒼空が遠く開けて、源流地の広茫とした姿を垣間見せている。この沢を詰めれば赤牛岳西面の大緩斜地に出られそうだ。

この付近まで上ると本流は全く見えないので、東信歩道の興味は甚だうすらいできた。道は沢を横ぎり渓側から尾根にうつり、暫くすると闊葉樹の中の広い平に出た。峠上らしい平で、遥か上流に雲ノ平の高原が青々とした衾（ふすま）を展べている。

峠状の尾根の平からだんだん降りとなり、山嘴（さんし）を迂回して行くうち川近くの草の斜面に出た。下を見ると渓側は大分緩やかになり、川瀬は開けて両岸には磧がつづいている。

道を離れて川に降り、板状の皺の入った花崗岩の段丘の上に出て休む。

丘につづく壁を避けて左岸に渉り、やがてまた右岸に戻る。午前九時三十分。前方に薬師側から小谷が入っている。その上手で左岸に渉り、また右岸に沿って少時（しばらく）行くと、薬師側から大きな残雪の荒れ谷が入っている。これも金作谷と同じように上流で二つの雪渓が分れて入っている。この谷は薬師岳の南にある二つのカールから来るもので、薬師岳の頂上へは随分近そうに見える。

川はトロとなり、前方は両岸とも立壁で著しく左折している。顧みると下流の緩い尾根の掻き合さった上からスゴウの頭が高く見える。

立壁の下手で右岸にうつると、赤牛側から長大な沢が、濃密な森林を分けて緩やかに入っている。下流から見たときにはオクノタル沢と間違えたくらいで、これは赤牛岳の頭から西南に下りてくる第一の沢であるから、これを赤牛沢と名づけた。

壁の所で東信道と合してそれについて登り、川から三十米位の所を左に折れて渓側を行くと、暫くは山峡が開けて美しい川瀬が脚下に向って真一文字に走ってくる。遥か上流には雲ノ平が桟敷のようになって乗り出している。

大きな崩れの横を一丁近くも道について廻り、また道と分れて磧に下りて休む。十時八分、栂、落葉松の喬木、白樺やナナカマドの闊葉樹が美しく、今まで少かった白檜(しらべ)の森が目立ってきた。もう何といっても黒木の領分である。

午前十時二十分、出かけると間もなく右岸からまた沢が入っている。なお右岸の岩丘や磧について廻り込んで行くと、前方が急に開けて、オクノタル沢(岩苔谷)の三角州である立石と、その対岸につづく壁が見える。

十時三十五分、私たちはオクノタル沢落口の磧に荷を下ろして、今回の溯行の大半を終った。

オクノタル沢の落口は二つに岐れて、その間に挟まれた三角洲の丘のやや高い所に樹木が茂り、巨岩が丘に向って立てかけられ、その下に自然の岩小屋が出来ている。中は乾燥して割合に居心地がよく、四、五人の泊り場として利用できる。

岩小屋の中へ入って見ると、今朝方まで魚釣がいたと見えて、まだ炉に煖（ぬく）もりが残っていた。

私たちは磧の石の上に腰を下ろして、上下流の渓の景や、前に淀んでいる本流のトロを見、美しい竪皺を刻んで水に望んでいる壁をながめながら中食をとった。

源流まで溯ってオクノタル沢を下り、また立石まで戻ってくる予定をしていた渡辺君と私とは、ザイル一筋と、米、味噌若干を岩小屋の中に残しておいた。そして正午、一行は上流に向って東信歩道について行った。

谷が狭いため、歩道からは流れを見ることができないので、河身を来なかった不平が一行の口から洩れる。東信歩道の藪道め！　などと小言が出る。

約二十分も渓側を行くと下に磧が見えてきたので堪らなくなり、道を離れてその方へ降って行った。顧みると下流の上空を圧して、赤牛岳北西に下りている大尾根の頭近い、偃松と赤いザクとが壮大な斜線を黒部谷に向って曳き落している。

やがて右岸は夥（おびただ）しいしい脆弱な赭壁と、まだ若い谷にありがちな、その崩れが川一面に押し出している。赭壁の凹みから棒のような約二十米もあると思われる岩塔が、大きな赤煉瓦を乱暴に積み重ねたように、ひょろひょろと延び上っている。ラマ塔のような珍しいその形は、大正十三年に降りたとき同じように残っていた。

午後零時四十五分、薬師側から大きな谷が二つ、殆ど並行して入っている。著しく崩壊しているこの荒れ谷の落口に押し出した大残雪は左岸に堆(うずたか)くなっているだけでなく、本流の右岸にも堤のように押し上げている。

右岸にはなお崩れがつづいて、歩々源流地らしい荒々しい趣が目だってきた。谷の幅はすばらしく闊くなって、廊下にあるのかを疑わしめるほどのんびりした情景になった。

午後一時十分、徒渉して左岸にうつる。右岸から大ヌケの沢が入っている。その上手の所で右岸に渉り返して、暫く岩場を辿ると、谷は著しく右折してまた左方へくねって行く。

一時三十分、右岸の岸辺で休む。両岸の尾根先はますます緩やかに延びて、森林は川瀬近くに茂り、もう廊下の出口も間近いという感じを与える。

暫く右岸を辿って左岸にうつり、その方の岸辺沿いを川中の石や浅瀬を縫って少し行くと、右岸から、かなりのワレ谷が奥から滝を見せている。

二時、谷が左へ大きく曲ると、すぐ行く手に、廊下の出口を固める赭壁が高く両岸から現われた。右手の壁の間からくるワレ谷の崖縁の高い所に小屋が見える。多分鉱山のもので、東信道はその辺を通って、岩壁の後ろのかなり高い所を廻っているらしい。

私たちは左岸の岩壁の懐を、その襞を廻り、巨岩を昇降したりして上って行った。すぐ足もとの赭壁をエグって十五間四方位の大きなタルが淀んでいる。これは奥の廊下で最も大きなタルである。

右岸からまた一つワレ谷が入ると、やがて岩壁は尽きて、その上手から右岸にうつり、そして全く上ノ廊下の溯行を終った。

上ノ廊下の出口（上流からは入口にあたる所）には、約二丁の間、立壁が五十米前後の高さで屛風立ちになっている。左岸の壁は右岸のものよりやや劣って、その方の岩の棚や壁の横に、今では道が出来て通行が容易になった。鉱山の者が拓いて、魚釣に通っているためであろう。

廃坑になった鉱山の残骸を見ながらヤクシ沢の出合についた。午後三時三十分。

その夜から天候が悪くなったので源流地へ行くのを中止して、太郎兵衛平を越えて有峰へ出、それから和田川を下って千垣から帰京の途についた。

（昭和三年八月）

〔上ノ廊下は、大正九年七月、田中喜左衛門らが初下降。同年九月、沢本千代三郎らが初遡行。〕

毛勝岳・中ノ谷・小黒部谷

十月十四日の明け方は、強い吹き降りで、日本海は乱箭（らんせん）のような豪雨に波立ち、浜辺に打ち寄せる波頭は岩に砕けてすさまじく光っていた。

越中の平野へ出た頃には、幸いと雨は小降りとなったが、山々は濃い雨雲に被われていた。魚津駅で汽車を下り、バスで片貝川に沿って黒谷（くろだん）という部落に着き、それから徒歩で吊橋を渡って谷筋を上って行った。

東蔵（とうぞう）、奥平沢の部落を通り、川沿いのよい道を二時間で、東俣と南俣の出合のヲノマについた。その付近から山々は漸（ようや）く紅味を帯びてきた。

取入口の前を通る頃から時雨（しぐれ）が来たので、炭俵のつまっている掘立小屋の中で雨宿りをしていると、炭俵を背負って来た若い女が、私たちが邪魔になるのを気にかけずに、ゆっくりお休みといって、自分は雨の中に佇んでいた。

谷筋の様子をきくと、南俣谷の方にはまだ二里位奥まで炭焼が入っているが、東俣谷にはこの先から炭焼はいないという。

ヲノマから南俣谷にかけられた橋を渡り、林の中の石径を行くと、前方が開けて山懐が随分広くなった。しかし炭焼の入った後の谷間も山肌も、雑木と草藪が延々として渓流は露わになり、荒廃した風物はこの谷の美しさをだいなしにしてしまった。

小さな溝川の岸の石の上に腰を下ろして中食をとり、東俣谷の左岸について数丁も上ると谷が右に折れ、橋を渡って右岸を行くようになる。

前方の谷間には炭焼小屋が高くかかっている。その方から炭俵をかついだ女たちが下りてくる。阿部木谷の道をきくと、東俣谷にはこの先には炭焼が入っていないため、道は荒れたままになっている。阿部木谷も二、三年この方あまり人が入らないということだ。

右岸の渓側を、草藪の間を分けて上って行くと、間もなく対岸から谷が入っている。タバコ谷というのである。なお数丁で丸木橋を対岸にうつると、そのすぐ上が阿部木谷の落口である。午後一時二十分。

合流点の磧の上に立って、初めて駒ヶ岳、僧ヶ岳につづく黒部谷との分水山脈の一部を仰いだ。

阿部木谷の落口付近は森はかなり立派で、東俣の山渓の上に聳えている山々は、雲霧の下から紅を吐いている。しかし谷筋では漸く五分通りの紅葉である。

空模様はやや持ち直して、青い空がだんだん拡がってきた。

左岸から右岸へうつって、密叢の中を径(みち)を求めながら行くと、小屋の壊れたのが二つあって、その第二のものから先きは径は判らなくなった。

午後二時、駒ヶ岳、僧ヶ岳の主稜が下流にあたって高く見える。なお暫(しばら)く行くと支流が右手から入っている。この谷には杉が相当茂っている。磧を縫って徒渉しながら左岸沿いを行くと、前方に壁が現われ右岸の方は悪くなっている。

午後三時二十五分、右岸の凹角の壁の下を廻って、川中の石州の上に腹を下ろして休む。

日の短い秋には、既に露営の仕度をしなければならない。私たちはそこを今夜の泊り場ときめて、夕餉(ゆうげ)の仕度にかかった。

空はよく晴れて、星の光は秋らしいさやけさを見せている。

阿部木谷を上る

寒さが強いので目を覚まし、時計を見ると四時半で、夜明けの遅い秋の空は、まだ夏の真夜中頃の深さをもって、毛勝(けかつ)岳の上の方にはオリオンが冴えた光を放っている。

午前七時四十分、野営地を出発、もう煙草のけむりのような雲が、日本海の方から僧ヶ岳の上に延びて来た。

午前八時、左手の曲り角からワレ谷が入って、その先きのナメの壁の下を行くと、その上にもまたワレ谷が見える。

下流はますますよく見えてきた。

左岸から滝の連続した大きな荒れ谷が入っている。その付近から両岸の壁は壮大になって、民有林を脱した大森林は頗る立派になり、紅葉もまた美しくなった。

行く手には大明神岳が大きく聳え、その奥から毛勝岳が姿を見せている。懐に光っている雪の色が先ず私の心を捉えた。午前九時十五分。雪渓のワレ目から迸っている水を汲んでノドを湿し、暫く休んでまた上って行くと、前方で渓が三つに岐れている。どれも皆大きなワレ谷で、雪の少い、水の少い秋、出合付近の雪渓はクレバスが多いので歩きにくい。

真中の最も大きい毛勝岳からくるらしいのに進路をとる。雪渓のつきるあたりに雪橋がかかっている。私たちが歩いている響きで落ちて行った僅かな落石のために、バランスを失った雪橋が真中から折れたかと思うと、両岸に根を張っていた残雪が、ドドーッという大音響とともに一斉に谷に崩れ落ちた。ちょっと驚かされた。

そのすぐ上手にも大きな雪橋があった。それから雪が少くなり、やがて大きなガレ谷となって勾配が強くなってきた。

随分高い処まで上ったので、下流はよく見える。両岸の尾根には、栂、樅（もみ）、五葉、黒檜（くろべ）などが茂り、毛勝岳の頂につづく山々の胸のあたりまで紅葉がにじみ出ている。猫又山の方から濃い霧が流れてくると、毛勝岳がそれに頭をとられ、暗い陰沈とした気が山上から谷に満ちてきた。午前十一時四十五分、大石のつづいている処でザックを下ろして先行を見合わせることにした。

こう霧が深くっては、今から登山しても霧見物に行くようなもので、中ノ谷へ乗越しても興味がないと思い、早過ぎるが思いきって野営をすることにした。

大きな岩の棚に平を見つけて天幕を張り、野営の仕度にかかった。水はすぐ近くの岩陰から出ているし、焚物も沢山あるよい泊り場であった。

いまいましいようだが、下流は実によく晴れている。静かな秋の空の下に、末ひろがりに青い田野をのべている富山平原の中を、早月川、片貝川の流れは美しい縞目を織り込んで、その先きに白く光っている海の上を、汽船が煙りを長く曳いて滑って行くさまがよく見える。

やがて乱雲が谷の上を蔽うて、時雨が風を伴ってふりそそいできた。黒部谷との分水尾根の上にも時雨雲は霧を吹きながらめぐっている。寒い陰鬱な日になった。

泊り場の仕度ができたのと、空模様がよくなってきたので、途中まで登って上の様子を見ておきたいと思い、午後三時に山の人の野口と二人で出かけた。涸沢を上り右に草の崖をからんで、暫く谷筋を行くと、毛勝岳の頭についていた霧が晴れて青い空が見えてきた。

毛勝岳は小谷一つ向うに紫色の頭をもたげている。野営地から十五分も上ると、岩の凹みや草地に新雪が少しずつ見えてきた。

すぐ上に中ノ谷の乗越が見えているが、時間が遅くなるので、泊り場から四十分の処で引き返した。

毛勝越え

十月十六日、午前四時三十分に眼をさますと、天幕の外がうす明るくなっているので、野口を起して外へ出て見ると、今日こそすばらしい山日和だ。カシオペアが谷空の真中でサンサンと光っている。

大きな岩かげで、山上からの風を除けているこの泊り場は割合に暖かで、外へひと足ふみ出すとびっくりするほど寒い。

午前六時を過ぎると、朝陽が前山の頂を紅に染めだした。

昨夜野口に注意しておいた通り、谷の水が凍って水は一滴も得られない。仕方なしに飯盒(はんごう)に残っていた僅かばかりの水で湯を沸かし、残飯にそれをかけてすすりこんだ。

泊り場を出たのは午前七時三十分、霜ですべる石の上を、よさそうな処を泊り場から二丁ほど上ると、石渓が二つに分れている。左のは毛勝岳の頂からくるもので、右の方のは毛勝岳と釜谷山の鞍部である小黒部の中ノ谷の乗越に上るものである。

右の方の谷は開けているし、傾斜もゆるく楽そうなので、その方へ路をとった。

暫く行くと大岩の下を通り、さらに左のなだらかな草地を上って行く。霜ですべる草の斜面はなかなか歩きづらい。

午前九時、大分高くなった。乗越はすぐ上に見える。その窓から朝陽が射し込んでいるのを見ると、そこを目がけてひた登った。

下流には駒ヶ岳、僧ヶ岳の円い大きな山の背が目八分に見える。その右横から富山の平野がみずみずしい色をのべて、黒部川が銀光を放って大きくうねっている。片貝川も早月川も、細いが鮮かな銀線を曳いて日本海に注いでいる。

大海原は静かな朝の光りに冴えて、水平線をかぎって横雲が、紅と樺の幕を曳いて、谷末には白い軽い雲が、二筋三筋揺曳しているが、山の方には何処を見ても、雲はおろか霞の微翳もない。

渡り鳥が幾百羽となく鳴きながら、尾根や谷の上を、友を集めて流れて行く。

毛勝岳の頂がすぐ左上に、蒼黒い偃松（はいまつ）に蔽われ、その懐から赭（あか）いガレがひと筋、谷に向ってナギ込んでいる。

涸沢が草地に没して、ミヤマハンノキの藪の中を上って行く。

いよいよ日向に出たと思った途端に乗越に登りついた。左上に毛勝岳二四一四米（メートル）が悠然として胸毛をのばしている。

鞍部に出ると、私を待ち構えていたように、北アルプス北半に有るほどの山々が、毛勝岳を中心として、東、南、西にわたって、視界に姿を現わした。

剣だよ！　あれが、と私は野口を引張るようにして、右手に聳えている一番大きな山を指さした。

乗越の上は風が強かったが、そんなことを厭（いと）ってはおられずに、三脚を立てると剣岳に向かって最初のシャッターをきった。

すき透った浅碧の大空の下に、後ろから朝陽を浴びた剣岳は、その周りをとりかこむ峨々（がが）とした岩稜の中から、黒い大きな頭を桃形につき出して、その懐の池（いけ）ノ谷（だん）の源頭には、新雪が菱（ひし）壁を埋めてギラギラしている。その上にのし上っているのが早月尾根の一部である。

左に当って高く、立山の主峰も新雪に額を埋めていたが、その他の峰々にはまだ雪は見えていない。

鞍部から中ノ谷寄りの緩斜面を、草地と露岩の間を縫って、毛勝岳の頂に立った。そこからは、黒部の天壕を隔てて後立山の連峰が近く全容を見せている。白馬岳、鑓ヶ岳、雪倉岳の上には新雪が見えていたが、五竜岳も鹿島槍岳も、爺岳も、越後の朝日岳にも雪を見られなかった。

毛勝山上の闊大な展望に溜飲を下げた私は、雪のない澄明な秋の刻み出した山々を見て却って喜んだ。

ここから見た展望のうちで、私の最もよいと思ったのは、山上よりもむしろ脚下にあったのである。

それは主稜より黒部峡谷に向って幾重にも下りている山々、黒部川を溯行した度に親しんでいた馴染みの山々が指呼の間に、一抹の霞も見せずに眺められたことである。先ず下流から鐘釣の岩峰、百貫山、名剣山、奥鐘山、餓鬼山、東谷山、牛首山。立山の方では北仙人の大尾根、小黒部の大ヌケ。

さらにこれらの山や尾根の間を、深く流れている谷々、黒薙（くろなぎ）川、猫又谷、不帰（かえらず）谷、祖母谷（ばばだに）川、餓鬼谷、東谷、棒小屋沢などの谷の出入りの詳細が、手にとるように見えていることである。

春や夏、霞や靄に隔てられ、残雪にかくされていた山肌が、その壁、皺、ヒダ、谷溝などが、秋の澄明な大気の中で、一つ一つ際立って浮き出したり、切りこまれているのが実にはっきりと見える。これらの山々や尾根の裾をつつんでいる大森林の美観、その紅葉の美しさはたとえようもない。

毛勝岳の頂上は広い草地で、露岩がそれを美しく隈どっている。阿部木谷向きは偃松の密叢となり傾斜も急であるが、小黒部の谷寄りはなだらかな一大斜坂となっている。夏には山草の美しそうな処である。

三角点から少し下った処で中食をとり、また乗越へ戻ると、南に草地を横ぎり、偃松、岳樺、熊笹などの茂みを分けて中ノ谷側を廻って、正午釜谷山の頂に登った。

この頂からは、剣岳方面はさらによく見られた。陽が高くなったので早月川の方がよく見えてきた。

剣の頭の左に長次郎の頭、三ノ窓の頭、八ツ峰の一部が大きな鋸を横にしたような牙を並べ、その下には小窓の尖峰が折れ重なっている。大窓の頭との間に小窓が大きく口をあいて、その上には、針ノ木岳とスバリ岳が、ペンの先きのように尖って見える。

蓮華岳の巨体がその右につづいているが、軽雲がその脊筋をからんで真綿を延ばしたように光っている。大窓と三ノ窓とは岩峰の頭にかくされて見えない。

剣岳の右奥から立山の主峰が新雪を浴びて高く、その右に浄土山、竜王岳、奥大日岳、弥陀ヶ原が起伏して、奥大日岳の上に延び上っている薬師岳にはまだ雪は見えていない。加賀の白山の一脈が雲海の上から翠黛をのべて、その方から動き始めた雲の足は立山に向って静かに押し寄せてきた。

猫又山まで行くつもりだったが、中ノ谷の下りに相当時間がかかると思って、また乗越へ引き返し、午後零時過ぎに中ノ谷に向って草の大斜面を降った。

草地には岩石が頭を出していたが、降るに随って石が多くなり、それが集ってひと筋の石渓となった。約三十分も下ると谷の形になり石の間を水が流れるようになった。

阿部木谷方面より遥かに悠大でのんびりとしているために、油断して降って行ったのだが、この緩やかな斜面が、かえってこの谷の地形を嶮岨なものにしていることが後に判った。

小さな石渓が降るに随って大きくなると、今まで大斜面であったものが幾筋もの尾根に分れ、岩石が壮大になると傾斜を増大して、ワレ谷のような嶮しさの中を小滝が頻々と出てきた。しかし水はまだ少い。

当面を圧して剣岳が乱雲と闘って大童になっている。

午後零時五十分、六メートル位の滝の上に出た。横に廻って下って行くと、痩尾根を境として、大きな谷が左手から落ちている。これは毛勝岳からの本流で石渓となっている、下から見上げると棒立ちに見えるほどの急な谷である。

藪を分けてその谷へ抜け、暫く行くと十数メートルの大きな空滝にぶつかった。谷はますます壮大になって、午後二時猫又谷との合流点に出た。

出合から下はもう雪通しだ。石の上へ腰を下ろして休む。一つしかないアイゼンを野口と片方ずつ履いて、渓側から雪渓の上に出た。

猫又山からくる谷は急な雪渓で、その源は大崩れになっている。中ノ谷を溯行する者は毛勝への谷を上らずに、猫又からの谷の方へ入りやすいと思った。

秋の十月でも雪渓は相当長くつづいている。中ノ谷の雪渓は白馬岳方面からことに壮大に見える。北アルプスでの大雪渓の一つである。

降るにつれて雪の状態が悪くなり、その表面を水が浅く流れている。クレバスや雪橋のかかっている処をさけながら、雪上が悪くなると渓側に上り、ガレを横に捲いて行く。行程は案外捗らなかった。

夕日は猫又山の上に傾いて、樺色の雲がその上を旋回している。下流を見ると唐松岳と五竜岳につづく山のツルが紅く夕焼して、黒部の谷は蒼茫としてきた。

午後四時二十分、左から落ちている大きなワレ谷の下まで来て、そこに荷を下ろして、泊り場を捜すことにした。

壮大なワレ谷の上部には滝が三段になってかかっているが、落口には森林の茂った岩塔が聳えている。その落口の上手の巨岩の間によい平を見つけて泊り場とした。平に天幕を張り、一段上の処で焚火をして炊事をする。

上流からの風は屏風のような巨岩に遮られ、焚物にする流木は多く、水はすぐ近くの美しい淵のを使える。都合のよい泊り場である。

中ノ谷へ入ってから紅葉は頗るよくなって、黒部向うの山も、小黒部谷をかこむ尾根も紅葉は秋の酣（たけなわ）なのを思わせた。

しかしみじめな秋の露営だ。暗がりの中で野口と向い合って夕食をとっていると、向うの岸でガラガラと石の崩れ落ちる音がする。カモシカが通っているのだ。彼氏は泊り場の前までくると、焚火を見て考えているらしく、やがてギャーギャーと叫びながら来た方へ戻って行った。

谷上に雲が多いが、そのきれめから星が光っている。明日もまた好晴に恵まれることを念じながら安らかな眠りについた。

十月十七日、午前三時に目をさましたが、寒さで寝られないので、蠟燭の灯で日記を書いていると、野口も起き出して四時頃から炊事にかかる。

焚火にあたるため天幕から出て見ると、空は曇っているが星が見えている。せめて今日一日は天気にしたいと思った。小黒部の本流まで出ないと困るからだ。

昨日泊り場についた時から気にかかっていたことだが、今まで随分闊(ひろ)かった谷筋が、ここから二丁位下の所で急に落ちて、しかも両岸から山骨が迫っている。

野口もまたそれを気にしていたらしく、今朝起きるとすぐその話が出た。これから下はいよいよ狭隘(きょうあい)な廊下になっているのではないかと心配もしたが、また何となく張合いが出て来たようだ。

対岸の紅葉の中で野猿の声がしたが、姿を見せなかった。

午前七時、下流の写真をとって雪渓へ出ると、また野口とアイゼンを片方ずつ履いて、凍雪の上を下って行った。クレバスと雪橋が多いので注意しながら行く。

今秋はまだ積るほどの雪がおりないので、今が減水の絶頂である。さすが長大な中ノ谷の雪渓も乱暴に荒されている。

七時十五分、雪渓の末端に出た。谷はそこから狭く落ちて滝となっている。随分極端な変り方だ。両岸の立壁の中を、流れは狭い廊下を穿(うが)って落走している。滝と淵の連続が始まったのだ。ここは五万分一黒部図幅の中ノ谷の中の字の辺にあたる処である。

廊下の戸口は十余メートルの滝（第一）で、雪渓が断たれて渓相が一変している。左岸の渓側の丸い壁が通れるので、壁の面についている小石や土砂を落しながら六メートルぐらい上って滝の下の雪橋の上に出た。雪橋の下は大きく口をあいて、その中をのぞくと真暗である。

雪橋の下は約十メートルの滝（第二）となっている。次の壁は前のよりやや高く、下りは約二十メートルあった。廊下の入口からは高低の差こそあれ渓側は一帯の壁伝いで、左岸、私たちのとっている側よりも、右岸の壁の方が遥かに険悪である。

谷は左へ左へと折れ曲っている。第二の滝の横を斜めに上り大きな壁の上からザイルでしばらく下り、崩れの上に出ると、そこで直立の断崖にぶつかった。午前八時二十分。ザイルをやや大きな灌木の幹にからんで、十五メートルほど下って滝の下の流れの上に出る。

浅い徒渉をして右岸にうつり、先方の様子を見ると、約三十メートル先きの所で谷はまた落ちて、滝（第三）となっている。

その滝の上まで下りて見ると、おなじく十メートル位の別の滝が、滝の頭と同じ位の高さにかかった雪橋の洞門の中に吸い込まれている。洞門の入口には真中に雪の柱が立って二つに分れ、その奥はやはり真暗である。

この雪橋は左岸の崖側から急傾斜で谷を蔽うているので、雪橋を行けば通過できそうである。

右岸から石の上を拾って滝の上で流れを横ぎり、崖側の壁の表面の脆弱なものにうつって、足場を刻みながら小さな残雪の崖寄りを大事にヘツって、やがて大残雪の急崖に上り、それから約八十メートル降りて雪の上で休んだ。

野口は先きを見に、なお雪上を降って行ったが、左岸の崖が悪いので右岸に横ぎり、崩崖と残雪の狭いギャップに足場を造りながら雪渓の下に降り、奔流と岩石を縫って約二丁程下って行った。そこは上で想像した通り、川床が急激に落ちて、両岸とも丸い滑岩（なめ）となってのしかかっているため、足がかりも手がかりもなく、とても通過できそうもない。野口はしばらく四方を見廻していたが、むなしく戻ってきた。

とにかく、滝（第五）の上まで下りてみようというので、雪渓の下を奔流に降って顧みると、私たちの通って来た雪渓の下から、十数メートルの滝（第四）が煙を吹いている。奔流を下ってゆく途中にも小滝が一つあった。

私たちは第五の滝の上で行きづまってしまった。この滝は十五メートル位のものであるが、両岸の壁が深くエグレているため手の下しようがなく、その先きには大きな崩れが立板のようになってナギ落ちているので、完全に進路を断たれてしまった。

しかし幸に、右岸の方には、滝の上から崖側に草場がつづいているので、それを這い上って滝をさけ、崩れさえ越せばその先はまたどうにかなると思った。

もし谷へ下ることがむずかしく、時間がかかるようならば、西ノ谷との間に延びている大尾根の鼻を、高廻りして行くことだと話し合った。

左岸の渓側を崩坂から岩角にうつり、暫く上って草の崖にとりつき、枯草をつかんで遮二無二這い登った。かなり長い草の崖の、凋(しぼ)みかけている草はたよりなく、滝場を直下にして急な斜面を這い上がるのが相当怖かった。

三十分以上も草ツキを上ると、灌木が少しずつ交ってきたのでホーッとした。

谷下の方を見ると不帰、唐松が蒼い姿をして秋空にのび上っている。涼しい顔をして此方(こっち)を見下ろしているようだ。

草の崖から藪に入り、横に切れると細い溝に出た。この溝が第五の滝の下の壁につづくものらしい。

溝の縁に腰を下ろして休んでいると、野口は溝を横ぎって藪の中を下流の方へ廻って行ったが約十分もすると戻ってきた。その話では、ここから藪を横に切れると、滝の一つ下の大崩れの高みに出られるというので、とにかく前進することにした。午前十時。

今朝から殆ど休まずに歩きつづけてきたが、それでも廊下の上部を数丁降っただけで、時計を見ると十時を過ぎている。

前程の予想がつかないのに、米は今日の昼の弁当が最後で、夜食の分は少しも残っていない。それを思うと少し心配になった。

飯米さえあれば心配もせんが、と野口がいう。実際この旅は、簡単な秋の旅としては、少し大物（おおもの）であった。未知のコースで、山の様子、谷の状態も知らない同志で、米も少ないし、ザイルは短い。こういう悪場を降るのには準備が全くなっていなかったのだ。

のんびりもしていられないので十時半、また歩き出す。溝から右手の藪を横にきれ、大ナギの頭になっている崩れの上部に出た。

そこから下を見ると、私たちの行きづまった滝の下から、西ノ谷との出合の一、二丁下までの渓川が鮮かに見える。中ノ谷と西ノ谷の合流点までの大体の様子が分ったのでやや安心した。

渓側の高みを横にからんで行く。午前十一時三十五分。漸く大尾根の末端にとりつき、なだらかな尾根の脊筋を、椈（ぶな）の林の下を抜けて、約一時間で中ノ谷と西ノ谷の合流点の広い磧の上に下った。午後一時。

ホッとした気持で渓水に漱（くちすす）ぎ、美しい流れを前にして中食をとった。空腹だが夕食の分を少しとっておいた。

出合から見ると中ノ谷の狭い廊下は見えないが、下の大崩れはよく見える。この谷の急激の勾配もよくわかった。

西ノ谷の方も出合付近はよいが、その上は同じように狭場（せば）になっている。しかし谷の大きさがちがうので中ノ谷のようなことはない。

西ノ谷の落口は地形図の書き入れ方が誤っているようだ。本流の中ノ谷と合してから谷はすぐ右折しているように書き入れてあるが、実際は合流点から二、三丁下までは同じ走向をとり、そこで初めて右に折れているので、念のため文中に中ノ谷付近の略図を添える〔省略。地図は113ページ参照〕。

午後一時二十分、出合を後にして下流に向う。

壁はなお、とりつぎに出てくるが、川幅が広くなり磧は随所に開けているため、立壁の下も自由に渉れるし、滝があっても大したことはない。減水期だけに水は小さく徒渉は快適であった。

傾斜のゆるい、川幅の広い、美しい水が潺湲（せんかん）として流れている中ノ谷の下流は、栂、黒檜、椹、五葉、落葉松などの喬木と、椈、水楢、栃、桂、白樺、楓、榛などが交錯して、今ちょうど紅葉の絶頂である。

碧い空と、真紅の紅葉の下を、清流を渉って行く気持は全くすばらしいものであった。西ノ谷の出合から一時間で、今まで右へ右へと曲っていた谷筋が、大きく左へ折れると行く手が急に明るくなり、私たちは知らない間に小黒部谷の本流へ出た。

ここもまた秋林の下に、奔流と露岩が華やかな光を砕き、V字状の谷をまたいで、後立山の峰々が桔梗色に冴えて美しかった。

滔々と流れてゆく小黒部本流を、黒部川への落口まで降ったらさぞよいだろうと思ったが、それは水が深いので、夏でなければとてもできない。

出合の巨岩や磧を縫い、山葡萄の実を食べながら小黒部谷を少し溯り、瀬のよい処で右岸にうつり、なお闊い磧を行くと、左岸から折尾谷が滝のような奔流となって入っている。

広河原で暫く休み、残っていた菓子で飢をしのいで午後三時に歩き出した。

天気模様があやしくなってきたので、今日は暗くなっても鐘釣に通ずる道に出たいと思い、疲れていたが最後の努力で小黒部峠をさして上って行った。

この峠道は人が通らないため非常に荒れていた。椈の林をぬけると急坂の上りとなり、三分の二ほどの所で大崩崖に出ると、そこには鉄線が張り返された跡があった。

脚下には小黒部の清瀬が、燃え立つような紅葉の底に瑠璃の色を流している。少し上って顧みると、昨日上った毛勝岳が北の方にのび上っている。西ノ谷の頭、釜谷山、猫又山などを左右に従えて悠然としている。もう旬日を出ないうちに、晶燦とした新雪の姿となるであろう。

小黒部峠の上についたのは午後四時二十五分、夏ならばまだ日は高くのんびりと歩けるのだが、秋にはもう夕暗が迫り、四辺はほの暗くなってきた。

峠上には立木の皮を剝いで道標が出来ている。

池ノ平行　右、川通し　上り十三時間（小黒部谷入り）
　　　　　左、山通し　上り十四時間（北仙人尾根道）

馬鹿に長い道ではないか、小黒部入りが廃道になって、山道の方が出来たのだが、不便のため間もなく廃道となり、今では電力の軌道をアゾ原から上るものが利用されている。

小黒部峠の上も森林が伐られて大分明るく開くなった。栂、五葉、姫子、黒檜、落葉松などの喬木で遮られていた奥鐘山が、黒部の谷向うに全容を現わしている。その左奥に中春山を越して白馬の鑓ヶ岳が新雪の巨体をのばしている。名剣山と奥鐘山との間から、祖母谷川の流れがかなりの距離を光って見える。この峠もよい展望台になった。

峠から坂路を小黒部谷の落口まで走り、吊橋を渡って黒部本流の左岸の岨道(そばみち)を行く頃には暮色は谷をつつみ、夕靄が川面に流れ、森の下道は暗くなった。

だしぬけに行く手から轟然と発破の音が響いてきた。小屋ノ平に来てみると大きな事務所や飯場などが四棟ばかり建てられてあった。

小屋ノ平から下流は、鉄路を敷くための新道が爆破したままになっているため非常に歩きにくく、付近があまり変ってしまったので、夕闇の中では道をたどることは容易でない。

ウド谷を横ぎり、ガラ谷近くまで下ったが、日は全く暮れて足もとが危くなったので、やむを得ず引き返して、ウド谷にある大きな飯場に泊めてもらうことにした。

しかし入って見て驚いたのは、そこには日本人は一人もいない朝鮮の人ばかりの飯場で、五、六十人の者が寝泊りをしている。私たちは少したじろいだが、外はもう真暗なので思いきって飯場の隅の方へ荷を下ろして、そこへ泊ることにした。午後六時二十分。日本の最も深い谷の奥で、朝鮮の人たちの好意で、僅かに雨露を凌いだことは、今でも私の一つ話である。

翌十月十八日には、飯場の人に礼を述べて、暗がりの中を出かけ、午前六時半に鐘釣温泉につき、久しぶりで磧の湯に疲労した四肢をのばして、心ゆくまで出湯の味を堪能した。すぐ前に黒部の清流を眺めながら。

（昭和三年十月）

双六谷を溯る

昭和四〔一九二九〕年八月
コグラ谷・笠ヶ岳・打込谷・双六池。
同行者は栃尾の大倉弁次郎他一名。

八月十七日、起きてみると雲が多い。しかし朝焼がないので、大したことはあるまいと思った。

今日はぜひ広河原まで行きたい。早く双六(すごろく)谷へ入りたいという考えで、船津から双六谷の入口の中山の駒止橋まで自動車を別に仕立ててもらった。

午前七時に船津を発ち七時半には中山の部落につき、橋の袂(たもと)で自動車と別れて金木戸(かなきど)に向った。

自動車の車掌も運転手も、車を路傍に片寄せると、少し魚釣りでもして遊んで行こうかと云うなり、隠して持ってきた釣竿とビクを持って谷の方へ降りて行った。のん気なものだ。東京なら科料ものだろう。私たちが道を通って行くと、彼らはもう下で石伝いに、大きな淵をめがけて糸を投げている。

午前八時十分、前橋の手前にくると、人家の傍に簡単な吊越がかかって対岸に道が通じている。この辺では向う三軒は谷の彼方になる。自分の畑へ行くにも、知り合いへ用をたしに行くのにも、近道に吊越を用いているのである。

閑静な谷筋の道は、人家はあってもあまり人の気配はしない。たまに小児が遊んでいるのを見ても、山のように草を背負ってくる人達を見ても、それはこの谷の自然の一点景で、谷をめぐる風物のリズムとよくなじんでいる。

淙々とした瀬音にまじって蟬時雨が聞える。

下坪谷を対岸に見て尻高橋を渡って行くと、盤ノ石のある所に出た。気のせいか先年より綺麗になっているようだ。山吹谷で休み、暫く行くと、道はだらだら上りとなり、人家の傍に道標がある。

右　金木戸へ十七町

左　山吹、牧場、森茂へ通ず　一里五町

だらだら上りがやがてひた登りとなり、闊葉樹の茂みの上から、額をけずって金木戸の部落が見える。午前九時五十分金木戸に出た。

昔、平家没落の後、落武者の一団が双六谷へ流れ込み、この金木戸に居を定め、頑丈な柵を岩山の間に造って、追手の来るのを防いだという。その時にこの柵ならば金木戸のようで大丈夫だと云った。それが今の金木戸の名となったのだという。伝説に過ぎないが、渓谷に向って櫓のように乗り出しているこの山丘は、飛道具の少い昔は、相当の要害であり隠れ場所であったろう。

人家が七戸、養蚕がおもな生業（なりわい）で、傍ら山仕事をしたり、畑などを作っている。

金木戸から奥は暫く急な上りで、草山が断続している。先年通った時よりも樹木が延びたため日蔭が深くなり、余程楽になったが、それでも草いきれのするこの道はかなりこたえる。

金木戸から暫く行くと、対岸から大きな谷が入っている。地図の葡萄（ぶどう）谷である。双六谷も金木戸から上流は金木戸川と云われ、土地の者は勿論、信州や越中の山の人も双六谷と云わずに、この谷全体のことを金木戸と云っている。

午後零時五分、清水のある処で中食をとり、暫く行くと道が二つに岐れ、そこに道標がある。

左　中俣岳　北俣岳
右　広河原　双六岳

右のが私たちの行く道で、左のものは以前広河原に通じていた旧道である。左、中ノ俣岳〔黒部五郎岳〕・北ノ俣岳としてあるが、この道筋は殆ど歩かれていない。曽（かつ）て小島烏水氏一行が通った道で、私も一度この道を広河原へ出たことがある。

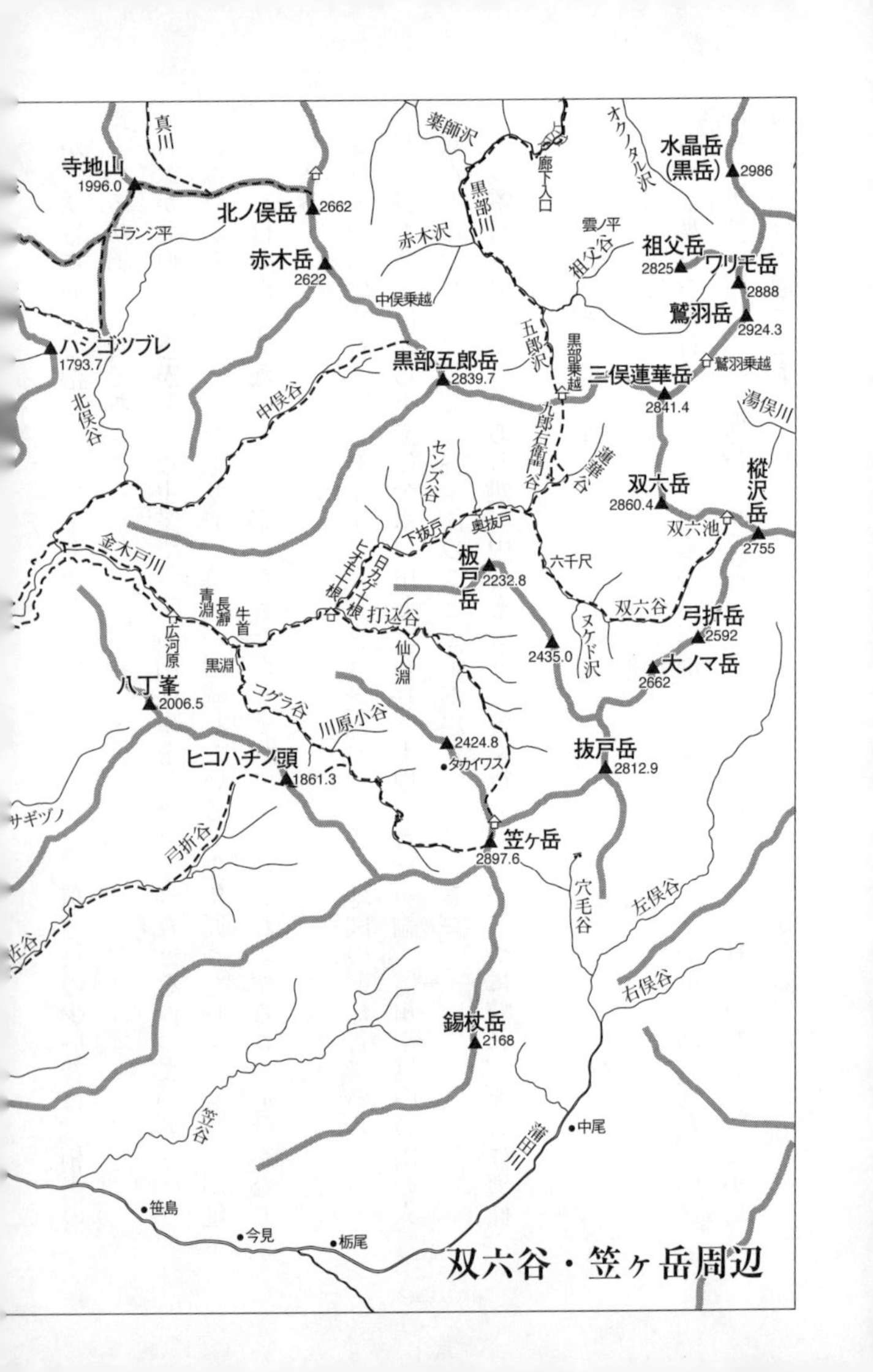

双六谷・笠ヶ岳周辺
真川
寺地山
1996.0
ゴランジ平
北ノ俣岳
2662
赤木岳
2622
薬師沢
黒部川
廊下入口
オクノタル沢
水晶岳
(黒岳)
2986
赤木沢
中俣乗越
雲ノ平
祖父谷
祖父岳
2825
ワリモ岳
2888
鷲羽岳
2924.3
鷲羽乗越
ハシゴツブレ
1793.7
黒部五郎岳
2839.7
五郎沢
黒部乗越
三俣蓮華岳
2841.4
湯俣川
北俣谷
中俣谷
九郎右衛門谷
蓮華谷
センズ谷
双六岳
2860.4
槍沢岳
2755
双六池
奥抜戸
下抜戸
日カゲ
ヒキノ尾根
板戸岳
2232.8
六千尺
金木戸川
青淵
長瀞
牛首
広河原
打込谷
双六谷
弓折岳
2592
ヌケド沢
2435.0
大ノマ岳
2662
黒淵
仙人淵
八丁峯
2006.5
コグラ谷
川原小谷
2424.8
タカイワス
抜戸岳
2812.9
ヒコハチノ頭
1861.3
サギヅノ
弓折谷
笠ヶ岳
2897.6
穴毛谷
左俣谷
右俣谷
錫杖岳
2168
笠谷
中尾
蒲田川
笹島
今見
栃尾

道はやがて川に向って急な下りとなり、曲折してつけられてある。

深い谷底に吊橋が見えて来た。午後一時、それを渡った左岸で休み、写真をとる。渓谷は俄然雄大となった。


橋からまた急な上りとなる。しばらく喘ぎながら上り、下を見ると金木戸川の美湍（びたん）がきらめいている。すぐ下に松ヶ谷の落口が森林の底から奔流となって瀉（そそ）ぎ込んでいる。

もう森林はどこを見てもすばらしい。谷近くは濃密な闊葉樹に埋めつくされ、尾根上に近づくに随って針葉樹は鬱蒼としている。松ヶ谷の一つ下手の尾根が国有林と民有林の境だそうである。林相が急に立派になったのを見てもわかる。

松ヶ谷の上手半丁の処に深い谷が入っている。フカドウ（深洞）というので、本谷から五十米(メートル)位高い処から、鮮翠の奥を、大きな滝が直下している。

水量が随分大きく、滝の高さは五十米位はあると思われる。銀青色に光る懸水を包んで、さまざまな形をした緑葉の綾は、名画にある深山の趣にふさわしい。

約四十分も上ると傾斜が緩くなり、峠道のような処を行く。上流を見ると、金木戸川の流れを遠く森林は森林と重なり、尾根は尾根に跨って、その上から北ノ俣岳（上ノ岳）がやさしい姿をゆったりと延ばしている。

深い青灰色に冴えた山の姿、それはこの谷へ入って初めて見た遠山の色だ。

もう渓谷を通り、森林を渡ってくる風は涼しく、尾根の横を谷から二百米前後の高さを迂回して行く道は水平道になっているので歩きよい。

午後二時十分、小谷へ出て、氷のような清水を汲んで二回目の中食をとった。

四時三十分、この道での一番高い所へ出た。対岸の深い森の底から中ノ俣川の落口が水を吹いている。間もなく中俣川への歩道の分岐点に出た。

広河原への道はなお、尾根横を廻って緩い下りでつけられてある。山はますます大きくなって、森林は底知れぬ幽深さとなった。

八丁峰からくる道と合して本谷に向って斜めに下り、闊葉樹の底を分けて、広い川辺の平に出た。そこには広河原の小屋が、この春新しく建て替えられた大きなものが林の間に見えてその廂(ひさし)から煙が上っている。

小屋へついたのは午後六時で、大阪営林局の人が二人、人夫七人程そこで滞在していた。小屋の一隅に陣どると、湯が沸いているからお入りなさい、と云われた。こんな深い谷の奥で第一日から入浴とはあまりに贅沢だと思ったが、汗にまみれた身体は、何よりも入浴が好物なので、云われるままに浴槽につかり、暮れてゆく森林や夕靄にむせぶ渓の声などを楽しみながら、入り加減の湯の中でうっとりとした。

十八日。雨、時々晴、一日滞在ときめる。

昨夜あんなによい月夜だったのに、今朝起きてみると、長い鱗雲が谷の上空に流れて、日が出はじめると、朝焼がしてきた。

午前七時頃には細雨が山峡をたちこめて、しとしとと降りかかって来た。

天気になったら出かけようと思っていたが、空模様はなかなかよくならない。今日はコグラ谷を笠ヶ岳へ登る予定だが、こんな天気ではとてもこの難コースを行くことはむずかしいと弁次がいう。

打込谷の方ならたまには人が入るが、コグラの方は金木戸での悪い谷で、今日まで登れないものとして、黒淵より奥へは誰も入ったものはない。中程の廊下で降られるとどうしようもないから、今日は滞在して、不用の荷だけ打込小屋へ運んでおいて、明日コグラを登ろうという。

午前九時過ぎに弁次は忠太郎をつれて、天幕その他二、三日は必要のない食料だけを持って歩道を上流へ上って行った。

旱魃(ひでり)つづきだったこの地方も、十五、十六日の豪雨以来、谷は著しく湿気を帯び、森林の濃密な金木戸川の水は、非常な増水でなかなか減水しない。

雨の晴れ間を見て広河原へ下り、岸辺を歩いて見る。

広河原からコグラ谷の落口付近までは、金木戸川で最も川瀬の穏やかな、闊々(ひろびろ)とした処で、山勢もまたゆるやかである。

岸辺には楊が美しく、下流の山陰に立ち迷う霧の間から、陽射しを受けた尾根や森林の色は、トロの波光と相映じて美しい。

午後五時になって二人は帰って来た。魚を釣りに本流へ下りてみたが、水が大きいので途中からまた歩道へ上ったという。それでも七、八尾の肥えた岩魚を楊の枝に刺して持って来たので、私はそれを塩焼にして馳走になった。

広河原の小屋は間口二間半、奥行五間位のもので、唐檜(とうひ)、椹(さわら)、沢グルミなどの太い丸

金木戸川広河原。双六谷で谷の最も広い処
（昭和4年8月）

太を合掌に組んだ、四隅に柱のないもので、中は広く非常に具合がよい。背後の森林で風を除けているから暖かである。

夜になると気候が大分締まって来た。明日を楽しみにして、借りた蒲団にくるまり寝台の上で安眠をとった。

コグラ谷を上る

コグラ谷は五万分一焼岳図幅〔図幅名はのちに「上高地」〕の小川原谷である。この谷の名をどうして小川原とつけたのか不明である。本流への落口付近には磧(かわら)があるとしても、双六谷の支流のうちで最も岩壁の多い、嶮岨(けんそ)な谷で、源流地に上らなければ磧などは殆ど見られないくらいであるから、小川原の宛字は適当のものではないと思う。それで私は地元の人の云うコグラ谷の名を用いることにした。

この谷には黒淵谷という別名もある。これは有名な黒淵の名をとったもので、やはり地元の人が呼んでいるものである。

とにかく双六谷の金木戸川から笠ヶ岳へ登るものは、コグラ谷と打込谷とは是非訪れなければならないほど興味があり、登り甲斐のある渓谷である。

八月十九日、今日は幸に晴れ模様である。乱雲が谷上にかかっているが、その間から碧の空が高く澄んでいる。気温も昨日より引締まって気持がよい。

雨後の渓谷、夜来の雨に森林はさらに生彩を加えている。

無為に過ごした一日の滞在に退屈しきった私は、午前六時に広河原の小屋を発って、渓流を眺めながら、歩道を、森林の底を潜るようにして上流に向った。

陽射しを受けていない川瀬、朝靄のからんで行く川面は初秋のような冷やかさを思わせる。

広河原の前の州がつきると、暫くして森林の茂った長い州が川瀬を二つに分けている。それがつきると青淵となり長瀞となって、コグラ谷の落口につづいている。それまでは闊い川瀬つづきだ。

広河原から二十五分でコグラ谷の落口についた。この落口の処から本流は著しく左折し、コグラの水は奔流となって入っている。

コグラ谷の左岸につけられてある歩道を上って、一丁ばかり森林の下の石高道を行くと、くの字なりに組んだ丸木橋を渡って右岸にうつり、崖側を暫く上ると道が二つに岐れている。左方の路は広河原から打込小屋に通ずるもので、右方のものはこの谷の数丁上流にある黒淵を見に行く道である。

私たちは右方の道についてコグラ谷の奥へ入って行った。足もとを見ると、巨岩の交錯した中を走って来た奔流が大きな淵を造っている。これはコグラの青淵である。

道は渓側を二、三十米の上りとなる。針葉樹の多いこの谷は、栂、黒檜（くろべ）、五葉などの黒木が鬱々としている。流れは滝津瀬となり、巨岩の間を奔放している。なかなか壮大な谷である。

コグラの落口から四十分で黒淵の上へ出ると、そこから上流への道はつきている。谷底に向って下り、最後に岩壁の懐を廻って黒淵の落口に出た。

ガッシリとした大岩壁の上には森林が茂り、その岩壁の正面から、約二十米の滝が奔落している。その滝を呑む釜が、丸い三十米位の淵となっている。それが有名な黒淵である。

この淵も以前はもっと深く、色も黒ずんで凄さを持っていたが、大正九年の出水のために、土砂や岩層に埋められて、旧時の壮観を著しく殺がれたということである。

しかしここは双六谷での一名所であるだけでなく、今日でも旱魃（ひでり）つづきのときには、土地の者が連れ立って雨乞にくる。霊験はあらたかで雨は忽（たちま）ち到るということである。この淵の主は竜だとされている。

七時五十分、黒淵から崖上に戻って、約三十米の高廻りをつづけてまた川瀬に下り、それからはいよいよ川通しを行くこととなる。

黒淵の上からは道は全くなく、人の入ったことのないというこの深谷は、徒渉とヘツリとが唯一つの溯行の手段である。

左岸から滝となって落ちてくる小谷が入っている。第一のワル沢と名づけた処で、その落口の石の上に腰をおろして休む。

谷の上流は急に狭くなり、両岸から巨大な岩の塊が錯綜している。悪場を避けながら左右に徒渉をつづけて行くうち、左岸で行きづまった。約二十米の岩場で、水から二米位の処を足場を求めて行くと、一カ所、壁の垂直に落ちている処へ出た。流木を拾ってきて先の壁の凹みに突込み、僅か四、五寸の壁の襞へ身体を託して荷物を送り、それを足場にして弁次が先に渡り、先きの石の上におく。それから身軽になって不安定な一本の丸木橋を渡って壁をヘツりぬけ、右岸にうつり磧に出て休む。午前九時である。

川瀬はやや闊くなり、第二のワル沢が同じく左岸から滝のようになって落ちてくる。本流の奥からも滝が見える。両岸は岩壁に囲まれて高く、流れは深いため、右岸に這い上り、ひと廻りして磧に下りた。十時二十五分。

それからは腰を没する徒渉が始まる。生憎と小雨がかかってきた。

森林の奥からコマドリの声が峡壁に響いてくる。この旅行で初めて聞く美音である。

磧へ下りつくと川筋が大分よくなって、やがてイシゴシ小屋という岩屋の前に出た。冬期猟師達が泊り場にする処で、この上の支流を降りてくるのだという。岩屋の前で磧に火を焚き、身体を温め、茶を入れて中食をとる。天気が持ち直して日が谷へ射し込んできた。

午前十一時四十分、上流へ溯り始める。これから数丁の間は谷筋が穏かで広い。正午、右岸から大きな谷が入っている。川原小谷というので、落口は小さな滝となっている。それから二十分も上ると、左岸からヒコハチ谷が入っている。

そこまでは川中を石を縫い、流れを渉って行けたが、出合から上になると谷は急に狭く、深刻になってくる。森林も白檜(しらべ)が多くなって幽凄の感を強めてきた。

数十歩で本流は滝となっている。ザイルを出して左岸の壁を約六米登り、さらに急崖を上って滝と釜とを脚下に見ながら、その上手まで廻り込んで磧に下ると、行く手はさらに狭く美しい廊下状となっている。

そのつき当りから二条の美しい滝が奔出している。一寸気持のよい処である。午後一時五分。谷通しは行けないため少し戻って、角岩の壁、その逆層の面を、幾度か試みて、ザイルに縋(すが)って漸く十二、三米も上り、滝を避けて崖側のよい処を求めて磧に下りた、約二十分を費す。

顧みると私たちは何処を見ても峭壁と巨岩と奔流とにとりかこまれている。森林は鬱蒼として谷の上空を蔽い、また時雨模様となった谷の空気は、夏とは思えない位うすら寒い。

大量の水をもっているこの谷は、狭くなったため、水は棒のようにまとまり、くねってくるので徒渉も難渋になった。

激流を縫って行くうち、一カ所、巨岩と巨岩の隔りがあってどうしても先きへとりつくことができない。足場を求めているうちに、幸い岩の間にY字に流木の挟まっている所を見つけ、その突端に足をかけて漸く先きの岩の上に飛びうつった。荷は別々に運んで、午後一時四十分難場を通り了(おわ)って、また溯行をつづけた。

午後二時、行く手の峡壁を圧して、右岸の支流(無名)が一大瀑布となって奔落している。そのシブキの裡から本流にも滝が見える。頗(すこぶ)る壮観である。いよいよコグラ谷の中心に来たなと思った。

支流の滝高さ五十米が、大量の落水をもって右岸の壁頭から本流を跨いで躍り込んでいる。この滝は乱暴でもあり、奇抜でもある。

本流のつき当りの滝から谷は左に折れ込んでいる。この付近がコグラ谷で最も壁の高く狭い廊下である。

支流の瀑布の前で、高廻りの足場を捜しているうちに、しぶきで服が濡れてしまった。これさえ越せばと、先へ立った弁次は、滝の前から十数間戻って、左岸の蒼崖の急斜面を攀じて、五十米位匍（は）い登った。あまり上りすぎると谷からそれて尾根の方へ出てしまっては大変だと、横に藪、林、崩れの嫌いなく、それを縫いながらヘツって行く。天気はまた暗くなって山雨は盛んに降りそそいでくる。雨に濡れるのと、藪をくぐるとで身体は濡れてしまう。足もとはますます辷（すべ）り易くなる。一番の悪場でかなりひどくいじめられた。

高廻りの詰めであるらしい処まで登ると降りにつき、下を覗いて見ると、本流にはまた一つ滝がかかって、壁が立っているため下れそうもない。

また横ばいに渓側を廻りながら急峻な草崖の横に出た。雨後の草ツキは非常に辷る。危険な処だけステップを切って、漸く林の下の藪に入り、徐々に下り最後に磧に向ってザイルで降った。午後三時十分。

降った処は滝の上で、そこから不思議にも渓の様子が変って来た。今までは暗く狭かった立体的で直線的な窮谷が、急に闊く明るく、平面的にのびた壮快な谷となった。岩層は花崗岩の竪剛から硅岩の淡茶色となり、地形も川床の色彩も、水の流動する姿まで変ってきた。こうなると谷渉りも面白くなる。

下流のヒコハチ谷からここまでは全くの秘境で、岩場通しを息もつかずに歩きつづけたのである。

豪雨と悪場とで疲労して、この高廻りに一時間十分を費した。

天気はまたひとしきり良くなってきた。

悪場も今の廊下で終ったものと思って、緩い川床を上って行くと、幅の広い六米位の滝の下に出た。右岸を廻ってその上に出て、一丁ばかり行くと、同じような広い幅の滝が二段になって瀉下(しやか)している。左手の藪をからんでその上に出ると、谷幅はさらに闊くなって、両岸の山勢はゆるくなっている。

川瀬は硅岩の岩盤で造られた緩い傾斜の、板のような面を浅く流れている。茶色を帯びた白い川床は無数の壺を造って、珍らしい景色を見せている。

天気はますます良くなってきた。上流の谷も、空も、森林も、美しい斜陽を一杯に受けて光っている。

脛までようやくひたす位の清流の中を歩いて行く気持よさ、気軽さは、廊下で緊張した身体をほぐしてくれた。

低い丘のように重なっている渓側の岩の上には、ダイモンジソウ、ミヤマリンドウ、ウメバチソウ、ウサギギクなどが草地を埋めて、腰を下ろして休めるよい処が出てきた。

やがてまた滝が出てくるが、水の落ちる圧力の加わる処だけが浅くエグれて滝壺を造り、山刀で割ったように細く、ヤゲンの形をして細長い淵を造っている。浅水の流れる中をひと筋青く澱（よど）んでいる。ちょっとした奇観である。

午後四時二十五分、当面に一条の大瀑布を見る。高さ約四十米、コグラ谷での大きなものでなく、金木戸川で最も高大な滝の一つである。

すばらしい水勢、壮麗な姿をした、このまとまった滝は、谷のつき当りに一大水柱を懸けている。滝に近寄り釜をのぞいて私は驚いた。その狭さ、その水の色の青黒さ、この釜は余程深いものだろうと思った。

川床が白茶色で、周囲が広く快闊なだけに、この釜の色の青黒さが目立つ。釜の水は溢れて闊い川床の岩盤の上を浅くたぎってゆく。森林が茂っていないから如何にも快闊だ。私はこの滝をコグラの大滝と名つけた。

廊下をぬけてからは、大きな滝はないものと思っていた私たちは、この大瀑布に遮られて、右岸の崖を這い上り、崖頭から藪を分けて滝の上に廻り込んだ。そしてまた川の中を溯って行った。

谷はなお右へ曲って行く。行く手にまた大きな滝が現われた。左から入る大きな支流と本流との出合で、両方とも霧降（きりふり）式の壮大なもので、水量も相当なものだ。

コグラの大滝（昭和4年8月）

もう五時十分である。朝方から努力しつづけて来た私は、この滝を見て少しうんざりした。

滝も随分登り飽きた。それに日暮近い今頃まで、とり次ぎに大物に出られてはと、今夜の泊りが気にかかってきた。

真直ぐに入っているのは打込谷との境の大尾根からくるもので、右方からのが本流である。滝の下に出て、二つの滝の間の階段状の岩崖を上りきって藪に入り、本流の滝の上で磧へ下りた。

仰ぐと左の尾根上に、鷹ノ岩巣の岩骨が大きく聳えている。

もう水は著しく減じてきた。流れを縫って急いで行くと、行く手にまた二十米位の滝が見える。また滝かと思っていると、弁次は左手の藪を分けて崖を登って行った。約十五米も上ると大きな岩の懐に出た。

そこがコグラ谷上流の岩小屋であって、冬、稀に猟師の泊る所で、この春三月、日本山岳会員の田中菅雄君と弁次とが、深藪の中を捜し廻って漸く見つけたものだという。

私はザックを下ろして岩屋の一隅に座を占めた。天井がよい具合に平たくかぶさっている二坪位の岩窟で、一歩ふみだせば前は崖になっている。

かなりの難コースで疲労している山の人たちは、急崖の藪を切り開き、川まで水を汲みに下りたり、炊事の仕度をしだした。

焚木を集めて皆落ちついて焚火の周りに集まったのは黄昏近くであった。

霧が深くなって何も見えず、ゼニトリやミソサザイが小屋の周りに囀っているのを聞いているうちに日は暮れてしまった。

夜半、目をさまして外を見ると、谷上の空は晴れ渡って、満月が八丁峰の尾根にかかっている。

澄みきった青空や月の光を眺めながら、櫓(やぐら)の上で寝ているような気でまどろんだ。

笠ヶ岳へ登る

八月二十日、濃霧。午前四時に起きてみると、今朝はすっかり曇っている。雨こそ降らないが、濃霧が山上を蔽うている。陽気はあたたかで、高い処の遮蔽物の尠(すくな)い泊り場だったが、寒さはあまり感じなかった。

夜明けになると小鳥が泊り場の周りで囀っている。ゆっくり朝食をとって、午前八時に岩屋を出た。流れに下りて昨日夕方見た滝の下まで溯り、左の藪を分けて、ひと廻りして上流に出た。

少し行くと大きな滝が、二十米を越えているものが直下している。しかしもう水量はさすがに少なくなった。

八時四十分、藪を分けて滝の上に出ると、川床はまた白い岩盤の上を浅く流れている。渓側の丘にはミヤマダイコンソウ、ハクサンフウロ、チングルマ、アオノツガザクラなどが咲き乱れ、偃松（はいまつ）も出てきた。

九時五分、上流に二つの滝が寄り添って落ち合っている。右のものが本流で、その方を上って行った。

上流が開けて、谷の奥から偃松の尾根、笠の頭につづく山の背が霧の下から覗き込んでいる。

森林は矮（ひく）くなり、渓水も小さくなった。そして荒寥とした源流地らしい情景が至るところに拡げられてきた。

九時二十五分、支流が同じ位置で本流に合している。本流の奥にはまだ滝が見えている。滝の上の奔流がヤゲンのような谷底を貫流している。石崖のような岩場を這い上って行くと、低い壁が谷の両岸を限ってつづいている。その上端をたどり、両岸を縫って上って行った。

四辺はナナカマド、偃松、ミヤマハンノキの世界になった。今まで跳梁していた白檜の森林は、遥か下方で谷を埋めている。

十時二十五分、谷が非常に狭くなった。そして上流は赭色の崩崖に包まれた狭い深い荒れ谷となっている。

もうよかろうと思って、そこから左方の支流へ入って行った。偃松の中の小溝を上って行くうちに、密叢の中に入ってしまった。漸く草地へぬけ出ると、間もなくガラ石の大崩坂の上に出た。それから足場のよさそうな処を求めながらひた登った。

この大破片岩の崩坂は登るに随って急になり、随分長くつづいている。それも道理で、その尽きる処がちょうど大笠の頭になっているからである。

霧が深く山の頸をめぐり、四面模糊として何も見えない。二五〇〇米を越えている処だから、天気さえよければ素晴しい展望ができるのだが、見えるのは霧だけで、すぐ上にある笠のピークも五里霧中だ。

午前十一時五十分、漸く笠の頂上の東寄りの一角に登りついた。そして小笠の懐にある笠ノ小屋へついたのは正午で、山上の寒風に追われて、身を縮めながら小屋の中へ潜り込んだ。焚火に身体を煖(あたた)め、茶を入れて中食をとり、炉辺に安坐して落ちついてみると、何となく重荷を下ろした気持になった。

夜に入ると豪雨が風とともに襲ってきた。明日の天気が心配だが、食料が欠乏してきたので、どうしても打込谷を下らなければならない。（次章へつづく）

打込谷を下る

（承前）

八月二十一日、朝起きて見ると雨は歇んだが、霧は山上を一杯にたちこめている。

午前八時頃から外が明るくなってきたので出て見ると、上空は霧の裡から青く霞んで、霧がうすらぐと碧空がだんだん拡がってきた。

やがて大笠の絶巓が、霧の綾の中から突兀として伸び上ってきた。双六谷方面の累嶂が美しく、森林、尾根、渓筋まで霧の綻び目からよく見えてきた。陽は既に下界を照らしているらしい。

しかし山頂はまた濃霧に閉されてしまった。深山時雨だ、下界は晴天でも山上の霧は容易に晴れようとしない。

遂に写真一つ撮らずに小屋に戻り、仕度をして午前九時五十分出発、小笠の頸をからんで、コグラ谷と打込谷との間に出ている尾根を下り、かなり下っている鞍部の一丁ほど手前から、スリバチの側面のような斜面を、打込谷に向って、ザクや草地を下った。

暫（しばら）く行くと草の大斜面が、何時の間にか幾つもの小さな藪（やぶ）尾根に分れ、石渓の底を水の走っている小溝の中を下るようになった。

午前十時四十分、小滝がとり次ぎに出てきた。藪がうるさいため滝の横を岩伝いに下り、やがて本流と合した。

硅岩の層はこの谷へも入っているらしく、ここにも暫くはその白茶色岩盤の上を浅い流れが走っている。コグラのものに比べて小規模で、間もなく花崗岩質の渓谷となった。奔流と小滝の連続であるこの谷も、水量はまだ小さい。

谷上をなびいて行く乱雲の間から、雨が少し落ちてきた。十一時三十五分、左手からミヤマハンノキと草叢（くさむら）をおし分けて谷が一つ入っている。顧みると本流には幅の広い滝がかかって、天上は壮快に開けて源流地らしい風景を見せている。

午後零時十分、右手から小沢の入っている磧（かわら）で弁当を使い、また流れに随って下って行った。

水量は大分ふえてきた。これから徒渉が多くなるというので草鞋（わらじ）をはく。午後一時、薄日がさし込んできた。下る方にばかり気をとられていたが、何時の間にか森林帯に入っていた。唐檜（とうひ）、白檜（しらべ）、椈（ぶな）、白樺、ミズネ〔ミズメ〕などの密林の底を歩いていたのだ。

白檜が最も多い。双六谷では落葉松を殆ど見なかったのは不思議であり、何となく物足りない気持がした。

午後一時二十分、オクヌケ沢という小谷が右から入っている。やがて左からも小谷が入ってきた。そして水量も大分大きくなった。

午後一時五十分、これから悪くなるという。二時二十分、右手から二ノ沢と名づけたものが、岩壁の間を滝となって迸ってくる。下るに随って谷は峻しくなり、鬱々とした森林の腰をめぐって大岩壁が両岸から露出し、川床は急に断落して、谷筋は左折して見えなくなっている。つきあたりの大岩壁の中を竪にひと筋のワレ谷が入っている。その中をナギ落とされた大木の残骸が、逆茂木のようになって谷を埋めている。谷はここで窮まって今までの明るさにひきかえ、急に暗い感じとなった。

右岸の崖を上り、岩壁の横を森林の下を縫って、谷の曲り目に落ちている支流、一ノ沢と名づけたものに入り、それを横ぎってからザイルで滑岩の横を通って、やや広い岩場から本流に向って立った。

すぐ前は大きな釜で、本流には打込谷上流の最初の大滝が二段になって奔落している。随分の水量である。私たちが今横ぎった谷の落口も滝となって本流の大きな釜の中に瀉ぎ込んでいる。打込谷下降以来初めての壮観である。

左折してから谷は悪く、水は深くなり、そうたやすく徒渉もできなくなった。押迫った両岸の、渓水に洗い出された美しい花崗岩が累積するその間を、渓水は深くうねって行く。

森林は両岸に高いが、谷水を蔽うほど濃密ではない。岩の色の明るい鮮やかさ、十分に日光を受け入れているこの谷は、かなりの豪快さをもっている。コグラ谷の幽凄に比べて面白い対照だと思った。これは笠ヶ岳登山に好適な二つの美渓である。

これから下流は川通しであって、巨岩を伝い、両岸を縫い、深い徒渉をして行くことになる。

三十分ほど降ると谷はまた狭く断落している。右岸を上り谷から六、七十米の高さを森林の下を廻って行くと、途中で細径に出合った。この道はすぐ下の仙人淵を見るために歩道から切り開かれたもので、谷底から三十米の崖上でつきている。ここから歩道を行けば打込小屋へ下ることができる。それを行かずに私たちはなお渓水について行くことにした。

すぐ下には青い大きな淵が池のように拡がっている。切開けの終点から、崩崖を林の下のぬかるみを下りて仙人淵の汀（みぎわ）に出た。この淵に落ち込む滝は、第一のものほど高くはないが、淵は打込谷第一の闊（ひろ）さをもっている。

この淵の上にもさらに大きな滝がかかっているが、それは見に行かなかった。ここまでに打込谷の第一、第二、第三の大滝が落ちているのである。

もう三時四十五分になる。朝遅く出たため何となく心せわしい。

暫く行くと滝津瀬の下が巨岩に囲まれた馬蹄状の釜となり、その中で奔潭（ほんたん）が白熱化して沸き返っている。右岸の壁の襞についてヘツリぬけ、なお左岸について岩を縫い徒渉をつづけて行くと、谷の下の狭くなった処に吊越が見える。打込谷の上ノ吊越である。

そこから左岸の歩道に入り谷下へと降って行った。すぐ下手の左岸から支流が入っている。そして谷は狭く奔流の連続となっている。

森林の間から大滝の水を眺め、その咆哮を聞く。上流から四番目の滝で、打込口の大滝というのがこれである。

もう暗くなってきたので、大滝の見物を明日にして歩道を下って行くと、右手の森林の間から人の呼ぶ声がする。十九日に広河原で別れた営林局の人が打込谷の小屋へ調査に来ている筈なので、その人達とまた泊りを共にするのを喜んだ。

午後五時、打込小屋へついた。小屋は谷から約百米の左岸の渓側の僅かな平地を拓いて建てられた。この谷奥としては上等のものであった。

双六谷から笠ヶ岳への登山を終った私たちは、この小屋でまた豪雨のため一日の滞在を余儀なくされた。

打込小屋より蓮華谷落口まで

この間は大正十三年に双六谷から上ノ廊下への紀行に書いてあるので、なるべく簡略に述べる。

八月二十三日。午前二時半、うつつから覚めると、雨は何時しか歇んで、雨滴が風に払われて板屋根を叩いている。小屋の中を流れていた水も引いて静かな山小屋の気分に返っている。

空は澄み渡って星の光りはサンサンとしてまことにすがすがしい朝だ。

今朝は快晴になったので皆威勢よく、営林局の幸島さんに礼を述べて、午前六時二十分、上流に向って歩き始めた。

一昨日降りてきた岨道を数丁戻って、その道に岐れ、谷に向っている小尾根に沿って下り、やがて吊越のある処に出た。

六時四十分、吊越の処に荷を置き、谷に降りると巨岩を縫って上流に向った。打込口の大滝を見ようと思ってである。

打込谷の水も昨夜の大雨で驚く程増水している。白泡を吹いて落ちて行く水の面を、茶褐色の濁水がかすめて、すばらしい荒れ谷と変っていた。

左岸の巨岩を昇降して、約二丁で滝を正面に見上げる処についた。この滝も今日はすばらしい躍動を見せている。朝陽を斜めに受けて鮮やかに光っている煙るような飛沫は、この大瀑布に頗る光彩を添えている。瀑布の姿も実に雄大である。

もと来た道を吊越に戻り、対岸に渡って、歩道をひた上りに渓側について上って行く。七時三十分、打込谷落口の上手、金木戸川の左岸に始まる大露壁の、最高点から南に向ってやや下ったクビレである鬼ヶ城の峠の上に出た。

この峠の上に出ると、四辺が急に開け、冷風は衣を払い、林を渉るその音はすがすがしい。金木戸川の上流を見ると、鬱蒼とした森林に埋められた大尾根の上に、中ノ俣岳(黒部五郎岳)が大きく裾をさばいて、優しく延び上っている。

峠から、道は森林の下を岩壁を避けてつけられてある。下り気味に行くと新しく立札がしてある。「地獄谷、地獄釜」というのだ。この下で大露岩約百米のものが尽きんとする処に一つのワレ谷が入っている。それが地獄谷で、その下にある深い淵を地獄釜と名づけたものである。

四つほど小谷を横ぎり、五つ目の小谷の窪でひと息入れる。下を見ると約五十米の所を本流は淙々として走っている。そして対岸の岩間の林の前に小さな磧が見える。そこは大正十三年に大山村の金作と竹次郎をつれて、この谷筋を溯った時に露営をした処である。

　未知の深谷で安楽なひと夜を過ごしたときのことを思うと、こんな磧でも全く縁のない無生物とは思えない。私は久しぶりだったなあと挨拶をしたくなった。

　川瀬は暫くの間はよくなるが、やがて山側の壁が高く渓谷が狭くなると、道は上りとなって日影十根（ひかげじゅんね）の高廻りが始まる。

　対岸の日面（ひおも）十根の側面も、谷近くまで森林が茂っているが、その傾斜は頗る急で、至る処に露岩が肌を晒している。しかし森林の濃密なこの谷筋では、黒部のような高壁の連続は見られない。

　九時半にはかなり高く登って、峠のような岨道の一番高い処へ出た。対岸の上手には、森林の間から山の地肌を割って高いタル沢が落ちている。頗る急勾配で約三百米の辺から三十米を越える瀑布が奔落している。

　私の立っている歩道を暫く下りた処から、タル沢を過ぎる付近で、日影十根から下抜戸へうつるらしい。

　道はやがて川瀬近くまで下って行く。岨道を離れ、藪をぬけ、小沢を下りて下抜戸の広い磧に下りた。以前来たとき広河原と名づけた処で、金木戸川では下流にある広河原の他には、ここほど広く磧のつづいている処はない。ここは白樺、榛（はんのき）、楊の林が美しい。

午前十一時、磧の上手の端に荷を下ろして、流木を集め火を焚き、茶を入れて飲む。弁次はまた釣竿を持ち出して魚釣りを始めた。やがてとりたての岩魚数尾を焙（あぶ）って、中食をとり、磧の石の上に腰を下ろして、渓流を見ながら休んでいると、真昼の陽射しは磧にきらめき、陽炎（かげろう）が立ちのぼって、沢山の赤トンボが飛び廻っている。川瀬を渡ってくる涼風に撫でられて、瀬音を聞きながらうっとりとして眠ってしまった。

眼をさますと、弁次がいない。この男ほど魚釣りの好きな者はあまりあるまい。広河原に滞在した日も、打込小屋で降りこめられた日も魚釣りに出かけた。おかげで毎日のように岩魚の御馳走になった。

零時五分、上流に向って歩き始めた。雨後の谷筋は水は大きく、徒渉に腰を没するほど深い。暫く行くと川瀬はやや狭くなり、約三十分で中ノ俣岳の頭から南へ下りているセンズ谷の落口に出た。落口には大きな滝がかかっている。

午後一時二十分、谷はまた壮大になって、立派な露岩の間を深淵、滝津瀬、奔流をつないで美しい。

センズ谷から上手は奥抜戸（おくぬけど）の嶮である。下の岩屋から五分ほどで、上の岩屋である萩原小屋の前に出た。この小屋で泊ろうと思ったが、雨で大分日数を無駄にしたので、蓮華谷の落口まで行くことにした。

二時五分、川筋がまた狭くなり、深い徒渉を四、五回つづけた。谷はホラの貝式に抉(えぐ)れて、川に延びている壁の先端と、巨岩の間の水道を流れは厚くくねって落ちて行く。その下は深い淵である。

上流に当って岩壁にかこまれた深いトロが百米近くもつづいている。右岸は直立の壁で阻まれてしまった。そこが奥抜戸で、有名なキンチヂミの嶮である。

先年通ったときには、左岸のトロの中を壁について溯り、かぶっている巨岩をザイルで上って、上の磧へ出たのだが、今年は水が大きいためそれはできない。

弁次だけ左岸に渉ったがまた戻って来た。そして右岸に峭立しているキンチヂミの壁を、襞を求めて七、八米上ってザイルを垂らした。

荷を別々にひき上げ、灌木の生えている中段の狭い棚を、僅かに身をかわして横に廻り、下を見ると、なるほど壁は直立して、脚下の流れは深く淀んでいる。中段の棚から崩崖の縁を徐々に下り、深淀を避けてその数間上手の岩の間に下りた。左からまた一支谷が滝となって奔落している。無名の大きな谷だ。

キンチヂミから五、六回の徒渉をして、闊い川筋を行くと、上流の尾根は驚くほど緩くなって谷に集まっている。

今まで繁茂していた栂、檜、黒檜などの喬木が少なくなって、渓側は白檜の森で囲まれ、林は矮く、急に源流地らしくなった。

楽な川瀬を上り、三時半に蓮華谷の落口に出た。本流より水量は少いが、岩は高く谷は遥かに荒れている。もうこの谷を黒部乗越へ上るのなら、僅か三、四時間の行程である。

蓮華谷の落口から約半丁ほどの左岸の磧に荷を下ろし、そこを今夜の泊り場とする。静かな深山の谷奥の夕、先ず天幕を張ると、流木を集めて焚火を盛んにし、美しい谷水で米をとぎ、夕餉の仕度にとりかかる。

焚火をかこみ、茶を入れ、蕗の葉の上の岩魚を菜にして楽しい夕餉、この旅で初めての露営を楽しんだ。

双六池まで

八月二十四日。午前四時半、天幕から出て見ると谷はまだほの暗い。静かに移って行く雲間から、暁の月の光が鮮やかに渓谷に流れ、黎明の谷の奥からコマドリの美声がふるえている。

露営の煙は、桂、ナナカマドの枝葉にもつれ、白檜の森へ吸い込まれて行く。

やがて強い朝焼が来た。地雨か夕立か、とにかく少し気にかかった。谷の水は昨夕から見るとまたぐっと小さくなった。午前七時、野営地を始末して川伝いに左岸をたどって右に廻り、二丁ほど行くと、左岸の岸辺に岩屋がある。小人数ならば泊ることができる。

顧みると下流に高く中ノ俣岳の大尾根が堤のように見えてきた。朝陽にうつる偃松の色や岩の色が美しい。

蓮華谷落口から歩道は岸辺近くにつけられてあるから、谷川を見ながら行くことができる。もう水が小さいから川瀬を縫っても行ける。

谷は右へ右へと曲っている。七時四十分、ちょっとした高廻りをして押出しの上で休む。中ノ俣岳の頂が谷の中央に翼を拡げている。

それから間もなく新しい標杭が立っている。今年造った歩道の交叉点で、打込谷の吊越から高く尾根へ上り、ここまで下りて来た歩道が、谷筋の歩道と一緒になった処の、営林署の人が「六千尺」と名づけた、標高六千尺の地点である。

午前八時五十分、左岸から崖沢が入っている。その手前の所が歩道の終点で、目標に棒が立ててあった。

川を渉って右岸にうつる。それからは谷筋のよい処を縫って行くようになる。双六池までは積石がしてあるし、笹や草は苅り払われてあるから歩きよく、一筋の谷道は迷う心配はない。

九時、左方の双六岳から大きな谷が入っている。それから上流は水はますます減じ、源流地は開けて大タルミとなり、急に壮快な感じがしてくる。

岸辺近くには大イタドリ、ミヤマハンノキ、白樺などが茂って、山草が大分眼につくようになった。

九時十五分、疎林の下を埋めて小笹の密生した緩斜地を左岸にした闊い磧に出た。谷はその付近から大きく左へ曲っている。

なだらかな尾根。笠、双六、蓮華、中ノ俣の大尾根が、私たちを近く高くとりかこんで、偃松の山波をうねらせている。

右から長大な谷が入っている。抜戸岳からくる抜戸谷である。美しい草の丘の尽きるあたり、谷がやや狭くなると左岸から、またナギのような谷が入っている。

十時十分、磧で休む。天上はほんとうに手のとどくように近くなった。美しい偃松の世界、その鮮緑色の丸い大きな山々は肌と肌をふれ合って、谷に向ってのびのびと懐をひろげている。

十時五十分、いよいよ草の大スロープに出た。双六岳の方から沢が入っている。偃松と山草の間を、高原に刻んだ溝谷を上って行く。すぐそこに国境の窓が見えているがなかなか遠い。

顧みると抜戸岳がひと際高く、壮大なガレを懐に見せて聳えている。少し上ると右上から大笠が瘤のような頭を出し、笠の主脈は重なり合って雄大な山塊となっている。

行く手を見ると、丸い大きな樅沢岳の頂を、四つほどの黒い点が、青空をバックにして静かに動いてくる。

登山者だ、珍らしい。この山旅で初めて会う夏山らしい気分である。

草地を横ぎって、十一時四十五分、双六池の汀(みぎわ)に出ると、国境の窓の彼方に鷲羽岳の尖頭が見える。私たちは入口に荷をおくと、双六小屋に入った。

樅沢岳から下りて来た測量部の人、松本駅の中島さんなどとともに、焚火をかこんで中食をとった。

午後一時十五分、小屋を後に、双六岳へ、さらに頂稜を三俣蓮華岳に上り、鷲羽乗越の三俣蓮華の小屋に下って、ひとまず旅装を解いた。

（昭和四年八月）

〔この後、黒部源流を経て、渡辺漸と黒部五郎岳から中ノ俣川を下った。〕

新緑の棒小屋沢

白沢から爺岳へ

田植に忙しい夏、もうかなり長い間の旱りつづきで、水涸れのために困っている安曇野の里の者は、早く雨が、せめて夕立でもと祈っている。その中を好晴を予期して、とにかくこの旬日の間を、雨の来ないようにと願って行く物好きな登山者の心は、たしかにその矛盾に小さな不安をさえ感じている。

しかしそれは自然が適当に案配してくれるから、心配するほどのことはないとあっさりと考え捨てて、軽塵の立つ里道を、右に左に奥山に見とれながら、籠川谷へ向って行った。同行者は大町の桜井一雄である。

大町を午前十時頃に発って白沢の落口についたのは午後二時三十分、そこで籠川谷に別れると白沢へ入り、磧のよさそうな処を選んで野営の仕度をした。まだ午後三時であるが、先によい泊り場がなさそうなのと、夜行と暑さに疲れた身体を休めたいため、そこで一夜を過ごすことにした。

白沢の上流はよく晴れていたが、蓮華岳の方には霧が濃かった。今年は雪が少なかったため気候が早くうつり、籠川谷の新緑も大分老いていた。

白沢に入ってからである、透きとおるような若葉の積層が、青い炎となって山腹に燃え立っていたのは。

白沢天狗の大きな頭の岩壁をめぐって、美しい新緑は黒木を圧してにじみ出ている。溌剌としたその色合い、こういうところには小鳥たちはどうして黙っていよう。ミソサザイのチビッチが嬉しそうに囀（さえず）り廻っている。森の奥からコマドリの澄んだ声が流れてくる。この旅最初の美声である。夕陽は若葉に照り映え、岩壁を射て、山の頸には夕雲が炎のように焼けただれている。

蓮華岳の大きな胴体が時々霧の中から現われる。美しい雪の縦縞がその奥から光ってくると、尾根を埋める新翠が芝生のような鮮やかさで視界に拡がってくる。籠川谷の瀬音が遠くその底から響いてくる。

夕暮近くなると谷の気候は急に冷えてきた。焚火を盛んにしてその傍に集まり、暮れて行く谷間の新緑を眺めた。

ひと夜を磧に過ごした私たちは、その翌日は白沢を溯（さかのぼ）って、その長い雪渓を爺岳への登りについた。

六月九日、晴後驟雨、夜に入って晴れる。空は薄曇りだが雲は高く、谷の気温はなかなか寒い。薄着のせいか腹まで冷えて、夜中時々日を覚ました

午前三時頃になると小鳥が囀りはじめ、やがて美しい奏楽となって渓の黎明を告げる。五時には雲間に碧が光り、若葉の気息が感ぜられる。

流れへ下りて顔を洗い、朝餉をすますと、天幕をたたんで上流に向った。野営地から三十分で二俣に出た。東俣は白沢天狗の方からくる谷で、小さいが悪く、西俣は本流で爺岳からくる大きな谷である。

二俣で本流は著しく西北に折れている。二俣付近はやや広いが、よい泊り場はないようだ。午前七時十分、左手の岸辺に粗末な岩屋がある。それから先は谷が狭く急になって、遥か天上に真白に光っている丸い尾根が、浅い雪庇を見せて高く延び上っている。これは主稜の一部らしく、その下には偃松の尾根がつづいている。あそこまでだ、上の方は、だいぶよさそうだと思った。

天気はだんだんよくなって、陽射しは強く谷間に入ってきた。雪渓はつづいてきたが、奔流は処々に飛沫を上げて流れてくる。コマドリ、ホトトギス、ミソサザイなどの囀り

が渓声を圧して谷中に響いてくる。左手の渓側にはシャクナゲが沢山咲いている。白花もあれば桃色のもある。

午前八時五十分、顧みると下流の山峡は遠く開けて、籠川谷を隔てた鍬ノ峰の尖った頭が群青色に霞んでいる。

山鳩が森の奥でホーホーと鳴いている。寂しいがしかし初夏の旅だ。駘蕩（たいとう）とした中にも何かはね返すような力がある。

九時十五分に中食をとり、アイゼンで雪渓を上って行く。谷が二つに岐れている。真直のは小さな溝で一丁ほど上でつきている。右手から深く入っているのが本流である。小滝が数段になって落ちている。これが白沢の滝場らしい。左手の壁と草ツキをアイゼンのまま上りつめて、滝の上の流れに出た。

シラネアオイが美しい。藤色をした大きな花が、開いたもの蕾（つぼみ）のものが群落して、まだ漸（ようや）く青んだばかりの草の斜面を埋めている。イワカガミの朱房のような花も、滝のしぶきを浴びた壁の皺（しわ）に咲きつづいいる。

滝の上を数間で谷が二つに岐れ、その落口はどちらも滝となっている。右手の方を滝に沿って上り、左手の痩尾根を藪をかき分けて雪渓の上に出た。十一時四十五分。この滝場は五、六丁位つづいていた。

滝場を越すと大雪渓が国境の主稜に向ってつづいている。顧みると下流は遠く開けて、美しくくねっている高瀬川の流れを中心にして、茫々とした青田の中に大町の人家が見える。霞んでその彼方に遠山は輪郭だけを黛(まゆずみ)のように青黛(せいたい)を重ねている。

高瀬川の長橋や大町の家棟の上に、私はいつも爺、鹿島槍の壮麗な姿を見ては喜ぶ。その時に第一に眼にとまるもの、二つに割れた爺岳の頂点の間を懸かっている大雪渓の美しさだ。雪が山を二つに割ったように見える。この長大な雪渓が、今私のたどっている白沢の源頭であると思うと些(いささ)か得意である。

午後一時、濃い雲が爺岳の頭から沸き出して、白沢の上からなだれ込んで来た。バリバリと凄い音を立てて雷鳴がだしぬけに頭の上で響いた。それとともに大粒の雹(ひょう)が叩きつけてきた。

芽生えたばかりの岳樺の藪(やぶ)の中で休み、雨支度をして中食の残りをとる。幸いと雷鳴は三回くらいでやみ、雹も雨も上った。しかし籠川谷は夥(おびただ)しい黒雲の潮で真暗になっている。久しぶりで里にも大きな雨が降り、里の人々はさぞ喜んでいることであろう。

長い雪渓を登って行く。渓側につづいている岳樺やミヤマハンノキは、まだ全く冬枯れのままで、尾根を埋める偃松の波はすぐ足元まで下って来ている。

午後二時半、白沢のツメに登りついた。丁度爺岳の二つの頭の股になっている大きな窪であって、雪渓の上端には雪庇が浅くかかっている。源汲〔大町市平〕から白沢左岸の大尾根〔白沢天狗尾根〕を上ってくる道がここで合っている。もう爺の頂は頭上に当って近い。

主稜に上って見ると、爺西面の雪は殆ど解けつくして、窪地や森林の間に残っているだけである。ザクの横を踏み固められた道を午後二時五十分に爺岳二六六九・八米の頂に立った。吹き折れた三角櫓の残り木が斜めになっている傍らに積み石がしてある。

霧が深く非常に動揺している。立山の菱壁やカールの雪が時々見えるが、鹿島槍岳の方も蓮華岳の方も全く見えない。しかし里の方だけはよく晴れている。信州には雲が少いからだ。鹿島川、籠川、高瀬川の流れが銀糸のように縺れて、うららかな午後の陽に里山の後ろから木崎湖の水が濃碧に見える。

爺岳の頂を下りその裾の雪壕の上をたどって、また背尾根の残雪を下って行くと、種池の小屋が山丘の端に見える。小屋に著いて前に積もっている雪を除け、戸を開けて中へ入ると、雪の塊が片隅に残って床は大分湿っているが、三、四人の泊りには不自由はない。梁が一本折れているが小屋は少しも曲っていない。

午後二時十五分、早いけれどもこの小屋で泊ることにした。

霧はなかなか収まらない。六時になってようやくその層が谷に向って傾き始めた。やがて山々の上半身が碧空にぞくぞく浮び出てきた。

黒部谷から籠川谷へ輪を描いて流れて行く霧の後ろから夕陽の光が追いかけて行くと、その切れ目から残雪が輝いて、蓮華岳の鯨の背のような姿が南の方を一ぱいに磨き出された。針ノ木岳とスバリ岳との間から針ノ木の雪渓が見えている。雪は随分少い。

針ノ木峠の上に水晶岳が締まった頭を擡げ、蓮華岳の左奥から常念山脈の山々が霞んでいる。

午後七時になると十三日の明月が安曇野の彼方から昇ってきた。高原のような広い平を、まだ枯れたままの草地や残雪の上を西の方へ上って行くと、種池の下から小兎が飛び出したが、人を見ると急いで草地を転び落ちて行った。

唐檜の森が茂っている辺までくると、剣岳と立山主峰が姿を現わした。まだ夕陽の名残を受けて頂稜が金色に光っている。霧も全く収まって山々はどこまでも見える。六月とは思えない透明の空気は空にも山にも満ちみちて、夕星の光が強くなりまさった。

小屋に戻って夕餉をすませ、隙間もる月の光にうつらうつらしていると、枕元をかさこそと音をたてて小鼠が走っている。小屋の周りの石崖の間から出てきたらしい。食料をやられてはと思ってそれをまとめて天井に吊しておく。しかしこの寒いのに可哀想だと思って干魚の頭をむしりとって窓口に積んでおいてやった。ひと晩ぢゅうかじっていたようだが、朝起きて見るとまだ少し残っていた。

棒小屋沢の中尾根を下る

六月十日、晴後曇、小雨かかる。

午前六時四十分、種池小屋からアイゼンで出かけた。立山の方がよく見える森の下道を下って行くと、西南に向って棒小屋乗越に出た。扇沢の源流はまだ残雪が深く、カールのように窪んでいる。奥小沢の源を下に見て岩小屋沢岳の一角に登り、主稜と別れて棒小屋沢の中尾根、持小屋沢と西沢小沢との間の長大な尾根を下って行った。この尾根は随分闊く残雪に蔽われて歩きよく、森林帯に入ってからも雪はしばらくつづいていた。

種池から約一時間で、二三三九米の三角点のある大きな頭に出た。そこには測量部の人が見通しのために伐り仆した大木の残骸が処々に見えた。この隆起も眺望がよく、立山、剣、内蔵助平、丸山、黒部別山などが随分近くなった。

八時十分、雪の上で休む。空は晴れているのだが何となくどんよりしている。こういう空模様のときによく出る日暈がと、私は太陽を仰いだ。案の定、日輪を中にして五色の彩環が描き出され、その環のなかは深海のように碧く黝ずんでいる。天気は下り坂になったらしいが、今日のうちに二俣まで降ってしまえば、大事ないと思い、のんびりと大尾根を下って行った。

雪が少なくなると藪が茂ってきた。森林の中を縫って行くうち雪の溝に出た。そこで雪を溶かし湯を沸かして中食をとった。午前九時、陽はかなり強く照らしている。ホトトギスやウグイスが藪の中で囀っている。風のないのどかな昼を立山や剣岳を見ながらしばらく休んだ。

四十分ほどしてまた歩き出す。尾根はまだ随分広くそして高い。右手を見ると森林の間から、私がこの尾根を降る目的の一つとしていた、鹿島槍側面の支谷の様子が手にとるようにはっきりしてきた。

最初に見えたのは布引の頭から下りている布引沢だ。これは落口から間もなく滝の連続で谷は狭く頗（すこぶ）る悪い。次に出て来たのは最も大きいコヤウラ沢で、鹿島南槍の頂から棒小屋沢へ下りているだけあって、水量も大きく、出合から少し上で真白な滝が見える。その辺が一寸悪そうだ。その上は磧つづきで三つばかり滝が見えている。雪渓がその上につづいて、また二、三段の滝となり、谷が左に折れてしばらく隠れるが、やがて大きな雪の窪となって南槍の頂に向っている。

牛首山から出ている牛首沢にも、中ほどにタルが見えているがあまり大きくないようだ。この方面で最も悪いのは布引沢で、一番大きいコヤウラ沢は割合によいように見えた。とにかく鹿島槍を中心とした棒小屋沢の支谷の様子がよくわかったのはよかった。

午前十一時、ひとしきり狭くなったと思った大尾根がまた広さを増してきた。これは棒小屋沢から見た膝を立てたようなその膝頭にあたるところだ。

その先きに窪地が尾根を挟んで幾つも現われてきた。そして間もなく栂、黒檜、唐檜、五葉などに囲まれた広い窪地に出た。こんなところへ離れ島のようになって偃松の集団がと思わせる一寸変った地形である。その中の石の上に腰を下ろして休んだ。

方向が左へそれ過ぎたようなので、右手の黒木のつづいた尾根にうつり、さらに窪地を横ぎってその右のものに出てみたが、左の尾根の方が大きく、長いらしいので降り気味に左方へ戻った。少しまごつき加減であるが、何しろ深い森の中で様子がよく分らない。それでなるべく長大な尾根を選んで二俣へ下りたいと思ったのであったが、実際は西沢小沢の方へ寄りすぎていたらしい。

蔚生した針葉樹の中を降って行くと、いつの間にか尾根は幾つにも岐れてしまった。膝頭のようになっていた大尾根の傾斜が急に激しくなると、そこから幾筋かの支尾根に岐れて持小屋沢（棒小屋沢の本流）と西沢小沢に向けて放射状に落ちているので、とにかくその一つを選んで降って行った。

広かった尾根が急に狭くなる。支谷は皆、深く刻み落されている。林の間から大きな岩巣が幾つも頭を出してくる。降るに随ってますます急になり、尾根の断落が激しくなってきたので、岩角にすがり、木の根や灌木につかまってずり下りて行くより方法がなくなった。

左側面の森林の底から、煙るような樹枝、緑葉の網目の下の方から西沢小沢の激流が光り、水声が響いてくる。

その方を見ると、高い壁が削ぎ落され、谷は驚くほどの峻しさである。右下を覗くとこれも同じような壁が急激に落ちているが、樹木はかなり下の方までつづいているらしい。

やがて行く手は高い壁つづきで前進がむずかしくなった。仕方なしに右側の方へ下ることにして、森の底から灌木をたよりにして草の崖を降り、岩壁の突端まで出るとそれからは降ることができない。

とうとうザイルを出して、六、七米の壁を下って、谷に向って傾いている大きな棚の上に下りた。

下は樋のような深い岩の溝である。そこまでは約三十米で、逆層に重なり合った斜壁になっている。そうひどい傾斜ではないが、手がかりがないので素手では危険である。

壁の突端にある大木の幹にザイルをかけ、斜壁を後ろ向きにずり降りて谷の上に出ると、三米の崖をワレ溝の底へ下りた。谷の幅は僅かに一米余、両側面は三、四米の高さの壁で限られている。

上流を見ると、まだかなり上の方までこの岩溝はつづいているようだ。まったくの岩の樋で、その中を谷床の岩が段を造って落ちている。ところどころに三、四米の空滝となって竪壁を露出している。しかし水は殆どなく岩間から滴り落ちている程度である。

約三十分でこの小谷の底へ下ると、ザックを石の上において、上の石の段に腰を下ろして休んでいた。

ところが、ここで突発的の出来事があった。まったく瞬間のことであったが、何かのはずみで二人の間から小石が転び落ちた。小さいので無頓着でいると、それが友を呼び三尺ほど下の大きな石にぶつかった。それから大変なことになった。小石のぶつかったのは二尺四方ぐらいの石だったが、それは指一本でも動きそうな状態で僅かな小石によって支えられていたのである。それがぐらっと動きだした。驚いて一雄が押えようとして手を出したが間に合わず、その石が一段下に落ちるとその下の不安定な大きな奴にぶつかったと思うと、それが皆一緒になって転び出した。生憎その下の処に大事なザックがおいてあった。

すわ一大事と思ったが手の施しようがなかった。石ナダレはザックを突き落して、一緒になって急なワレ溝を目がけて、ハズミを打ってとび下りて行った。私たちは思わず顔を見合せた。石も嚢も七、八間下まで落ちると空滝の下で高く飛び上った。石の方は重いから左程ではないが、ザックは大きな鞠のはずむように二間も高くはね上った。それからは急な岩の坂の下で見えなくなってしまった。

あれよ、あれよといったところでどうしようもない。のび上って下を見下ろすと、遥か下の西沢小沢に落ち込むこの谷の出合のところで、残雪が大きな雪橋を架けている。その下は滝である。

もしザックが、あの大きな鞠が、あそこまで飛んで行けば、雪上から滝へ落ちてしまうことは必定である。

万事休す。いよいよザックが無くなったら私たちはどうしようかと、石の上に佇んで相談を打った。

幸いと私の持っているザックに写真機だけは入れてあった。それに弁当、雨具、身の廻りのものは無事にすんだ。しかし天幕も防寒具も、寝嚢や食料も、アイゼンもザイルも、鍋、飯盒その他のものとともに、皆大きなザックへ入れてあった。それが無くなったら、さしあたり今夜から食事ができない。寒さを凌ぐべき着類も、雨を防ぐ天幕もない。大町へ帰るのにはどうしても二日はかかるし、雪上を上下するのにアイゼンがなければ危険でもあり、また非常に時間がかかる。

私たちは飯も食わずに空腹をかかえて、急雪の上を行かなければならない帰途の困難を考えて当惑した。

しかしこのままでは果てしがないので、とにかくザックを捜しながら行こうというので、急な狭いワレ谷の底を徐々に下って行った。雪解けの後の落ちついていない石が崩れ落ちて来たら、狭い溝だから必ず当る危険があるし、ぐずぐずしていて石が落ちて来たら大変だ。

下りながらザックを捜したが一向見当らない。ザックに結びつけておいた荷梯子が二つに砕けて落ちていたり、アイゼンの片方が岩の間にひっかかっていたのを拾い上げた。

三十分ほど降って漸く急な雪渓との境に出た。そこで谷底になっている岩床と雪渓の上端とが大きなギャップを造っていた。思わずのぞき込んで見たが何も見えず、奥の方は真暗である。何かありそうだといいながら、一雄は滑り易い泥土に蔽われた岩床の上を、後ろ向きになって雪渓の下へ腹匍(はらば)って行った。

暫(しばら)くの間その方をのぞいていると、何か曳きずって上ってきた。それは土に汚れ、岩に裂かれたボロボロのザックだった。私は思わず声をあげて喜んだ。

この大きな嚢は丁度雪と岩との間に挟まっていたのである。曳きずり上げたものの、足場が悪いため、そこで拡げて見ることができない。そのまま担いで急雪にステップを切りながら、漸くのことで西沢小沢に下り、本流にかかっている大きな雪橋の上に荷を下ろして休んだ。

まあよかった！　と、雪の上に腰を下ろしてザックの中を点検した。布は縦横に裂けて表のカクシは皆剝がれ、その破れ目にアイゼンの片方がひっかかっている。幸い嚢が二重に出来ているので内側のものは破れず、そのおかげで紛失したものはないようだ。中をあけると番茶で一杯である。袋が破れて散らばったものらしい。飯盒はペチャンコにつぶれ、ヤカンの口はとれ、手は捥げている。二人は顔を見合せて思わず吹き出した。

私は取枠へ入れてあった乾板を気遣って、それを振ってみたら、中で硝子の音がガサガサとする。開けて見ると粉ミジンになっている。しかしそれはまだ撮ってなかったもので、携帯していた半ダースと、函の中に入れて封じたままのものは無事であった。

ザックの中を掃除して、こぼれた茶をまとめ、それからおちついて中食をとり、滝の水を汲んで渇を医した。時計を見ると午後三時を過ぎている。

私の今居る処は、西沢小沢が本流の持小屋沢と合流する二俣から四、五丁上の処で、今下りて来たワレ谷と、その向いの尾根からの雪が大きな雪橋をかけているその上で、そこを中心に西沢小沢は最も険悪な壁と滝との連続となっている。

上流の方は削りとったような急角度の斜壁で尾根先は皆断ち落され、ヤゲンのようなその狭間を、奔流は滝となり釜を穿（うが）って、すさまじい勢で雪橋の下に陥ち込んでいる。

その下流は雪橋の下から二、三段の滝が、さらに高い壁の間を落下している。その下で谷幅がやや広くなりまた残雪に蔽われ、遥か下流に向って約百米の落差をなし、やがて磧を展べて二俣につづいている。

高い岩壁で囲まれた谷底まではとても下りられない処で、この大きな雪橋が残っていなかったら、また険悪なワレ谷を戻らなければならなかったと思う。それだけではない。この雪橋の消えてしまった夏だったなら、ザックは勿論この滝場に落ちてしまっている。それこそとり返しのつかないことになったので、とにかく運がよかったと二人して喜んだ。

それから荷を雪上に托して、右岸の壁にうつり、灌木をたよりに木の茂った壁をひと廻りしてみた。落差は急で壁は高く、右岸は一枚の屏風岩で下る見込みがない。左岸も壁が高いが高廻りをすれば行けそうに見えるが、いずれも相当の時間がかかるので、谷筋の下降をあきらめて荷のあるところへ戻った。

日暈の兆しが現われてきたらしく、空はどんよりとして今にも雨が来そうな天気となった。

私たちは方向を変えて、降りて来たワレ谷と向い合いにあるヤゲンのような小溝にとりつき、西沢小沢の左岸につづく長大な尾根、下ノ廊下の右岸をなすものへ登り、東信歩道に出ようと思った。そこへさえ出れば曽遊の地で、二俣へ出たも同じことである。

空谷の岩の段を上って行くと、すぐ足もとに西沢小沢の滝場がよく見える。なるほど谷通しは通れない処だ。

落石に注意しながら約一時間ひた上って、右からの小溝へ入った。早く道に出たいと思ってもなかなか出られない。小溝の上部は崩坂となってやがて森林の中に消えてしまった。

右横に藪を潜って行くうち午後六時になった。暗くならないうちに泊り場を求めなければならないと思ったが、尾根の渓向きはどこも急な斜面で平地がない。灌木の中の小さい窪を見つけてそこへ泊ることにした。

横に延びている桂の幹の上に天幕をかぶせ、その下にうずくまり、近間の枯枝をかき集めて火を焚きつけて暖をとった。

水は得られないから飯は炊けない。持参した甘納豆をかじりながら暮れて行く深い谷間を眺めた。山上には雲霧が流れて日はやがて暮れて行った。

横になってみたが、身体が斜面を滑って行くので具合が悪い。足許の木へ横木を渡して足を支え、草鞋（わらじ）を頭の方にある木の根元に結びつけて枕にして見たが、眠りにつくと身体がずれてゆく。草鞋が頭からはずれると目を覚ます。幾度も同じようなことをしていたが、それでも二時間位はよく眠ることができた。

午後九時頃から雨がかかってきたので、合羽をかぶって天幕の下にしゃがんでいた。しかし初夏だけに、それから尾根で風を除けているために案外暖かだった。

一時間ほどで雨が上ると雲がきれ、星が幾つも見えてきた。鹿島槍や牛首の頭の雪が光っていたが、やがてまた霧が谷に流れてきた。

月がよいため曇っていても明るく、芽生えたばかりの闊葉樹の林の中は軟らかな感じで、春の夜の朧（おぼろ）の中にいるようだ。西沢小沢の瀬音が、遥か下から上ってくる。遠くの林の中から山鳩の寂しい声が聞える。月明りにだまされたホトトギスが泊り場の周りでひと晩中囀っていた。

宵のうちこそ眠られたが、午前二時頃から二人とも目が冴えてしまった。雲の流れから時々、時雨がかかってくる。みじめな野営、しかしそのうちにも初夏の旅らしい、のんびりとした気分があった。私は、こんな乞食のような生活もまた山の楽しい味わいだと思った。

六月十一日、雨後快晴、午前二時、うつつから覚めてみると、樹間を通して月の光が美しい。まずよかったと安心してまどろみ、目を覚まして見るとまた曇っている。午前三時半頃にはかなり強く降ってきた。

夜の明けるのを待ちかねて、雨中を支度をすませると下流に向って出発した。横上に道を捜しながら行くのである。雨滴を含んだ笹藪の中を桂や樺の密林を分けて行くと、衣服は忽ち(たちま)ぬれてしまう。昨夜から食事をとらないため、木から藪へ渉(わた)って行くような激しい運動をやると身体が疲労する。空腹をかかえて三十分も藪くぐりをした。もう道に出てもよさそうなものだと思いながら行くと、泊り場から四十分程で林が疎らになってよい窪地に出た。昨夜せめてここまで来れば、少しは落ちついて寝られたものをと思った。

すると道が窪地を横ぎっているのが見えた。先ずこれでよかったと思った。昨日は一日ぢゅう苦しんだが、これからは曽遊の地だからもう心配はない。

道に出合った処は尾根近くで、山の傾斜もゆるく地形も大まかになっている。道は疎林の間を尾根の横を廻って二俣に向って下っているので、暫くの間はよかったが、棒小屋沢の渓側近くになると、草ツキや崩れがつづいてなかなか悪くなっていた。
先年通ったときとはまるで変ってしまった。僅か三、四年でなんという荒廃ぶりだろう。今ではまだ草が延びていないからよいが、夏になれば道を探すこともできないほど茂るだろう。道の幅は半分ぐらい削れて谷の方へ傾いている。

崩れへ出るたびにかなり緊張して歩いたが、途中で崖の下へアイゼンを落として困ってしまった。どうやら二俣の上に出たが下り場が判らない。以前の道は雪崩で高い悪い崖に変っている。仕方なしに少し戻って木藪のつづいている急な崖を後ろ向きになって棒小屋沢の岸辺に下り、磧に荷を下ろしてほっとした。

土にまみれた顔や手を洗い、棒小屋沢の澄んだ水を、水呑になみなみと汲んで、ひと息に飲んだ。その時の気持のよさ。なんともいえない、美酒にまさる味わいだった。それは、この水上の新緑が、滴るような若葉が、さまざまな小鳥の美しい声を秘めて、棒小屋沢の水に溶けこんでいるような心地よさだった。

徒渉をして対岸にうつり、二俣の広場へついたのは午前七時十五分で、それから流木を集めて火を焚きつけ飯を炊き、ウトブキを摘んできて味噌汁の実と、浸し物にして腹一杯御馳走になった。

さて飯がすんでみると昨夜の寐(ね)不足の祟りがくる。もう我慢できずに木蔭を選んで横になった。天気が上って断雲が山上から黒部谷へ落ちて行く。強い陽射しが磧を照りつけて光っている。私たちは涼風に撫でられながら、木蔭の草の衾(しとね)の上に正午まで眠りつづけた。

眼がさめると泊り場をそのままに、ナギと崩れで跡方もなくなった東信歩道を物色しながら下流に向った。久しぶりで剣の大滝を見ようと思ってである。

やがて滴るような新緑の積層した十字峡の上に出ると、黒部別山と仙人山が轡(くつわ)を並べて私たちを迎えている。

大きな肩骨を摩している二つの山の堅壁を穿って、剣沢の深い流れが奔落躍動している。その中央部の大瀑布が剣の大滝二〇〇米である。

この雄観を懐にして、残雪を浴びて競い立っている峻峰の群れ、剣岳の大窓の頭、小窓、小窓の頭、三ノ窓の頭、八ツ峰などの姿を見て、私は初夏の山と渓の豪奢を心ゆくまで観賞した。

泊り場に帰ったのは午後二時五十分、今日の日程はこれだけにして、闊い磧の中で焚火をかこんでココアを飲み、天幕を張り焚木を集め終ると、落ちついた気分で昨日一日の難渋を語り合った。

棒小屋沢を遡る

六月十二日、美晴。風のない深渓の真夜中を、天幕から出てみると、澄んだ夜空に星は穏やかにまたたいて、春の夜らしい軟かさはあるが、立っていると寒さが身にしみてくる。

夜が明け離れると、茜色の彩光が、国境の主稜の肩から黒部谷の方へ拡がってきた。山々の頂はくれないに染まって、渓谷は美晴の恵みに溌剌としている。谷を囲む新緑は透きとおるような色に蘇った。空も、山も、流れも、若葉も、どれを見ても皆溶け合いそうな色をしている。

午前六時二十五分、野営地を後に棒小屋沢を遡って行った。右岸の闊い磧をぬけると間もなく二俣である。二、三日前に苦しめられた西沢小沢の落口を覗いて見た。あれほど悪い谷なのに、二俣付近では緩い川床を流れる広い谷となっている。

持小屋沢に道をとった私たちは、磧から巨岩を越えて左手の藪に入り、森林の下の側壁を廻って、滝の左上につづく岩の丘の上に出て、磧通しを上って行った。

二俣から二十五分で牛首沢の落口に出たが、そこから徒渉が始まるので靴を草鞋(わらじ)に替えた。初夏だけに水は随分大きい。それにこの谷の石には水苔がついているため無性に辷(すべ)る。なるべく石の上を避けて、深くても流れの中を、川床を踏んで左岸に出た。下流に北仙人の頭を眺めながら休む。午前七時十五分。

やがてコヤウラ沢の落口近くなると、大残雪が山のように右岸を埋めている。すぐ前の中尾根からナギ込んでくるノマの雪が対岸に打ち上げられたもので、恐ろしく高い、大きな雪と泥土と石の押出しである。

この旅には、コヤウラ沢を鹿島槍の頂に上るつもりでいたが、水が大きく滝があるためと、気分がたるんできたので、本流の方へ道をとった。

八時二十分、無名の沢の落口で休む。谷は大分右の方へ曲ってきた。左岸から、棒小屋乗越からくるギジダル沢が入ると、間もなく布引沢の落口に出た。その辺から雪渓がつづき、谷はさらに右方に向って曲り、爺岳の頂に向って雪渓をのし上げている。もう主稜の天上は指呼の間にある。

布引沢から二丁ほどの距りで、小さな谷が入っている。入口の上に滝が見えている。数年前冷乗越から下ったことのある谷だ。

午前十時四十分、一つ上手の水の少い大きな沢へ入ると、二丁ほどで二つに岐れている。滝はなく傾斜はゆるいが、枯林の密叢で残雪が断続している。左手のものに入り、広い林の中を行くと藪が茂りだした。左上に逃げると、巨岩の累々とした大きな押出しに出た。それを登って行きさえすれば、容易に主稜に出られると思ったが、それは間違っていた。

やがて押出しが既きると雪渓へ出たが、それは上るに随って悪くなり、ついに脆岩のナギになった。谷は漸く狭くなり、四面から崖崩れで、雪崩の痕が惨としている。

風化で薄く剝がれたスレートのような石屑が、絶え間なく崩落してくるので、追われるように痩尾根へ匍い上った。両側面の崩落した、樹木の僅かにつづいている脊筋を縫って上って行った。

やがて草地に出たが、その先はミヤマハンノキ、白樺、白檜などのボサで、行く先の目当がつかない。そのくせ左右からのぞいている国境の主稜は間近に見えている。

もどかしい気持で上って行くうち、灌木に交って大偃松が逆茂木となって現われてきた。これには辟易した。右に廻り左によけて、約一時間の苦闘で漸く深叢を脱し、やや低い偃松の原へ出たら、そこは主稜のすぐ下の処であった。

爺岳西面の石原の上を、痣のように偃松が疎生している斜面を駈け上って国境の山稜に達し、爺直下の縦走路に出て腰を下ろすと、疲れた四肢を休めた。午後三時十五分。

午後の陽光に輝いている立山、剣岳、黒部別山などの岳影を眺め、脚下につづく棒小屋沢の中尾根や、棒小屋沢の長い川瀬を眺めながらのんびりとくつろいだ。

私たちはそれから、爺の脊筋を冷乗越に下り、さらに上って冷の泊り場についた。

（小屋のなかった頃である。）

午後四時、天幕を張り、冷ノ池の水を濾して湯を沸かし、茶と菓子でくつろぐと、すっかり落ちついた気分になった。

主稜の上に佇んで、暮れてゆく鹿島谷や棒小屋沢を見下ろし、立山や鹿島槍岳、爺岳の夕日影にうつろって行く山色に見入りながら陶然とした。

夜は素晴らしい明月だった。山上だけに越中風は時々天幕を叩く。寒さは夜の更けるにつれて強くなった。月光はいよいよ冴えて、天幕におく露は霜となって光っている。まるで中秋の夜のようだった。

冷ノ池でひと夜を過ごした私たちは、その翌朝、美晴に浴して鹿島槍岳の頂に登り、長ザク、大冷沢、鹿島の里を経て大町に帰った。

（昭和五年六月）

剣の大滝遠望。左奥の方に高く聳えるのは剣岳の三ノ窓、小窓
（撮影年月不詳）

東尾根から鹿島槍岳へ

この紀行は文部省社会教育局の撮影班と、大町から鹿島川を溯（さかのぼ）り、鹿島槍岳の東尾根を初登攀してその頂に達し、爺岳、岩小屋沢岳に至り、縦走路を離れて、西方に派出された廊下尾根の分岐点である二、〇六七米（メートル）の峰より黒部別山谷に向って、峡壁を下ノ廊下に下り、黒部川を対岸に渡り、上流の平（だいら）からまた大町へ帰った、その旅の記録のうちの、東尾根から鹿島槍岳までの分を採録したものである。

昭和五（一九三〇）年八月六日。大町駅の構内では山の人たちが荷物を受取るために待っていた。手塚順一郎さん（山岳写真家）のお世話になり、それぞれ分担をきめて対山館に運ばせる。そこで朝食をとると、米、味噌、その他の必需品をととのえた。

山の人を二手に分け、一手は私たちとともに鹿島槍の東尾根へ、他は籠川谷から扇沢を種池小屋へ行く手筈をした。

忙しい準備を終って対山館を出たのは午前十一時半、途中の暑さを避けるため自動車を頼んで鹿島入りの要橋まで走らせた。

それからは静かな里道を鹿島の耕地に出た。広い山間の平で、鹿島川沿いの沃地を拓いて畑や田が耕されてある。ゆるい裾山をめぐらしたこの高原の行く手には遠見山、天狗山につづく峰々が、雲の多い夏空の中を隠見して、風にそよぐ八千草、草叢（くさむら）を押し分けてせせらぐ小流の音、田畑に働く人たちが絵のように見える。

随分古い、千年近くの歴史をもっているこの里人には、どこか人なっこい純朴さがある。越中有峰（ありみね）のものが、あの幽静の高原に生活しながらも、どことなく狡猾さをもっていたのとは大差がある。ここはむしろ乗鞍山麓の大野川の村落を連想させる。

最近には大分登山者に親しまれているこの里は、積雪期に鹿島槍方面の登山の拠点となっている。

道が鹿島川の流れに近づくと、森林は立派になり、渓谷を行く静閑な気が四辺に感ぜられる。やがて大川沢と大冷沢（おおつべた）との出合にある広場についた。撮影に時を移したため、午後五時になった。

冷の西俣で泊る予定だったが、荷も多く最初の日の疲れもあるので、今日はこの出合で泊ることにした。

重くついていた山上の雲もきれて壮快な夕となった。夕陽は幾筋もの斜光を投げかけ、その光を浴びた布引の頭から南槍（最高点）に至る主稜も、北槍から天狗ノ鼻の尾根に段落している岩峰の重なりも、高く上空に見える。

爽やかな峡風は渓をわたって、岸辺に茂る大イタドリが波うっている。陽はやがて主稜の後ろに沈んで、蒼茫とした谷の底に、二十数人の賑やかな野営の人が、闊い磧に幾塊りにもなって夕餉につ いた。

東尾根へ

八月七日、快晴。

天幕の周りがあまり明るいので、起き出して見ると夜はすでに明け離れている。午前四時三十分。

空は水のように澄み、谷の空気は光を帯び、山々はどれも皆、夏らしい軽快な姿を連ねている。

広い磧から炊煙は静かに立ち昇って、山の人達は朝餉の支度に忙しい。山上からなびいてくるあらしに、露営の煙は川面を辷って、下流の林の間に吸い込まれて行く。さすがに谷の朝は寒い。私たちは岸辺へ下りて顔を洗い、焚火の周りに集まって暖をとった。

上流を仰ぐと、浅黄色の大空を背にして、奥山はぞくぞくと浮び出て来た。野営地から見た山勢は皆北に向って傾いている。布引の頭、南槍の頂点も同じような姿勢をして競い立ち、間近に大手を拡げている一ノ沢の頭の右から、北槍と天狗ノ鼻の岩がしらが高く聳えている。野営地のすぐ下手から大川谷の奥に五竜岳の割菱が崔嵬としている。陽はこれらの峰々の頂を紅に染め、一ノ沢の頭の下までくると、川瀬は下流から光ってきた。川の水は昨日よりかなり落ちた。

まだ七時にならないのに、国境線の上から霧雲が少しづつ騰ってきた。その潮先が天狗ノ鼻の上にからみだした。この四、五日天気は大分よくなったが、まだ雲が相当多いようだ。

沢山の荷物も整頓されていよいよ出発となった。午前七時三十分。

逆光に影を落として激流の中を行く人の姿を撮る。泊り場の前の闊い川瀬の砂利洲を、流れを竪に渉り、丸木橋を対岸の磧にうつり、三丁ほどで林道へ出た。

すぐ対岸が小冷沢の落口だ。この沢も随分大きく上流は悪そうである。

道は渓側を行く。朝陽は強く激流を射て、森林を透してその中を、影と光の縫い目を急いで行く人々の姿が光っている。自然にも人にも、やはり夏の陽のような力強さがある。

一ノ沢の丸木橋を渡り暫く行くと、渓側は闊い緩斜地となって闊葉林がすばらしい。

岸辺に出ると崖頭をひと廻りして西俣の泊り場に出た。午前十時三十分。

対岸から落ちている西俣の水は随分大きい。三日ほど前の大雨で、山は夥しい水分を含んでいるらしい。


西俣の泊り場で中食をとり、一行を二手に分けた。小平、西岡の両君は長ザクの道へ、渡辺〔漸〕、白井、私の三人は本隊として、なお大冷沢を溯って東尾根を目ざして行く。

二俣から左岸について右に曲ると、大冷沢の様子ががらりと変ってきた。後立山信州向きの嶮悪な山相が額をけずって展開されたのだ。しかし如何にも壮美である。

上流に残雪が見えてきた。谷幅は驚くほど広く大きくなった。脆弱な層をした赭黒色の断崖は左岸につづき、上るに随って森林は高みに退き、灌木や草藪が処々に茂っている。冬は勿論のこと、春秋でも氷雪に閉された氷室のような処だ。

間もなく冷乗越からくる悪い谷の落口に出た。これもまた本流にまけないほど谷幅も広く荒寥としている。一体この山地の谷は殆ど皆懐ろに入るほど広い。氷雪に浸蝕されて圏谷状になっているのであろう。

流れから砂丘にうつり、右岸に渉ってまた左岸に戻る。一ノ沢の頭の上手からくる谷が、藪の中から入っている。約三十分でまた支谷の下に出た。どれもまだ名のないものだ。午前零時十五分、谷の落口の砂利の丘の上で休む。直吉、由蔵、清志の三人が支谷

鹿島槍岳東尾根。左に最高峰南槍、その右のピークが北槍。北槍から右に下りているのが東尾根（6月・撮影年不詳）

の様子を見に行った。

この小谷か、下のものかどちらかをとって東尾根へとりつくのである。これから上流には目的の地点へとりつけるような谷はないからだ。

この谷は大きな岩盤の露出で蔽われた荒れ谷で、二丁ほど上で二つに岐れている。左手のものは崩崖のタル沢で、右方のは漸く上れそうに見える。

一時間ほどして直吉たちが戻ってきた。どうも下手の谷の方が安心だという。その方ならばこの春四月に渡辺君が京都の連中と下ったことがあると云うので、その方を登路に選んだ。

これから上には水がないというので、山の人は石油の空缶へ谷の水を入れ、三個の水筒へも水を入れる。東尾根の登攀は雪の深い時には泊り場に乏しく、夏は途中で水を得られないことが苦手で、今日まで完登されていなかったのもそのためであろう。

大きな崩れの上に休んでいると、コマドリの声が両岸から流れてくる。下流は晴れて、両岸の峭壁の窓から遠山が霞んで見える。しかし上流は依然暗く、濃い霧雲が山の頸を上下して、主稜の山々は姿を見せない。対岸の痩尾根の後ろから、左俣が広大なナギを国境に向ってのし上げている。下流の他は皆荒寥とした崩岩と滝の世界である。

午後二時、下手の谷の上手から密叢を押し分けて入った。この谷は涸沢で岩が割合に堅く、足場も安定して登りよかったが、上へ行くとだんだん急になった。

涸沢ではあるが、岩の割れ目や窪からは、ところどころ水が出ている。荷の重い山の人はそれを飲んでは、また元気を出して上る。一時間半も上ると滝が三つ現われた。みな水のない空滝であって、岩の面が濡れているため辷りやすい。

三時十五分、滝の途中で左から深い荒れ谷が入っている。もうその辺から東尾根の側面をなす大きな窪地が間近く見える。

右手の谷が狭くなると、傾斜が急になる。草藪は谷を埋めて茂っている。

大冷沢の落口から三時間で、登る谷は小溝となり、急な密叢の中に消えてしまった。

白樺の大きいのがところどころに見える。尾根は手の届くくらい近くなり、急な草の斜面をひた登って、午後六時に漸く尾根上についた。

尾根上には出たものの、どこを見ても深い藪つづきで手のつけようがない。下手に高く延び上っているのは一ノ沢の頭であるが、これもひどい藪山である。

いよいよ密叢に潜入した。苦情がそこここから出る。汗が水のように流れ出る。藪にひっかかれる。おまけに重い荷物を背負って、風通しの悪い密叢の斜面を上るのだから、苦情も無理はないと思った。

小隆起を一つ越して、藪のやや浅いところに出ると、山の人は皆荷を下ろしてしまった。僅かな処ではあるが平らになっている。鰻の寝床のような細長い尾根の背筋で、多人数の露営はむずかしい処であるが、時間も遅いし、先へ行けばなおさら泊り場を得られないと云うので、とうとう藪の中で泊ることにした。

皆で藪を刈り拡げる、地を均(なら)す。漸く人の休めるような処ができた。僅か一間半ほどの幅の細長い凸凹の露営地である。しかも、右も左も共に深い谷に面している。まことに不安定な処である。

天幕を張るほどの余地など勿論ない。僅かばかりの処で焚火をしてその周りに集まり、今夜こそ天幕をかぶってゴロ寝をするのだ。水は石油缶に一杯あるのだから、米は下で磨いできたし、炊事には差支えない。

直吉を先頭にした山の人の一部は、黄昏の迫っている森の下、藪の中を潜りながら、明日の進路の切開きに行った。行く手に見える大白樺の林を目標にして、やがて山刀の音は山上からコダマしてきた。

美しくも晴れた夕空、その広大なドームを舞台として雷雲はしきりに活躍している。東の空を奔騰していた紅蓮のような幾つもの大塊が、幾千米の高さに延び上っては大きく南の空に向って崩れて行く。その後ろから金色に縁どられた悪魔のような入道雲が、すばらしい速力で南に動いて行く。

陽が国境の背に落ちると、この積乱雲の中に、稲妻が神経繊維のような鋭い光を走らせ、八方に向って物凄い光芒を放射する。しかし中天にまぶたを開いた夕星の群は、穏かな光をもって澄み渡っている。それは修羅の巷を包んで静かに打ち拡げられた寂光の世界のようだ。

今日は不思議と鹿島谷には雲がない。脚下を遠く安曇野が煙って、大町の電灯の光が鮮やかに見える。

午後八時になると、冷池の稜上でフライヤー〔発炎筒〕が光っている。小平君の一行が冷にいるという合図である。こちらでもそれに応えてフライヤーを焚く。その光は山稜を照らして、東尾根の一角に時ならぬイルミネーションが出来た。大町からは、これを見て一行が無事に東尾根に上ったことを知ったという。

東尾根から北槍へ

八月八日、霧深く午後小雨あり。

狭い尾根の脊筋（せすじ）の泊り場はあがきが悪く、飯を炊くのにも食事をとるにも、荷物をまとめるにも非常に時間がかかった。

今朝は信州に雲が多く、日の出はとうとう見ずにしまった。しかし目的の鹿島槍方面はよく晴れて、雄大な岩峰の重なりや、谷溝の出入りなど、朝の光りを受けて鮮やかに見えた。

大分近づいたため、北槍と天狗ノ鼻は指呼の間にある。その左後ろに主峰の南槍が見えているが、遠いためと形が単純なため見栄えがしない。とにかく北槍と、天狗ノ鼻と、東尾根の尖鋭とが鼎聳（ていしょう）しているところに、ここからの焦点がある。

私たちの行く手にはまだ二つの隆起があって、その先のキレットから第一岩峰にうつることが明らかになった。

午前七時十五分、野営地を後にまた木藪の中に潜入した。昨日拓いておいた切開けが

かなり先まで出来ているので歩きよい。八時、白樺の目立った平らな尾根上で休む。そ
れからは藪が大分低くなった。
霧が深い、九時十分、漸く野営地から二番目の隆起に上り、さらに第一岩峰との鞍部
に向って下る。尾根の背が長大な偃松に蔽われて狭くなり、その上を渡って行くのがひ
と苦労だった。
谷底は霧で見えないが、大冷沢の方も荒沢の方も山側はひどい崩れになっている。こ
とに荒沢向きの崩崖は驚くほど深く急に落ちて、遥か下に霧の間から残雪が見える。
午後零時、痩尾根の行きづまりのところまで来た。そこは第一岩峰の壁に面して今ま
での藪尾根はつきている。藪尾根と岩尾根とがはっきりと分れている処だ。
剣の刃渡り式の狭い尾根の上を、てんでによい所を選んで中食をとった。荷物の置き
処もないくらい狭いので、ザックを落ちないように紐で偃松の枝に結んでおく。
パンを出してみたが、渇いたノドへはとても入らない。昨夜と今朝で石油缶の水は全
部使い果したので水は少しもない。困っていると直吉が胡瓜（きゅうり）を出してくれた。水の滴る
ような大きな胡瓜をかじりながら、。パンをむしって食べたが非常によい具合だ。フラ
ンスパン二個を食べるのに胡瓜一本を平げた。今までにこんなおいしい胡瓜を食べたこ
とはなかった。

冷沢の方へ水をとりに降って行った山の人が、ヤカンに二杯、雪解けの水を汲んで来たので、一行の渇もまったく医(いや)された。

休んだ処は第一岩峰の根元に直立した約十二米の壁の下で、野営地から見たときには、この鞍部はよほど深く切れているかと思ったが案外穏かな鞍部で、両側面こそ断崖になって、尾根も実に狭いが少しも切れていず、予想よりよい処であった。

休んだ処からすぐに第一岩峰にとりついた。ザイルを出して直壁を上る。上りきると右斜めに急崖を攀じ、偃松、シャクナゲなどの疎生している岩場をワレ溝に下り、それについて上って行くと、ところどころ断崖になっている。この溝では三十米のザイルを使った。

最後にやや緩くなった偃松の岩坂をひた上った、石なだれが谷にコダマする。しかしここまで上ると、尾根の側面の岩も非常に堅牢になり、安定感を増してきた。

濃霧はなかなかとれない。一時五十分岩峰の一角に出て腰を落ちつけて休む。どこを見ても偃松と岩盤である。その間を縫って山草が、イワギキョウ、チングルマ、イワウメ、リンドウなどが美しい刺繍をしている。いよいよ高根の空気の中に入ったという気がする。

東尾根もこの辺までくると、北に向ってのしかかっている山勢が殊に著しく、大冷沢に向っては岩稜がゆるやかに延びているが、荒沢側となると深く急に、真直ぐにナギ落ちている。とにかく荒沢に向っては一歩も下ることはできない。

午後二時三十分。緩い傾斜の山の頸を廻って第一岩峰の頂に達した。すぐ鼻先に第二岩峰の嶂壁が面を圧して聳えている。直聳約百米、ブロックを積み重ねたようなすばらしい大岩塔である。これも荒沢に面して直聳し、冷沢に向っては、やや緩い大まかな岩根を延ばしている。

第二峰の下までとりつくのは、午後四時になると予想していたが、思ったよりも早く、も割合に楽に来てしまった。しかしこれからが東尾根登攀の中心地点に入るのだ。

一行は第一岩峰の頂に集まった。そして第二峰を真剣になって見上げている。根元から頂まで直聳している巨大な岩塔を見上げ、この壁面がどうやって登れるかと、思案をめぐらした。

よいことにはこの鞍部も、第一岩峰の下手のように、尾根の脊筋は少しも切れていない。それだから直壁の下までは容易に近づくことができた。しかしそれからが問題である。

直吉と清志とが岩壁を根元から匍（は）い上って行った。しかし少し登ると白茶色の脆弱な岩壁にぶつかって戻ってきた。これが越せればその上約十米ぐらいは褐色のしっかりした壁になるが、それからは黒い角岩の重なりがかぶっているので、その右を縦に入っている裂罅（れっか）について左横に抜ければ行けそうに見えるが、それも果して登り得るかどうかは頗（すこぶ）る疑問である。

以上のような状態で、重い荷などを持っては上れる処ではない。人だけが漸く上りついたところで、荷物を上げるために非常の時間を費すので、今日中にはとても上れそうもない。随ってここはどうしても稜上を避けて廻って行かなければならない。

廻るとすれば一番足場のよいのは、大冷沢向の側壁の下部で、そこはかなり傾斜があるから危険はなさそうである。しかしこれも相当の時間を要するから今日の間には合いそうもない。第一に泊り場があるかどうか、崩石の危険も予想される。

なるほどこいつがあるために、今まで東尾根を完登した者がなかったのだと思った。やっぱり人の遠慮するような所には、悪場が潜んでいるのだと、直壁を見上げながら感嘆した。

それから屈強の山の人たちは、荒沢の懐を探りに、崩崖に向って濃霧の中に姿を消した。

霧はまずまず濃く、冷風を伴って小雨がかかってきた。夕立だろうと思いながらも、この悪場ではあまりよい気持もしない。

主稜を中心とした尾根にも谷にも雲霧が渦巻いているが、下界を見るとその方は実によく晴れている。やや霞んだ山気の底に、鹿島川と高瀬川の流れが午後の日にきらめいている大町平の人家や田畑、高瀬の橋付近を走っている電車がよく見える。心憎いほどの鮮やかさだ。

雨は間もなく歇(や)んだ。私たちは岩間に踞(しゃが)んで山の人たちの行方を案じていた。第二岩峰の荒沢向きの懐から落石の音がしきりに聞える。最後に大残雪を谷底に落とした大音響が山谷に鳴り渡った。間違いがないようにと心に念じた。

霧がうすれると、山の人たちが下りて行ったガラ石の谷が見えてきた。直吉や清志はもう荒沢の源へ、第二岩峰の右下を、岩を落としながら上って行く。

やがて由蔵が戻ってきた。良いところがあったという。直壁の右下の荒沢の上に、幅一尺位の棚ができているので、それを伝って谷へ下れば案じはないという。

それから私たちは、岩峰の根元について、壁の横を廻りながら荒沢に向って下って行った。

なるほど一尺ほどのお誂え向きの棚が、可成りしっかりと出来ている。全渓剝落している嶮谷も、ここだけは壁の側面に沿って灌木が疎生している。

横に張り渡されたザイルと灌木をたよりに横に廻り、最後にザイルによって荒沢に下りた。それからは崩岩と石滝の大ナギ谷を、よさそうなところを求めながら、第二岩峰上部のキレットを目がけてひた上った。

霧の中で見たときには、こんな処が上れるかしらんと思ったが、それでも恙なく足は運べた。しかし上部は俄然急になった。崩石は足を下ろすたびに、音を立てて足下からナダれる。身体がザクとともにずり下りて行く。各自警めながらキレットを目がけて、せっせと上った。大分上の方の左手に大きな岩屋を見た。間もなくキレットである。

キレットの上では、直吉が涼しそうな顔で、冷の方に向って手を振りながら呶鳴っている。よい案配に山上の霧は一時切れて、冷の山稜から此方を見ている小平君たちの姿が見えた。

一行は腹が減っているから堪らない。大きな声を張り上げると、

「飯をもってこーい、腹がへった」

と呶鳴ったが、近いようでも相当に距たりのある山の上では聞きとれなかったらしい。皆がキレットの上に集まったのは午後五時で、それからは偃松は深いが山は穏やかである。山稜はもう岩場ではなく、偃松と山草とザクの世界となった。

登りきると天狗ノ鼻から東尾根に接続する隆起の突端に出た。二つばかりの小隆起を越して午後五時少し過ぎ、私たちは打ち揃って北槍の頂点に立った。

もうそこから南槍との鞍部に下れば、そこが今夜の泊り場である。皆のんびりとした気分で、東谷側の山稜を下って行く。山の人たちは偃松の枯枝を集めながら四方へ別れて行った。

残霧が山上から谷へなだれて行くと、美しい夕映の空が頭の上に拡がってきた。夕陽は今、日本海に沈もうとして、雲海に半ば姿を沈めている真紅の日輪は、まぶしいほどの光を放射している。

蒼々とした剣の姿が、大窓から三ノ窓につづく鋸歯状の岩稜が、雲海から浮び出てきた。茜色の大空をバックにして、その山々の青い、深くすき透っている色が、黒ずんだ寂しさに変ったころ、私たちは南槍と北槍とのツリ尾根の泊り場についた。

八月九日、朝夕晴、昼間は霧深し。

鹿島槍の背比べ(せいくら)――安曇野から見ると、西の空高く南槍(主峰)と北槍とが、同じような姿で背くらべをしている。土地の者は鹿島槍岳の別名を背比べと呼んでいる。

その背比べの間のツリ尾根、むしろ鞍部に私たちは露営地を定めた。そこには遅くまで雪が残っていて、相当寒く風の当りも強いが、夏ならば露営に我慢のできる処であり、高所だけに展望はすばらしい。

獅子毛のような形をした雲海が、脚下を白く動いている。朱樺色（しゅかばいろ）の彩光がその上をひと筋横に流れ、北槍の斜稜を左にして、朝光に額を染めた無数の山が折れ重なっている。常念、大天井、燕、餓鬼、涸沢、それをつき抜けて槍、穂高の尖閣、右には野口五郎、三ツ岳、鷲羽、水晶、赤牛の峰々が蒼々とつらなり、赤牛の懐に烏帽子岳が小さく霞んでいる。蓮華岳や針ノ木岳は近いだけに大きく、それから右は主峰南槍の太い脊筋にかくされている。

今朝の剣も随分立派だが雪の少ないのは驚くほどで、三ノ窓にも長次郎谷にも、かきむしったようなザクの底に僅かに見えているだけである。

午前六時半、気の早い霧が越中の方から騰（あが）って来た。信州の方からの霧が、それと主稜を争っていたが、遂に籠川谷へ煽られて行った。

「越中が強いで、大丈夫ずらい」と直吉が天気を保証する。

炊き上るのを待って、冷から運んで来た飯を、皆であたふたと平げたのは午前八時、昨日の疲れがあるので、今日は午前中休息する。

午後二時半になると小平君の一行が冷からやってきた。三時過ぎ、泊り場をそのままにして、昨日の悪場を見ながら写真をとろうと北槍に向った。

霧の中をでかけたが、幸い北槍の頭につく頃から青空が拡がってきた。北槍から一隆起を越し小さな草地に出て、二つほど峰を越すと偃松が深くなった、昨日越してきた第一岩峰が、第二岩峰の断崖と雁行して壮大な突起を見せている。牙のように光ったその鼻は荒沢の谷に向って傾き、側面は峻聳数百米、濃霧を破って突き出ている。

「凄いなあ！」と小平君たちがいう。

最後に天狗ノ鼻につづく隆起を下ると、そこが第二岩峰との鞍部のキレットである。さらに岩壁と偃松の間に足がかりを求めて第二岩峰の頂に上ると、やや平らなその上を第一に向って数十間歩いてその突端の直壁の上に出た。

そこは昨日行きづまった岩塔のてっぺんにあたる処である。昨日は仰いだだけで上れなかったその直壁の頂点に立って見ると頗る気持がよい。

壁の出鼻から首をさし延ばして見ると、下の様子や壁の状態がよく判る。この岩塔はやはり角岩で積まれた壁の連続であった。昨日危ぶんだ黒い岩の処は、すぐ脚元につき出て見えるが、その登攀は容易でないように見える。

暫（しばら）くの間壁の突端に立って、よい気持で四周を眺めていた。鞍部ではまた撮影に余念がない。渡辺君は直壁の一部をザイルで懸垂をやっている。

荒沢谷や大冷沢も、その下流まで深く見えている。第一岩峰の斜壁、亀の甲に似た節理の入った岩の背は、冷沢に向って大きく延びている。その頂稜を境として急に削げ落ちている荒沢向きの大障壁は、恐らく鹿島槍岳を中心とした、最も峻嶮な処の一つであろう。

霧がいよいよ薄らぐと、遥か下に大町の人家、田野、木崎湖の碧が見え、戸隠、妙高、浅間、四阿(あずまや)の翠岱(すいたい)が暮霧の上に遠く連らなっている。

壁の鼻に積石をして、来た道をキレットに戻り、午後六時三十分ツリ尾根の泊り場に帰った。

十五日の月は山上を照らし、雲海から延び上がっている乱雲の中から稲妻が時折閃めいている。

剣の大窓の中から富山の電灯の光が見えるとか、黒部の下流にも灯が光っているとか、山の人は大声ではしゃいでいる。

今夜は昨夜にもまして越中風は強く、寒さに慄(ふる)え上がるようだった。夜半になると霧の入道が東谷の方から大きな手を延ばしてくる。しかし夜はよく眠れた。

（昭和五年八月）

鹿島槍岳から下ノ廊下へ

――「東尾根から鹿島槍岳へ」（前章）のつづき

種池まで

八月十日、曇、霧深し。

この日の見ものは浅間山の噴火であった。

二日間厄介になった野営地を始末して、出かけようとしていると、山の人たちが騒いでいる。

「やあ　噴火だ！　浅間山の大爆発だ！」と大声で叫んでいる。暫く（しばらく）の間は皆の視線はその方へ惹きつけられてしまった。

北槍の頂から大冷沢（おおつべた）に曳き落している大尾根の斜稜の右を、雲海を破り、オレンジ色の横雲を貫いて、真黒な煙の塊りが、しかもだしぬけに炸裂した。音こそ聞えなかったが、その凄愴な様は手にとるようだ。見る見る黒煙は天に冲（ちゅう）し、大きく横に拡がったのが、丁度波頭のように巻き下がってくる。葉牡丹のような形をして、むくむくと動いている噴煙はなかなかの壮観である。

カメラマンは写真機を向ける。刻々に変って行く噴煙の姿、後からも後からも噴き出してくる活動の魅力にひきつけられて、約一時間も遊んでしまった。八日が最初に爆発した日で、今日が最も噴煙の盛んだった日である。この噴火には死傷者を出したということを後に知った。近年に稀な大爆発であった。

露営地を後に、壮大な岩稜を最高点二八八九米(メートル)の南槍の峰頭に上って、冷池に下ったのは正午であった。いやに蒸し暑い日で、空は一面に霞んでいる。また日暈(ひがさ)かと空を仰ぐと、日輪の周りには五色の彩環が大きくかかっている。天気が変るなと思いながらも、今日は種池泊りにしてもよいからと、のんびりと歩いて行った。

霧がだんだん深くなって、山々はその中へ隠れて行った。冷乗越を通り爺岳の上りにかかったが、何も見えない。午後二時少し過ぎに爺岳の頂に立った。写真をとるために午後六時まで頂上に休んでいたが、霧がますます深くなってきたので、緩い坂道を種池に向って下って行った。

蒼茫とした山稜が堤のようにつづいて、その向うに種池の小屋が霧の中から見える。小屋の前には天幕が幾つも張られ、人々は豆のような大きさで動いている。

先着の山の人たちは、泊り場を造って、夕餉(ゆうげ)の仕度にかかっているらしい。炊煙は夕風に煽られ偃松(はいまつ)にからんでなびいている。

私たちは午後六時四十分に種池についた。

種池から大観峰（二、〇六七米）まで

八月十一日、好晴、温暖。

昨日の霧は名残なく吹き晴れて暁の風が強い。午前三時半に目を覚ます。小鳥は谷の方で陽気に囀っている。

四時半、天幕の前がすばらしく明るい。出て見ると大きな富士山が、南アルプスと八ヶ岳との間に透きとおっている。雲海が低く谷へ収まっているために山々は皆驚くほど大きく見える。月はまだ蓮華岳の上にかかっているが、星の光は空に溶け込んでしまった。

八ヶ岳火山、富士山、白峰山脈、常念山脈、蓮華岳、針ノ木岳、岩小屋沢岳、立山連峰、鹿島槍岳、妙高火山、それから近く爺岳など、この泊り場を取囲んで蒼々と連らなっている。

やがて朝陽は山上を照らしはじめ、風は全く凪(な)いで、穏かな光に満ちた好い日和となった。

撮影隊の一部は、もう爺岳の天辺へ上って、朝陽を斜めに受けながら小さく動いている。私はひと足先に出発して棒小屋乗越に向った。午前八時三十分。

道は扇沢の源流地をその縁に沿って廻って行くのだ。森林の中を山稜を抜け、信州側の草地を横に下って行くと、間もなく棒小屋乗越の池のあるところに出た。

岩小屋沢岳に向って藪の中を上り、オク小沢の頭に出てさらに棒小屋沢中尾根の頭に上る。越中側はどの尾根も皆なだらかに延びて高原のようになっているが、信州の方は茶褐色の崩崖が高く、どこも皆荒寥としている。

山勢はかなりの上りとなり、道は越中側をからんでその懐に入っている。一行はやがて国境の主稜とわかれ、草の斜面を横に、暫くの間樹叢の中を抜けると、また茫々とした草の大斜面に出た。これからは道は勿論、踏跡さえない。

主稜の道は偃松の切開けを岩小屋沢岳の頂に向って上っているが、私たちはこれとわかれて二、六三〇米の一つ手前の隆起の西側を廻って、西沢小沢の源を、斜面を横ぎって草の丘の上に出た。

行く手には岩小屋沢岳の西尾根が、高原のような広い草地となって悠々と延び、その先には唐檜の森が疎らに集団している。尾根の上から立山、五色ヶ原に至る山群がのどかに霞んでいる。

山の人は草地を西沢小沢に下って、溝から湧き出ている水を石油缶に入れて背負ってくる。私たちは尾根の背の、チングルマやコケモモなどの一杯匍っている草地に腰を下ろして中食をとり、後から来る人達を待ちながら一時間近く休んでいた。

天候によって山の感じは随分ちがうものだ。大正九年の時、二、〇六七米の峰からこの尾根を岩小屋沢岳へ上ったときには、大風雨の中を濃霧に包まれ、山もなにも見ずに夢中でこの闊い草地を上った。横ざまに叩きつける豪雨に苦しみながら、途中の草の上に大きな熊の糞を見て驚いた。天気のよい今日は美しい高原のような草地の上を、無類の展望を楽しみながらのんびりと歩けた。

十一時十分、一行が揃っていよいよ国境主稜と直角に、黒部谷に向って雄大な西尾根を下って行った。

草地はなお暫くつづき、やがてそのつきるあたりから森林が茂ってくる。ひとしきり側面が急になり藪が深くなるとジン竹が出てきた。右に草藪の平を行くと、楢やナナカマドなどが疎らに生え、草が大きく仆れて獣の歩いた跡が径をつくり、樹の幹に熊の毛が幾個所もこすりつけてある。この辺はことに熊が多いらしい。

渓側の藪が深くなって来たので尾根に上り、森林の下を尾根の背筋について下って行く。勾配は一帯にゆるく、進むにつれて藪が深くなってきた。主に唐檜の森の下を、灌木やジン竹の茂みを切り開きながら行く。右下で西沢小沢が北に折れている。

西沢小沢はこの曲り目から悪くなり、高い岩壁に囲まれているのが見える。私はこの六月に西沢小沢の滝場で酷い目にあったことを思い出した。

やがて尾根の左側を行くようになると、今度は新越沢の瀬音が聞えて来た。

草尾根から二時間で山の背筋がいよいよ闊(ひろ)くなり、大きな窪溝が縦に入っている。この付近の平尾根によくある地勢で、その窪だけには藪が少なく歩きよいために、道をその中にとって行くと湿地がつづいて、林の中に長い池が二十数間の長さで溝のように掘れている。これは前に通ったとき見覚えのあるもので、先刻(さつき)尾根から見たとき森の間を三つほど光っていたものの一つである。こういう池が散在しているため、私はこの長い尾根をルートとしたので、もう石油缶の水も不要になったらしい。

なお尾根を下って行くと、一丁程でまた池の上に出た。その窪を横ぎってさらに進むと、やや上りになって大きな闊い平に出た。それは確かに二、〇六七米の三角点のある峰の一部であるが、どこに石標があるか、その近くに曽(かつ)て泊ったことのある草地と、傍にあった小池がどこへ隠れてしまったのか見当がつかない。藪をかき分けて捜しながら行ったが、あまり頂が闊いのと草木が生長したためとで要領を得ない。

この大きな平は十字峡の上まで延びている北の長大な尾根との分岐点で、位置に間違いはないので、皆荷を下ろし、手分をすると三角点と池とを捜しに行った。

直吉は唐檜の大木へ上って四方を見ていたが、ただ平の大きいのに感心しているばかりで、何とかここへ名をつけなければと云いながら下りてきた。そのうちに清志が、とうとう三角石標を見つけてきた。池もあるという。休んだ処から一丁ばかりの距離で、藪を抜け仆木（ふぼく）を越えて、私は見覚えのある小池の傍に立った。午後二時。しかし付近は驚くほど変っていた。

私がここを通ったのは、もう十一年も前である。その時には越中の大山村の人を連れて行ったので、今度連れた大町の人たちには、まったくの処女コースである。これを知っているのは私だけであるが、その私でさえ古いことだから、その後草木が延びて様子が判らなくなった。

十年ひと昔というけれども、その間に、当時より草藪も木藪も延びて、池の囲りがかなり広い草地だったのが、今では木藪に蔽われて、周りの湿地が少しばかり残っているだけで、私たちの曽て泊った時の焚火の跡が、燃え残りの木が散在しているのを見て、僅かにそこに泊ったことが判ったくらいであった。

とにかく池から二十間位西に、灌木の茂みの中に二等三角点二、〇六七米の石標を見出して安心した。

木が茂ったため見通しが悪くなったが、位置が優秀なため、深林の周りには高根は袖をつらねて溢れている。鹿島槍岳がすばらしく高く納まって、棒小屋沢の彼方に、剣も立山も森林を越して尖峰を連らねている。観点が低いため一層雄大に見える。新越沢の彼方から赤沢岳の輪郭が森の間から光っている。矢張りよい眺めだった。しかし惜しいことに茂みが高くなったので写真にすることができなかった。

午後二時半に一行はみなこの平に集まった。山の人たちは藪を刈り拡げ、その浅い個所に天幕を三つ張り、深いところには竹藪を利用してカマボコ小屋を造り、密叢の中に十坪ほどの泊り場を拓いた。

三時過ぎてから直吉、由蔵、清志をつれて、西に向って尾根筋を下って見た。下を横ぎっている筈の東信歩道まで切開けを作ろうと思ってである。約四丁ほど下ると東信歩道の追分に出た。

私たちはそこでひと息入れてまた来た方へ引き返した。ふと下を見ると、登山者と山の人が五、六人で木の間隠れに歩いてくる。今時分この東信歩道を通る人はと不思議に思ったが、それは大阪営林局の小寺氏の一行であった。

野営地へ戻ると、飯も味噌汁もできていた。私たちは狭い藪ダタミの中で、細長く陣取って夕餉についた。

夕飯が終ると私は、見通しの伐株の上に立って、逆光に藍色をした立山連峰の麗姿を眺めた。陽は斜めに黒部別山を照らし、内蔵助平（くらのすけ）は明るく夕栄している。別山の丸い頭が朱に染まり、光る白雲がひと筋丸山の上を流れて行く。もう黒部谷には雲海の汐先がひたひたと押し寄せている。

夜はまた明月だ。喬木林を透してその青い光が流れてくる。星の光もだんだん冴えて、高原のような静かな闊々（ひろびろ）としたこの平をめぐって、水と澄んだ夜空の下を、連峰は静かな眠りにつこうとしている。

私はその後、この二、〇六七米の峰を大観峰と名づけた。

下ノ廊下へ——大観峰から下ノ廊下の徒渉点まで

八月十二日、快晴、暑。

天幕の中で目を覚まして横になっていると、小鳥の声が四方の森から流れてくる。

午前五時。天幕を出て森の中を歩く。立山や剣岳の頂が薄紅に染め出されている。この山々は朝陽を真向きに受けているために、今朝は馬鹿に大きく迫って見える。黒部別山もすばらしい大きさになった。その岩の皺（しわ）が襞（ひだ）が、ひと筋鮮やかに見える。

何しても大尾根の森林の中は実に静かだ。空はあくまでも深く透って、立山の上だけに紅い横雲が光っている。背後を囲んでいる岩小屋沢岳、爺岳、鹿島槍岳の峰々が、すばらしい青屛風を拡げている。快晴の山上は実に気持がよい。

午前九時、いよいよ下ノ廊下に向って下りはじめた。立山の上の雲はいつしか消えて、鱗雲が西の空に霞んでいるだけで、山々はどれも皆澄み渡っている。今日も風のない穏かな日和だが陽気はかなり暑い。

東信歩道との追分へ出て休む。この道も大分荒れてしまった。棒小屋の二俣からくるものも新越沢へ下る方も、藪に埋められたり崖崩れで、ある処では通過困難となってしまった。

三十分ほど下ると下流が開けて、十字峡より下流の川瀬が見え、左に仙人山、右に名剣山が高く深谷にのぞんで、その手前に奥鐘山が飛び出している。峻(けわ)しいこれらの山また山の上を、日本海が遠く霞んでいる。

午前十時、新越沢に向って視界が広くなった。崖頭に立って暫くその方の観望に耽ける。立山、剣岳、黒部別山、仙人山、赤沢岳など、応接にいとまないほどの壮観である。

後から来た人たちと一緒になって、森林の底を尾根筋に沿って下って行く。傾斜は歩々急になったが、大尾根にはなお森林がつづき、藪も密生していないため歩きよくなった。十時十五分に上の段地についた。

この尾根は二、〇六七米の地点から、黒部に下りるまでに大体二つの段をなしている。上のものがこれで、廊下のすぐ上の処でもう一つ段地をつくっている、そこから下が真竪の廊下の峡壁となっている。

大正十四年の夏、この段地へ第二回目に下ったときには、椢の平藪が低く茂っていたが、今度来て見るとその椢は私の背丈を没し、ナナカマドやジン竹がその間を埋めているので、先行者の頭だけが見えるほどの深叢となっている。

真昼の日は容赦なく照りつける。藪の中は風通しが悪く、みな汗だくで潜行している。平の中ほどの藪のハゲた処で、日蔭を求めて中食をとった。水筒の水の有難さに飯もどうやら腹へ収まった。ひと時休んで正午また密藪の中を歩きはじめた。

この平藪がつきて暫く下るとまた平藪がつづいている。それから尾根は急激に落ちて、痩せた悪い岩場が出てきた。その岩場は大きな浅い溝で幾つかに分たれている。

この前のときもそうであったが、今度も右へ右へと思いながら左の方へそれてしまった。それはこの尾根が著しく右にくねって、黒部別山谷に向っているためで、新越のあの高い壁の上へ出ては大変だと思って、右手の尾根に向ってナギを横ぎって行った。

尾根はさらに痩せて苔むした巨大な角岩が現われてきたが、森林はかえって美観を高潮してきた。

唐檜の領を過ぎ、栂の大木が鬱生して、その中に黒檜が交り、落葉松、五葉、姫子などが美しい枝葉を縦横に延ばしている。

峡風に鳴る喬木林の颯々(さつさつ)とした音に交って、透か下から廊下の瀬音が咽(むせ)び上ってくる。汗などはいつの間にかひいて、峻嶮(しゅんけん)を辿りながらも快適な四辺の風物に、足どりも自ら早くなる。

幽深！　ほぼ千五百米の高度に跨がって展開する喬木混交林の幽遠美だ。山嶺は頭上にその懐を拡げ、渓谷は脚下に深遠を極めている。山も、尾根も、渓も、どこを見ても深奥であり、雄勁である。

人のまだ歩いていない崖のような急な尾根は、ともすると落石がなだれ落ちるため、皆前後の人と注意を交わしながら下って行った。それでも時々びっくりするようなことがある。三尺くらいの大きな石が私のかけた足の下で揺れ出した時には仰天した。まさかこんな大きな石がと思っていたのがずれ出したのだ。生憎(あいにく)三間程下のところで清志が後ろ向きになって悪場を下っている処だった。

私は慌わて気味にその石から飛びのくと、ピッケルの先を石の角へひっかけ、後ろから来た直吉の手を借りて、右側面の谷に向って抛(ほう)りこんだ。そこは白竜渓の嶮難で、岩は谷に谺(こだま)して墜落して行ったが、やがて大きな音が谷底から響いてきた。

尾根は四十度を越した急傾斜になった。一行は警め合いながら徐々に下って行く。この尾根先がぐんぐんのびて、その鼻が黒部別山谷の前へくると、美しい灌木林の茂った丸い頭を立てている。

「彼処までだ。みんな。道は間違っていないぞ」と案内役の私は安心して叫んだ。

いよいよ大きな岩場につき当った。尾根が断落しているのだ。左横に悪場を避けながら下ると、切り立った壁の上に出た。その右横を下り、立壁の狭い壁を左へ廻りこみ、足場を探りながら立壁の下に出て、暫く崩れの上を行くと、最後にかなり闊い岩の鼻に出た。

そこからはもう黒部別山中央部の大壁は、額を削って天に冲している。そのすばらしい脚壁を刻んで日電の歩道が、去秋（昭和四年）開鑿された桟道が鮮やかに見え、狭い両岸の壁の間隙から、おなじみの徒渉点の瀞が青く凝っているのが、嬉しくも私の視線をとらえた。

カメラマンは機械を向けてこの壮大な景色を収めている。皆崖頭に休みながらも、その眼は脚下の絶嶮に吸いよせられた。午後四時四十五分。

背後の岩場では人の声が喧しい。峻嶮な岩伝いを、荷を背負ってくる山の人たちの真剣な叫びが谷にコダマして凄いようだ。一行が揃うと直吉たちは先を見に右に向って、尾根筋のつづきの痩せきった岩道を下って行った。やがて蟻の戸渡り式の狭い一縷(いちる)の岩道伝いを最下の段地にたどりついた。

　時既に午後六時、撮影に随分時間を費やしてしまった。段地のすぐ上には特色のある赤ムケの壁が、三蓋笠のような横に割れ目の入った巨頭を立て、そのふくれた胸壁をそば立てている。

　しかしその横皺(よこじわ)には前年見た岩燕はもう一羽も見えなかった。この赤壁の直下が絶嶮白竜渓で、対岸直下の壁に歩道が見えるし、深峡の一部を俯瞰することができた。

　六十度を越える急壁に、ザイルを幾筋もつなぎ合せて壁面に垂らし、灌木とザイルとをたよりに下って行くと細い棚状の壁の上に出た。もう日は暮れつくして谷は真暗がりとなった。ランタンをつけて見たものの、影の方はかえって闇が深く危険が甚だしい。灯にたよらずに足の先で岩の皺を探り、手は確実にザイルをつかみ、先へ下りて行く山の人に足場を問いただし、逡巡しながら溝の中に下りた。しかしそれから下はとても下れそうもない。落石が恐ろしいので暫く岩蔭にかくれて、後から下って来る者を待った。

　八人だけはどうやら下りついたが、残された後の者はもう危険で下れなくなったらしい。真暗がりの直壁を下ったり、ヘツったりすることはまったく不可能になったので、途中から壁を上り返して、林叢のつづいた崖上に露営をしなくてはならなくなった。

先へ下りた私たちでさえ、川瀬までは危険で下ることができず、横に岩場を廻り、草崖をヘツって漸く川から六米ほど上にある僅かな窪地へ荷を下ろした。そこは絶壁の下の岩屑の堆積された頗る不安定な処だった。

折角降りかけてまた上へ戻る人たちは、声をかけ合いながら直壁を上って行く。真剣に大事をとって、その気配が下にいる者にもよく感ぜられる。壁や流れに反響する叫び声が夜気を破って凄愴の感を与えた。

戻った人たちはやがて泊り場を見つけたらしく、その声がぴったり止むと、渓谷はまたひっそりとして、星のきらめく夜空と、両岸から黒く迫った廊下の壁と、その底から響く渓川の音とで秘められてしまった。

二、〇六七米の峰からこの徒渉点までは、一日なら随分余裕のある行程であるが、何しろ旅行の目的が風景をフイルムに収めるため、撮影に、その準備などに非常に時間を費した。大正十四年の時には、下ノタル沢の落口付近から尾根の上まで上り、さらに徒渉点まで下って一日でどうやら間に合ったのであるから、今度は下り一方であるし、行程も約半分の見込みであったが、生憎と壁の上で日が暮れてしまい、絶壁を中にして上と下との二手に分れて夜を徹する破目になった。

しかし非常に緊張した約一時間の悪闘の中でも、大した事故のなかったことはまことに幸いであった。

私たちが下りついたのは八時過ぎで、ガラ石の集まっている僅かな窪地の、背後は壁であるから落石の危険があって、普通ならとても泊れるところではない。そこへ一人一人寝られる窪を見つけて、暗がりの中を流木を集め、焚火をして暖をとった。

飲料水だけは崖を下って黒部の水を汲み上げ、持ち合わせの白米四合ばかりを炊いて、それを八人で大事に食べた。菜は何もない。弁当の隅に残っていた干鱈（ひだら）を裂いて少しずつ分けた。私はこの夜ぐらい飯の味をよくかみしめたことはなかった。菜がないので米の味がことによかった。

午後九時、上の方でフライヤーを照らした。戻った人たちが無事に泊りについたのを知らせる合図だ。その閃光が時ならぬ明るさに廊下を照らした。黒部別山の屏風岩が異様に光り、暗がりの中から怪物のように描き出されたのを見て、私たちは大喜びだった。しかしその夜はよく寝られず、ひと晩ぢゅう糠蚊（ぬかが）に攻められながら、ガラ石の衾（しとね）の上に天幕を被ってまどろんだ。

壁の上に寝た人たちは、天幕をかけるほどの余地もなく、一人一人離ればなれに急崖の上の灌木に身体を縛し、辷らないように足の先のところに木の幹や枝で柵を造って、僅かに眠りをとった。

上の方の人は食料はあるが、煮炊きすることができず、ドロップやチョコレートを甜めながら夜を過ごしたという。私たち下へ下りた者は水を得られても食料が乏しい。何にしても厄介な野臥であった。

吊越し

八月十三日、曇、小雨。

夜のひき明けを待って上に泊っていた人たちは、次々に壁を下りて来た。そして皆溝の中に入った。

私たちも草ツキを廻って壁を伝って溝に下り、右岸の壁際を、岩屑の堆積した小さな磧を抜けて、大きな岩の段丘の上に皆荷物をまとめた。

先着の山の人は朝餉の仕度をしている。紫色の炊煙が豊かに立ち昇っては川面に崩れてゆく、紅い火花は燃え上ってヤカンの湯は吹き出す。いつの間にか岩魚が五、六尾釣り上げられた。おいしい飯ができる。岩魚は焼かれる。陽気な朝の風景になった。

昨日の疲労と寝不足とを医すため、さらに明日、対岸にうつる準備のため、今日一日滞在ときめる。

　空は薄曇りだが気候は暖かく、時々雲間から陽が水面を射ると、岩に砕けて散る激湍の飛沫がすばらしく輝く。流れは壁をめぐると深い淀に呑まれ、灰青色の流れが徒渉点の方へ辷ってゆく。

　激流から壁脚を延ばしている対岸の屏風の壁には、桟道（さんどう）が壁の折れ曲りに沿って架けられてある。以前にはこれはなく自然のままだった。しかしこの立壁に刻みつけられた桟道が景色を活かしているのはよいと思った。

　飯がすむと山の人を下流にやって日電の吊越しが残っているかをたしかめさせた。やがて帰って来たが、吊越しの鉄線が断（き）れて用をなさないばかりでなく、黒部別山谷上手の板壁のところで、桟道は全く落ちているという。

　いろいろ綜合して見ると、これから下へは降れないということになった。まことに残念でもあり、がっかりしたがやむを得ない。

　すぐ前を流れている徒渉点を見ると、水が随分深く、徒渉点というよりも、渡し場という方が適当で、大量の水は流面に淀みを見せて滔々（とうとう）と流れている。勿論背丈が立つどころではない。

　今年は雪が少なかったのに、七月に入ってから豪雨がつづき、そのため山々は多分の水を含んでいた。それが八月になっても涸れずに、黒部川の水嵩は例年になく非常に大きい。

しかしどうしてもここを渡って、明日は上流にでも、下流にでも出なければならないのだ。

私はこういうことを予期して、万が一の用意に滑車と針金とを持ってきた。それを利用して急造の吊越しをかけようと云うのだ。

先ずその位置を岩の段丘の上に定め、対岸の磧に向ってやや下り気味に架ける手筈をきめた。時間はあるし、人手も多いし、川止めを食っても至極暢気なものだ。

いよいよ吊越しの作業にかかる。先ず背負子（荷梯子）の最も頑丈なものを選んで、その四隅に針金を結びつけ、畚（もっこ）のようなものを作り、針金をまとめたところに大きな鉄の滑車をとりつけて、これを籠の代用とする。

それから綱を張り渡すために、対岸に一人渉（わた）らせなければならない。山の人の中で泳ぎの達者な、水兵出身の奥原常代君が素裸になると、ザイルを腰につけ、岩石段丘の鼻から激流に向って躍り込んだ。

流れにもぐった身体が浮び上ると、抜手を切って対岸に向ったが、中流にかかると瀬が速いため三、四間も下流に押し流された。やがて深瀬を蹴って左岸の洲に匍い上り、カゴ渡しに用いる受木を捜しに上流へ行った。次に小平君がまた裸で躍り込み、対岸にうつると、二人で石洲の上に受木を立てた。

こちらのものは段丘の上に立て、渡るのに都合のよいように高低を作り、ザイルを二筋張り返すと、背負子のカゴをとりつけ、清志が先に渡って見た。頗る具合がよい。これで安心だと、皆泊り場へ帰ってくつろいだ。それからは気ままに休息する。昼寝をするもの、焚木を集めるもの、魚釣りに行くもの、水浴をするもの、鬚(ひげ)をそるものなど、滞在の日らしいのんびりとした情景は、廊下の唯中に展開された。

午後二時、下流を見に下った。大正九年のときにも、十四年のときにも泊ったことのある白砂の洲はそのまま残っていた。その間十年を経過したが付近は殆ど変っていない。そこでは渡渉点の静流がつきて、激流が屏風の壁の腰をめぐって傾いている。川床も急に落ちて黒部別山谷の落口に向って驀進(ばくしん)している。

川から二、三丈の高さを壁を刻んで架けてあった桟道は、今年はまだ手入れをしてないので冬に落ちたままになっている。

両岸の壁が近寄って来たため岸辺も急に狭くなった。足もとを走っている美湍を眺めながら、累岩(るいがん)の上を三丁ほどで黒部別山谷の直前に出た。そこには吊越しの跡が残っていた。渓流はいよいよ圧縮されて、巨大な岩石の間を滝津瀬が噴き出している。

黒部別山谷の直前にある斧で割ったような赭壁(あかかべ)、それが私たちの降りて来た西尾根の出鼻の直壁で、その下の扉のような立壁で全く通れなくなった。水面とすれすれに橋を渡し、尾根先を廻って見たが、壁が折れ重なって、谷は右に急曲しているために下流の見通しもつかない。私たちはここを最後として上流へ引き返した。

久しぶりで夕方から雨がかかって来たが、大降りとならずに間もなくあがった。下流をあきらめて、明日はいよいよ上流へ、平(だいら)に向って行くことにする。

平へ

八月十四日、晴。明方空が少し焼けたが、昨日の雨で天気が持ち直したらしく、気温は大分ひきしまって来た。

午前八時、荷を対岸に送りはじめ、十時近くになって全部渡り終えた。一行は石洲から浅瀬を竪に、大ヘツリの壁の下を徒渉して、壁に刻まれた歩道に出た。この付近の桟道の多くは流れに向って傾いているが、足場がややよいので屏風岩のものほど壊されていない。

岩場を終ると岨道(そばみち)は漸く上りとなる。この付近一帯は、今までは川身をのみ辿っていた私には、歩道から川を見下ろして行くのもまた一興であった。

下ノ廊下随一の狭流、新越の壁二百米の直下を、僅か一間位の幅で噴煙のように吹き流れている黒部の本流、それを中にして沸き立っている奔潭（ほんたん）も見える。やがて大赭壁と積翠とを破って新越の滝約三十米が現われた。

黒部別山の頂点からくる深いワレ谷の上を渡した丸木橋のところへ来て、私は一寸意外に思った。この谷は残雪の多い年には、谷だか斜面だか判らないほど雪に埋められているのだが、今年は雪が全く解けて、その跡が狭いワレ谷になっている。丁度丸木橋の処で九尺四方の丸い深い壺を穿（うが）っている。その中は藍を溶かしたような深碧の水だ。良いプールがあると云ったが、おそらく背の立つような浅いものではない。

この谷を越えると道は急によくなり、数日の間嶮峻と闘っていた私たちも軽々とした気持で、雑談に興じながら上流に向った。

ハンノ木平で中食をとり、黄昏（たそがれ）近くになって平の小屋に着いた。電力の人たちが工事を休んでいたために不便を感じたが、渓谷には久しぶりで原始的の寂寞さが漂っていた。

一行は翌日、針ノ木谷を上り、蓮華岳と針ノ岳とに登って峠の小屋に泊り、その翌日久しぶりで大町に帰った。

（昭和五年八月）

秋の新越沢と赤沢

秋は黒部に魅せられて行く。その紅葉がよいからだ。新雪の高嶺(たかね)がすばらしいからだ。幾つのもの支脈や支谷が本流に近づくに随って、その色彩は濃厚となり、遂には朱泥(しゅでい)となって、本流を包んでしまう。その中をゆく清流の色は、秋こそ最も澄麗を極めているばかりでなく、木々の梢を透し、大森林の樹幹を通して見る山壁の雄大も、その壁の肌からにじみ出ている紅葉の美しさも、秋は際立って私の遊心をそそる。

新越沢から赤沢に至る間の東信歩道の通じているあたり、尾根や渓側から眺めた新雪の主稜、支尾根や支谷を埋める紅葉を賞し、まだ入ったことのない新越沢と赤沢とを探りたい考えで、この旅行を計画した。同行者は大町の桜井順一、広治。

十月十六日、晴れ。

珍らしく北アルプスには雲が少い。常念岳から白馬岳に至るまでの、長い山々の空線が鮮やかに刻み込まれている。有明山の頂稜の線が、くっきりと碧空に浮びでて、その黒木の森の葉先が一つ一つ鮮やかに見られるのも秋らしい風景である。

新雪の少いのが眼につく。遥か遠い白馬鑓の頭が白く光っているだけで、他の山々には雪は見えていない。もう三、四回は来た筈だが、この二週間の天気つづきで、溶けてしまったらしい。そのうちに寒くなるだろうと、新雪まで予定の中にとり入れた。

自動車を大出まで走らせ、それから籠川谷の道を上って行く。荒地の中で山鳥や兎が幾度となく私を驚かした。籠川谷の山々も今年は大分紅くなって、落葉松も樺色に色づいている。

里の者が馬を曳いて刈り込んだ草を運びにきている。滝ノ茶屋手前の草原は刈り拡げられて高原となった。そこからは籠川奥の山々が手にとるように見える。

鳴沢岳の奇峭(きしょう)が午近い強い陽射しに岩襞(いわひだ)を細かに刻み出している。その右に岩小屋沢岳がなかなか立派に見える。

やがて行く手を高く奥山の姿が見えてきた。赤沢岳、スバリ岳、針ノ木岳、蓮華岳、皆真昼の秋の鮮やかな陽光に光っている。

十一時四十分、滝ノ茶屋について中食をとり、一時に白沢の出合についた。上流を見ると紅葉の色はさらに深く、白沢天狗の岩がしらが、そのただ中から巨人の頭蓋骨のような岩骨をむき出している。

一時三十分畠山の小屋、二時四十五分漸く扇沢の出合につくと、新しく橋が架けられてある。扇沢の水は随分涸れている。逆光に深い色を見せている蓮華岳の姿を見ながら休む。

扇沢も最近大分荒れたらしく、随分高いところまで水のついた跡が残っている。磧つづきの高い石の間を縫って、鋲靴でガリガリ音をさせながら行くと脳天まで響くようだ。感じが悪いが仕方がない。秋は靴でなければ、山上の新雪を防ぐことができない。

三時三十五分、顧みると蓮華岳と針ノ木岳が急に大きくセリ上って来た。こちらの高度が増して来たためである。その下を埋めて籠川谷の紅葉が美しい。

国境の主稜はいよいよ近く、山々の頸をめぐる闊葉樹はみな枯林になって、紅葉の上につづく針葉樹の上から寂しい冬枯の姿を見せている。

日の短い秋の午後を、泊り場を求めながら、同じように荒れた磧を上って行った。口元小沢、オク小沢を過ぎても、泊り場によい処は見当らない。磧は随分闊いが高い石で一杯になっているので具合が悪い。秋の扇沢は水が小さいため靴でも渉れる。ところどころ大石の面にペンキで「道」と記されてある。道などは実際にありはしない。磊岩の重なった上の、よさそうな処を選んで行く。それが唯一つの道である。

露営地を捜しあぐねて、遂に本流の二俣から二丁ほど下手にある右岸の木藪の前に僅かばかりの窪地に天幕を張った。午後四時十五分、秋の泊りとしては遅すぎる。紅葉はどこを見ても美しい。天気はすばらしく雲は全く影を収めた。私は焚火にあたりながらも、眼は針ノ木岳と蓮華岳を離れない。夕陽は主稜の背を大きく茜色に染めだした。針ノ木岳の峠寄りの東側には新雪がツララのように光っている。五時半というと日は全く暮れてしまった。蠟燭の光で夕餉をとり、また焚火にあたりながら深い闇に沈んでゆく大きな山と渓とのしじまを味わった。

さっきから針ノ木岳の肩のところで星が一つ光っていたが、どうしたものか、いつの間にか姿を消した。よく晴れている空なのに一体どこへ行ってしまったのかと不審に思っていると、また一つ同じ位のところできらめいている。しかしそれもいつの間にか姿を消してしまった。私は不思議に思って眼を離さずにその方を見つめていると、さらにまた一つ同じ処へ来たかと思うと、身を躱すようにして針ノ木岳の肩へ姿を消した。星が一つ一つ下って来ては山の影へ落ちて行くのだ。それは実に寂しいものだ。月の西に沈むのも寂しいが、星が山影へ落ちて行くのはさらに寂しいと思った。

午後六時半、天幕に入って寝についた。狭いため暖かだったが、囲りに大きな石が背を出しているので随分窮屈な野営をした。

新越乗越まで

十月十七日、秋晴、午前五時三十分、三度。

午前七時十五分になると、針ノ木岳、蓮華岳は陽を一杯に受けて、籠川谷にも朝の光が満ちてきた。しかし扇沢は日蔭になっているので割合に陰気である。紅葉はむしろ脚下に於いてよく、行く手には落葉松の秋が美しい。

扇沢を繞(めぐ)る国境の山々は近く翼を拡げて、爺岳から種池につづくタルミが、すぐそこのように見える。しかしそこまではまだ三時間を要するであろう。

七時三十五分、野営地を後に磧伝いを行く。種池の方からくる谷は滝となって落ちている。棒小屋乗越から来る本流より水が多いようだ。十五分ばかりでこの二流の出合についた。左の本流へ入って行く。

本流は三十間ほど上で両岸の立壁の間から滝となってかかっている。その手前で細径が崖を上っている。それへとりついて上る。

随分急なひた登りで、約一時間は休むところもないくらいな急坂を喘ぎながら登って行く。扇沢の石高道といい、この草崖といい、種池小屋へ荷を上げる者は容易でないと思った。

やがて大白樺が林に交ってきた。それからは針葉樹が茂って大分楽になった。道は種池の方から左へ降りている痩せた間尾根につけられている。それでも一番よさそうな処を選んである。

爺南峰の頂は右上に高く、棒小屋乗越は左に低いタルミを見せている。針ノ木峠はもう低く見えるくらいになった。

森林帯を抜けるのに相当の時間を費して、午前十一時に傾斜のゆるい草地に出た。種池の下につづくもので、小屋の前にある高い杭が見えている。草地を横ぎって間もなく種池の小屋の前に出た。十一時二十分。

陽射しが強いので汗がにじみ出る。種池の水を汲んで茶を沸かして中食をとる。登り一方の急な道を来たので、空腹のせいか飯が素敵にうまい。

種池の小屋を出たのは零時半、夏通った道を、すがれた草地の上を棒小屋乗越に下った。ここの池には美しい水が随分あった。オク小沢の頭の上りにかかると、越中側には新雪がかなり溶け残っている。その上を踏み、長い藪道と草地を登って廊下尾根の頭に出た。もうすぐ岩小屋沢岳の最高点だ。

二時四十分、岩小屋沢岳の頂につき、それから信州側の崩崖の上を縫って次の隆起に上り、三時二十分に新越乗越の上に降りた。

名残の雲は赤沢岳、鳴沢岳の峰頭をかすめ、剣岳が逆光にむせんでいる。

今日中に新越沢へ下る予定でいたが、日の短い秋は、午後三時半になると泊り場をきめなければならない。幸い乗越の池に水が相当あったので、そこに泊ることとした。土の凍てた、底冷えのする秋の山上の露営には少し辟易気味であるが、天気もよいし、風も穏かなので、泊り場に天幕を張った。

陽はまだ高い。霧はたえず赤沢岳の方から黒部谷へ沈んで行くので、立山はいつも朦朧（もうろう）としている。剣岳から白馬岳の方はよく晴れて、五竜、唐松の左に白馬鑓の頭を、新雪が輪形に残っている。

やがて雲は収まり、静かな雲海は黒部谷をひたして、黒部別山の堤のような脊筋（せすじ）が巨鯨のように現われた。剣の岩稜は赭（あか）く光り、内蔵助（くらのすけ）平の上に白く光る雲が止水のように見える。

五竜岳のザクが鮮やかな青緑色に変ったかと思うと、間もなく陽は山影に沈んだ。静かな夕暮だ。しかし寒さはしんしんと身にこたえてきた。

飯を終って焚火を囲み、星の光を仰ぎ、立山連峰の黄昏（たそが）れる姿をつくづくと眺めた。

午後七時、僅かな防寒衣にくるまり、凍（い）てついている土の上に一枚の油紙を敷いて横になったが、土についている方の背中が冷えてなかなか寝つかれない。仕方なしにランタンに灯をともして日記を書き始めたが、万年筆の先がジャリジャリしてインキが出て来ない。凍りついているのだ。

筆を休めて天幕のカンバスに手をあてて見ると、板のようになってぎらぎら光っている。どこから入って来たのか、黒い木綿糸のように細くなった尺とり虫が、尺を計りながら私の枕元へ歩いてきた。随分思いきって痩せたものだ。この寒い山の上で、お前は一体どう身の振り方をつけようと云うのだ、と私は言ってやりたいような物悲しい気持になった。

風のない静かな真夜中、懐中時計の音が、枕時計のような大きな音をたてて、カチカチと響いている。寒暖計は零下五度だ。

新越沢を降る

十月十八日、快晴、午前五時、零下二度。

外が白んだので天幕を出て見ると、泊り場の周りは霜で真白である。霜柱のように逆立っている枯草を踏みながら日の出を拝みに行く。池の水はすっかり凍ってしまった。頂稜へ出ると、大波のように沸き立った雲海の上を、日輪は八ヶ岳の左から昇ってきた。富士山も心ゆくまで澄み渡っている。

ひと晩のうちに、蓮華岳と針ノ木岳とが大きくなったのには驚いた。霧に眼かくしされ、夜の帷にかくされていた私のすぐ近くまで来て、「君、お早よう」とでも云われたような驚きであった。

やがて立山と剣岳の頂が紅く光ってきた。白馬連峰の頭は、今朝はプラチナ色に輝いている。静かなさざ波に似た雲海の上から浮び出ている山々の姿には稀に見る光彩があった。

急いで朝食をすませ、午前七時三十五分、泊り場を後に、新越沢に向って草地を縫って降って行った。唐檜の林の下の枯藪を分けて溝について行くと、草地が処々に見える。溝が大きくなるにつれて新雪は深くなり、足がもぐって歩きにくい。

どんどん降って行く。三十分ほどで水が流れとなった。一時間で岩小屋沢の頭からくる沢と合流すると、その付近から新越沢と鳴沢との間に出ている大尾根が見える。それは新越沢二俣から鳴沢に越す峠の尾根だ。

岩小屋沢岳からくる谷も相当悪く、滝となって合流している。しかしまだ水は小さい。やがて流れは西微南の方向をとるようになった。

滝場のような急な処があるかと思うと、その下には緩い磧がつづいている。概して歩きよい谷だ。左から右と小きざみに曲折して行くと左手から小谷が入る。もう眼下に鳴沢岳からくる新越右俣の流れは、長大な尾根の後ろから深い影を落としている。その間に左からまた小谷が一つ入る。

この谷を降りはじめてから、すぐ、下流の突当りにある赭色の大崩崖が気になっていた。その付近が悪そうである。何しろ新越沢を降りたものを私はまだ聞いていない。大町の人も知っていない。冬期積雪の上を獣を求めて猟師が入ることが想像できるくらいだ。

岩壁が高く谷がだんだん狭くなって来たのを気にしながら下って行くと、午前九時、谷が右に折れている上で、だしぬけに六、七米の滝の上に出た。そこで川床が見事に断たれている。両岸の壁は高く、この滝の下にはさらに長大なのが落下しているらしい。

私たちは突然だったので驚いた。今までは割合に楽に降れたので、大したことはないと思っていたのが、ここで一時に行詰まってしまった。

右岸の岩壁は一枚岩の壮大なもので立て廻されているから手の下しようがない。左岸も随分悪いが、そこには岩の壁が相当あるし、とりつけそうな藪が下っている。

先ず荷物を滝の上の岩の窪において下を見にゆく。順一が第一の滝の横を降り、その下の段の頭にかかっていた太い流木につかまって下をのぞいた。

大きな壁だという。そしてその壁の面を落下する滝は三十数米の高さがあるという。

左岸に渉って壁の襞から草崖へ、それから木藪につき、ジン竹の茂みを滝の壁に沿って降って行った。藪こそつづいているが、その下は、おそろしく急で、花崗岩の直壁となっている。

おーい。そんな処が降りられるのか、と広治にいうと、返事もしないでガサガサ音をさせている。そのうちに、だしぬけに大きな音がした。下を見ると広治が悲鳴を挙げている。私たちは飛び上らんばかりに驚いたが、しかし落ちたのは広治ではなく荷物であった。彼は荷をおいて休もうとして、うかつにも荷から手を放したとたんに、荷は藪をつきぬけて壁から滝壺へ転落したのだ。

広治は夢中になって荷の後を追って壁をずり降りて行った。私はジン竹と灌木を命の綱として下って行った。ジン竹がなくなると危険な草崖となって下の立壁につづいている。とても降れないので、戻って左へ藪を横ぎり、ジン竹のつづいている処を目あてにずり下りて行くと、小さなガレ谷の上に出た。急だがそこを下れば滝の下に出られる。

漸くのことで滝壺の前に出た。広治は落ちたものを拾い集めている。アルミの鍋はデコボコになってしまった。しかしアルミだったからよかったが、鉄鍋だったら必ず割れているから、今夜から飯を炊くことができなくなる。薬缶（やかん）が見えない、醤油の瓶が欠けている。砂糖はどこかへ飛んでしまった。

よいあんばいに叺（かます）に入れてあった米は無事であり、味噌もどうやら使えそうだ。しかし塩も鰹節も見えない。困ったことをしてくれたと思ったが、怪我のないのが何よりだと私は喜んだ。

とにかく水量が少なく、滝が浅くなっていたから大分助かった。広治は岩壁を匍い上って薬缶を捜してきた。何やらかやらで大分時間を無駄にした。時計を見ると十一時である。

磧を少し下るとまた二十米ぐらいの滝がある。これも右岸は立壁でとりつけない。山の人は左岸の壁を空身で登り、落葉松の幹にザイルをかけ、それにすがって壁を十米ほど上り、痩尾根の上に出て、鳴沢岳の方からくる大きな谷へ下り崩岩の上に出た。

この出合の処にある大きな赭い壁が、先刻上から見えたもので、そこが悪場だと思っていたが、ここまで降りればもう悪い処もなく、下流は川幅が闊くなりよい磧がつづいて、遥か下の方に二俣の広場が見える。漸く安心してそこで暫く疲れを休めた。

鳴沢岳からくる谷は随分悪い。私たちの降りて来た新越乗越からくる谷との出合から半丁ほど上で、赭黒色の崩崖が高く両岸から迫って、その上は悪い滝場つづきらしい。水量も新越沢よりやや多いようだ。

闊い磧を下流に見ながら、零時三十分二俣の泊り場についた。時間が半端になって、これから赤沢の落口までは無理なので、二俣の広場に天幕を張り、今夜の露営の仕度にかかった。

二俣を中心にして付近の紅葉はすばらしい。新越沢をめぐる大尾根の先は、長堤のような頂稜も山側も、まぶしいような秋栄えである。谷に渉っている紅葉の上を黒部別山の壁が一杯に翼を拡げている。その大きな壁面からにじみ出ている灌木の紅葉は、黒部でこそはじめて見られる壮観である。

暫く休むと下流の探勝に、ザイルだけ用意して、深い、燃えるような紅葉の中を下って行った。清流を渉り、巨岩を昇降しながら。

二俣から三十分ぐらいは流れを縫って降ることができた。棒小屋沢の方は泊り場から間もなく廊下になって降れなくなるが、この谷は流れの中が通れなくなっても、なお暫くは崖壁の上を伝って行ける。

泊り場から三十分で谷は急に狭くなり、滝と奔流とが連続している。そして壁がだんだん高くなる。右岸の方がまだ通れるので、斜壁を登り流れから四、五丈の高さを、草ツキや林藪の中を横ぎってゆく。

足もとがあまりに美しいので、ワレ溝へ出るたびに川まで降りて見る。そう高くはないが楯を並べたような立壁が、面白く組み合わされたその中を、狭く圧し縮められた渓水が、滝と飛流をつないで疾走している。どんどん落ちてゆく川床の段落の美がすさまじい。

もう下流の高い壁が、右岸最後の大きな壁が削り立っている。それが下ノ廊下から仰いだ三百米に近い直立の大断崖だ。ここからはその裏側が見えるので、壁の周りには、黒檜(くろべ)、栂などに交って紅葉が盛んに燃えている。大きな壁の凹みや壁にからんでいる灌木や蔦かつらが真紅に染まっている。私たちはその壁の上部まで下って見た。

泊り場から丁度一時間で、谷は左に折れてまた右に曲っている。今までとは比較にならない急角度で落ちている。下流はまったく下降不可能の滝場となってしまった。

そこから引き返して、午後四時過ぎに泊り場に帰った。空は水のように澄んで、残照が岩小屋沢岳の頂稜を寂しく照らしている。明日もよい天気らしく、その代りに今夜も新越乗越にまけないほどの寒さである。

赤沢落口まで

十月十九日、晴。今朝は早発ちだ。午前四時に起きたが真暗で、星の光りがサンサンと煌めいている。秋はオリオンがことに美しい。今日は鳴沢岳の真上に光っている。天気のよいためか星の光りも穏かである。

午前五時になると四辺がほの明るくなった。えらい霜だ。天幕の周りはどこも真白で、ひと足でも霜を踏まずには歩けないくらいだ。

紅葉の色は昨日よりも更に深くなった。見まいとしても見ずにいられないのは、谷向うを一杯に拡がっている黒部別山だ。明るくなると、その大きな壁の襞がますます際やかに見える。

六時五分、鳴沢岳の頭に陽が当った。暖かそうだ。やがて黒部別山の頂稜も紅に染った。しかし黒部谷にはまだ黎明の色が深い。

六時三十分いよいよ出発だ。泊り場から昨日降りてきた右俣を下り、右手の藪を分けて磧へ出るとそこに積石がしてある。道は半丁ほどで左に渓側を上っている。道というのは旧東信電気の歩道であって、棒小屋沢の二俣から二、〇六七米の大隆起の下部を横ぎり新越沢の二俣に出て、今度は鳴沢との間尾根を鳴沢に乗越し、さらに鳴沢小沢から赤沢の落口に至るものである。

この上りは棒小屋沢二俣からのより遥かによい。渓側を尾根に向って上って行くと、泊り場がだんだん沈んで、その前にある美しいナギが目立ってきた。

拓いただけで手入れをしないこの歩道は、どこでも悪くなってしまった。よいのは道が尾根上を通じているところだけである。

三十分ほど悪いところを登ると、道がややよくなったが急な草の崖に出た。その斜面を電光形につけられた道は、今では全く潰滅して跡をとどめていない。獣の足痕だけが草場を縦横に踏み荒している。熊やカモシカのものであろう。

道がどっちへ行っているのか判らなくなったので、荷を置いて右と左に分れて捜しに行く。午前七時、右手の山側は立壁なので左方を廻って漸く道を求め、それをなくさないように登って行った。七時五十分、道がまたあやしくなった。右の方へ行って見たが藪に切開けがないので、左へ廻ると岩壁の横に出た。

よく見ると、その壁の横を桟道（さんどう）の落ちた跡が見えた。壁を三間ほど横へ廻ると道へ出た。

八時五十分、いよいよ尾根にかかったようだ。白樺の大木が見える。栂、唐檜、落葉松などの喬木（きょうぼく）の茂った森林の中へ出ると、自然と尾根の脊筋を歩くようになる。喬木林の西の側面に谷は深く落ち、峡風は気持よく旅服をなでて行く。そこで木の根に腰を下ろしてひと息入れる。

暫く行くと栂の森の間から立山、剣岳、内蔵助平、黒部別山と錯綜した大きな景色が見えはじめた。棒小屋沢二俣から新越沢二俣に通ずる間の大尾根とともに最も見晴しのよい処だ。

何にしても尾根上を行く気持は愉快なものだ。針葉樹の大森林、落葉松の黄葉、廊下の高壁、新雪の立山山群の雄大な景色が、歩々容（かたち）を変えて私を迎えているのだから。

　顧みると牛首山が二、〇六七米の尾根の大斜坂からゆったりと現われ、その右から鹿島槍岳が首をさし出している。午前九時五十分、歩道の最高点である峠の上に立った。私は落葉松の美しい高みに登って暫く休んだ。

　それから急な枝尾根にうつり、森林の下を大きな草場に出た。鳴沢の谷底までつづく急な草の崖である。道はその斜面を曲折してつけられてあったのだが、今は大部分崩壊して形をとどめていない。

　私は枯れた草の根元をつかみながら、足場を求めて下って行った。十一時二十五分漸く鳴沢の流れの上に出た。

　黒部別山のオオタテガビンと丸山の壁との窓の中から、立山と剣岳が秋空を截（き）って、その懐に内蔵助（くらのすけ）平が湖水のように見える。

　道は尾根の横を殆ど水平に廻っている。しかしその荒廃しているのには驚いた。先年は赤沢まで登り降りがなくすらすらと通れたから、ここまでくればと安心していたが、その道は全部谷に向って傾き、連続して悪場をヘツって行くような努力を要した。

　この歩道も近いうちに歩けなくなるだろう。桟道のあったところは落ち、道は崩れて急な崖になったところが更に多くなるから。

小さな谷を一つ越えて、間もなく鳴沢小沢の長大な滝の下で休む。なお尾根横をたどって、午後一時四十分に、廊下の徒渉点まで見通せるところに出た。立山の方が午後の陽に燃え、黒部の懐がすばらしく深味を見せ、山や渓は皆片陰となった。

二時四十五分、丸山のツリ尾根の上から立山の主峰がダイヤモンドのように見える。まだ幾つのもの悪い尾根先を廻らなければ、赤沢へ乗越すクビレまで出られそうもない。大町の山の人は道の悪いのにあきれているようだった。主稜の縦走と比べたらお話にならないとこぼしていた。しかし若者だけに元気はよい。それに未知境を覚えたいという興味は、彼等の労苦よりも遥かに強いのを私は喜んだ。

午後五時になって赤沢の尾根のクビレへたどりついた。もう暮色は四辺を蔽い、尾根も谷も蒼茫としてきた。

栂、五葉、落葉松などの喬木の間を、森林と岩壁を縫って廊下の流れが光っている。さらさらと吹き込んでくる峡風に衿をかき合せ、その方を眺めながらひと息入れた。

いよいよ赤沢の降りだ。空腹になったので甘納豆をかじりながら、林間に残っている細径を下った。赤沢の流れまでは僅か三十分ぐらいであるが、この間ほど複雑なよい景色を見せる所は少い。

もう高度もだいぶ下った。針葉樹の尾根から木藪へ、栂、椈(ぶな)、榛(はんのき)、楓などの林の中をかき分けて行くと、遠くの水晶岳が赤沢の岩峰の右横から顔を出した。丸山が夕陽を背にして、その懐の落葉松の金茶色が、黒木と壁を縫って光っている。

すぐ左上を見ると赤沢岳が主峰、第二、第三峰の尖閣を並べて、栂、落葉松などの喬木林をつき破るようにして、群がり立っている。実に盛んな風貌である。

私はここで、予定している赤沢岳と赤沢との登り口を考えた。赤沢はどこを登ればよいのか、どの峰にとっつくのが得策かを観察した。

とにかく第三峰の猫ノ耳の西下を廻っている嶮谷はとても登れそうもない。それは文字通りヤゲンのような谷で、猫ノ耳のすぐ下の楯に似たスラッブ〔一枚岩〕の根もとを刻む滝と崩崖で、谷全体が悪い滝の連続となっている。やはり第二峰と第三峰の間あたりの谷を登って、尾根へつくことが得策らしい。

谷向きの急斜面をすべるようにして下って行くうち、黒部の瀬音が急に近くなった。赤沢右岸の川口洲に茂っている榛、楊、白樺などの幽林を下に見ながら漸く赤沢の落口に出た。そして黒部本流との出合の左岸につづく広い平に天幕を張った。

陽はすでに立山の後ろにかくれて、丸山の懐から闇が拡がってきた。山の人たちが夕餉の仕度にかかっている間を、私は黒部川の岸辺にたたずんで、深い谷の秋の夕暮に見入った。

赤沢の落口。正面は黒部別山南峰とオオタテガビン、左は丸山の山壁。まだ水電工事が入らなかった頃（昭和5年10月）

十月二十日、終日雨、滞在ときめる。

昨日は案外暖かだと思ったら、夜半から降りはじめて、今日は終日秋雨が降りそそいでいた。

米がなくなったので、山の人を平（だいら）へやることにして、共に上流へ、右岸の岸辺から細径について上って行った。

赤沢の落口のすぐ上手で、渓流は巨岩の間を美湍となって流れている。しかし随分水が落ちてどこでも渉れそうに見える。池のような浅瀬には、岩魚が幾尾も動かずに並んでいる。もう産卵期を過ぎて魚は浅瀬によりそって休んでいるのであろう。

「今の魚はもう鈎（はり）にはかからない。ヤスで突いて獲るのです」と山の人は話した。

約二十分で御前谷落口の前に出た。吊越しはすぐ前にある。しかし雨が大分強くなったので、私だけ泊り場へひき返した。

林間に紅葉を焚いて酒をあたためる。そんな贅沢な仕度などのない私の旅だ。

米の補給に山の人を平へやった後、しめやかに降りそそぐ秋雨の中を、一人でつくねんとして天幕の中で寝そべっていると、淋しさよりもなによりも、ひもじさに堪えられなくなった。

昼近くになると雨も小やみになったので、天幕から這い出した。米は昨夜を最後として、もはや一粒も残っていない。

林の間にある石を積み上げて竈をつくり、昨日新越沢の滝壺へ落として、デコボコになったアルミニューム鍋をその上におき、落葉や枯枝をかき集めて火をたきつけ、湯のたぎる間を天幕の入口でしゃがんでいた。

雨にからみ、梢にもつれて、ゆるゆると上って行く青白い焚火の煙を見ていると、やがて湯が沸きたぎってきた。

竈の前にある石に腰を下ろして、私は、そばがきを作りはじめた。

雫を伴って吹き込んでくる峡風に、楊や榛の黄葉が、ひと葉ふた葉と落ちかかって、ひらひらとアルミの小鍋の上に舞いかかってきた。

これはすばらしい、落葉のそばがきが出来たぞと、私は醤油をなくしたので、塩と佃煮とで味をつけると、ソバの持つ寂びた味と、谷の寂しい趣とをかきまぜて、腹いっぱいにおし込んだ。

帯のような白い雲がひとすじ、オオタテガビンの壁の懐を静かに流れてきた。

谷風の梢を払う音、流水の響き、雨滴の声の中を、落葉がすれ合って、しめやかなささやきを伝えてくる。谷が大きいだけ四辺は寂寥とした静けさだ。

旅はさびしい。山旅こそさらに寂しさは強い。しかもこの深い谷底に、方数里の間、人寰に遠ざかっているその谷奥の林の中で、一人、雨にぬれて深秋の自然に見入っている心には、いいようもない淋し味と、かえがたい深い楽しみとがある。

私はまた、雨の中を黒部川のほとりに出た。この谷には珍らしい大きな岩の沢山おかれてあるその間を、落走してゆく流れの面白い動きを見つめ、絶え間なく往き来する山雲のために、変幻出没する赤沢の層峰の美しさを仰いでうっとりとした。

雨はまたひとしきり小やみになった。内蔵助谷の大きな峡道を吹き出してくる白雲の流れ、その潮を腰におさえて、黒部別山と丸山との廊下に面している赭い岩肌が、仁王尊のような姿を現わした。

私は急いで天幕に戻ると、カメラを持ち出してきた。

写真はとらなくとも、ピントグラスを通して見る渓や山の姿、光りと色彩、そのコンポジションを見つめただけで、満足感が私の胸をいっぱいにした。

十月二十一日、朝小雨。午後快晴となる。

碧空は真上に見えているが、雲の流れが疾く、時雨雲はたえまなく小雨を落として行く。落葉が繁くなってきた。

午前八時二十五分、丸山を顧みながら、そのすばらしい山壁を紅葉の美しさを眺めながら赤沢を上って行く。

八時四十五分、谷が右へ曲って、巨大な岩が左手のところでのさばり、その下が淵となっている。右手は低いが滑の一枚岩だ、左側の方を上って行く。

この谷は入ると直きにワレ谷となり、滝がつづくかと予想していたのに、落口から両岸は闊く、傾斜は甚だ緩く、森林も茂ったよい谷であったのは全く意外であった。

九時十分、第一の出合、これは猫ノ耳の根元からナギ込んでくる谷の落口である。七、八米の滝となって落ちているが、その上の壁の喰い合っている処から左に折れているため上流の様子は判らない。

一昨日見たところでは、頗る急な悪い谷でとても登れそうもない。この谷を第三峰にとりつけたら面白いと思うが、なかなかむずかしそうだ。最初はこの谷を予想していたのだが、悪いためにルートを変えることにした。

この谷が登れないと、どこかとりつく所を探さなければならない。とにかく赤沢から登る以上、赤沢岳の西尾根、少なくとも猫ノ耳の西の角へ登らなければ興味がないと思った。

それで第一の出合を右に見て、なお上流へ上って行った。黒部の出合から約一時間、谷はまだ闊く、巨石を縫って行くことができた。

九時十五分、下流を見ると黒部の流れはもう遥か下に沈んで、その向うにのび上っている丸山南峰の上から、ガリガリの岩尾根が、懐に偃松とザクの美しい色を見せている。多分タンボ平の上のライデンあたりらしい。

九時二十二分になって両岸は漸く狭く、川床は花崗岩の一枚の岩盤となった。行く手の右岸から大きな壁が迫り、滝がすぐそこにかくれていそうに見える。十時、傾斜のゆるい滝がナメの間を狭くくねっている。その左をからんで上ると、また二カ所同じようなところに出た。水はみなヤゲンのような細い岩溝の底を走っている。

十時十五分、いよいよ滝場へきた。壁は両岸に高く、川床は断落して十数米の瀑布が落ちている。その下で皆荷を下ろして休む。左岸は高い壁でとりつけない。右岸の大きな壁のきれるところにワレ溝が入っている。そこが唯一つの登り場らしい。

ザイルを肩にして順一が、水にゆるんでいる崩岩と泥土で埋められた溝の中をはい登って行った。その上の方がさらに悪く、岩のかぶさっている処と、壁の竪皺(たてじわ)になっている所で暫くためらったが、どうやら登りついて、灌木のしっかりしているものを束ねて、それにザイルを結びつけて下に垂らした。

時雨がまたひとしきり強く降りかかってきた。悪場である。服はぬれる。足場はますます悪くなる。山の人も少し考えこんでいるらしい。とにかく上へ登って見ようと、ザイルにすがって滝の右上の藪尾根へ出た。それから荷を順々に揚げる。滝の上で流れを渉り、右岸に平らな砂地を見つけて、そこで荷をまとめた。十一時三十分、滝の下から一時間を費した。

これからは、登れば登るほど谷は狭く急になるので、泊り場は求められないと思い、谷水と殆どすれすれの砂地、約三坪のところに天幕を張って、明日の足溜りとした。

間もなく雨は上り、雲霧は谷下に向って流れ、西の方が次第に明るくなってきた。丸山の南の峰が谷向うに拡がっている。遥か下の方に沈んでいる黒部谷の方を見ていると、山上の濃霧も漸く崩れはじめた。

やがてまたひと時雨が来た。それから天気がほんとうによくなった。淡霧の幕が横にひかれたあとを、立山のサル又のカールがすうっと姿を現わした。新雪は割合に少い。水銀がお椀の底に溜っているような形である。

午後の陽が照りはじめた。天気が急にさばさばして、雲烟(うんえん)は次第に姿を消したが、上空を仰ぐと太陽の周りに日暈(ひがさ)が見えている。

今年は日暈の当り年で、六月のときにも八月のときにも日暈で気をもんだが、幸い一度も大降りに遭わなかった。「上(のぼ)り日暈は天気だ」という。月が上弦のときの日暈は旱(ひでり)だというのだ。とにかくここ二、三日は天気にしたいものだと思った。

流れから一、二尺の高さにある砂地、今まで人の入らなかった窮谷で、僅かに見つけだした岸に面し、草の崖を後ろにした泊り場は、平らな砂地だけに寝心地はよさそうである。

しかもすばらしいのは、丸山のどっしりとした山のツルを前にして、その上から立山主峰の東面が思うさま懐を拡げていることだ。四、五年前の初夏、内蔵助平から丸山へ登ったことがある。その時には赤沢三峰の雄姿を見て喜んだが、今度は反対に赤沢の谷の中から立山を、しかもその東面の大きな懐を見て楽しんでいるのだからたまらない。顧みると、赤沢主峰と第二峰が、深い谷のどんづまりから赭黒い顔をしてのぞいている。私は谷を歩きながら登路を物色した。

赤沢主峰だけへ登るのならば、左手の長い尾根へとりつけば行けそうだが、赤沢を上る以上、やはり猫ノ耳のとっさきにとりつかなければ上々とはいえない。

第二峰から赤沢の上の出合に下りている尾根ならばよさそうだと想像していたが、ここまできてその尾根を仰いで驚いた。木藪に遮られていたため、下からはよく判らなかったが、尾根の上の部分は第二峰の頂まで、硝子の破片（かけら）を立てたような物凄いガンドウ（鋸）尾根だ。これは全く手のつけようもない。しかしその一つ手前から谷へ下りている尾根は、谷近くまで森林が茂っているからとりつきよく、どうやら第三峰の猫ノ耳につづいているものらしい。私たちはそれを試みて見ようと話をきめた。

零時四十分、荷は皆天幕に入れて、写真機とザイルと弁当をもって上流へ向った。淡霧が赤沢の源流をぼかして、その先が時々谷筋を下りてくる。

野営地から七十米ぐらいの所から滝がはじまる。その右手は立壁で通れない。左手の草の崖をヘツって百米ほど廻り込んでその上へ出ると、谷は磧になっている。少し登るとまた滝だ。

今度のは巨岩が右に傾いて、他の巨岩と抱き合っている。その懐から迸(ほとばし)っている懐ノ滝とでもいいたいものだ。これも十米はあった。減水期で水は少ないが壁は立派な立壁である。いよいよ赤沢らしくなったと思った。が同時に先が多少気づかわれてきた。この滝も谷べりを壁の左横を廻り込んで行ったが、一個所手がかりのないところで少しまごついた。

また滝だ。これは前のよりも高く、両岸の壁も高大で一寸とりつけそうもない。まとまった一条の滝の高さは十五米位ある。その滝の左岸を固めている大きな壁の、滝から数米下のところにワレ溝が入っている。私たちの眼はそれにとまった。

順一がそのワレ目の中をはい登って行った。上流へヘツりぬけるのは容易でないが、ワレ溝には足がかりがあるので、皆その中を寄り添って、崩石を警戒しながら登った。

はじめはぐずぐずの崩れ谷で、巨大な岩がちょっとしたはずみで崩れ出すと、石滝が足の下からなだれて、谷ぢゅうが崩れるような悪場だ。皆かなり緊張した。それから岩溝の中を、しっかりした岩をたよりに喘ぎながら徐々に登って行った。

一時二十五分、剣岳と黒部別山とが視界に現われた。

ハシゴのような石の段をした谷が藪溝となり、遂に獰猛（どうもう）な竹藪となってしまった。しばらく登ってから右にきれ、同じような小溝の中を上って行くうち、竹藪がうすれて木藪となり、ミヤマハンノキやナナカマドなどの密生した中を行くと、大白樺や大栂が出てきた。右の方に針葉樹の茂った尾根が下がっているのが見える。

私たちの足音に驚かされて、カモシカが一匹、藪の中から飛び出した。ヒューン、ヒューンと飛びつきそうな声で鳴いて、また藪の奥へかくれて行った。

暫くの間急な斜面を登ると大草地に出た。二時三十分、今歩いている処は、赤沢第三峰の西の峰につづく大きな岩峰から、赤沢に向って下りている枝尾根の一部である。

本流の方は、最後の滝の上は、さらに多くの滝と崩れの連続で、上流が二つに分れ、右のものは第二、第三峰の間を貫いてキレットで終り、左のは赤沢主峰の懐に喰い込んでいる。とにかく第三峰の猫ノ耳にとりつくのには、私のとったこのルートが最もよかったようだ。

大きな草地といっても傾斜は甚だ急で、約三百米の間は岩の段地の上を草が一面に蔽っている。左手には赤沢源流の右俣の谷が深く落ちて、その彼方に赤沢の主峰が、西に向って長い斜稜をのべている。

第二峰はその右に、さらに第三峰との大きなギャップがキレットとなって口を開いている。私たちの目ざしている第三峰の西の峰は、ちょうど尾根の正面になっているため、見通しはきかない。

草地で休み、さらに上方に向ったが、急崖で登攀は容易でなく、右に下（さが）っている林のつづいたものを目がけて横に廻り、その尾根筋をたどって第三峰の下につづく尖峰の肩のところに出た。もうやがて第三峰との間に出られると思ったが、何分にも森林が濃いため様子がはっきりしない。

時計を見ると午後三時を過ぎている。夏ならば、途中でゴロ寝をしても登るのだが、秋の寒さではそうはゆかない。第三峰の頂に心をひかれながら、もと来た悪場を帰途についた。

第三峰への登攀の目鼻がついたように思ったが、この岩峰と第三峰との間がどうなっているのか、それはもう一度登って見なければ分らない。

三時三十分、降りにかかると、深叢の中に身を没した。来たときにつけておいたナタ目を見失って暫くまごついたが、漸くそれを見つけると、木藪からジン竹の藪へ、それからまたワレ谷を大事に降って赤沢本谷の滝の下に出た。四時三十分、フトコロの滝、五時に一枚岩の滝の上で休み、五時十五分に無事泊り場に帰った。

もう日暮間近いので急いで天幕を張り直し、炊事の仕度にとりかかった。

やがて立山がたそがれてきた。暮色は深く黒部谷にたちこめて、夕雲は静かに谷底に流れてきた。赤沢岳の方を見ると、今ちょうど夕映の最中で、その幾つもの大きな岩がしらが、夕陽に焼けて紅玉(ルビー)のように光っている。

雲霧はやがて収まって、空は水のように澄み渡り、気温は急に下ってきた。明日も好晴だと喜び合いながら、私はキャンプの傍の石に腰を下ろして、一服やりながら暮れて行く立山を眺めた。

宵には霧が濃かったが、夜半にはすっかり晴れて、無数の星が谷の上空にサンサンとして、胴ぶるいをするような寒さになった。

熟睡していた真夜中の十二時頃、静かな夜気を破って、フアーッというような異様な叫び声が、天幕のすぐそばで起った。

私は驚いて目をさましたが、たぶん山の人が寝ごとを云ったのだと思って、またうとうとしていると、今度は私のすぐ枕もとで、しかも天幕の布ひとえのところで、さらに悲しそうな叫び声がした。私は驚いてはね起きた。そして傍に寝ていた山の人をゆり起した。

君、なんだか外で変な声がしたぞ！　どうも獣らしいというと、皆起き上って騒ぎだした。獣の方はもっと驚いたらしく、ガサゴソと音をたてて後ろの草の崖を遁げて行った。

多分カモシカの仕業だろう。ずいぶん驚かされたが、また滑稽でもあった。

ここはカモシカの泊り場かもしれないと思った。

それから谷中はしーんとして、流れの音だけがさらさらと聞えるだけで、霜に凍てた天幕の中でまたひとしきりまどろんだ。

十月二十二日、美晴、雲なき小春日和。

渓の夜は午前六時になって漸く白みはじめた。天幕から出て見ると、立山主峰が眼の覚めるような明るさにひたっている。こんなすばらしい眼覚しは滅多にあるまい。

陽こそまだ当らないが、曙の色を吸いこんだ山の肌に、菱壁が一つ一つ浮き出している。丸山の懐には暁の色が濃く、黒部の谷底はまだ暗がりのようだ。

赤沢の源流もまだ暗く、野営地の周りはおく霜で真白になっている。

昨夜の夜なかにカモシカの降りて来たあたりを見ると、草の崖から砂地へと、はっきりとした蹄（ひづめ）の痕が残っている。奴さんここから遁げて行ったのだと、その足痕を見て皆で笑った。

天幕をたたもうとすると、霜で板のように突張っている。容易に乾きそうもないので、そのままとめる。流れの周りには氷が張りつめ、岩の間からツララが下っている。食器は凍りついてなかなか離れない。

よほどの寒さだろうと思って、寒暖計を見ると零下二度であった。午前六時。

八時二十五分赤沢を降り始める。左岸の藪尾根を横ぎると、昨日登ったワレ谷の上に出た。灌木にザイルを結び、それを万一の用心にして下る。岩の上も、土の上も、湿り気の上に氷がはりつめているため、足を下ろすたびにつるつると滑る。

斜壁の上を降り、冠っている岩角の下を身体をよじりながら下って行った私は、あまり下の方にばかり気をとられていたため、岩の角で頭をしたたか打った。こういう所ではよほど気をつけなければ危いと後で気がついた。それにしても帽子はありがたいものだと思った。

九時十五分、岩の域を脱けると谷は急によくなった。第三峰からくるヤゲン谷との出合まで下ると、それから谷筋はさらによくなった。

もう赤沢も闊い。両岸に喬木の茂った穏かな谷となっている。対岸に近い丸山の懐の、岩巣の間に光っている落葉松の黄金色の美しさを賞でながら下ってゆくと、黒部の川瀬がすぐ下に見えてきた。

十時には赤沢落口の泊り場に帰り、湯を沸してココアを飲む。帰って見ると僅か二日の間に木の葉はだいぶ落ちて、四辺はガラリとして明るさにひたっている。

今日もまたすばらしい秋晴で、オオタテガビンや丸山の山壁が浮び出て来たように下流を圧している。

残しておいた荷物をまとめ、十時に出発、黒部川を上流に向った。

御前谷の落口の上手にある吊越しで対岸にうつる。黒部川は今減水の絶頂らしく、この付近の本流は岩石が沢山露われ、水は小さく、吊越しでなくとも、どこでも自由に徒渉ができそうに見える。

霜のまだ乾かない天幕を磧の上にひろげ、ザイルを干し、流木を集めて焚火をして、茶を飲み中食をとった。

ずいぶん静かな谷筋である。電力の人たちが入っていない黒部川は、原始境の姿をとり戻したようだ。零時半、よい谷道を、秋景を貪りながら平に向って上って行った。

秋晴一点の雲なく、碧瑠璃（へきるり）のような大空をバックにして、山も、尾根も、森林も、皆虚空に浮び出ているようだ。澄みに澄んだ黒部の碧い流れ、奔端、淵、トロと変転してゆくその流動の面白さ、光の綾、その色の澄明さは秋でなければ見られない風景である。陽は暖かく川瀬を照らし、紅葉の下に落葉をふんで行くと汗がにじみ出る。小春日和に恵まれた大渓谷のただ中を、私は足もそぞろに四顧し逍遥して、午後四時半に平の小屋についた。

小屋には芦峅の弥三太郎〔志鷹弥三太郎〕がいた。日電の小屋へは冬営する人たちが、はるか下流の宇奈月から富山を経て、立山温泉からちょうど着いたところだった。

私はその翌日、針ノ木峠を越えて大町への帰途についた。

（昭和五年十月）

付記

赤沢は今、電力の工事のため、落口付近から上手の支峰まで切り崩され、森林は潰滅し、黒部川の岸辺は崩崖となってしまった。しかし電力の工事が完成すれば、赤沢の溯上も可能になると思う。

秋の大所川・北又谷・柳又谷

もう蓮華温泉へ二度ばかり雪が来たという十月中旬、私は糸魚川から姫川谷を上って、平岩から大所のあの闊(ひろ)い大きな谷間を、のどかな小春日和の澄みきった山気を思うさま呼吸しながら歩いていた。

大所、木地屋、こんな広い高原のある大所川の谷は、何というすばらしさだ。

三丁坂、ウド川、それから八丁坂の急坂にかかると、つるべ落しの秋の陽は、山々の後ろに沈んで、源流の方から流れてくる夥(おびただ)しい夕雲が、だんだん谷底の方へ沈んでゆくと、その雲の潮の上から白馬以北の、あの丸い大きな山波が続々と悠大な姿を現わしてきた。

鉢ヶ岳、雪倉岳、朝日岳、長栂山、五輪山、黒負(くろふ)山、丸倉岳のすき通った淡碧色の山肌が、南から西へと延びて、末は陽炎(かげろう)のように日本海に向って霞んでいる。

静かに谷間に落ちついてゆく横雲の揺曳を見て、明日の天気のすばらしさを思い、軽快な気持ちで栂ノ木平までくると、日は全く暮れて、僅かな懐中電灯の光に行く手を探

黒薙川周辺
寝入谷
犬ヶ岳
1592.5
柴倉山
1483.9
小滝川
相又谷
初雪山
西俣沢
中俣山
1037.0
東俣沢
吹沢谷
小川温泉元湯
小川
黒岩山
1623.6
シロガネ谷
ミズカミ谷
黒岩谷
定倉山
黒岩平
裏定倉谷
北又谷
忠右衛門谷
漏斗谷
黒負山
(黒倉山)
2069.9
魚止滝
長尾谷
カキオリ谷
越道峠
サカサマ谷
恵振谷
アヤメ平
丸倉山
1782
マガリ谷
北又猟師小屋
長栂山
2267
五輪山
2253
八兵衛平
イブリ山
1791
イブリ平
北又谷
朝日岳
2417.9
夕日ヶ原
白高地沢

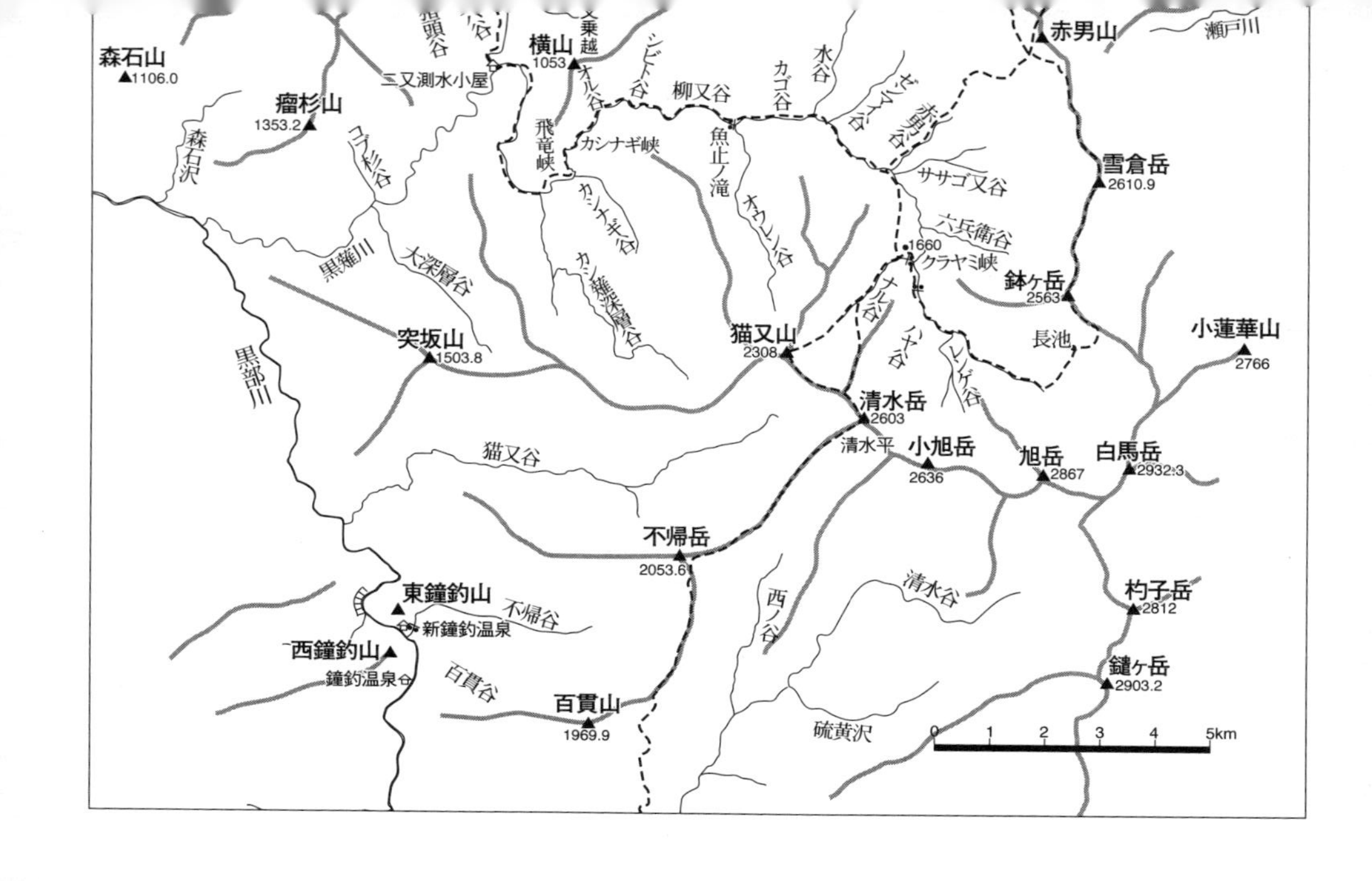

森石山
1106.0
瘤杉山
1353.2
森石沢
コブ杉谷
二又測水小屋
横山
1053
乗越
飛竜峡
オル谷
シビト谷
柳又谷
カゴ谷
水谷
ゼンマイ谷
赤男谷
赤男山
瀬戸川
カシナギ峡
魚止ノ滝
カシナギ谷
カシ薙深層谷
オウレン谷
黒薙川
大深層谷
突坂山
1503.8
黒部川
猫又山
2308
ササゴ又谷
六兵衛谷
1660
クラヤミ峡
雪倉岳
2610.9
鉢ヶ岳
2563
長池
ナル谷
ハヤ谷
レンゲ谷
小蓮華山
2766
清水岳
2603
清水平
小旭岳
2636
旭岳
2867
白馬岳
2932.3
猫又谷
不帰岳
2053.6
東鐘釣山
不帰谷
新鐘釣温泉
西鐘釣山
鐘釣温泉
百貫谷
百貫山
1969.9
西ノ谷
清水谷
杓子岳
2812
鑓ヶ岳
2903.2
硫黄沢
0
1
2
3
4
5km

りながら歩いて行った。

弥兵衛川への降り口までくると、あれが蓮華温泉の灯ですという。なるほど森林の透き間からかすかに見えるには見えるが、大きな暗黒の世界に一点の蛍光を見出だしたくらいの感じだ。星の光はサンサンと輝いているが、大きな谷間は森沈とした物寂しさで、渓声はかすかな音をして谷底からむせび上ってくる。

オーイ。と、二、三度声をかけると、向うからそれに答える声が聞える。谷にコダマするその声に交って、ギャー、ギャー、という獣の声が、右手の森の奥から聞えてきた。多分野猿の声だろう。

やがて温泉宿の主人が、カンテラを持って私たちを迎えに来た。弥兵衛川を渡り、乗鞍川を渡ると、急坂を上りつめて、午後八時に蓮華温泉についた。

月はないが星の光は眼に沁みるように鋭い。霜夜の寒さに身体が締められるようだ。早速手拭を借りて湯に入りに行く、夏よりも温度が低い。よい気持ちで湯から出、久方ぶりで温泉の主人の田原君と、炉をかこんでおいしい晩酌に今日の疲れを忘れ、山の話に興じながら夕餉(ゆうげ)についた。

紅葉にはもう少し遅くなった。なにしろ、ここのところ続けて二、三回も雪があったため、高みの木の葉は皆ちぢれてしまったという。

白馬岳はもうよほど白くなったろうと、私は心ひそかに喜んだ。

蓮華温泉・五輪山・八兵衛平

同行者　大山村　野口松次郎、山本甚丰

十月十六日　午前六時半・気温二度。

起き上って炉の前で一ぷくやっていると、外が明るくなり、間もなく黒負、五輪の頭がほんのりと紅くなってきた。

急いで外へ出た。前庭は霜が雪のように置かれ、庭の中程にある石の大きな手洗鉢（ちょうずばち）には、厚氷が張りつめている。何にしても美晴の気象は空から山、山から谷へと充ち渡っている。まことに気持のよい朝だ。

五輪山、朝日岳、赤男山の頭から、紅い光りがだんだん谷の方へ下ってくる。日向と日影の明暗の調子の鋭いのも秋のせいだ。

高い所の紅葉は散りつくして、谷間を埋めて盛んに燃えている。しかし黒部のように真紅にはならないようだ。

温泉はやはりぬるく、なかなか出られなかった。

午前八時。

湯宿の人たちに礼を述べ、朝日岳に通ずる道をたどった。夏、あんなに瑞々しく咲きつづいていた水芭蕉が、今は茶色にすがれて力なく仆れている。ヘイマの平も夏のあの青々とした姿は見られない。やはり夏草は惨めに仆れている。

霜を冠り鳶色に焦げている草地の中を行く。しかし朝日岳と雪倉岳の姿は相変らず立派なものだ。

セト川の仮橋を渡って雪倉岳の山際を行く。赤男山と朝日岳との間からくる沢の、広い磧を横ぎり、また山側を廻って朝日岳の下に出た。磧は原のように広く、オオイタドリが谷を一杯に埋めている。

朝日岳の方に道をとらず、谷へ下り気味に白高地沢（長栂山、五輪山、朝日岳の間から源を発するもの）の出合の上手から崖側を上った。この付近にはまだ道は拓かれていなかった。

白高地の谷の下の方は、岩石の間をかなりの激流が奔落しているが、二、三十分も上ると、それから上は美しい広い平が、段地のようになって、幾段にも続いている。白檜の疎らな林、白樺やミヤマハンノキの林が山裾を埋めて、幾筋もの小流が、砂地や草地を縫って流れている。夏にはよい所らしい。

山々の眺めは急に美しくなった。大所、木地屋などの高原の上に、焼山、火打、雨飾、黒姫、戸隠の山々がやや霞んで、雪倉、大日〔小蓮華山〕、乗鞍の巨体が午後の陽を受けてまぶしいほど光っている。しかしどれにも雪は少しも見えない。

乗鞍岳の下の方に、紅葉の中から蓮華温泉の宿が静まり返っている。

まだ午後二時半だが、泊り場がよいのと、昨日の疲れがぬけきらないのを口実にして、林の前の砂地に天幕を張った。美しい流れがすぐ前を水晶のように光っている。

三時頃から空が一面にどんよりとしてきた。夜に入ると朝日岳の上に半輪の月が出た。星の光が穏かなので、天気には心配ないと思って寝に就いたが、午後十時頃から大風が襲ってきた。そして夜半には霧が深く流れて、星影は見えなくなってしまった。

十月十七日　濃霧、風雨。

午前五時頃に天幕から首を出して見ると、外は真暗で、雲の切れ目から寝ぼけたような星の光が見える。

越中の方から大入道のような雲の塊りが、国境線に首を出したかと思うと、一斉に大所の谷をめがけてなだれてくる。その中から太い雨が吹きつける。悪い空模様になった。

午前七時、天幕をたたんで国境線に向った。美しい草地つづきで、小谷の上に残雪が二個所ほど見えた。草の斜面に荷をおいて、すぐ鼻先に聳えている五輪山に向った。

草地から幾つもの小溝を横ぎり、国境の主稜を縫って五輪山の鞍部である丸い平に出た。それから白檜の深叢をくぐって上った。偃松（はいまつ）ばかりになると間もなく頂上に出た。細長いやや広い頭には、農商務省の三角石標がある。雲が多く展望がないので、すぐ来た道を戻った。

私は五輪山を長栂山と間違えて登ったので、後に塚本繁松君に聞いて始めてそれがわかった。しかしこの山は長栂山より立派で、展望も優れているから一遊の価値はあると思う。蓮華温泉から、朝日岳のすぐ左に大きく見えるのがこの山で、長栂山の方はこの山に隠されて見えない。

草地へ戻って国境線に向ったが、その頃には霧が濃くなって行く先の様子は判らなくなった。野口たちはまだこの方面を全く知らないため、朝日岳の方向を間違えて、北又谷の支流の漏斗谷（じょうごだに）へ下りている尾根をさして、ガレの急斜面を急いで行った。いくら違うといってもなかなか承知しない。最後にいよいよ足場が悪くなってきたので、漸く（ようや）前進を断念して、もと来た道を戻って来た。国境線を越中側に沿い、白檜の森を抜ける頃には、疾風は大雨を伴って吹きまくってきた。

これでは堪らんと思い越後の側に身を潜めて、偃松の間に延びている雪壕のようなところから小池のある草地に出た。これは八兵衛平のすぐ南につづく平であった。

午前十一時だというのに、偃松の間の窪に天幕を張り、焚火を盛んにして冷えた身体を煖(あたた)めた。

夕方になって少し霽(は)れ間が見えたので、池のほとりに出て見ると、淡霧の中から朝日岳の大きな姿がうすく現われた。北の方に向っている赭(あか)いガレが凄い色をして夕陽に映っている。左を見ると、偃松と白檜に被われた五輪山が霧の衣を脱ぎかけているところだ。

漸く方向が明らかになった。先刻は朝日岳に向うつもりで、正反対の方へ走っていたのだと野口は苦笑していた。

夜になると月が越中の空にかかって、星さえちらちらと顔を出し始めた。明日こそ上天気に違いないと喜びながら天幕の中でまどろんだ。

朝日岳・イブリ平・北又谷

十月十八日　快晴。

天気が漸く恢復したので、皆元気一杯になった。越後側の斜面を縫って国境の主稜に出た。すぐ下に一つと、イブリ谷の尾根の高い所に一つと、小さいが如何にも深そうな池が光っている。赭いザクで埋められた大きな斜面を、朝日岳をさして上り、とりつきの岩峰の上でひと息入れた。

西北風が面をそぐように冷たいが、展望はまたすばらしい。北又谷源流地の山々、犬ヶ岳、黒岩山、長栂山につづく長大な山のツルの左を、初雪山、定倉山の一脈を脊越しに日本海が静かに冴えている。

大所川の向うには、鬼面山、駒ヶ岳の岩峰を前にして、妙高、戸隠の火山群が、紅葉に酔い、朝陽を浴びて長閑な姿を重ね、その右奥には四阿、白根、浅間、男体につづく山々、奥上州、越後の山々が、雲海の中から離れ島のように見える。中にはもう大分白くなったのも見えた。今日は雪倉岳、大日岳、乗鞍岳の姿も、さらに晴れやかに見える。

白樺の矮樹の茂った窪地をぬけて、大斜面を頂に上りつくと、私は白馬以北第一の展望台である大朝日の頂から、まず立山を見た。そして剣岳、毛勝岳に視線を移した。猫又、清水の岩尾根を圧して、柳又谷の上に、細かく刻み込んだ山の襞や、谷の皺、それを懐にした頂稜の輪郭の鋭さ、その山の色の鮮かさ。そのバックは、雲一つない水のように澄んだ浅碧の空だ。

白馬岳にも立山にも新雪は少い。昨日のシケが高根でも雨だったらしく、やや物足りなさを感じた。下を見ると柳又谷には白雲が流れ、紅葉を涵して秋の谷の美しさを物語っている。

朝日岳の頂でゆっくり写真をとり、積石を見ながら西の方へ下って行った。頂が大きいので濃霧の時には注意しないと迷いやすい所だ。

ザクから道は偃松の切開けに通じ、やがて白馬岳への縦走路とイブリ尾根への道の分岐点に出た。暫く草地を右に廻って下り、白檜の森林帯の中を下ってゆくと、また草尾根から高原状の窪地にかかり、さらに上ると平坦な美しい草地に出た。イブリ平である。

平の東南の端に、偃松で編んだ粗末な小屋がある。これが北又谷から白馬岳や蓮華温泉方面に至る間での唯一の小屋だ。無人の漸く十人を収れうる小屋である。（今日ではここに朝日の小屋が出来ている。）

池の水を汲んで飯を炊いて中食をとる。午前十一時。

春先きのような暖かな陽射しは平を一面にひたし、真赤に紅葉した山草の間に小池が光っている。朝日岳はすぐ鼻先に、大きな屋形状をして東の空を屏風のように囲んでいる。これは写真には収りきらないほど大きな図体である。

東南の丘の上から雪倉岳が立派に見える。大弧状を描いて思いきり裾を延ばしている。その右奥から筍のような鎌首をもたげているのは前蓮華の旭岳である。白馬岳から大日岳、乗鞍岳の大きな山の重なりがその右肩からのぞいている。

今日は北又の猟師小屋まで下ればよいので、のんびりと積石を見通しながら、前朝日の裾を右に廻って行く。ひと廻りすると草の緩斜地に出た。夕日ヶ原というのである。小池の周りにはチングルマの紅葉が、あたり一面を唐紅（からくれない）に染め出している。美しいと思った。

朝日岳の方を見ると、前朝日と大朝日が雁行して頗る（すこぶる）壮大である。この山はどちらも東の方は草地や岩肌だが、西に向っては深く森林に被われている。

夕日ヶ原から尾根筋を下ると、灌木の茂った馬の脊（せ）渡りのような痩尾根となり、一隆起の横を白檜や白樺の密林、ジン竹の茂みの中をぬけると、小さな草地の中に白ペンキ塗の標木が立っている。イブリ山の頂らしい。

なお尾根側の小谷と草地とを縫って行くと、下の方が漸く見えてきた。一時四十五分。椈（ぶな）、楢、白樺、栃、クルミ、桂などの大木がぞくぞくと現われ、やがて針葉樹と闊葉樹の交錯した幽林が行く手に展げられた。

秋の大きさと静けさが身にしみるようだ。霧が北又谷から騰（あが）って尾根を包み、林を渡って、爽かな音をたてながら時雨（しぐれ）となって通って行った。なんとも云えないしめやかな気分だ。

途中に水飲み場がある。午後二時半、北又谷の流れはすぐ足もとを淙々（そうそう）として走っている。

檜の大木に「明治三十三年十月四日何某通る」というようなことが書いてある。この尾根も随分古くから歩かれていたものらしい。

猟師小屋が対岸の林の前に見えている。最後の急な下りを岸辺に降り、雑草に埋められた湿地をぬけて吊橋を渡り、北又谷の右岸を少し下って猟師小屋についた。午後三時三十五分。（この猟師小屋はその後焼失して、その跡に登山小屋が出来たということである。）

北又谷の水の美しいのを見て、私は暫く岸辺に佇んだ。乳碧色をしたこの谷独特の澄んだ水、小屋の前の流れもトロになっているし、上手の吊橋の付近も美しいトロだ。私はいよいよトロの名所である北又谷まで来たのだと、四辺を見廻した。


十月十九日　時雨模様、やや暖。

北又谷は猟師小屋から上流には道はない。両岸の渓側は高く急になって、岩壁が現われてくる。しかし悪いヘツリというほどのものはこの付近にはない。渓側が通れなくなると徒渉にうつる。水の大きい時には、減水期の幾倍もの骨折りをして不成功に終る場合もある。八月の減水期に入ってからが最もよいようだ。

秋だけに水は小さい。しかし冷たそうに澄み切っているその水の色を見ると、徒渉はちょっと躊躇される。
猟師小屋から右岸の闊い磧を二丁程上り、吊橋を渡らずにその上手のトロに入る。どうせ水浸りにならずにはすまない谷だと、思いきって入って見ると水は案外あたたかい。谷筋は電光形に曲り、右岸の壁へツリが二、三個所あった。曲り目に来ると徒渉の番だ。ヤマスゲ谷、ハナヅラ谷、カサドメ谷などの落口を左右に見て、一時間近くで谷が右から左へ急曲する所で行きづまった。

前方を見ると美しいトロが、高い立壁に圧縮されて、ひたひたと声を呑んで押し出してくる。北又のトロだ。これから奥へは人の殆ど入らない所で、北又谷口元の難所であり、この谷の風景の第一の関門である。

私たちは磧の累石の上に腰を下ろして、トロの水と、両岸の壁にからんでいる紅葉を見た。

トロの出口の右から入っているマガリ谷の落口を少し上って、すぐ左の小溝伝いを、山側をめがけて攀じ登った。登りつめて暫く行くと尾根は平になって、そこには椈の大木が見渡すかぎり大森林となっている。所々にゼンマイ採りのらしい切開けがある。

北又谷の縁まで出て、魚止ノ滝を見ようと思ったが、どこにあるのか様子が判らない。野口が見に行ったが降り口が判らずに帰って来た。

対岸から高い五百米もあるかと思う滝の連続が壮大に見える。これは裏定倉（うらじょうくら）の滝で、この谷の落口のすぐ下が魚止ノ滝であるが、知らない者同志で遂に下ることができなかった。

暫く休み、平を上手へ、本流寄りを藪をかき分けて行くと、だしぬけにイブリ谷〔恵振（いぶり）谷〕の上に出た。私はイブリ谷の合流点の上流にある滝の連続である又右衛門ノ滝と、その上の二、三の小滝のつづく渓の様子を見ながら暫く佇んだ。

紅葉は大分色濃くなった。北又谷の水は滝と淵と奔流をつないで流れてくる。綺麗な乳白色をしたヤゲンのように擦り減らされた河床、それは花崗岩の洗い出された一枚の岩盤だ。水がその上を滑りながら跳躍してくる。実に美しい谷だ。

このよい景色を、あそこまで下りて見たいと思ったが、気候が如何にもしめやかで、時雨は断え間なく落ちてくる。衣服は徒渉で濡れているので谷へ下ることを断念して平の中を戻り、水のある小さな渓側の棚のような所に天幕を張った。

ひと時雨かかると、またあとから時雨が梢を叩いて通り過ぎて行く。その絶え間から洩れる夕日影に、浅く映えて美しい紅葉の林に、谷風が吹き込んでくると、落葉はひらひらと舞い下りてくる。まことに寂寞そのもののような情景だ。

天幕の中で炊きたての飯を食べながら、私は対岸の高い尾根を綴っている紅葉を眺めて、明日の旅程を考えた。

十月二十日　寒冷、時雨が一日中断続。

午前六時、谷の上空は晴れて、紅葉がさらに美しくなった。九時頃から時雨がまたかかってきた。霽(は)れ間を見て天幕をたたんで出発、トロの所に戻る。

野口と山本がマガリ谷の落口を堰(せ)いて、大きな岩魚を六尾とって小屋へ土産(みやげ)に持って行く。

雨で水嵩が増し、昨日より徒渉は大分深くなった。十一時半、小屋に戻った。休んでいると、川下の方から人が上ってくる。山崎村の者で、今朝方家を出て茸採りに来たのだという。途中越道(こいど)峠の上から朝日岳、猫又山の方が新雪で真白に見えたという。それを聞くと心が何となくときめく。昨日の時雨で岳(たけ)には雪が大分積もったらしい。

茸といえば、この旅ほど沢山食べたことは今までになかった。北又谷でも柳又谷でも、毎日のように朝晩は御馳走になった。しかも種類が変ったものだけに味覚を楽しんだ。シラタケ、モタセ、カノシカ、マスゴケ、シモオコシ、ズベリ等々。

北又小屋・二又測水小屋・柳又谷

十月二十一日　快晴、霜浅く降る。

午前六時、四度。十六日以来の好晴である。

小屋の前から下流がよく開け、いかにも快闊である。谷々の間に淡霧がたなびき、紅葉の尾根また尾根の重なりが、秋晴の空の下につづいている。

上流から狭霧が川面を滑って来た。この霧が、あの幽静な北又の奥から、美しい紅葉をひたし、トロの上を流れて来たのだと思うと、私はそれをひと息でも吸い込んで見たいような気がした。

今日こそいよいよ柳又谷へ出られるのだと、午前七時少し過ぎに猟師小屋を出た。

北又谷右岸の岨道（そばみち）を行く。猫又尾根の新雪の姿が紅葉の上から時々見える。

ヒデ（肥松）、ナナカマド、カエデの紅葉が燃えるようだ。道はだんだん下って、上フジハシ、下フジハシまでは川近くを通じている。それからまた上りとなり、対岸に滝となって落ちているハナヌケ付近までくると、随分高い所についている。

内山ハゲの谷を横ぎり、十六谷へ入ると、道が崩壊したため、かなり高い所を廻って測水小屋の背後に出た。午前十時四十分、小屋の炉辺で中食をとる。

（付記） 十六谷というのは十六人谷のことで、楊ノ川原の伝説にある十六人の杣（そま）が横死した所だと云われている。

また、この測水小舎は、今日では取水口の立派な建物となって、黒薙川落口方面への道もよくなったという。

正午、小屋の直前の、吊橋の残骸のある広い静流を渡って柳又谷へ入った。柳又谷は北又谷より水量は大きい。

十数間も行くと谷筋は右に折れている。その先にも以前吊橋のあった跡がある。そこで右岸にうつる。これはかなりの徒渉であった。それから道は斜めに山に上っている。この道は五万分一の地形図に点線が入れてある通り、横山に上りその東の鞍部である柳又乗越より上流の楊ノ川原に下りるものである。この道は、これから上流には柳又谷の下の廊下の嶮があるため、それを避けるために山を廻って上流に下りるようにつけられたものらしい。

岸辺について少し行ったが、岩壁にぶつかって戻り、また道について上り、崩れの上を横ぎって磧に下りた。暫くの間美しい巨岩が川中にある所を行くと、細い二本の木を渡した丸木橋が巨岩の間に危く挟まれている。これはこの夏に通られた塚本繁松君が架けたもので、右岸は数丁先きで高壁つづきとなっているからである。

柳又の流れが滔々と逆巻いて行く上を、丸木橋を渡って対岸に出た。それからは悪場はなく、ちょっとした丸壁のヘツリを行き、先ほどの右岸の高壁の向いに出た。壁の脚を洗って流れは深く、さらに滝津瀬となって奔躍している。風景が大分峡谷らしくなった。山々の紅葉は漸く佳境に入った。七分通りの色具合だ。

三時五分、広い丘と磧のつづいた所に出た。柳又谷へ入ってから最も広い川瀬であって、谷はそこから東の方へ大きく曲っている。

上流を見ると渓側はやがて逼って、両岸は急に高く、左岸から入っているカシナギ深層谷の上流が、大きく口をあいている。

時間は早いが、先きの泊りが気になるため、この広い磧にキャンプをすることにした。これまでに徒渉七回、夏よりも水が小さいため割合楽であったが、秋だけに濡れた後はまことに始末が悪い。衣服を乾燥するためにも、早く泊りにつかなければ凌ぎがつかない。

三間位もある大きな岩の懐の砂地に、下流に向って天幕を張る。柳又の水は七、八間の磧を隔てて左岸に深く流れている。渓側は急であるが、森林は深く川瀬まで茂っている。

右岸の方は数十間の広い段丘と磧つづきで横山の側面が、紅葉と杉木立をこき交ぜた刺繍をしている。

流木はいくらでも拾えるよい泊り場だ。

やはり気になるのは上流の様子で、明日は下流での絶景である柳又谷の下ノ廊下を通るのだと思うと、何となくわくわくする。

時雨模様の空が夕方から霽れ間を見せて、カシナギ深層谷の上空を、森林に雪を戴いた峰々が夕陽に光っている。寒そうな姿だ。

十月二十二日　終日時雨模様、滞在。

午前八時、十度、随分暖かだ。天気が悪いせいだろう。

今朝はカシナギ深層谷上流の峰の雪が、針葉樹の域から紅葉の層まで下ってきた。前山の上までゴマ塩をふりかけたような雪が見える。昨夜は大分降ったらしい。紅葉が日に増し濃くなってくるのが楽しみである。

谷上の雲が烈しく往来して、時雨が絶え間なくかかってくるので出発を延ばしているうちに、気がくさってとうとう滞在することにきめた。

午後から空模様がややよくなったので、カシナギ深層谷の落口付近まで見に行く。野営地から約三十分、谷が狭くなると間もなく落口に出た。暫く写真をとって戻った。

深い谷底にいるせいか、この夜は星が実に美しかった。宵から暁方にかけて、下流の方から大熊座の星がのこのこと匍い上ってくる。オリオン、スバル、V字星など、深い秋の夜空を宝玉のように輝きながら通っていった。

夜半熟睡していると、すぐ左手の崖の方から、すさまじい音が地響きとともに谷底にナダレてきた。

すわ、山ヌケだ！　と、皆天幕から飛び出したが、音はそれきり止んでまた静寂に帰った。朝になって出て見ると、巨大な朽木が雨で湿った高い崖から谷へずり落ちてきたのであった。

カシナギ峡・楊ノ川原・オウレン谷落口

十月二十三日　午前六時三十分、気温二度。

暁方からいよいよ本格的の秋晴になった。低い雲は皆下流に追われて、高空には樺色の巻雲がたなびいている。これが二、三日つづいてくれれば、柳又谷の溯行も愉快にできるというものだ。

気温もひきしまって、昨日の十度が今朝は二度に降っている。

午前七時三十分上流に向う。磧が尽きると谷は急に狭くなって、間もなくカシナギ深層谷の前に出た。落口は滝となって奔落し、流れは渦行して下の深淵に突込んでいる。この付近から花崗石の壮麗さが、流水の美しさとともに目立ってくる。いよいよ廊下に入ったのだ。岩壁の美しさ、奔流のめざましさ、それを包んで燃える深い森林の紅が私を喜ばした。

流れはもう徒渉を許さない。岩壁の上縁をヘツって行く。下をのぞくと木の間隠れに、滝の奔落しているのが見える。飛沫を上げドウドウと逆巻いている大きな釜だ。

私は先行をやめると、カメラを持って草崖をずり下りてその前に立った。立派な壁と巨大な岩の間から吹き出している滝は三、四米だが、すさまじい勢いで下の滝壺に突込んでいる。釜の正面は無数の真珠が銀盤の上を乱舞しているような美しさだ。

これから先は川通しはとても行けない所だ。さらに進むと、左岸は立壁が後ろへ後ろへと重なり合い、その間を圧縮された激流が飛沫を揚げて奔騰してくる。狭い花崗岩の岩樋を押し分けて、流れは無理やりに押し出してくるようだ。

このあたりには山刀の痕が処々に見られる。それは水電の測量の時のものだそうだ。

また幾度もヘツリをくり返して、壁の窪から巨岩の上に下りると、そこで谷は殆ど直角に右に折れている。下流も壁と激流で立派だが、上流を見ると驚くほど狭く、壁と森林に被われている。立派な峡谷だ。

両岸は同じような高さの立壁、五、六米の谷幅の廊下の底を、巨岩を嚙み、壁にぶつかって滝となり、奔川(ほんせん)となってたぎり落ちてくる。その流れを見ると柳又谷も大したところだと思わないわけにはゆかない。

谷を囲んで鬱生している闊葉樹の紅葉がまた実に美しい。ここは先行者塚本君の云う飛竜峡で、柳又谷最初の魚止ノ滝のある所だ。

谷筋は思いもよらないので、足場を求めながら高廻りをして尾根先のクビレへ出た。丁度よさそうなのでそこを越えると、崖を下って飛竜峡の造る廊下の上手に下りた。すぐ下流で扉のような大岩壁が両岸からそそり立って廊下の口元を押えている。狭い峡道は濃密な森林と組み合された壁で洞のように暗い、しかし紅葉は谷を囲んで幽光を放っている。

午前十時、上流に向った。谷筋は急に明るくなり、谷幅は広く、流れまで静かに動いている。やがて対岸(左岸)から沢山の石の上を、奔流となり、陽光を一杯に浴びたカシナギ谷が入っている。この谷は今まで見ないほど勾配のゆるい穏かな谷だ。

本流も傾斜をゆるめ、河床を静かに辷(すべ)って行くような所が見えてきた。瑠璃のような秋の渓水の透明さが眼にしみ入るようだ。

暫く行くと水の色がやや黒ずんできた。これは花崗岩から古生層、蛇紋岩の層に入ったためではないか。

また所々に壁が現われ、小廻りをさせられる所もあった。草崖の悪いところを下り、岸辺を渉って行くと、谷筋は左へ左へと曲って行く。

谷はさらに広々として、行く手に楊の密林が見える。砂丘が遠くつづいている。私たちは午前十一時に楊ノ川原に出た。夕日ヶ原方面の山の雪がよく見える。夏見た広河原よりさらに幾倍の広さを展開している。秋は木の葉がまばらになるため、林の奥の方までよく見通せる。

この八月に泊った小屋へ来て見ると、桂の大木はあるが、その前にあった茅屋は跡方もなく、焼け残りの羽目板や丸太などが下の方に散らばっている。どうしてこんな所の小屋が焼けたものか、多分泊った者の不始末からであろうが、柳又谷でただ一つの小屋だけに惜しい気がする。

小屋の跡で中食をとった。後ろに入っている小谷、柳又乗越からくるオル谷には水は涸れて見えなかった。

磧に出て見ると、平らな砂地の面に、山葡萄が足の踏み込めないほど匍い廻っている。ちょうど食べ頃なのでそれを摘んで見た。すこし渋いが、まずくはない。こんな所に沢山あるのに猿やカモシカなどが取りにこないのが不思議だ。

黒薙川柳又谷。カシナギ峡の廊下（昭和6年10月）

零時半に、広い磧をぶらつきながら上流に向った。先方を見上げると、一番高いところに雪倉岳の頭が真白になって午後の日に光っている。ああ。出た、出た！ と喜んでいると、あれでは岳はえらい雪だぞ、と野口は驚いた様子だ。

段丘を横ぎって右岸を行く。谷が右曲している所でシビト谷の落口を通り、さらに進むと壁が三個所つづいて現われてくる。その上を廻って行く。針金を吊してあった所が残っている。昔の道である。

最後の壁が最も長く、深い流れがその腰を青くくねっている。三分の一ほどトラバースしてから草ツキに匍い上って上を廻る。秋の草の崖へツリほどいやなものはない。湿り気の多い渓の側面は草が弱っているので、足は滑り易いし手がかりはない。凍っているものならピッケルの厄介になるより方法がない。猟師が手鈎を用いるのは必要なことだと思った。

岸辺へ下ると小崩れに出る。その先には地図にある大ナギが壮大にかかっている。そのつきるあたりに谷が一つ入っている。川瀬は急に広くなって、磊々とした岩の原に、夏草の蓬、茅、芝、大イタドリなどの霜枯れたのが残っている。

磧の中の石に囲まれた砂地へ天幕を張って今日の泊り場とする。午後二時四十分。オウレン谷落口から三丁ほど下流の右岸である。

夕雲が谷上を往来して、川上から吹き落ちてくる風は木枯のようだ。紅葉の色はますます濃く見頃になった。朱、紅、黄、樺、鶸(ひわ)茶色を凝らした落葉木の贅沢な裳(もすそ)は、渓側から尾根に渉って、さまざまな絵模様を見せている。澄みきった流れの面は、この裾模様を蕩漾(とうよう)しながら滑って行く。男性的な柳又谷の紅葉も捨て難い。

尾根上ではさすがに紅葉も散りつくして、黒木の上から白樺の幹や枝が草箒(くさぼうき)を立て列(つら)ねたように淋しくつづいている。

夜に入ると渓声は絹を裂くような音を立てて流れてゆく。さっき月が出たちょうどそこから、オリオンが静かに上ってきた。

オウレン谷・赤男谷・ナル谷

十月二十四日　美晴、雲影を見ず。

午前六時三十分、三度、川の水が馬鹿に小さくなった。

天幕の傍においてあった鍋や飯盒(はんごう)の水が凍りついている。おく霜は石の面を雪のように白くしている。天幕は勿論、ピッケルも食器も、磧の草も霜だらけだ。

七時三十分、日は後ろの山の頂を紅く染め出した。今は夜明けも日暮れも六時で、寒いので夜が明けてから炊事にかかるため、出発するのはどうしても八時頃になってしまう。実際秋の山は追われるような忙(せわ)しさだ。
八時に魚止ノ滝（オウレンドメの滝）の下に出た。二筋に分たれた滝の中に出ていた岩が夏よりも遥かに大きく見える。水が大分落ちたからだ。しかし滝壺の釜はなかなか立派である。

上るに随って渓の幅は広くなるが、渓流は巨岩の間を狭く躍動している。三段ぐらいの低い滝津瀬がつづいて、左手の林の中からカゴ谷の水が入っている。そのあたりから上流は頓(とみ)に開けて、視界は雪倉岳の方に拡がってきた。

雪倉岳、赤男山の中腹をめぐって紅葉は目覚ましい、今まではさまざまな色を交えた綾錦の紅葉も、ここまで来ると急に色香を増して、燃えたつような蜀紅(しょっこう)の錦の裳となった。

赤男山から柳又谷に延びている一六五〇米の、頂きが草地で池のある丸い峰など、全く朱泥で塗りつぶされてしまった。新雪を冠った雪倉岳の巨大な姿が、その上を被うてギラギラと光っている。すばらしい景色だ。柳又谷の紅葉もここが絶頂である。

九時になって谷底に陽が当りはじめた。水谷の落口でひと息入れる。間もなくゼンマイ谷の出合に出た。水の大きい夏には、そう簡単には通れない所だ。

谷はまた狭くなって、出合の角から蛇紋岩の高い壁が暫くつづいている。少し戻って出合の下で対岸にうつる。渓水は朝陽にきらめきながら段をなして躍進してくる。夏だとかなり悪い徒渉であろう。

朝日岳、前朝日、夕日ヶ原の新雪に縁どられた側面が目八分に見えて来た。大分高度が上ったため、下流の方は随分低く見える。

十時二十分、大きな黒ナギと壁つづきを右岸に見る。暫く行くと左岸にも灰褐色の崩れが二つ、尾根の中腹からナギ落ちている。柳又谷の荒蕩とした趣は、この付近で最もよく見られる。

十一時、右岸に移り、少し廻ってまた左岸に戻る。赤男谷が対岸から入っている。少し行くとササゴ又の谷が、岩石つづきの斜面を流れてくる。これは雪倉岳の懐からくるものである。（地形図の赤男谷とササゴ又谷との距離が少し近過ぎるようだ。前にも書いたことだが水谷とゼンマイ谷とが合流して柳又谷へ入るように記されてあるが、この二つの谷の間には痩尾根が入っている。）

ササゴ又谷の落口を対岸に見て左岸を行くと、今まで広々としていた柳又の渓間が、急に狭くなって、山も谷も鬱蒼とした森林で圧し縮められている。

ここで私たちは、谷筋がどっちへ曲っているのか分らなくなった。あまり狭くなってしまったため先きがよく見えないのだ。なお暫く進んで谷奥をよく見ると、今度は高い黒い壁が谷の行く手を塞いでいるのが見えた。そしてその壁の狭いギャップが山を割ったように見える。

この高い壁が柳又源流のノドを扼しているのだ。今まで広かった谷筋が急にこの壁に圧縮され、その奥の方から四、五段の滝が吹き出している。壁の脚は水蝕を受けて匙ですくったように丸くエグれている。水成岩の壁伝いだけに、下流のカシナギ峡に比べて非常に暗い気持ちがする。谷の幅は僅か四、五米で、右折する所で奥は見えなくなっている。

これはとても行けんちゃあ、と先きに行った野口が感嘆している。

ここ約四丁の間は、おそらく通過不可能の所で、左岸は一六六〇米の峰の側面、右岸の高い山壁からは六兵衛谷が数百米の懸泉をかけている。柳又谷中での悪場で土地の者はクラヤミと云っている所だ。夏には落石と狭流のため、積雪期にはナダレ等のため通れない。とにかく珍しい所である。

柳又谷の上の廊下はこの悪場の入口から約四キロの間は両岸峻しく、四季殆ど雪で埋められている。北アルプスの西面では最も長大な雪渓である。

もうどっちを通っても、よほどの高廻りをしない限り上流には出られない。右岸の方は山側が高峻で望みがないが、左岸の方は実にお誂え向きの地勢をしている。そこには大崩れがつづいているが、少し上れば緩斜地に出られる。そして小流に沿い藪を分けて行けば、猫又山から延びている尾根の最低鞍部である前述の一六六〇米の峰の南の乗越に出られる。それをナル谷(だん)に越せばよいので、私たちはそのルートを、鞍部を乗越してナル谷に下りた。

丸く肩をつき出したように、廊下に向って切り立っている峰、一六六〇米の上に上って見たいと、森林の底を密生している藪を押し分けて少し上って見たが、あまり時間がかかるので、途中から廊下の縁に出て、六兵衛谷を眺め、横に乗越の方へ下った。乗越のナル谷向は、草地と灌木で足場がよかった。

岩の間に荷を残して、野口と二人でザイルを持ってナル谷落口の方へ降って行った。下るに随って岩石は巨大になる。傾斜も頗る急になって遂に滝場の上に行きづまった。下まで降れるかどうかも疑問であるし、よし降れるにしても途中で日が暮れてしまうことは必定なので、残念だったが、もと来た谷筋を荷のある所へ戻った。

ナル谷というのは緩い谷という意味であるが、それは滝から上の部分だけの話で、その落口から上百米の間は、櫓のような巨岩につつまれた滝場で、昇降は不可能である。私はこの翌夏にこの谷の落口の下手にあるワレ谷から上って渓側を捲いて、滝場の上でこの谷へ下りたので、そのとき、様子がよく判った。

さて谷筋を暫く上って行くと雪渓となり、その上に新雪が三、四寸積もっている。流れ近くにはよい泊り場がないので、少し戻って渓側のよい所からなだらかな草地に上った。草地の上の方には広い平が高原のように延びている。ナル谷乗越から見たよい大斜面がこれであった。

屈強の野営地、私たちはそこに天幕を張って、火を焚きつけると、先ず冷えきった身体を煖(あたた)めた。午後三時半、天気はすばらしくよい。

前には柳又の深い谷を隔てて、雪倉岳が思うさま大きな涸沢を拡げて我と相対している。新雪は今日の天気で大分溶けてしまった。

山裾の隙間から本流の壁がところどころ見える。つい先刻まであの辺をまごついていたかと思うと早いものだ。

野口と二人で上流へ流木を拾いに行く。帰って焚火にあたっていると、遥か上の方からサクサクという気持ちのよい音が秋風に乗ってくる。仰ぐと山本が上の方で茅(かや)を刈っているのだ。やがて幾抱えも束にして持って来た。そしてそれを天幕の中へ一杯に押し込むと、

旦那、今夜はこの中で寝ますちゃ、と云ってにこにこしている。私も、これは助かったと思った。この寒い秋の霜夜に、山から吹き下ろしてくる風のなかで寝るのかと、い

ささか閉口していた時だからだ。

中へ潜って見ると刈りたての茅の新鮮な匂いが腹の底までしみ入るようだ。それにしても兎か鳥の巣みたいだと顔を見合せて笑った。ありがたいことだが、天幕の中で煙草が吸えないのが苦手だった。

ナル谷・猫又山・清水平・不帰小屋

十月二十五日　美晴、午前六時、気温二度。午後、時雨模様、風強くなる。

朝日は雪倉岳の大きな頂きの後ろで光っているようだが、野営地にはまだ当らない。根なし雲が煙のように通って行ったあと、西の空は全く晴れ渡って、クリーム色の朝空の面を、樺色をした鰯雲が、西の空から東の方へ静かに流れて行く。

雪倉岳の上を、鷲が一羽悠々と輪を描いている。と、谷からまた一羽、野営地の上を舞って猫又山の方へ流れて行った。風のない、いかにも静穏な朝だ。

私は大きな雪倉岳の懐の色を見ながら、静かに立ち昇る焚火の煙、暖かい陽に照らされた小春日和の長閑な露営地の周りをぶらぶら歩き廻った。

今日はいよいよ山へ上る日だ。

七時三十五分、ナル谷を溯る。磧伝いを雪渓の上に出ると、新雪が積もっているために歩きにくい。上るに随って視界は東の方に向って開けてきた。澄み渡った朝空をバックにして、悠大な姿を連ねている雪倉岳、朝日岳、長栂山の峰々、その顔も姿も、また暫くは見られないと思うと、なんとなく名残が惜しまれる。

谷を離れて猫又山の頂に向って行くと、お花畑ももう新雪に埋められている。その純白の雪の下から、ウサギギク、ミヤマキンポウゲ、ミヤマリンドウなどの、可憐な花が満開のまま地にこびりついているのが見える。十月も末だというのに、これからの山草は開花して実を結ぶまでの務めを怠らない。本当にいじらしくもある。

九時五十分、猫又山の頂に立った。新雪を冠った剣、立山、毛勝のギラギラと光る姿が肌寒いようだ。

朝日、雪倉岳方面の悠長な山々と、気高い姿に宝玉を飾ったような立山群峰とを比べると、どうしてこんなにも感じが違うものかと思う。

私はどちらも好きだ。高原のような大きな山波、そのうねりを遠く蒼溟（そうめい）に走らせている白馬以北の山々も忘れることはできない。

猫又山から清水平に向って稜上をたどり、偃松、草崖を縫ってナル谷の流域を越して、清水平との間にある偃松の茂った峰頭を行くと、大きなナギの下をハヤ谷（たん）が雪渓となって柳又谷の落口までつづいている。

ハヤ谷というのは急な谷の意味で、ナル谷の上手で柳又谷へ雪を押し出している谷である。

猫又山とその上手の峰を越すと、偃松の断(き)れ目から清水平へ上った。午後一時三十分、空模様が気遣われてきたので、白馬岳の方をあきらめて黒部へ帰路をとった。

午後から風が吹き荒れて、澄んでいた空の面も、いつの間にか薄雲で被われ天気が崩れだした。

東の方を見ると。さすがに白馬鑓は夥(おびただ)しい新雪に被われている。唐松、五竜、鹿島槍から針ノ木岳へと、遠ざかるに随って連峰はどんよりとぼやけて、時雨雲の大きな流れが憂鬱な色をして襲ってきた。針ノ木以南はもう雪時雨の中らしい。

三時、不帰(かえらず)小屋へついた時分には、大風を伴った時雨が小屋の屋根を叩き始めた。窓から南の方を見ると、重い雨雲の下から新雪の峰々は雲を吐いて、夕霧はその下から谷へと立ち罩(こ)めてきた。

ひと時雨通ると、大槍がちょっとその尖頂を見せた。立山、剣の上には噴煙のような雲が叢(むらが)り立っている。

私は旬日にわたる山旅を終えて、その翌日、時雨模様の山道を祖母谷温泉に下り鐘釣から帰途についた。

祖母谷や黒部の谷に光る落葉松の紅葉を、黒薙の谷で殆ど見られなかったのは物足りなかった。北又谷の秋の美しさを心ゆくまで探り得なかったこともまた残り惜しいような気がした。

（昭和六年十月）

北又谷と柳又谷を探る

去年、昭和六（一九三一）年には、夏と秋と二度黒薙(くろなぎ)川に入り、北又谷と柳又谷を探ったが、秋の北又谷は時雨(しぐれ)と谷水の寒冷に遮られて、源流地まで溯行できず、柳又谷は鉢ヶ岳と雪倉岳山下の深い谷間、柳又谷の上ノ廊下の峻嶮(しゅんけん)に拒まれて途中から猫又山に上ってしまった。

年更まった今年の夏には、是非ともこの優れた二つの谷の風景を見極めたいと思って、また遠い越中の、人跡稀薄の山奥まで、東京の街中から重いルックザックを背負って、のこのこと出かけて行った。

もう五十に近い身体で無理はできないのだが、一度なじんだあの美しい山や渓は、今年もまたあの谷奥で、水力電気に傷つけられないうぶな美貌を私に見せたいと思っていることだろうと思えてならないからだ。

八月十日、早暁の五時に北陸線の泊駅につくと、大蓮華山保勝会の小川、本村、舟川の三君がわざわざ出迎えてくれた。それから一緒に自動車で小川温泉に向った。途中から朝陽に頂を染めた朝日岳、前朝日につづく峰々を遥かに東の空に仰いだ。約一時間で小川温泉元湯につき、まず入浴をして朝食をとり、ゆっくりと寛ろいだ。

急ぐ旅でもないので、午前十時過になって越道峠への道をたどった。本村君の尽力で、北又谷に明るい地元の山崎村の人を二人行ってもらうことにした。

仙名市次郎（五十八歳）、青島米作（四十八歳）の二名だ。仙名の方は谷に詳しいばかりでなく、落着きのある達者な山の人だった。

朝方曇り加減であった空がだんだん剝がれると暑熱は急に強くなった。小川の谷は炭焼に荒らされているので、陽は容赦なく照りつける。私は夜行で疲れた身体をひきずり、清水をあさりながら上って行った。

午後一時に漸く峠上に上りついて、営林署の造林小屋へ入った。人は居ないが大きな小屋で、休んでいると峠を吹き通す峰風は、万斛の冷気をそそぐ。たちまちのうちに元気が恢復した。

中食をとり、小屋の前に立って北又谷の幽深を見下ろした。夏の雲に被われている黒薙川源流の山々がときどき姿を見せる。猫又山の方は厚い雲で見えないが、朝日岳は残雪を懐にした大きな頭を出した。午後の陽に照らされた力強い山肌の色、その下を埋めて鬱生している北又谷の幽林は実に麗しい。

サカサマ谷の細径(ほそみち)を下る。上りに比べて随分楽だ。大分降って魚止ノ滝の横を廻る。ハット越えという所だという。やがて伐採のため荒らされた広い平に出た。もう森林の底の方で北又谷の流れは、涼しそうな音をたてて落走している。

磧(かわら)に下りて下流を北又の猟師小屋についた。山崎村の者が二人、魚釣りがてら遊びに来ていた。午後三時。

榾火(ほだび)にあたりながら休んでいると、夜行の睡眠不足がでて、無性に居眠りを催す。外はまだ陽は高く、磧も流れもサンサンときらめいている。

北又猟師小屋・イブリ谷落口

八月十一日、美晴、雲影を見ず。やや冷える。

北又谷の水は去秋の時より遥かに小さい。これならば徒渉も楽だし、天気さえ続けば、随分愉快な谷渉(わた)りができると喜んだ。

徒渉数回、約一時間で北又のトロの前に出た。午前八時二十五分、減水していてもトロは渉れそうもない。右手渓側の尾根をめざして、小さな溝谷を上り、急峻な崖嘴(がいし)を左に廻って尾根のくびれに出ると、本谷に向って下って行った。

山の人たちは荷を下ろして、下り場を探しに行く。できるだけトロに近い所を見てこいといってやる。

ちょうどよい所があったというので、木藪が谷底近くまでつづいている所を下って行った。しかし下りて見ると相当悪かった。僅か二間位の所であったが、木がなくなると水にぬれた草の急な崖で、なかば滑るようにして谷へ下りた。

そこで下から見たトロを上流の方から振り返って見る。下流からは相当の距離に見えたが上からは割合に短い。私たちは美しいトロを見返しながら、まず一ぷくと岩の上に腰を下ろして休む。

それから谷通しを上流に向う。トロから下流に比べると、渓幅は逼(せま)って急に、岩肌は美しくなるが流れは深い。景色はずっとよくなって来た。

左岸の壁を登りまた川へ下る。カサドメ谷の落口の上手から流れ全体がトロとなって、その深さは臍(へそ)を没した。

また幾度も壁をヘツって、もうひと曲りで魚止ノ滝というところまで出たが、両岸が立壁でその間を流れが青くくねって来るので取りつけなくなった。岩場の間隙に取りつき、崖嘴を越して悪場を避けながらまたワレ溝から本流に下ると、魚止ノ滝のすぐ前の大きな岩の頭に出た。ザイルを出して滝壺まで下って見る。

滝の高さは十米位だが幅は広く、北又全流の水はすばらしい圧力で衝き落ちてくる。滝をかこむ岩壁がまた頗る壮麗であって、縦横に節理の入った巨大な花崗岩の一枚の岩盤から成っている。狭い高い谷の底を震撼するその音響は、真に万雷のとどろくようだ。滝壺で岩魚を一尾釣り上げ、溝を上り返して椈林の平に出た。滝の音は更にすさまじい。谷の向うを見ると、ちょうど魚止ノ滝の裏上に当って、高い高い渓側を滝をつないで落下している裏定倉の、五百米を越えると思われる吊懸谷が見える。これは去秋この平から見上げて驚いたもので、この支谷の滝の音と魚止ノ滝の音とが響いてくるので、谷中が震えているようだ。

下手にあった長トロと、この魚止ノ滝とは、昔から北又谷の名所とされていたものである。

椈の平の谷寄りの縁を廻ってイブリ谷落口の上へ出、そこでまた谷への落口を捜した。幸いと林のつづいた尾根がイブリ谷の落口に下りているのでそれを下った。急ではあったが案外楽に落口から十数間の所で谷に下りた。旧時の尾根の残骸である岩の細長い丘の上を通って本流の岸辺に立った。

奥の方を見ると、美しい滝が静かにかかっている。U字状の雅趣のある美しい壁をめぐらしたその間から、迸っている滝の姿も実によい。岩壁の上には闊葉樹の林が谷をかこんで、この幽遠境を守っているようだ。

この滝の上にも小さな滝が二つぐらい続いている。川床の岩の色が乳碧色をしているのを見て去年の秋は喜んだ。その時の紅葉の美しさを思い出して、なるほどよいはずだと思った。

これまでで最も美しかった所は、北又のトロ、魚止ノ滝、それからイブリ谷の落口に近いこの又右衛門ノ滝である。

私たちは、この静かな滝を前にして、清流と幽林に守られながら、右岸の端の小さい磧に天幕を張った。すぐ近くにイブリ谷が入っているために、谷の底でも割合に明るい所だ。

午後四時半、天気は申し分ない。夕焼雲が谷の上空に叢(むらが)って、高い所に岩燕の群れが飛び廻っている。

谷の奥の方から響いてくるコマドリの囀りをききながら、天幕の前で焚火にあたり、夕餉(ゆうげ)をすませると、幽静な北又谷の第一夜を迎えた。

イブリ谷落口・漏斗谷落口・北又谷奥の廊下

八月十二日、今日も美晴で、微風は川面を渡ってくる。朝寒のよい陽気だ。

午前三時、天幕から首を差しのべて見ると、星斗はサンサンとして空は深海のようだ。午前四時半には起きてしまった。焚火にあたっていると、イブリ谷の上の森の上縁を朝陽がうす紅を染め出してきた。

今日のコースが北又谷の中味の美味しい所だ。又右衛門ノ滝から、漏斗谷を中心に奥ノ廊下を通過するまでの渓の美しさは、わが国渓谷風景の中で誇るに足るものである。

出発の前にイブリ谷を見に行く。泊り場から三十間も行くと小さな雌滝がかかっている。谷が左に折れて洞門のような壁の奥から、さらに十余米の雄滝が落下している。随分な水量だ。魚止ノ滝が又右衛門ノ滝に比べて水量の多いのは、この谷が又右衛門ノ滝の下で本流へ入っているからだ。イブリ谷は黒薙本流の三分の一位の水量がありそうだ。

午前七時泊り場を後に上流に向う。谷通しはむずかしいため、イブリ谷右岸の本流へ突き出ている瘠尾根を匍い上る。森林の中を渓側を捲いて行く約二時間の大廻りだ。岩角から瘦尾根にとりつき、暫く上って勾配のやや緩くなった所から横に廻って行く。途中に椈の茂った小さな平があった。

長尾谷へ出て下の方を見ると、本流はすぐ足もとを流れている。随分上ったつもりでも、私たちが渓側を上ったのと、さほど違いないくらい、本流の傾斜も急だった。途中から表定倉の谷とニク谷とが見えた。滝をよけながら長尾谷を下って行くと、落口は割合によく、楽に川瀬まで下れた。

落口から下流は岩壁に囲まれた激流が、淵をつないですさまじい勢いで落ちて行く。暫く下流を見に下りたが、戻ってまた上流に向った。

長尾谷の落口から上流は、両岸が頓になだらかに川瀬に延びて、栩、桂、楓、榛、楢、ナナカマドなどの林が、谷底を被うて茂り合い、壁は低く、川中の岩の配置も美しい。

この付近は川床もまた頗る穏かで、蒼々としたトロの流れは声を呑んで静かに森林の下を滑って行く。池のような穏かな流れは、谷の幅の広狭に随って、ひたひたと岸辺をうち、溯行者の足にからんで美しいさまざまな波紋を描き出す。

陽光は闊葉樹の無数の葉枝にきらめいて、風にそよぐ葉面を滑って谷水に光りを砕いている。行く手のトロは水晶のように澄んでいる。北又谷でもこんな幽静な所は初めてだ。実際、秋の景色が思いやられる。ちょうど双六谷奥ヌケド付近に似て、闊葉樹が多いだけ、さらに軟かみがある。

この間には美しいトロが三個所、深いドブ（溝のような流れ）が二個所ほど、五、六町の間をつづいていた。

午前十一時、カキオリ谷の落口について中食をとる。

カキオリ谷の落口から暫く行くと、谷は左折してまたトロが始まる。狭い溝のようなトロだ。両岸の壁が急に高くなると、森林はその上に退いて、明るい峡間を澄んだ水が静かにうねっている。

進むに随って流れはいよいよ狭くなる。渓側へは立壁で上ることができない。思いきって左岸の壁について河身を行く。だんだん深くなって、腿から腰、腰から臍と浸してくると、さすがに心細くなった。

両岸の壁の面を幾個所も水が飛沫を上げて、滝となって吹き出している。陽に輝やいて虹をかけているのも見える。

このトロは約二町で、下のトロの倍くらいの長さがある。水量の多い時には上を大廻りしなければ行けない所である。

水がますます深くなり、左岸の岩の棚に遁道（にげみち）を求め、漸く壁の上へ匍い上って、ひと廻りすると下の方はトロが終って奔流となっている。川幅が広く谷筋は大分よくなってきた。

川通しを行くと忠右衛門谷の落口に出た。それからシロガネ谷だが、その手前にミズカミ谷というのが右岸から入って、入口の所に棒が幾本も立てかけてある。春、ゼンマイ採が徒渉したとき使ったもので、不用になったのを置いて行ったものだという。

シロガネ谷の落口の上流に滝が一つかかっている。これは滝よりも丸い釜の方が美しかった。滝の手前から右岸の渓側を上って、藪を分け林の中を上ると草の平に出た。ゼンマイ採りの小屋場でサンコ平というところだ。空缶や一升瓶などが散らかっていた。北又へ入って初めて人に遭ったような気持ちがした。

もう漏斗谷の落口は対岸下に見えている。森林は両岸ともに立派で、この谷の水量は相当多い。北又谷の支流では、イブリ谷とともに最も長大なものである。

漏斗谷の落口を対岸に見て、その約半町程の上手を草の崖伝いに谷に下りる。少し溯(さかのぼ)ると上流の両岸から高い壁が現われてきた。この壁の扉で谷はまた狭く圧し縮められている。

私はその奥をのぞいて暫く立ちどまった。そこは花崗岩の大塊によって渓の両岸を限られ、その奥を美しくも静穏な廊下は美湍(びたん)をつないで、丸く彫琢(ちょうたく)された転石の間を跳躍してくる。

両岸の簾壁はつきず、小さな、しかし渓を一杯に溢れ落ちてくる滝つ瀬は、その下に池のようなトロをつくり、トロはまた壁や岩に堰(せ)かれて滝津瀬を懸けている。潮のようにひろがったトロの中の石は麗水に美化され、淡碧(うすみどり)色の渓水は、肌白く立ちあがっている両岸の峡壁にひたひたと押し寄せている。

午後の陽射しを真向きに浴びた森林は緑の瓔珞(ようらく)のようで、花崗岩の壁は大理石に似て

黒薙川北又谷。ジョウゴ谷落口の上手にある廊下の景（昭和7年8月）

つやつやしている。奔湍はサンサンとしてトロは明鏡のように冴え、岩壁、森林、碧空、白雲を涵（ひた）して静かに動いてくる。なんとも形容し得ない明朗の姿だ。

どこを見ても明るく透き徹っている。豪快な黒部らしさの絶景である。

大自然の愛撫し、秘蔵していた神苑、その神苑の最も美しい渓の美貌を垣間見た喜びを私は抑えることができなかった。

下流の長尾谷落口付近の幽静な趣に比べて、何というよい対象であろう。これはあくまでも明朗澄徹、彼は極めて幽邃静寂である。

いかに滝がかかり、奔川が躍流する

とも、トロはついに北又谷の生命であって、この渓の景観が他のいずれの谷にも見られない渾成と、静寂と、曲雅な趣味に満たされているのもそのためであろう。

漏斗谷落口から上流は、水量はさらに減じ、美湍を縫い、麗壁を伝い、トロを渉り、足をとどめては逆光にむせぶ下流の絶景を顧みて渓を溯った。

ひとしきり両岸はゆるく、谷が楽になったかと思ったら大残雪の上に出た。一町四方もある大きなもので、八月末に、しかも、北又谷にこんな大量の残雪があろうとは想像もしなかった。

右岸を攀じて残雪の上を歩いていると、金茶色の毛をふさふさと垂らした犬くらいの動物が、眼の前を矢のように走っていった。

青島は、三十両、三十両、と頓狂な声を上げながら追いかけて行った。それは三尺もある毛色の美しい貂であった。勿論逃げられてしまったが。後に聞いたら、その時分の金で三十両は確かだという話だ。

行く手を見ると、残雪のつきるあたりから、蒼い色と赭い色との交ざった山骨が、両岸から高く峡谷をかぎって、狭い狭い廊下となっている。壁の脚は文字通り樋となっているので、とりつく術もない。

いよいよ最後の大高捲きが始まる。午後三時。

私たちは追われるように崩崖を攀じて、草地から小溝にとりつき渓側を上って行った。ここが北又谷で一番の悪場で、西カネツリ、東カネツリ（その対岸）と云われている所だと、仙名が話しながら、急崖を横に、平地であるかのようにさっさと片づけて行く。ちょうど道のなかった頃の黒部の仙人谷落口付近の横廻りのような所だ。

森林こそ茂っているが、渓側は五十度を越す急角度で一歩もゆるがせにできない。ルックザックが馬鹿に重くなり、いちいち木を摑んで行くのでピッケルが邪魔になってきた。二時間近くもつづけざまに悪場のヘツリをさせられたので私はかなり疲れた。

下の方がよくなってきたのを見通して、林叢から急崖を木藪にすがって、最後に岩角から磧へ下りた。廊下の入口より四、五町上流の所で、左岸の磧はやや広い。そこを天幕場ときめて荷をおき、写真機とザイルを持ち、身軽になって廊下の様子を見に下った。

午後五時十五分、磧伝いを三丁程下ると滝場になっている。谷中に狼籍（ろうぜき）としている巨岩を昇降して、滝の横を廻りながら下って行くうち、両岸はいよいよ逼（せま）り、滝が大きくなったので前進をとどめた。

右手の崖頭に匍い上って、廊下に面した出鼻に廻り込んで下の方を見ると、なるほど狭い廊下だ。谷の幅は三、四米に過ぎない。そして高い岩樋の底を、深碧の水は激流と

黒薙川北又谷。長持淵、これより上流黒岩谷付近から花崗岩の谷が古代層に変る（昭和7年8月）

岩壁の間に圧縮されて、縦横に無数の波紋を描き、もみにもまれて下流に向って押し出されて行く。なかなかの壮観である。

ちょうど同じ位の谷の幅で、縦に廊下を貫いて行くのが三、四丁つづいて、その先きは滝となって大残雪の底に潜っている。これは土地の者の長持淵（ながもち）と云う難所であり、また絶景である。

随分狭く立壁に限られた廊下だが、真木が谷上に茂っていないためと、真一文字に流れているため非常に明るい。ここは柳又谷の上の廊下のクラヤミに対しアカルミと云うのが適当だろう。

この狭い廊下にかかっている滝は四つ五つはあるだろう。とにかく下流の漏斗谷落口からここまでが北又谷での第一景である。

六時近くなって泊り場に戻り、夕餉の支度にかかる。対岸（右岸）は森林の下に壁がつづいて、カライトソウ、シモツケソウなどの桃色の花が窮谷に紅を点じている。

上流を見ると大きな雪橋が、今にも崩壊せん状態で危くかかっている。明日はあそこを通らなければならないので、今日のうちに墜ちてしまえばと思っていると、夕方になって大音響とともに崩落して、セラックス〔氷河に見られる氷塔〕のように尖った頭を上にして谷間を埋めた。

夜は星が美しく、狭間（はざま）の露営だけに割合に暖かだった。

黒岩平・長栂山・八兵衛平

八月十三日、晴、雲がやや多くなったが、心配するほどでもなさそうだ。

午前四時半、夜明けとともに起きる。小鳥がしきりに囀っている。

六時半、泊り場を後にして川通しを行く。雪橋の崩れた所を、右岸の崖を、岩場から草ツキを上り、木藪から椈の林を横に廻ると第二の雪橋に出たが、雪と水に湿った崖壁の間がなかなか悪く、ザイルでギャップについて、雪橋の側面にピッケルを打込みながら崖伝いに下った。

それから間もなく黒岩谷落口の下手の、本流の滝の下に出た。

野営地付近から渓相は一変して、廊下の花崗岩が古生層に変り、岩質も脆弱になり、著しく青黒い色になった。もう今までのようにガッチリした壁は見られなくなり、塊状から板状へ移った岩壁の様子が眼につく。

滝の下から右を廻り、溝を上って小尾根を横ぎると黒岩谷の落口に出た。野営地から一時間半。

荷をおいて上流へ、猿ヶ滝を見に行く。何にしても北又谷の水の小さくなったのには驚いた。もうどこを見ても青味を帯びた岩伝いで、トロだけは浅いながらもまだ続いている。猿ヶ滝は十米位の高さがあるが、岩壁も平凡で水量も少い。北又谷もここまで入れば至極平凡な谷となってしまう。

午前九時、黒岩谷を上る。勾配のゆるい楽な谷だ。右手から支流が入ってくる第一の出合付近から巨岩が累積して、急にはなるが滝もなく行程は捗る。中岩（黒岩谷の中程に突出している大きな岩山）の下に出たのは十時半、下流の山々は低く沈んで、西の空は大分開けてきた。

中岩から主に累石(るいせき)の間を上って、林の下の日影を選んで中食をとる。

正午、渓水は漸く灌木の中を流れるようになった。一時間程上ると灌木の林をぬけて黒岩平の広い草地に出た。ナンキンコザクラ、ミヤマキンポウゲ、ムシトリスミレなどが美しく咲き乱れ、小池が三つほど光っている。

国境線に向って草地から偃松（はいまつ）、灌木の間を上るとまた草地に出る。越後・越中の国境の主稜には白檜（しらべ）の森がつづき、左上に黒岩山一六二三米がこんもりと丘のように見えている。その方へ行かずに白檜の森をぬけて越後側に出ると、そこにもまた草地の傾斜地がつづいて、長栂山、五輪山の姿が南方に聳えている。

残雪の下に池が二つ、草地にかこまれた美しい平で、コバイケイソウやニッコウキスゲに交ってアヤメが所々に見える。さらに一段高い丘へ草の斜面を上ると、アヤメ平の花野に出た。アヤメ、ハクサンフウロ、クルマユリなどが国境線の平に咲き乱れている。紫と牡丹色と紅の花とが絢爛（けんらん）として絨毯（じゅうたん）模様を平一面に織り出している。北アルプスにもちょっと珍しい所だ。

越後方面の展望はすばらしくなった。遠く犬ヶ岳につづく蜒々（えんえん）とした国境の山波、明星山、黒姫山などが、その行末に鮮かに見える。

暫くアヤメ平に休んで、午後四時、越後側を長栂山に向った。この方面から見た長栂山はなかなか立派に見える。五時三十分、長栂山の長堤のような主稜を八兵衛平に下った。私たちは完全に谷を脱して山上の人となった。

壮快な八兵衛平、そのすがすがしい草地の池を前にして、私はどっかりと腰を下ろした。そしてすぐ鼻先に大弧状を描いている、朝日岳の悠大な姿を眺めながらうっとりとした。

夕雲は雪倉岳の頭を残して波のように越中の方からひた寄せてくる。大日岳〔小蓮華山〕がその間から時どき姿を見せた。

夜に入ると、明月は高原を照らして、谷間のみを歩いていた私の心を無限の世界に導いて行った。しかし山の上だけに風は強く、寒さが身にしみてくる。

八兵衛平・朝日岳・イブリ平

八月十四日、天気はよいが午後から雲が多くなってきた。日に増し雲が多く、水蒸気が濃くなるのは、やがて天気の変る前兆ではないか。

午前六時十五分出発、平から南に藪をぬけると池のある小さな平に出た。去秋大風雨の中を露営した所である。

岳樺、白檜の藪を戻り気味に下り、草地を選んで国境線の下を捲いて行く。山草の美しく咲きつづいている斜面はかなり長くつづいて、最後に朝日岳との鞍部に出た。白高地沢の方から道しるべの木の枝が立っている。この夏に出来たものらしい。

日本海と黒部川の流れが、桔梗（ききょう）色の大気の底からパノラマのように見えてきた。

ザクの大斜面の上を、越後側へ出ている岩峰の一角にたどりついて、右斜めに朝日岳の頂に向った。偃松や岳樺の茂みを切り拓いた道を、岩の間を縫いながらザクの上に出て、丸い大きな朝日岳の頂に達した。午前七時二十分。

いつ見ても広々とした気持ちのよい頂だ。私は三角点の傍のザクの上に腰を下ろして休んだ。今日は富山湾の方が殊によく、静かに青波をのべている日本海の美しさに見とれる。立山も剣岳も霞一つ着けずに雪と岩肌の細かい光りが如何にもきらびやかだ。この山の頂ほど立山や剣の美しく見える所は少い。

イブリ尾根への下りにかかる。朝日岳の頂から西に出ている急な尾根を避けて、道はその南側を廻って下っている。年々雪のために道標や積石がなくなるので、降り口は判りにくい所がある。

ザクから偃松の中を下って行くと道は二つに岐れている。左へ行くのは白馬岳へのもので、右へ下るのがイブリ平への道である。偃松から草地を縫い、白檜帯を抜けると、草の急坂を小溝の中を下るようになる。また一つ森林の茂った小尾根を越えて草の斜面へ出ると、目八分にイブリ平の高原が見える。その東の隅に小屋が小さく片随（っ）いている。

午前八時に小屋についた。山の人たちは、北又の猟師小屋に置いてある食料を取りに下って行った。私は今日一日休養して、この平の付近を見たいと思った。閑静な山上の高原だ。登山期の末のせいでもあろうが、大体登山者のあまり通らない所だけに、昼なお森閑として、空には浮雲一つ見せず、四方の山々も静まり返っている。小屋の中で火を焚いて湯を沸し、茶をすすりながら、深碧の空から浮き出してきたような前朝日の姿を眺める。幸いによい天気がつづいたため、一番気がかりであった北又谷が、具合よく溯行ができた。この山旅の目的の大部分を終えた気楽さが、私の気持をのびのびとさせた。

黒岩平、アヤメ平、八兵衛平も皆よかった。この先には夕日ヶ原がある。この付近は高原の中から山が、丸い丘のような山々が盛(も)れ上っているような所で、山草は美しく、流れも豊かで、雪も処々に残っている。歩くのに楽で、野営には殊によい。高根の楽土だ。

午前中に大分のびた鬚(ひげ)をそり、日記を整理して、ごろりと横になる。眼を覚ますとカメラを持って平の中を、山草の姿を撮りながら歩き廻る。

チングルマの実、ナンキンコザクラ、ニッコウキスゲ、ミヤマアズマギク、ウサギギク、ハクサンイチゲ、ウメバチソウ、シナノキンバイ、タカネキンポウゲ、ミヤマダイコンソウ、イワウチワ等々。

十一時頃になると、前朝日の左の肩からむくむくと雲が上って来た。狭霧は雪倉岳の頭をかくし、イブリ谷の方から朝日岳の方へも一塊りの雲が動いて行った。少しならよいが、あまり雲が出ては困ると思っていると、平の上にも霧がのびて、霧雨がかかってきた。

夕日ヶ原へ行くのをやめて小屋の中で暫く休み、小歇(や)みを待って前朝日へ上った。この山は西は森林に被われ、東は草地で、ミズ谷（柳又谷の支流）に向ってかなり急な斜面になっている。

前朝日に上って驚いたのは、この山の頂から柳又谷の源流地一帯が掌(たなごころ)を指すように見えたことだ。去年の秋に行きづまった上ノ廊下の入口付近から、ナルダン乗越と、その左に丸く膝を立てた一六六〇米の峰などが、淡霧の中からよく見えている。悪いのはこの峰と雪倉岳の裾とが縫合するところだ。

廊下の迫場(せば)こそ見えないが、その上手の谷間と、雪渓は鮮かに見えている。この分では雪の上を大分降れそうだと思った。私がこれから探ろうとする柳又の源流の様子が偶然にもこの頂からよく見られたことを少なからず喜んだ。

約一時間も前朝日の頂に遊んで小屋へ戻った。

午後五時になると北又の小屋へ行った山の人たちは戻ってきた。今まで手をつけていない副食物などが届いたので、久しぶりで夕飯をおいしく食べた。

高く乱舞していた夕雲の間から清水尾根が現われ、旭岳の尖頂が姿を見せた頃から陽は漸く暮れ初め、富山湾は夕陽に輝やき、黒部川の水は無数の銀線を綾千鳥にくねらせている。

やがて雲が谷に収まり、平原に沈むと、満月は皓々として山上、高原を照らし、イブリ平の夜は静かに更けていった。

イブリ平・雪倉岳・鉢ケ岳・長池

八月十五日　晴れ、しかし風が強い。

今日の行程は短いからゆっくり出発する。先ず朝日岳まで上り返し、頂上直下の登山路の分岐点に出た。朝日の頂を見上げると、山頂があまり大きいため、高原へでも上るような広袤（こうぼう）とした感じに打たれる。

朝日岳と赤男山との鞍部へは、随分長い白檜帯の中の下りを行くのである。まだ残雪の深かった六月初旬、この鞍部から稜上を上ったときにも相当遠いと思ったが、やはりかなりの距離がある。

　蓮華温泉からの道が鞍部へ上っているのでその方をちょっと覗きに行く。脚下の懐の広い谷間にはまだ残雪が点々として、水が縦横に流れ、偃松に被われた丘、山草の窪地はなかなか美しい。よい所だ。

　道は赤男山の懐を越中側につけられてある。森林をぬけると湿原性の草地に出た。水芭蕉の間に小池が光っている。平がだんだん広くなって、草の丘の起伏を行くと、小桜原という小さな板が立っている。あいにくナンキンコザクラは盛りを過ぎたが、ハクサンフウロやチングルマの花盛りで、タカネキンポウゲ、ミヤマリンドウなどがこれに交って、湿地にはモウセンゴケが沢山あった。
　二、三町の原をぬけるとまた白檜帯に入る。偃松の切開けの中を行くうち、赤男山西面の大ヌケ、燕岩（つばくろいわ）の横へ出た。玢岩（ひんがん）の大洪水だ。仰ぐと燕岩の大岩塊は頭上を圧して、岩燕が巣に集まる蜂のようにその周りに群がっている。
　道は国境線より越中寄り数十間の所を、鞍部を横ぎって雪倉岳にかかっている。この付近は赤男谷の水源地で、斜面はゆるやかに越中側に延び、小谷は足もとから澄水を走らせ、水芭蕉、ニッコウキスゲなどが溝の周りを美しく咲きつづいている。

　下の方を見ると、柳又谷の楊ノ川原が瑞々しく光っている。去秋、新雪で銀光に煙っている雪倉岳を最初に見上げて驚いたのも彼処（あそこ）であった。深い谷から山を仰ぐのもよいが、山から、過ぎて来た、深い谷を回顧するのもよい。

越後側に出て草の斜面を横に廻って行くと、すぐ下は広い窪地で、小池や細い流れがお花畑の中を走っている。残雪も相当残っている。雪倉岳越後向きのカールだ。

大所川の末を見ると、駒ヶ岳、鬼面山（おにがつら）が姫川谷の彼方に牙壁をつらね、その上から雨飾山南面の障壁が真昼の陽に光っている。天狗原、金山を抜いて焼山、火打山はさすがに高い。

柳又谷下流の様子を見たいと思っていたその展望台の雪倉岳の頂についたころには、濃霧が立山を越し、黒部を跨いで、猫又山から黒薙の谷をひたして雪倉岳の頂を覆うてしまった。

急に晴れそうもないので、雪倉の頂を下って鉢ヶ岳との鞍部に下り、霧の中を草地を横ぎって行く。

二人の年配の登山者の姿が白馬岳の方へ向って行くのを見た。私たちの姿を見るとやがて戻ってきた。

君、蓮華温泉の下りはどこだね、と聞かれて、ここを下っても道に出られると答えると、君、冠君じゃあないか、と、だしぬけに云われて、半ば驚きながらその人を見ると、それは人もあろうに武田久吉博士で、連れの人は田辺和雄さんであった。

なんと、こんな所で。さても珍しいことかなと、相見て哄笑した。

東京では会いつけていても、山の中の面会はまたよいものだと思った。しかも武田さんの領分である山草の絢爛（けんらん）とした白馬山地の花野であるにおいてをやである。

武田さんと連れの田辺さんと私と、草の斜面に腰を下ろして休んでいると、大所谷の方が晴れて、雪倉鉱山の坑口が見えてきた。遥か谷末の平に飯場の家棟も見える。

それではさようならと、武田さんの一行は鉱山のシキ〔鋪。坑道〕を目がけて横に草の斜面を下って行った。私の方は鉢ヶ岳の越後側につけられた道を、白馬岳との鞍部へ向った。

霧が霧雨となり、やがて大粒の雨がかかってきた。大所川の谷は白雲濛々（もうもう）として、雨箭（うせん）は煙となってなびいている。横道を抜けて白馬岳との鞍部に出て、よさそうな所を選んで柳又谷源流の大窪地に下り、長池のほとりに出て旅装を解いた。

急いで天幕を張り、炊事の仕度にかかると、いよいよ大降りとなった。午後三時。

強い雨は雷鳴をさえ交えてきた。夕立だなと思っていたが、急に歇（や）みそうもなく、ますます強い吹き降りとなった。

来たときには水を見なかった溝が皆氾濫して、真赤になって長池へ押し出して行く。

流れから少し高い所に天幕を張ったが、後ろの丘から水が浸入してくるので、大騒ぎとなった。とうとう濡れ鼠になって、天幕の周りに深い溝を掘った。

少し落ちついて天幕の中で休んでいると、先刻蓮華温泉へ下るといって別れた武田さんたちのことを思い出した。セト川の増水でさぞ難儀をされたことだろう。

夕方から風が変ったので、天幕の向きを変えたが、窪地のため四方から風が廻ってくるので、焚火の置き所がなくなった。ひと晩ぢゅう雨洩りのするボロ天幕の中に、三人丸くなってまどろんだ。

八月十六日　滞在。

いやに暖かい湿っぽい日だ。空は時々碧（あお）みを見せるが、雲霧が絶えず流れて来ては雨をこぼして行く。気まぐれな天気は一日中つづいた。しかし昨日ほどの大雨はもう降らなかった。

午頃に青島を白馬頂上の小屋へやって、米、副食物などの補充をする。白馬錦という酒の一升瓶を提げてきたので、久しぶりで三人ともよい機嫌になった。

八月十七日　まだ霧は深いが、雨はとにかく霽（あが）った。

鉢ヶ岳西面のコマクサの美しい斜面を上って三国境に出た。それから左へ白馬大池を見に行く。霧が深いため展望は殆どなかった。往復してまた長池のキャンプに戻ると、午後から天気がよくなってきた。

露営地の上の平から旭岳がよく見えるし、長池の畔からは白馬岳の姿が仰がれるようになった。

雨に叩かれて悄気(しょげ)ていたタカネキンポウゲの大群落は夕陽に輝やき、微風にふるえている。

雨にばかり気をとられていたが、天気になって見ると、私たちはすばらしい所にキャンプしていることがわかった。

長池の東寄りを幾町もの間、丘といわず平地といわず、それこそ見渡す限りをタカネキンポウゲの黄金色の花が満開で、その唯中に私たちの天幕があるのだ。キンポウゲに交ってミヤマアズマギク、ミヤマタンポポなどが美しい。

夕陽に長池の水は小波を立てて光っている。林からはウグイスやゼニトリ(マミジロ)が囀っている。後ろの丘に上るとイワギキョウ、ナンキンコザクラ、チングルマなどが、岩の間やザクの上を咲き乱れている。

私は美しい丘の上を歩きながら、明日の旅程を考えた。柳又源流の廊下を探るという興味は、谷の峻険の予感と交って、何となく落ちつかない気持ちである。

長池・柳又谷上の廊下・ナルダン・清水平・長池

八月十八日、久しぶりの快晴で、高原は爽やかな明るさに蘇った。

今日は日帰りで、柳又谷の廊下を探り、猫又山へ上って清水平の道を、旭岳と白馬岳の鞍部から長池へと一巡する予定である。

午前六時出発。写真機、ザイル、それに弁当を余分に携えて、できるだけ身軽で出かける。

後ろの丘に上り、圏谷の底を、偃松を避け、山草の美しいザクの丘、水晶のように光って走る小渓を柳又の源流に向って下って行った。

源流へ出てからよい流れを暫く下ると、左岸から岩壁がつき出ているあたりで谷は急になり小滝が現われてきた。急湍は林を分け岩を叩いて疾走している。

細径が林の間から谷を横ぎっている。これは長池の北を廻って清水平の方へ出る旧鉱山道だ。

やがて三、四段の滝の落ちている所を右に廻って行くと、その辺から谷の勾配はさらに急になった。両岸の林は岩場に変り、岩壁は高く谷を限ってつづくようになる。その狭い壁の間を雪渓は断続している。

やがて谷筋は直線的に急折して、完全に廊下状となり、雪渓は厚く峡谷を埋めている。流れが厚い雪の中に隠れてしまうと、谷中は、にわかにひっそりとしてきた。

両岸にそそり立つ暗褐色の岩壁の色、その形、その肌、悉く荒涼として、雪渓を包んで急角度に落ちて行く谷底を行くと、穴へでも入って行くような陰沈さを感ずる。

曽て剣沢の廊下を残雪期に入ったことがある。この時にも廊下の入口から深い雪に閉されていたために、夏ならば激流と岩壁に苦闘しなければならないその悪い廊下を、なんの苦もなく大滝の上まで降れた。実際、流水の音の絶えた狭い廊下の雪渓を行くのは淋しいものだ。

雪渓は谷の曲り目で多く段落している。その度ごとにクレバスを避けて崖側をヘツり、または流木を梯子に代えて、雪崖と岩壁とのギャップをザイルで下った。

午前八時四十分、下方に蓮華谷上流の大きな窪が見えるようになると、谷筋は大分陽気になった。

雪渓の側面を下り岩場をヘツって行くと、先へ行った仙名の大きな声が聞える。谷を左折して雪上に出て、岩壁の角を廻ると、すぐ前の岩の洞門の奥から、非常な勢いで滝が落ちている。これが蓮華谷の落口だとわかった。

午前九時。それにしてもあの広い源流地をもっている大きな支流が、こんな狭い吊懸谷となっているのは驚く外はない。廊下の特長で、いかにも窮谷のさまが見えている。蓮華谷落口付近は壁が最も高く、下流は雪渓が立派になってクレバスは見えなくなる。これから約一時間、ハヤ谷の落口に至る間が残雪が最も深い。

ハヤ谷落口では雪が扇状に盛れ上って本流に押し出している。八月の末だというのにこの谷の雪渓は清水平つづきの頂稜近くまで喰い入っているようだ。

さらに一時間余も雪上を降って行くと、谷の曲り目で雪渓はくびれて急に落ち、その下から盛んに水煙を吹いている。これは柳又谷廊下の中央部の瀑布で、谷底は滝のために通ることができない。

左岸の崖壁に追い上げられたが、凄い岩場だ。漸くそれを越したが、なかなか雪の上には下りられない。雪渓の側面をなす雪の断崖と、濡れた崩岩を交えた急峻な立壁の側面を、ピッケルで石を落し、堅氷や岩角に足場を求めながら、その上をまたはその側面を下って、漸くのことで雪渓と崖壁のギャップを脱けて、雪上へ匍（は）い上るとナル谷落口の前に出た。

滝を中心にナル谷落口までの間が最も悪く、濡れた岩壁と凍った雪崖のヘツリには少なからぬ努力を強いられた。

ナル谷を見上げると、大きな岩の積み重なった間を、上を、滝は幾段にもなって奔落している。随分高い滝場で、両岸の壁も悪く、とても上流から落口までは下れない所だ。私は雪渓の中程まで出ると、去秋通れなかったクラヤミ峡を見た。この入口からが一六六〇米の峰の側面で、両岸にそそる立壁はいよいよ急に高く、雪渓は所々で崩壊して、奔流はそれを縫って急転直落している。おそらく翼なくしては通れない所だ。

去秋はこの下の入口で追い返された、その狭流の上端である下流約二町の所へ右からワレ谷が入っている。六兵衛谷である。そこから谷は左折して見えないが、下の入口までは僅かな距離らしい。

私たちはここで柳又谷と別れることにして、下流の写真をとり、ナル谷に登路を求めた。

ちょうどナル谷落口のすぐ下手の、廊下の岩壁と落口との間に狭いワレ溝が入っている。仙名はそれに眼をつけると、雪と壁との密接している所を選んで足場をきり、雪上から溝に匍い上って行った。十米余も上って左へきれて岩の頭へとりつき、藪の中へもぐり込むと、ナル谷の滝場を横下に見ながら上って行った。

約一時間も上って漸く滝場の上で谷へ下り、先ずひと休みと、谷水を汲んで中食をとった。午後一時。

もう悪場を完全に脱した。これからは去秋のコースを行きさえすれば猫又山に上れるので、のんびりした気持ちでナル谷の流れの中を岩を縫って溯った。

午後二時四十五分、残雪から尾根筋に上ってすぐに清水平に上り、登山路を旭岳の西を廻って白馬岳との鞍部に出ると、柳又谷の水が生れる源流を下って、花野を横ぎり、窪溝を渡って長池池畔の泊り場に帰った。

八月十九日、十日間の楽しい山と谷の旅を了(お)えた。幸い大体の目的を達して、鉢ヶ岳の雪渓を蓮華温泉に下り、久しぶりで出湯に疲れた汗を流し、その翌日には糸魚川から帰京の途についた。

(昭和七年八月)

冠松次郎登山年譜

『山渓記』全五巻（昭和四十二〜四十四年・春秋社）をもとに作成。年月日に異なる記述のあるものは『山渓記』に従った。項末の（）内は同行者、〔〕内は案内者。＊は本書所収の紀行。

明治十六（一八八三）年

二月四日、東京市本郷区に生まれる。

明治三十五（一九〇二）年

七月、富士山（友人と）

明治三十五（一九〇二）年

十月、日光・奥白根山、太郎山、男体山

明治四十二（一九〇九）年

七月、上高地から槍ヶ岳（弟、〔上條嘉門治〕）。

八月、妙高山。十二月、日本山岳会入会（会員番号二三七番・紹介者辻村伊助）

明治四十三（一九一〇）年

五月、赤城山／七月、燕岳〜槍ヶ岳〔畠山善作〕

明治四十四（一九一一）年

八月、白馬岳〜祖母谷川〔丸山広太郎、丸山徳十〕＊「白馬岳から祖母谷川を降る」

大正初年（一九一二）年ごろ

浅間山

大正三（一九一四）年

七月、鰍沢〜西沢温泉〜白峰三山〜芦安〈中村宗平〉

大正四（一九一五）年

七月、長次郎谷〜剱岳〜平蔵谷〜立山〈佐伯平蔵〉

大正五（一九一六）年

七月、岩井谷から薬師岳〈佐伯平蔵、佐伯春蔵〉＊「岩井谷から薬師岳へ登る」

十月、十文字峠・金峰山（岡埜徳之助）

大正六（一九一七）年

七月、早月尾根〜剱岳〜立山〜平〜東沢〜赤牛岳〜三俣蓮華岳〜槍ヶ岳〜上高地（立山まで飯塚篤之介〈佐伯軍蔵他二名〉）。＊「剣越え」

十月、甲武信ヶ岳〜雁坂峠（岡埜徳之助〈栃本の猟師卯吉〉）。十二月、甲斐駒ヶ岳

大正七（一九一八）年

五月、東沢・釜ノ沢〜甲武信ヶ岳（友人〈山の人〉）

七月、御山谷から黒部川〈佐伯春蔵他一名〉＊「御山谷を下る」

大正八（一九一九）年

七月、笊ヶ岳〜聖沢〜聖岳〜遠山川〈中村宗平〉＊「遠山川」

大正九（一九二〇）年

六月、西沢〜国師ヶ岳〜東沢〈広瀬庄太郎〉＊「西沢・国師岳・東沢」

八月、下ノ廊下（平〜黒部別山谷出合〜岩小屋沢岳西尾根）〈宇治長次郎、宮本金作、山田竹次郎〉

＊「初めて下ノ廊下を下る」

大正十（一九二一）年

六月、焼山～火打山〔長助〕

大正十一（一九二二）年

七月、下ノ廊下（鐘釣～折尾谷出合～仙人谷～内蔵助平～黒部別山、立山、剱岳）〔宮本金作、米谷長次郎〕＊「黒部下流から」

大正十三（一九二四）年

八月、双六谷～上ノ廊下（金木戸川・蓮華谷～黒部乗越～五郎沢～上ノ廊下～金作谷出合～赤牛岳～東沢谷～平～大ヘツリ）〔宮本金作、山田竹次郎〕（下ノ廊下は岩永信雄〔宇治長次郎他〕と）

十一月、乾徳山～黒金山〔徳和の人〕

大正十四（一九二五）年

八～九月、下ノ廊下完溯（鐘釣～平）（沼井鉄太郎、岩永信雄〔宇治長次郎、青木長蔵、山本甚ヰら九名〕）＊「黒部峡谷完溯記　下ノ廊下の巻」

大正十五（一九二六）年

六月、内蔵助平から丸山、黒部別山北尾根踏査～小窓～西仙人谷（岩永信雄〔宇治長次郎、米谷長次郎、宇治信一、山田竹次郎〕）＊「春の立山」

八月、小又川・大日山谷～剱沢第一回踏査（上流より本谷とガンドウ尾根から）（別宮貞俊、岩永信雄〔宇治長次郎、宮本金作、米谷長次郎、野口松次郎、山田竹次郎、山本甚ヰ、宇治信一〕）＊「剣沢行　その一」

昭和二（一九二七）年

六月、小スバリ沢～針ノ木岳、赤沢岳・猫ノ耳～奥小沢（岩永信雄〔宇治長次郎他二名〕）

七月、下ノ廊下〈文部省社会教育局撮影班〉
八月、十字峡〜剱沢第二回踏査（大滝下まで）〜黒部別山北尾根（別宮貞俊、岩永信雄〈宇治長次郎、野口松次郎ほか〉）＊「剣沢行　その二」
十月、大冷沢西沢〜鹿島槍ヶ岳〜棒小屋沢〜東信歩道〜平（岩永信雄〈黒岩直吉、松沢由蔵、桜井一雄〉）

昭和三（一九二八）年

八月、上ノ廊下（平〜薬師沢出合）（別宮貞俊、岩永信雄、渡辺漸〈宇治長次郎、米谷長次郎、野口松次郎、山本甚右、宇治信一他〉）＊「黒部峡谷完溯記　上ノ廊下の巻」
十月、毛勝谷〜毛勝山〜中ノ谷〈野口松次郎〉＊「毛勝岳・中ノ谷・小黒部谷」

昭和四（一九二九）年

五月、遠山川〜聖岳〜赤石岳〜小渋川〈山の人〉
六月、剣岳映画撮影（大日岳、立山、剱岳、八ツ峰、源次郎尾根、剱沢）（岩永信雄、文部省撮影班〈宇治長次郎、佐伯兵次他〉）
八月、金木戸川・小倉谷〜笠ヶ岳〜打込谷下降〜蓮華谷〜双六岳、黒部源流〈大倉弁次郎、忠太郎〉
＊「双六谷を遡る」「打込谷を下る」／黒部五郎岳〜中ノ俣川下降（渡辺漸〈大倉弁次郎他一名〉）
十月、烏帽子岳〜双六岳〜双六谷・金木戸川〜平湯〜安房峠〜上高地〜徳本峠〈山の人〉

昭和五（一九三〇）年

四月、北ノ俣川〜寺地山〜北ノ俣岳〈山の人〉
四月、下佐谷〜小倉谷〜笠ヶ岳〜クリヤ谷〈大倉弁次郎〉
六月、白沢〜爺ヶ岳〜棒小屋沢中尾根〜棒小屋沢〈桜井一雄〉＊「新緑の棒小屋沢」

八月、コヤウラ沢～鹿島槍ヶ岳〔黒岩直吉、伊藤〕
八月、唐松岳～祖母谷温泉
八月、東尾根～鹿島槍ヶ岳～岩小屋沢西尾根～平〔渡辺漸、文部省社会教育局撮影班〕〔黒岩直吉、北沢清志、松沢由蔵他〕＊「東尾根から鹿島槍岳へ」「鹿島槍岳から下ノ廊下へ」
十月、扇沢～種池～新越沢～赤沢～赤沢岳第三峰下～平〔桜井順一、桜井広治〕＊「秋の新越沢と赤沢」
十二月、大日峠～井川～椹島～荒川岳試登～転付峠〔滝浪要太郎〕

昭和六（一九三一）年

四月、唐松岳～白馬岳、唐松岳～五竜岳〔桜井一雄〕※『山渓記』では昭和五年四月としている。
六月、白馬乗鞍岳～蓮華温泉～赤男山・朝日岳・雪倉岳～白馬岳～鑓ヶ岳～南股〔桜井一雄〕
七月、尾瀬ヶ原・尾瀬沼〔文部省撮影班〕
八月、黒薙川柳又谷～ゼンマイ谷～雪倉岳〔宇治長次郎他〕
十月、蓮華温泉～朝日岳～北又猟師小屋～イブリ谷出合往復～柳又谷～ナル谷～清水岳～祖母谷温泉〔野口松次郎、山本甚卄〕＊「秋の大所川・北又谷・柳又谷」

昭和七（一九三二）年

五月、白馬岳主稜第二登〔塩島溢司、丸山静男〕
五月、荒菅沢から雨飾山
八月、北又猟師小屋～北又谷～黒岩谷～黒岩山～朝日岳～鉢ヶ岳～柳又谷～ナル谷～清水岳〔大蓮華保勝会の小川、本村、舟川〔仙名市次郎、青島米作〕〕＊「北又谷と柳又谷を探る」
八月、尾瀬～鬼怒沼山

十月、鍋冠山～大滝山～蝶ヶ岳～大滝山～徳沢～涸沢～奥穂高岳～白出沢～奥丸山～槍ヶ岳～天上沢〔大和由松〕

昭和八（一九三三）年

八月、北鎌沢右俣～北鎌尾根～槍ヶ岳～千丈沢〔桜井一雄〕

八月、滝ノ沢～餓鬼岳～燕岳～コジ沢〔桜井一雄〕

十月、湯俣～真砂岳～水晶小屋〔桜井一雄〕

昭和二十八（一九五三）年

六月、日本山岳会名誉会員に推挙される。

昭和三十二（一九五五）年

八月、伊藤新道～三俣小屋（岳友の三成氏）

昭和三十四（一九五九）年

七月、関電黒部ルート～黒部ダム～平往復～関電大町ルート～葛温泉～湯俣～伊藤新道～三俣小屋～黒部源流（毎日新聞社）

昭和三十五（一九六〇）年

八月、名剣温泉、弥陀ヶ原

昭和三十七（一九六二）年

七月、黒部ダム～十字峡（フジテレビ）

昭和四十五（一九七〇）年

七月二十八日、逝去。享年八十七。

主要著書

黒部谿谷（昭和三年・アルス）
立山群峯（昭和四年・第一書房）
劒岳（昭和四年・第一書房）
黒部（昭和五年・第一書房）
双六谷（昭和五年・第一書房）
後立山連峯（昭和六年・第一書房）
日本アルプス大観（昭和六年・木星社書院）
破片岩（昭和八年・耕進社）
白馬連峯と高瀬渓谷（昭和十年・梓書房）
渓からの山旅（昭和十二年・改造社）
峰・渓々（昭和十三年・書物展望社）
峯・瀞・ビンカ（昭和十四年・三省堂）
後立山・高瀬・黒部（昭和十四年・三省堂）
廊下と窓（昭和十五年・三省堂）
雲表を行く（昭和十七年・墨水書房）
わが山わが渓（昭和十七年・墨水書房）
山への味到（昭和十八年・墨水書房）
渓想　紀行と随筆（昭和二十一年・山と渓谷社）
白馬岳　登山地図帳（昭和二十一年・山と渓谷社）
富士山の旅（昭和二十四年・富士箱根厚生文化協会）
山の味谷の味（昭和二十七年・文徳社）
四季のたかね（昭和三十年・山と渓谷社）
黒部渓谷（昭和三十二年・朋文堂）
続　黒部渓谷（昭和三十三年・朋文堂）
黒部（昭和三十四年・修道社）
渓（昭和三十七年・筑摩書房）
黒部（昭和四十年・名著刊行会）
黒部　続篇（昭和四十一年・名著刊行会）
山渓記全五巻（昭四十二〜四十四・春秋社）
峰と渓（昭和四十三年・日本文芸社）

『新編　山渓記　紀行集』について

冠松次郎（明治十六〈一八八三〉～昭和四十五〈一九七〇〉）は、大正から昭和初期にかけて、下ノ廊下初溯行をはじめ黒部峡谷踏査に大きな足跡を印し、「黒部の父」として登山史に名を残す。

日本アルプスの探検登山が山頂と稜線を探り尽くし、学生登山家を中心とした冬季登山、バリエーションルート開拓へと進んだ大正末期から昭和初期の登山界にあって、冠松次郎は、剱（つるぎ）・立山連峰、後立山連峰、奥秩父、南アルプス、双六谷などを舞台に、渓谷を目的とした登山の魅力を追求、精力的な執筆活動で広く紹介し、「谷渉（わた）りの旅」、現在でいう「沢登り」を登山の一分野として確立した。

『黒部谿谷』（昭和三年・アルス刊）をはじめとして、卓越した筆力で三十冊以上の著書を著した冠松次郎が、最晩年の昭和四十二～四十四年に、六十年にわたる登山紀行と随筆を再編し刊行したのが『山渓記』全五巻（春秋社刊）である。紀行は明治三十五（一九〇二）年の初登山「最初の富士山」から、七十五歳で下ノ廊下、黒部源流を訪れた「黒部その後」まで、八十八編が収められているが、本書では初遡行、初登攀の記録を中心に編年で収め、冠松次郎の足跡をたどる。

「私の初登攀メモ」（『黒部　続編』）に記された記録は次の通りである（＊は本書に所収）。

大正四年七月、剱岳平蔵谷下降（大正三年、宇治長次郎が下降。登山者として初）／大正五年七月、岩井谷から薬師岳＊／大正六年七月、剱岳早月尾根＊／大正七年八月、御山谷下降（登山者として初）＊／大正八年七月、聖沢から聖岳、遠山川＊／大正九年六月、笛吹川西沢七ツ釜から上部＊／大正九年八月、黒部川下ノ廊下下降（平から黒部別山谷出合）＊／大正十三年十一月、乾徳山から黒金山／大正十四年八月、下ノ廊下完溯＊／大正十五年六月、内蔵助平から丸山、黒部別山、御前谷＊／大正十五年八月、小又川から奥大日岳／大正十五年、剱沢二俣およびガンドウ尾根から剱沢踏査＊／昭和二年六月、小スバリ沢から針ノ木岳／昭和二年六月、赤沢岳西尾根猫ノ耳／昭和二年八月、十字峡から剱沢大滝下、十字峡から黒部別山北尾根＊／昭和四年六月、剱沢二俣から大滝の頭／昭和四年八月、双六谷コグラ谷（小倉谷）から笠ヶ岳、打込谷下降＊／昭和四年八月、黒部五郎岳から中ノ俣川下降／昭和五年四月、北ノ俣川から寺地山・北ノ俣岳／昭和五年四月、下佐谷からコグラ谷、笠ヶ岳／昭和五年六月、棒小屋沢中尾根～西沢小沢＊／昭和五年八月、鹿島槍ヶ岳東尾根＊／昭和五年八月、岩小屋沢岳西尾根下降＊／昭和五年八月、コヤウラ沢から鹿島槍ヶ岳／昭和五年十月、新越沢下降、赤沢踏査＊。

冠松次郎の登山は、①十九歳ごろからの初期登山、②二十六歳で日本山岳会に入会し日本アルプスに踏み出した時期、③剱岳で平蔵谷や早月尾根の初登を経験しつつ、南アルプスや奥秩父に広く指向性を探った時期、④黒部峡谷に目標を定め、精力的踏査に挑んだ時期、⑤双六谷、鹿島槍ヶ岳、白馬岳、黒薙川などに未知の領域を求めた時期に分けられる。

本書では、黒部峡谷の記録を中心に、②期：初めて黒部峡谷に触れた「白馬岳から祖母谷川を降る」から、③期：剱岳早月尾根初登を記した「剣越え」以降、④期：黒部峡谷を踏査した「初めて下ノ廊下を降る」以降、⑤期：双六谷、鹿島槍ヶ岳、黒薙川を探った「双六谷を溯る」以降の二十二篇の紀行を収めた。なお、地図、写真説明は『山渓記』のほか、『黒部谿谷』（アルス版）、『黒部渓谷』『続　黒部渓谷』（朋文堂版）に従った。地名、標高は『山渓記』のままとした。なお、文中の（）内は原註、〔〕内は編注である。

冠松次郎の山は、富山県大山村（現富山市）の宇治長次郎をはじめとする山案内人たちに支えられていた。当時の登山記録では「山案内」「人夫」と記述されてきた山人たちの活躍は、冠の著書では「山の人」として親みと敬意をもって記述されている。同行の「山の人」については、資料に明らかなかぎり年譜に記載した。

（編集部）

新編　山渓記　紀行集

二〇二三年一月一日　初版第一刷発行

著　者　冠松次郎
発行人　川崎深雪
発行所　株式会社　山と溪谷社
郵便番号　一〇一―〇〇五一
東京都千代田区神田神保町一丁目一〇五番地
https://www.yamakei.co.jp/

■乱丁・落丁、及び内容に関するお問合せ先
山と溪谷社自動応答サービス　電話〇三―六七四四―一九〇〇
受付時間／十一時～十六時（土日、祝日を除く）
メールもご利用ください。
【乱丁・落丁】service@yamakei.co.jp　【内容】info@yamakei.co.jp
■書店・取次様からのご注文先
山と溪谷社受注センター　電話〇四八―四五八―三四五五
ファクス〇四八―四二一―〇五一三
■書店・取次様からのご注文以外のお問合せ先　eigyo@yamakei.co.jp

印刷・製本　大日本印刷株式会社

定価はカバーに表示してあります

Printed in Japan　ISBN978-4-635-04959-7

ヤマケイ文庫の山の本